Discursos narrativos de la conquista: mitificación y emergencia

Beatriz Pastor

Discursos narrativos de la conquista: mitificación y emergencia

EDICIONES del NORTE

Primera edición, Casa de las Américas, 1983
Segunda edición, corregida, Ediciones del Norte, 1988

Portada: José Rosa

©Ediciones del Norte
P.O. Box A130
Hanover
N.H. 03755
U.S.A.

A la Clinetta tan fina,
Tan culta, tan femenina

INDICE

SEGUNDA PARTE:
DESMITIFICACION Y CUESTIONAMIENTO

Capítulo 3. Del fracaso a la desmitificación

Capítulo 4. La crisis de los modelos

TERCERA PARTE:
TOMA DE CONCIENCIA Y EXPRESION
LITERARIA

Capítulo 5. Alonso de Ercilla y la emergencia de una conciencia hispanoamericana

Introducción

El análisis de ese objeto diverso, misterioso y cambiante que he denominado "discurso narrativo de la conquista" no se inicia ni se logra, únicamente, afilando los claros instrumentos de la crítica. Comienza, de forma necesaria, con la evocación de un mundo fascinante y remoto, con la invención de una complicidad que, a través de más de cuatro siglos, comparte las quimeras, revive las leyendas, conoce el desengaño. Transcurre como un viaje imaginario, que recorre lugares nunca vistos, afirma soledades, reconoce a los muertos y hace retroceder los contornos del olvido. En esta voluntad se hallan, soterradas, las raíces de la indagación que se desarrolla en este libro, indicación escrita de una trayectoria que lleva de la fantasía a la realidad, de la complicidad al rechazo, de la mitificación a la crítica.

La etapa cronológica que abarca el análisis propuesto no es resultado de una elección arbitraria sino que se desprende de la naturaleza de su objeto. Este aparece limitado en el tiempo por dos polos muy claros. El primero es el discurso narrativo creado en los textos de Cristóbal Colón, que cons-

tituyen la primera representación verbal de una realidad americana percibida según las coordenadas imaginarias propias de una concepción del mundo europea. El segundo polo es el del gran poema de Alonso de Ercilla, La Araucana, *primera obra de la literatura hispanoamericana, primera expresión deliberadamente literaria de una nueva conciencia, y testimonio insustituible del proceso de transformación de toda una concepción del mundo.*

Situado entre ambos polos y abarcando un período histórico de poco menos de cien años este discurso narrativo se define, en primera instancia, por su objeto declarado: la narración directa de los hechos concretos del proceso de descubrimiento, exploración y conquista de las tierras y culturas del Nuevo Mundo. Pero no se trata, en el caso de los textos que integran este discurso, de las reconstrucciones de los cronistas historiadores, quienes recogerían en los relatos de viva voz y en las relaciones de aquellos que habían participado directamente en la acción de la conquista el material sobre el cual iría articulándose un discurso historiográfico de la conquista. Al contrario de lo que sucede con el discurso historiográfico de los grandes cronistas, el que he llamado "discurso narrativo de la conquista" aparece integrado, únicamente, por las voces de unos hombres que compartieron tanto la participación directa en la acción de descubrimiento y conquista de América como una voluntad común de incorporación a la historia mediante el testimonio verbal de su experiencia personal de esa conquista.

El testimonio verbal de una experiencia personal de la realidad del Nuevo Mundo que constituyen los diversos diarios, cartas y relaciones que integran distintas flexiones del discurso narrativo de la conquista no aparece circunscrito a la simple narración de la acción o de los hechos. En torno a ese objetivo declarado, agazapada detrás de la aparente objetividad y veracidad que pretenden certificar los reiterados juramentos que reivindican el carácter documental de lo narrado, se desarrolla la presentación de una problemática personal y colectiva, que trasciende la simple relación de hechos para profundizar en la expresión de la compleja relación del hombre con la historia. En los textos del discurso narrativo de la conquista se presenta, de manera inmediata, la dinámica interna del proceso de exploración y colonización de América; pero es sobre *esta presentación donde se articula el proceso de significación fundamental que enlaza todos los textos que integran este discurso: el de la transformación del conquistador, de su percepción de América, y de su visión del mundo.*

El proceso de transformación de la concepción del mundo del conquistador, que aparece trazado en los textos del discurso narrativo de la conquista, enlaza con un segundo proceso que determina, junto con aquél, el carácter clave de este discurso narrativo. No se trata en el caso de este segundo proceso de una problemática ideológica sino estética: en el desarrollo formal y expresivo de estos textos y en la dinámica extraordinaria de sus diversos modos de presentación, transformación y ficcionalización del material que narran se concreta todo el proceso de emergencia de una literatura incipiente. Esta literatura que ha dejado, de forma paulatina, de ajustarse a los cánones y exigencias de la literatura europea del período expresa, en intermitentes balbuceos primero, y luego de forma cada vez más clara y decidida, hasta llegar a la complejidad de la poética que informa La Araucana, *la nueva realidad de la naciente Hispanoamérica.*

Este ensayo no pretende el examen exhaustivo de todos los textos, tan numerosos como diversos, que integran el discurso narrativo de la conquista, sino el análisis de la problemática descrita, a través del estudio de una selección amplia de textos clave, que he considerado los mas representativos de las flexiones fundamentales de ese discurso. Porque ese discurso único, que narra un proceso de conquista y la transformación de un mundo, contiene varias voces, situadas, en algunos casos, en extremos opuestos del proceso de percepción y representación de una misma realidad que abordan desde actitudes muchas veces contrarias. Estas diversas voces narrativas se expresan en tres discursos fundamentales que articulan el discurso narrativo de la conquista. El primero es el que he llamado el "discurso mitificador", y se define por una concepción del mundo y unos modos de representación que resultan en la creación de una serie de mitos y modelos que muy poco tienen que ver con la realidad concreta que pretenden relatar y revelar. Frente a ese primer discurso mitificador, se van articulando progresivamente, durante el proceso de la conquista, los dos grandes discursos desmitificadores que formularán el primer cuestionamiento de mitos y modelos, a la vez que irán articulando —aunque de formas diferentes— la primera desmitificación de la realidad de Nuevo Mundo y del proceso de la conquista. El primero, cronológicamente, de estos dos discursos es el que he denominado el "discurso narrativo del fracaso"; el segundo es el "discurso narrativo de la rebelión".

En la primera parte de este estudio se analiza el primero de estos discursos narrativos: el discurso mitificador. Este se caracteriza por llevar a cabo una ficcionalización que abarca tanto la realidad del Nuevo Mundo como la naturaleza y el significado del proceso de su conquista. El primer capítulo se centra en los textos de Cristóbal Colón y en su formulación del modelo de una América que aparece concebida como botín y que oculta la realidad natural y humana del Nuevo Mundo, realidad que en los textos colombinos es deformada, ficcionalizada e instrumentalizada de manera sistemática. El segundo capítulo organiza el análisis en torno a las Cartas de Relación *de Hernán Cortés para mostrar el proceso de creación, dentro del contexto del discurso ficcionalizador y mitificador que éstas articulan, de los modelos fundamentales de* conquistador y conquista.

La segunda parte de este ensayo se centra en el proceso de progresivo cuestionamiento y desmitificación de los modelos formulados por el discurso mitificador que ejemplificaban Colón y Cortés, y analiza su expresión literaria concretada en los otros dos discursos narrativos. El tercer capítulo examina las sucesivas formulaciones de objetivos y proyectos míticos en la exploración y conquista de la porción norte del continente americano, para acabar centrándose en la aparición del desengaño y de una primera distancia crítica con respecto a los modelos creados por el discurso mitificador. El examen de esta problemática concluye con un análisis de la relación de los Naufragios, *como expresión literaria del proceso de desmitificación crítica que se ha ido manifestando ya en las relaciones diversas de todas las expediciones fracasadas. El cuarto capítulo comienza con el análisis del proceso de generación-cancelación-reformulación de objetivos míticos, característico de la exploración del continente sudamericano; y acaba centrándose en las relaciones de la expedición de Pedro de Ursúa a El Dorado, para mostrar el proceso de crisis y liquidación simbólica de mitos y modelos que se consuma dentro de los textos del discurso narrativo de la rebelión.*

La última parte sintetiza una serie de elementos fundamentales en los que se ha ido expresando, a lo largo de los diversos discursos que integran el discurso narrativo de la conquista, *la transformación progresiva de la concepción del mundo del conquistador y de su percepción de la realidad americana. Y, a continuación, pasa a centrarse en el análisis del problema central de la emergencia de una conciencia hispanoamericana y de su expresión estético-literaria. El texto fundamental de esta última parte es* La Araucana *que se analiza simultáneamente como recapitulación crítica de todo el proceso de descubrimiento y conquista del Nuevo Mundo, y como primera expresión estética de una nueva conciencia.*

En este ensayo se aborda el examen del proceso de emergencia de una conciencia hispanoamericana analizando el desarrollo de la expresión de dicho proceso en los escritos de los propios conquistadores, y el análisis aparece centrado en la transformación del componente hispánico de la nueva conciencia emergente, es decir en la metamórfosis del conquistador, su visión del mundo y su aprehensión de la nueva realidad. Sólo de forma marginal se hace en el referencia a lo que Miguel León Portilla ha llamado "la otra cara de la conquista", a aquella otra versión de los hechos y su significado, y a la transformación de la visión que tuvieron de la conquista los vencidos, desarrollo paralelo y complementario del proceso de emergencia que este libro examina. El hecho es que el análisis de este segundo proceso de transformación —que no culminó en la obra crítica y desengañada de Ercilla sino en el discurso contradictorio y nostálgico del Inca Garcilaso— desborda el marco del presente trabajo. Dicho análisis no puede en modo alguno plantearse como una parte más de este libro sino que —por razones históricas, culturales y lingüísticas— constituye, por sí solo, materia de un estudio separado de gran complejidad y envergadura.

Pero no quiero concluir aquí sin subrayar que el análisis del proceso de formación y emergencia de una conciencia hispanoamericana sólo puede considerarse completo si se evalúan, en relación con dicho proceso, las dos tradiciones culturales —la indígena y la española— y los desarrollos que convergieron con importancia equivalente en la formación de una nueva concepción del mundo, y en la aparición de la realidad histórica y cultural hispanoamericana.

Primera Parte: El discurso mitificador

CAPITULO 1

Cristóbal Colón y la definición del botín americano

1. La imagen de un mundo desconocido.

Era el doce de Octubre de 1492 cuando desde una de las
tres naves que componían la flotilla de carabelas bajo el
mando del ya casi Almirante de la Mar Océana —pero todavía simple navegante-aventurero-comerciante genovés—
Don Cristóbal Colón, alguien divisó tierra: la de la isla cari-
beña de Guanahaní. Era el primer momento del descubrimiento del Nuevo Mundo, el primer contacto entre dos
culturas distintas, cuya relación iba a depararles destinos
muy distintos. Y, paradójicamente, fue el inicio de un proceso de desconocimiento, instrumentalización y destrucción
de la nueva realidad americana que se prolongaría durante
una historia posterior de más de cuatro siglos.

El inicio de un proceso de destrucción de las Indias coin-
cidiendo con la llegada de Colón al Caribe es un hecho indiscutible. Este proceso se concretó en abusos y depreda-
ciones de todo tipo que condujeron en pocos años[1] a un
descenso generalizado y vertiginoso de la población indíge-

na, así como a la despoblación y desculturación de zonas relativamente equilibradas y prósperas hasta la llegada de los españoles a América.[2]

Pero la forma, los motores y los medios de esa destrucción no fueron casuales ni arbitrarios. Tampoco son analizables en términos éticos o filosóficos que los disocien del contexto ideológico e histórico concreto en que se originó y desarrolló la empresa de la conquista. Aquel contexto ideológico-histórico estaba en la base de una percepción de la realidad concreta, sin cuyo análisis no es posible comprender con exactitud la dinámica interna del proceso de destrucción que denunció Bartolomé de las Casas.[3]

A primera vista, el momento mismo del descubrimiento al que se aludía más arriba, parece inseparable de una cierta inocencia que en la realidad no existió jamás. Ni siquiera en ese momento se puede hablar de Cristóbal Colón sólo como descubridor, ni de América como continente desconocido. No porque ambos no tuvieran esas cualidades —que las tenían— sino porque eran tanto más que ellas, que los mismos adjetivos "descubridor" y "desconocido", que pretendieran definirlos, al dejar de lado el contexto histórico inmediato, no harían sino encubrirlos.

Colón era, en el momento de divisar el Nuevo Mundo, el gran navegante del Mar Tenebroso. Pero también era el profeta, predicador en vano durante casi veinte años de la viabilidad de la ruta occidental hacia las riquezas fabulosas del Asia; y el elegido de Dios para la gloriosa empresa de crucero del Mar Tenebroso, que creía haberle sido reservada desde siempre por la Providencia.[4] Y, por último, Colón era —y no hay que olvidarlo— el comerciante genovés, firmemente decidido a materializar sus sueños transformándolos en sólido y lucrativo negocio.[5]

En cuanto a la tierra americana, desconocida y apenas entrevista desde lo alto de un mástil, fue, en la primera percepción que Colón tuvo de ella, mucho más que desconocida[6] igual a la suma de todos los conocimientos, leyendas y mitos que circulaban en la época sobre los lugares ignotos que se suponían situados más allá del Mar Tenebroso.

Esta puntualización de la definición de los dos términos del encuentro primero entre Cristóbal Colón y América es esencial porque modifica desde su inicio el significado real de la relación de descubrimiento. El análisis del discurso narrativo colombino revela un desplazamiento fundamental de ese significado. Desde el primer momento, Colón no descubre: Verifica e identifica. El significado central de *descubrir* como desvelar y dar a conocer se ve desvirtuado en la percepción y en las acciones de Colón, quien, en su constante afán por identificar las nuevas tierras descubiertas con toda una serie de fuentes y modelos previos, llevó a cabo una indagación que oscilaba entre la invención, la deformación y el encubrimiento.[7]

Apoyándose en unos cálculos que basaba en sus conocimientos geográficos y cosmográficos, Colón no sospechó durante mucho tiempo que las tierras que iba recorriendo y descubriendo fueran un nuevo continente.[8] Durante años, las hizo coincidir con el objetivo inicial de su proyecto: las costas orientales del Asia. Y durante todo aquel tiempo se empeñó en identificarlas con lo que las fuentes históricas, geográficas y cosmográficas de su proyecto decían de ellas.

Las Casas dedica capítulos enteros de su *Historia de las Indias* a presentar un panorama de los conocimientos geográficos antiguos sobre los que podía apoyarse el proyecto de Colón.[9] Aristóteles, Platón, Alberto Magno, San Anselmo, Avicena y Ptolomeo desfilan como autoridades que legitiman las teorías más diversas sobre la circunferencia de la tierra, la proporción de mar y agua en el globo terrestre, la habitabilidad de la zona tórrida, la anchura del Mar Tenebroso y la existencia de míticas islas en algún punto de sus aguas inexploradas. Habla Pierre d'Ailly de unas gentes que habitan "las partes extremas del mundo donde hay seis meses de noche y seis meses de día, como de gentes beatísimas, de vida ilimitada y que sólo mueren cuando hartas de vivir se arrojan al mar desde lo alto de una peña".[10] Aristóteles y San Anselmo atestiguan la existencia de muchas islas en el mar océano, y particularmente de la isla llamada "Perdita", la más fresca, fértil y excelente de todas, y poseedora de la facultad de aparecer cuando nadie la buscaba y de esfumarse cuando iban a la busca de ella.[11] Tanto Las Casas como Hernando Colón se refieren extensamente a la descripción que hicieron Platón y Aristóteles de la llamada Isla del Atlántico, Atlantis, o Atlántida. La descripción de esta isla que resume Las Casas a partir de los textos de Platón y Aristóteles es extraordinariamente detallada.

> "Refiere Platón de la fertilidad, felicidad y abundancia desta isla, de los ríos, de las fuentes, de la llaneza, campiñas, montes, sierras, florestas, vergeles, fructos, ciudades, edificios, fortalezas, templos, casas reales, política, orden y gobernación, ganados, caballos, elefantes, metales riquísimos, excepto oro, del poder y fuerzas y facultad potentísima por mar y por tierra,... pero después que aquellos ejercicios y solicitud virtuosa, con sus corruptas afecciones y costumbres olvidaron, con un diluvio y terrible terremoto de un día y una noche, la isla tan próspera y felice, y de tan inmensa grandeza, con todos sus reinos, ciudades y gentes, sin quedar rastro de todos ellos ni vestigio, sino todo el mar ciego y atollado que no se pudo navegar por muchos tiempos, se hundieron.[12]

Este detallado resumen de Las Casas contiene una serie de elementos que son comunes a una gran cantidad de representaciones míticas de lugares ignotos, así como a diversos relatos fantásticos de viajes y exploraciones que circulaban en la época.[13] La exhuberancia natural, la presencia de riquezas ilimitadas, la compleja y sofisticada organización social, son motivos que se repiten de manera fija y obsesiva en la mayoría de las caracterizaciones medievales y renacentistas de países y tierras remotas. Pero lo verdaderamente relevante es que de todo el tejido de verdades y errores, de elementos reales y fantásticos, de datos geográficos y relatos increíbles, lo que iría emergiendo progresivamente fue una compleja caracterización de lo que se incluía en la época bajo el nombre de "ignoto". Aquel vasto espacio desconocido por el que iba a navegar Cristóbal Colón no había sido explorado antes,[14] de ahí el nombre de Mar Tenebroso. Pero

Colón tenía una imagen clara de lo que iba a encontrar en él, y esta imagen representaría un papel fundamental en su percepción del Nuevo Mundo y en la forma en que se desarrollarían sus exploraciones de los lugares recién descubiertos.

La imagen colombina de lo que iban a ser aquellas islas y tierras desconocidas que Colón identificaba con las islas y costas del extremo oriental del continente asiático, se apoyaba en los modelos descriptivos de la época que se indicaban a propósito del resumen descriptivo de Las Casas, modelos que configuraban una especie de arquetipo básico y muy difundido de la naturaleza y características de los países y tierras que se hallaban situados mas allá de los límites del mundo occidental. Hay sin embargo cuatro textos fundamentales en los que Colón parece haber buscado de manera especial los elementos que organizan su percepción de las regiones desconocidas de la tierra. En primer lugar, la *Imago Mundi* del cardenal Pierre d'Ailly publicada entre 1480 y 1483. En segundo lugar, la *Historia Natural* de Plinio en versión italiana de 1489. A continuación, un ejemplar de la *Historia Rerum Ubique Gestarum* de Eneas Silvio.[15] Y finalmente una versión en latín del libro de los *Viajes* de Marco Polo, de 1485. Estos cuatro libros se conservan con todas las anotaciones manuscritas que fue haciendo Colón en sus reiteradas y cuidadosas lecturas.[16] Aunque un número considerable de anotaciones se refieren a cuestiones cosmográficas y geográficas y revelan la trayectoria seguida por Colón hasta llegar a sus conclusiones finales —y erróneas— sobre la anchura del Mar Tenebroso y la situación y proporción en la superficie terrestre de las partes de agua y tierra, hay otro tipo de anotación que se refiere a las características concretas de esas tierras, así como a su relación con reinos conocidos en la antigüedad o mencionados en las escrituras o en relatos de viajes recientes como el de Marco Polo. Társis, Ofir y Saba son, junto con el Catay, Mangi y el Cipango, continuos puntos de referencia a los que Colón volverá una y otra vez, primero en sus lecturas y luego en la realidad, tratando de identificar las tierras inexploradas.

Las concepciones de la época sobre la naturaleza de esas tierras eran fabulosas, como lo eran las expectativas de Colón ante el objetivo de su viaje. Algunas descripciones derivaban de los escritos de los autores griegos, que habían entrado en una fase de revalorización desde el siglo XIII, y principalmente de las obras de Ptolomeo, Marino de Tiro, Aristóteles y Posidonio. Otras provenían de obras científicas más recientes como el *Opus Majus* de Roger Bacon, publicado en 1269. Y las demás se encontraban en los relatos de viajes como los de Oderico de Pordenone, John Mandeville y, muy especialmente, el de Marco Polo,[17] que constituyeron, sin duda, la fuente principal de información sobre Asia para la gente de la época, así como un punto de referencia constante en la preparación y el desarrollo del proyecto de Colón.

La imagen de las tierras lejanas e inexploradas que emerge de todo ese conjunto de obras es compleja y muchas veces contradictoria. Pierre d'Ailly habla en su *Imago* de un Asia interminable que se extiende más alla de lo fijado por Ptolomeo, y donde se encuentran lugares fabulosos cubiertos de vegetación exhuberante y recorridos por ríos inmensos. Habla de la existencia de islas innumerables cerca de la India, llenas de perlas, oro, plata y piedras preciosas. Habla también de la fauna en la que animales exóticos como los elefantes, loros y simios, coexisten con toda la galería de monstruos y animales míticos —grifones, dragones, etc.— típica de cualquier bestiario de la época. Habla de una isla Taprobana donde existían montañas de oro inaccesibles custodiadas por grifones, dragones y monstruos humanos. Según Las Casas, concuerda d'Ailly con Ptolomeo, Solino, Pomponio y San Anselmo al afirmar que en aquella tierra de Taprobana, llamada dorada por la presencia en ella de montes de oro, habitaban unas hormigas mayores que perros que custodiaban sus tesoros. Y apoyándose en la autoridad del libro de los Reyes, afirmaría Colón, con Las Casas, que en la mítica isla Taprobana, descrita por d'Ailly, se encontraba la región de Ofir, adonde iban en la antigüedad las naves de Salomón en un viaje que duraba cerca de dos años y del que regresaban cargadas de perlas, marfil, ámbar, piedras y maderas preciosas, y todo el oro y la plata que los grifos y demás animales monstruosos excavaban para ellos.

Por su parte, Eneas Silvio complementaba en su *Historia* la información de la *Imago Mundi*. Incluyendo lo fundamental del pensamiento y de la geografía de Ptolomeo, rechazaba la enorme extensión de Asia oriental que éste propugnaba. Suponía aquellas tierras habitadas por gentes civilizadas y pacíficas y contribuía a perpetuar el carácter fantástico atribuido desde el Occidente a aquellas regiones, con sus descripciones de antropófagos y amazonas. Eneas Silvio afirmaba la inhabitabilidad de la zona tórrida y la posibilidad de circunnavegar Africa y recogía los aspectos más extraordinarios de las descripciones del Oriente narradas por Odorico de Pordenone. Pero sin duda la fuente más inmediata y detallada de información acerca de las remotas tierras del Asia oriental la constituyó el relato de los viajes de Marco Polo. Además, el contenido de dicho relato tenía la autoridad que le confería el hecho de que se presentaba no como fruto de especulación teórica sino como resultado de las observaciones personales y directas realizadas por Niccolo y Maffeo Polo en su expedición de 1256, y del propio Marco Polo, que volvió a hacer el mismo recorrido con ellos en 1271.

El relato de viajes de Marco Polo no era en caso único. Junto a éste existía información de otros viajes hacia el Asia, realizados por caballeros y frailes a partir del siglo XIII, especialmente los de Guillermo de Rusbruck, Andrés de Perugia y Jordán de Severac.[18] Pero lo que hizo del relato de Marco Polo un caso especial fue la excepcional combinación de una gran cantidad de información con una extraordinaria exhuberancia descriptiva. El propio autor señala la importancia de diferenciar entre las obras eruditas o teóricas y su propia obra, en la cual "referimos las cosas vistas por vistas y oídas por oídas"; y afirma sobre esta base la credibilidad implícita de todo lo contenido —por fantástico que sea— en una obra en la que "todas estas cosas son verdad".[19]

La importancia cultural de la difusión de este relato fue inmensa. La experiencia de Marco Polo extendía el ámbito de la civilización hasta los confines del imperio tártaro y describía detalladamente la organización política, comercial y social de numerosos reinos situados más allá del radio de acción habitual del mundo Occidental. En su narración, las descripciones de reinos se suceden: Mosul, Kerman, los ocho reinos de Persia, y Cascar; seguidos de las de ciudades maravillosas como Balc, Cobinan, Vasdi y tantas otras. La objetividad y exactitud de las observaciones de Marco Polo sobre el comercio, las distintas mercancías, las posibilidades de intercambio y el interés mercantil de los lugares que iba recorriendo, o sobre la viabilidad práctica de las posibles rutas comerciales hacia distintos puntos del Oriente, se complementan con el carácter fantástico de las historias que Marco Polo relata como oídas. La del Viejo que construyó entre dos montañas un jardín semejante al paraíso de Mahoma, y que los sarracenos tenían realmente por el Paraíso. Y cómo, en el marco de aquel jardín, engañaba a jóvenes incautos y, convenciéndolos de que él era el propio profeta, los entrenaba para el Mal, convirtiéndolos en terribles asesinos que ejecutaban todas sus voluntades. O la de cómo se extraviaban los viajeros llamados por voces misteriosas en el desierto de Lop. Pero todas las historias mas fantásticas no llegan a superar el carácter fabuloso de las descripciones del Imperio Tártaro y del Gran Khan. Los capítulos LXXXI a CI ofrecen un relato detalladísimo de todos los aspectos sociales, políticos, culturales y materiales de la corte del Gran Khan, donde la magnificencia, el lujo, y el refinamiento superan todo lo imaginable desde cualquier reino europeo de la época. Flores, joyas, pedrería, animales magníficamente aderezados, ropajes de seda bordados en oro, palacios de muros recubiertos de metales preciosos y rodeados de árboles maravillosos sirven de marco a un rey de fábula, guardado por 12000 hombres a caballo y rodeado de 12000 barones ataviados con ropajes de oro, perlas y pedrería, que cambian en cada una de las trece fiestas más solemnes de la corte.[20]

Marco Polo relata: se asombra y maravilla, pero no se pierde. Por debajo de su fascinación, sigue siempre alerta la actitud analítica y pragmática del mercader —actitud de la que encontraremos numerosos ejemplos en el propio Colón. Leídos desde esta perspectiva, sus relatos constituyen la más completa guía de las posibilidades comerciales que ofrecen los reinos fantásticos que describe para la Europa de la época. En cada lugar por el que pasa hace un inventario cuidadoso de materias primas, artesanías o productos de interés comercial. En Turcomania, los tapices y paños; en Georgia, la seda; en el Catai, el carbón; en Java, la pimienta, la nuez moscada y otras especias; en Mangi y Catay, el oro y las piedras preciosas; en el Cipango, las perlas blancas y rosadas.

Además de la enumeración de mercancías locales, Marco Polo incluye siempre un análisis del valor de las mismas en relación con sus posibilidades de mercado, y menciona la depreciación que resulta en algunos casos de una localización alejada de las mejores rutas comerciales. Por ejemplo, en el caso de la provincia de Cangigu, de la que dice: "...es abundante el oro: pero como están muy lejos del mar, sus mercaderías valen poco pues no tienen salida".[21] De ahí que se fije con tanta insistencia en las condiciones geográficas y en los accesos posibles a cada centro comercial: Desiertos de difícil travesía, desfiladeros, pasos montañosos que faciliten o entorpezcan la comunicación entre diversos centros de mercancías, ríos navegables que puedan paliar la desventaja del alejamiento con respecto al mar, puertos, ...etc., aparecen descritos y evaluados con precisión. Habla igualmente Marco Polo de la hospitalidad de las gentes, de las comodidades que puede esperar encontrar el mercader en las hospederías y albergues, de las dificultades en repostar o en cambiar de caballos. Y se admira repetidamente ante las ventajas que ofrece el Imperio Tártaro, con su sistema de comunicaciones terrestres, su correo, su red real de hospederías y de postas, ideales para la organización de productivas rutas comerciales entre el Oriente y Europa. Y se refiere, por último, a dos cuestiones fundamentales para cualquier comerciante en el inicio de un negocio: el beneficio y el riesgo. El primero queda asegurado en el establecimiento de redes de transporte que permitan volcar en el mercado europeo de gran demanda la superabundancia de mercancías codiciadas que almacena el Oriente. Lo segundo queda minimizado al establecer las rutas teniendo en cuenta los resultados de un análisis previo, como el que realiza el propio Marco Polo, en el que se señala cualquier posibilidad problemática de carácter geográfico, político o cultural, y eligiendo cuidadosamente como centros comerciales a lo largo de esa ruta lugares seguros, de habitantes favorables al comercio y bien comunicados, por tierra o por mar, con los demás puntos de las rutas comerciales.

Es imposible encontrar un texto más informativo para cualquier comerciante, colono o descubridor en ciernes que el relato de los *Viajes* de Marco Polo, y no resulta en absoluto sorprendente que Colón lo leyera y anotara, ni que constituyera una de las influencias más constantes a lo largo de sus distintos viajes. Complementado por la *Imago Mundi,* la *Historia Rerum* y la *Historia Natural,* referencia obligada para todo lo que se relacionara con la botánica, la zoología y la geografía general, el libro de Marco Polo completó el bagaje de erudición sobre el que Colón elaboraría su proyecto y al que referiría una y otra vez sus experiencias descubridoras y colonizadoras posteriores. A partir de esas fuentes fundamentales, Colón ordenó elementos, seleccionó rasgos, eliminó diferencias y contradicciones, y llegó, finalmente, a formarse una idea general del objeto de sus futuras navegaciones, dotándolo de unos rasgos arquetípicos que se podrían resumir así:

Asia poseía unas dimensiones enormes que la acercaban por el oriente considerablemente a Europa. El Mar Tenebroso era de una extensión mucho menor de lo que supusieron los antiguos, y podía ser navegado fácilmente en pocos días, contando con vientos favorables.[22] En ese mar, y a unas 1500 millas de la costa china, se encontraba la fabulosa isla de Cipango. Entre ésta y la tierra firme del Asia había multitud de islas. La población de todas aquellas tierras era de piel clara, pacífica, culta y civilizada, y, tanto las islas como la tierra firme, albergaban riquezas incalculables de oro, plata, perlas, piedras preciosas, especias, seda y todas las demás mercancías definidas como valiosas por las necesidades comerciales y la demanda del mercado occidental.

Estas tierras extensas e inexploradas, pobladas por "hombres blancos y de buenas maneras", con reservas enormes de oro "que nadie explota" tenían la ventaja adicional de estar más allá del radio alcanzado por las expediciones comerciales de los mercaderes italianos, ya que, afirmaba Marco Polo, "no hay mercader ni extranjero que haya llegado a ellas".[23] Por lo tanto, serían del primero que las alcanzase, de acuerdo con las reglas del modelo de apropiación imperialista de la época.

Pero no todo era tan positivo en la representación que se hacía Colón de aquellas tierras fabulosas que "lo esperaban"[24] en algún punto de la Mar Océana. Según sus mismas fuentes, aquellos lugares remotos poseían también un aspecto inquietante y tenebroso que se concretaba en los monstruos citados desde Plinio por diversas autoridades: Grifos de cuerpo de dragón y alas de águila: dragones que escupían fuego y estrangulaban elefantes con la cola: sirenas, mezcla de mujer y pájaro o de pez y mujer, que adormecían a los marinos con sus cantos para hacerlos pedazos cuando sucumbían al sueño.[25]

Cristóbal Colón no fue el único que poseía una visión del extremo oriental de Asia como la que se acaba de exponer a grandes rasgos. Fernando Martínez, canónigo de Lisboa que había realizado viajes al lejano Oriente, intentaba hacia la misma época promover una reanudación de los contactos entre el Occidente y China —contactos que se habían visto casi totalmente interrumpidos después del regreso de Marco Polo a Venecia—. El canónigo Martínez asistió al Concilio Eclesiástico que se celebró en Florencia entre 1438 y 1445.[26] Y fue en el marco de ese concilio donde se efectuó un encuentro que tendría grandes repercusiones en la elaboración de los aspectos cosmográficos del proyecto colombino. Allí conoció Martínez a un físico florentino llamado

Paolo da Pozzi Toscanelli, con quien intercambió información referente a astrología, astronomía y cosmografía, y con el que, aparentemente, mantuvo correspondencia posterior sobre las mismas cuestiones. Durante la estancia de Colón en Portugal, mientras éste maduraba el proyecto que pensaba exponer en la corte de Alfonso V, asegura Las Casas que Colón se hizo muy amigo del canónigo Martínez,...y que llegó a discutir su proyecto con él.[27] Parece que Martínez le aconsejó que entablara contacto con Toscanelli, y le aseguró que éste podía apoyar científicamente el proyecto colombino de navegación occidental hacia el Asia. Colón escribió a Toscanelli hacia 1480 y recibió en respuesta una carta que incluía copia de otra escrita por el mismo Toscanelli al canónigo Martínez, fechada en 1474. La carta alude al proyecto de Colón de "pasar adonde nacen las especias". Desde el punto de vista cosmográfico, Toscanelli corrobora dos puntos fundamentales de la formulación del proyecto colombino. El primero es el cálculo de la extensión de Eurasia hacia el occidente, que, siguiendo la opinión de Marco Polo que le añadía 30 grados y contrariando la de la mayoría de los eruditos de la época, estimaba muy superior a la realidad. El segundo es el cálculo de la anchura del Mar Océano que separaba Europa de Asia por el occidente. Esta distancia, que Toscanelli imaginaba dividida por el Cipango, la estimaba en un total de 4500 millas: 3000 de las Canarias al Cipango (contra 3080 de Martín de Behaim), y 1500 del Cipango a Catay. En su proyecto, Colón reduciría todavía más —hasta 3500 millas náuticas— una distancia real de 11.766 millas.

Sobre la base de unos cálculos tan erróneos, no es sorprendente que Toscanelli le recomendara al rey de Portugal a través de su amigo Martínez, "el brevísimo camino que hay de aquí a las Indias, donde nacen las especierías, por la vía del mar, el cual tengo por más corto que el que hacéis a Guinea". La carta describe una carta de marear que la acompañaba y que desgraciadamente no se conserva, donde señala Toscanelli que "está pintado en derechura por Poniente el principio de las Indias, con las islas y lugares por donde podéis andar, y cuanto os podríais apartar del Polo Artico por la línea equinoccial, y por cuanto espacio; esto es, con cuantas leguas podríais llegar a aquellos fertilísimos lugares de especierías y piedras preciosas".[28] En la segunda carta de Toscanelli a Colón se vuelve a insistir sobre la viabilidad del proyecto colombino de navegación: "estoy persuadido a que habréis visto por mi carta que el viaje que deseáis emprender no es tan difícil como se piensa: antes al contrario, la derrota es segura por los parajes que os he señalado".[29]

Fijadas las bases cosmográficas del proyecto, Toscanelli pasa a describir esas tierras e islas del extremo oriental del Asia. Los ecos de las descripciones de Marco Polo son particularmente claros, sobre todo en su descripción del Cipango, que Toscanelli sigue fielmente, incluyendo el detalle de los palacios tapizados y techados de oro. Pero, dejando al margen detalles e influencias principales, encontramos en la descripción de Toscanelli muchos de los elementos centrales del modelo de representación colombino. Ambos imaginan tierras numerosas que albergan riquezas nunca vistas, están pobladas por habitantes pacíficos y favorables al comercio e intercambio, y no están sujetas a ninguna soberanía exterior, o, dicho de otro modo, son para el primero que llegue a ellas.

En su segunda carta a Colón, Toscanelli lleva todavía más lejos su estimación de la favorable acogida que recibirá en aquellas tierras lejanas el descubridor que primero las alcance. "Y estad seguro de ver reinos poderosos, cantidad de ciudades pobladas y ricas, provincias que abunden en toda suerte de pedrería, y causará grande alegría al rey y a los príncipes que reinan en estas tierras lejanas abrirles el camino para comunicar con los cristianos, a fin de hacerse instruir en la religión católica y en todas las ciencias que tenemos".[30]

Esta optimista afirmación de Toscanelli, con respecto al recibimiento que va a encontrar Colón a su llegada al extremo de Asia, presenta un interés muy particular. En ella aparecen, por primera vez, en una relación de contigüidad, dos elementos que van a caracterizar la filosofía de la conquista del Nuevo Mundo: por un lado, el interés comercial más o menos explícito por el botín que representan las tierras descubiertas y las riquezas que albergan; por otro, la justificación religiosa, entendida como la obligación de los reyes cristianos y sus vasallos de extender el imperio del cristianismo, y la necesidad en que viven los infieles de integrarse en la religión cristiana. Hay que situar el comentario de Toscanelli en el contexto con el que se relaciona: el de la narración de los primeros capítulos de los *Viajes* de Marco Polo, con la explicación de la embajada del Gran Kahn y su petición de que se le envíen representantes de la religión cristiana que puedan instruirlo a él y a los suyos. Pero la importancia de la formulación del modelo de relación entre cristianos e infieles que llevan a cabo tanto Marco Polo como Toscanelli, rebasaría el contexto literario en que se produjo, ya que dicho modelo llegó a ser uno de los parámetros ideológicos fijos de la mayoría de las expediciones descubridoras y conquistadoras. La percepción de la confrontación entre dos culturas diferentes, en este caso la cristiana y la indígena, se ajustaría a él; y el hecho de que los habitantes del Nuevo Mundo, al revés de lo que según Marco Polo sucedía con el Gran Kahn, no parecieran desear particularmente un cambio de religión, parecería irrelevante en un contexto ideológico que había definido ya irreversiblemente relaciones y papeles. En él, la necesidad de la acción conquistadora no se cuestionaba; su justificación era inherente al espíritu cristiano que la definía primordialmente como movimiento de propagación de la fe. La consecuencia necesaria de esta formulación fue la definición del papel del conquistador cristiano como elegido de Dios, con una obligación fundamental que sería la subordinación de las nuevas culturas a la cristiano-occidental, representada por los reyes de España, con todo lo que esa sujeción implicaba en términos económicos y políticos. Y la apropiación de los elementos materiales de cualquier cultura descubierta era, de acuerdo con el modelo ideológico dominante en la época, el botín legítimo de los esfuerzos que llevaba aparejados el proceso de propagación de la fe.

La cuestión de la función de la religión en el contacto entre Oriente y Occidente, a la que alude sutilmente la carta de Toscanelli, no es de ningún modo nueva sino que entronca con una larga tradición que enlaza con el espíritu de las Cruzadas que prevalecía en Europa durante la Edad Media; y en España, de manera más específica, con el espíritu de la reconquista. Más adelante se volverá sobre la supervivencia de esos modelos ideológicos que, aunque aparecen diluidos y mitigados en el caso de Cristóbal Colón por una particular procedencia cultural y de clase que lo definía primordialmente como comerciante genovés, florecerán en cambio de forma extraordinaria en toda una primera generación de conquistadores de América.

En toda la documentación de la vida de Cristóbal Colón es difícil hallar un asunto más polémico que la famosa correspondencia entre Colón y Toscanelli que acabamos de citar.[31] Este no es el lugar apropiado para intentar zanjar esa polémica, pero sí lo es para afirmar que la autenticidad de esa correspondencia que se acepta aquí como cierta es en cualquier caso secundaria para el análisis y la evaluación de la génesis y el desarrollo del proyecto colombino; y esto principalmente en razón de la multiplicidad de las fuentes en que se nutrió dicho proyecto. Es secundaria porque las cartas de Toscanelli y sus mapas, tal como aparecen descritos en ellas, no alteran sustancialmente en ningún punto la información combinada que Colón había encontrado principalmente en la *Imago Mundi,* la *Historia Rerum,* y los *Viajes* de Marco Polo. Los cálculos cosmográficos de Toscanelli hicieron poco más que formular científicamente las estimaciones de Marco Polo. Y, por otra parte, tampoco existió una coincidencia exacta entre éstos y los cálculos finales del propio Colón.

En todo caso, tanto en sus aspectos de contenido cosmográfico como en los de contenido descriptivo de las realidades de Asia Oriental, esta última y discutida fuente de articulación del proyecto colombino no parece haber tenido una importancia primordial sino más bien un valor confirmante en la elaboración de los aspectos prácticos del viaje de Cristóbal Colón. Y especialmente en la del arquetipo que se fue creando Colón —a lo largo de años de lecturas, relatos e indicios como las misteriosas maderas labradas o los cadáveres de hombres y mujeres de rostro pálido y rasgos exóticos que el mar empujaba en las tormentas de invierno hasta las costas de Gallaway o de Madeira— de lo que prometían y eran aquellas tierras remotas que lo esperaban a él, el elegido de la Providencia, del otro lado de un mar que casi había dejado de ser Tenebroso e innavegable a fuerza de irle restando más y más grados de anchura a cada nuevo cálculo.

2. El desconocimiento de un mundo real.

El peso de aquel arquetipo que suplía con imaginación y conjeturas el conocimiento de las tierras que Colón se proponía descubrir fue considerable durante todo el período de preparación y formulación del proyecto colombino. Pero su mayor importancia corresponde, paradójicamente, al período histórico posterior al momento del descubrimiento en 1492, y, más concretamente, al que abarca los cuatro viajes del Almirante con sus sucesivas exploraciones y formulaciones de la realidad del Nuevo Mundo.

El contacto con el Nuevo Mundo debería haber disipado progresivamente los errores que se contenían en el modelo colombino de lo que iban a ser aquellas tierras, y el descubrimiento y la exploración deberían haber iniciado un proceso de conocimiento de las nuevas realidades. Lo que sucedió en realidad fue muy distinto: Desde el primer momento del acercamiento de Colón a las tierras inexploradas no se canceló el arquetipo sino que se aplazó simplemente su realización plena mientras comenzaba a funcionar como mecanismo de reducción, deformación y ficcionalización de la nueva realidad.

La supervivencia del arquetipo frente a las realidades tan diversas que irían negando su validez a lo largo de las expediciones descubridoras de los cuatro viajes se explica por varias razones. En primer lugar, por el contexto cultural y científico de la época que permitía y asimilaba fácilmente la supervivencia de esquemas teóricos en clara contradicción con datos empíricos que los desmentían. Ejemplo de este fenómeno son algunas de las teorías cosmográficas vigentes mucho después de que las exploraciones portuguesas hubieran demostrado su falsedad. Es el caso de la inhabitabilidad de las zonas que se encontraban por debajo del ecuador, aceptada todavía varios años después de que los portugueses hubieran llegado hasta el cabo de Buena Esperanza. En segundo lugar, la supervivencia del modelo imaginario que tenía Colón de lo que serían las tierras que pensaba descubrir se explica por algunos aspectos de la concepción del mundo que poseía el Almirante y que se expresan de forma consistente a lo largo de todos sus escritos. Más específicamente, por unas formas de irracionalismo que se concretaron en el particular mesianismo del personaje.

Las Casas recoge y elabora hasta la saciedad la cuestión de la elección divina de Colón y de su misión evangélica y descubridora como parte de un plan divino anterior al hombre y a su época. En su *Historia de las Indias,* las referencias eruditas se conjugan con las opiniones personales de Las Casas para intentar demostrar de forma irrefutable que Colón era ni más ni menos que el enviado de Dios para el descubrimiento y cristianización del Nuevo Mundo. Con un celo más apasionado que objetivo, Bartolomé de las Casas se aplica a desenterrar profecías, comentarios de las Escrituras o de los clásicos, que anuncian, según él, de forma incuestionable el descubrimiento de América por Cristobal Colón.[32] Esta argumentación de Las Casas tendría un interés simplemente anecdótico si no fuera porque viene a reforzar toda una línea de razonamiento que recorre el discurso colombino desde el *Diario* de su primer viaje hasta la *Lettera Rarissima* que escribió desde Jamaica en 1503. Ya en el *Diario* de navegación del primer viaje se señala a Dios como verdadero realizador, a través de las acciones colombinas, de hechos tan diversos como el embarrancar las naves junto a la Navidad o el indicar la situación exacta de las minas de oro de Babeque.[33] A primera vista, esta utilización divina del Almirante parece reducirlo a la categoría de simple instrumento, restándoles considerable mérito a sus acciones y elecciones. Pero esto es así desde una perspectiva moderna, no en el contexto religioso de la época. Dentro de aquel contexto el hombre que era instrumento divino no perdía por ello honra ni mérito sino que ganaba un prestigio y una credibilidad que lo volvían poco menos que incuestionable. La pérdida de responsabilidad e iniciativa que comporta el ser definido como simple instrumento de la voluntad de Dios, quedaba ampliamente compensada y hasta superada por la reducción de cualquier posibilidad de error que implicaba el hecho de que cada una de las acciones del personaje estuviera inspirada y avalada por el propio Dios.[34]

Es indudable, a la vista de sus propias declaraciones, que Colón se veía a sí mismo como instrumento de la voluntad divina y que se consideraba guiado y protegido por Dios en sus acciones más diversas. La carta que narra el descubrimiento a Santángel comienza refiriéndose a dicho descubrimiento como "la gran victoria que Nuestro Señor me ha dado en mi viaje"; y sólo al final de la carta se decide Colón a incluir, como miembros honorarios de esa especie de sociedad que ha formado con Dios, a los propios reyes cuando menciona que "nuestro Señor dió esta victoria a nuestros Ilustrísimos Rey y Reina".[35] En el segundo viaje, la seguridad que tiene Colón de contar con el apoyo divino se expresa en las continuas referencias a una misericordia que debe resolver todos los problemas, sinsabores y decepciones de la nueva experiencia descubridora. La reducción, durante el segundo viaje, de la relación entre Dios y Colón a la de misericordia de un dios caritativo con un hombre sufridor, supone un paréntesis en el optimismo mesiánico colombino y funciona dentro del discurso narrativo como signo que apunta a un contenido semántico que nunca se nombra explícitamente. Se trata del fracaso, lo inmencionable por excelencia dentro de unas coordenadas ideológicas que garantizan el éxito de cualquier proyecto inspirado y dirigido por Dios. Las invocaciones constantes a la misericordia divina que encontramos en la narración del segundo viaje aluden una y otra vez a los términos concretos y siempre elípticos de una realidad problemática cuyo carácter decepcionante hace necesaria de forma especial tal protección. En el tercer viaje de Colón se cierra ese paréntesis de vacilación y vulnerabilidad. En él, Colón reafirma su condición de protegido y elegido de Dios que lo "lleva milagrosamente (a Isabela)" y que le "dió victoria siempre".[36] Y su confianza en tal condición es tan sólida que en la cuestión de las acusaciones de Roldán, se coloca explícitamente de un lado con Dios, frente a cualquiera que incurra implícitamente en un pecado de blasfemia acusándolo. "Ellos...me levantaron mil testimonios falsos y dura hasta hoy en día. Mas Dios Nuestro Señor, el cual sabe mi intención y la verdad de todo, me salvará como hasta aquí hizo; porque hasta ahora no ha habido persona contra mí con malicia que no la haya él castigado".[37] La alianza entre Dios y Colón parece más sólida que nunca ya que le permite a Colón amenazar con la divina venganza a un "ellos" que puede hacerse fácilmente extensiva a los reyes según que éstos se sitúen del lado de Dios —y Colón— o del de sus enemigos.

La percepción de sí mismo como instrumento divino que presenta Colón a lo largo de su discurso de descubrimiento y la concepción mesiánica de sus hazañas culmina en el cuarto viaje, en una visión entre angélica y delirante, en la que Colón oye voces que simultáneamente le afirman la realidad de su conexión especial con Dios, la lealtad de éste para con sus emisarios (en flagrante contraste con la ingratitud de los reyes para con los suyos), y el sentido oculto de las tribulaciones colombinas dentro de los designios siempre insondables de la Providencia. La visión se cierra con una promesa explícita de apoyo y de tiempos mejores.[38]

El problema de fondo que plantea la presencia de este esquema ideológico providencialista que articula, en parte, la percepción colombina de la empresa de descubrimiento, es el de la debilitación de la razón como instrumento de conocimiento. En el contexto de un esquema que prevé desde el origen de los tiempos unos acontecimientos realizados por la voluntad divina a través de un hombre iluminado y dirigido por Dios, cualquier intuición cobra sentido de profecía y cualquier interpretación personal es percibida como verdad objetiva. Este mecanismo explica en parte la persistencia con la que Colón se mantuvo fiel, frente a las realidades más contrarias, a su intuición de lo que serían las nuevas tierras; es decir, a la visión que se plasmó, durante la fase de formulación de su proyecto de descubrimiento, en el modelo imaginario de las tierras desconocidas.

Por otra parte, esta misma persistencia da la medida de la ceguera que caracterizó la percepción de América que tuvo Colón, así como del grado de distorsión a que fue sometida en sus escritos una realidad que era caracterizada básicamente por defecto, y cuya revelación en los relatos y descripciones de Colón fue con demasiada frecuencia una ficcionalización que se ajustaba a los términos de formulaciones de modelos anteriores y ajenos a ella. Dentro del discurso colombino, la oposición central entre un proceso de ficcionalización distorsionadora, como el que se da en la representación de la realidad del Nuevo Mundo que encontramos en los diarios y cartas de Cristobal Colón, y un proceso posible de descubrimiento y conocimiento objetivo de la realidad americana se resuelve en la sustitución implícita de un acercamiento analítico y racional por un proceso de identificación. Desde el momento mismo del descubrimiento, Colón no se aplicó a ver y conocer la realidad concreta del Nuevo Mundo sino a seleccionar e interpretar cada uno de sus elementos de modo que le fuera posible identificar las tierras recién descubiertas con el modelo imaginario de las que él estaba destinado a descubrir. Y esta voluntad de identificación del Nuevo Mundo con las míticas tierras mencionadas por d'Ailly, Marco Polo y las demás fuentes de su modelo se manifiesta, en los escritos colombinos, desde los primeros relatos y descripciones del Nuevo Mundo que aparecen en el *Diario* del primer viaje y en la carta a Santángel, hasta la última descripción que hizo de América en la carta a los reyes que escribió desde Jamaica al final de su cuarto viaje.

Existe ya una certeza aceptable acerca del itinerario que siguió Colón en cada uno de sus viajes. S.E. Morison llevó a cabo una travesía en 1939 en la que, saliendo de las Canarias y con los diarios de navegación de Colón en mano, se aplicó a seguir el itinerario de viaje de Colón. El Almirante tocó tierra en San Salvador, de donde prosiguió hasta Sta. María de la Concepción, Fernandina, Isabela, Juana y Española, por este orden, emprendiendo su regreso a España desde la última.[39] La impresión que le produjo la primera visión de San Salvador no fue precisamente entusiasta, a juzgar por la forma en que aparece narrada en la entrada correspondiente al 11-12 de Octubre del *Diario* del primer viaje. En ella, Colón toma nota escueta del aspecto de la tierra señalando sus "arboles muy verdes y aguas muchas y frutas de diversas maneras" y mencionando un escuálido botín de "ovillos de algodón filado y papagayos y azagayas y otras cositas que sería tedio describir".[40] Y acto seguido se apresura a mencionar que, aunque hay pequeños indicios de oro, le dicen los indios que debe ir al sudeste a buscar el oro y las piedras preciosas. Decide que está al noroeste de las tierras que busca, y, dejando caer de pasada que también en San Salvador hay oro —nunca lo hubo pero de acuerdo con su idea tenía que haberlo— se propone "ir a topar la isla de Cipango", que supone muy próxima a San Salvador.

A partir de ahí, la composición de lugar de Cristobal Colón será clara. Cree encontrarse ya en aguas cercanas al Cipango y, por lo tanto, se trata de ir explorando cada una de las islas que encuentra para hacerse una idea de cómo son que le permita decidir si son las mismas que él busca, y, muy particularmente, el Cipango. El proceso de descubrimiento se convierte en uno de eliminación en el que Colón se limita a anotar brevemente unos cuantos rasgos aparentes de las islas antes de descartarlas como posibles Cipangos. Para cada isla, un pequeño inventario: tierra fértil, gente desnuda, grado de civilización, indicios de metales preciosos. En la Fernandina expresa impaciencia ante lo hallado y confía en que Dios lo dirija hacia su objetivo: "y es oro porque les amostré algunos pedazos del que yo tengo, no puedo errar con la ayuda de Nuestro Señor que yo no lo falle adonde nace".[41] Y en la Isabela se anima ante las noticias que recibe de los indígenas, que parecen indicarle que está cerca de su objetivo: "veré si puedo haber el oro que oyo que trae (el rey de la Isabela) y después partir para otra isla grande mucho, que creo que debe ser Cipango según las señas que me dan estos indios que yo traigo, a la cual ellos llaman Colba...y según yo fallare recaudo de oro o especiería determinaré lo que he de facer...tengo determinado de ir a la tierra firme y a la ciudad de Quisay, y dar las cartas de vuestras altezas al Gran Can".[42] Al día siguiente vuelve a insistir en la misma idea: "Quisiera hoy partir para la isla de Cuba, que creo debe ser Cipango según las señas que me dan estas gentes de la grandeza della y riqueza, y no me determé más aquí...pues veo que aquí no hay mina de oro... Y pues es de andar adonde haya trato grande digo que no es razón de se detener salvo *ir camino y calar mucha tierra fasta topar en tierra muy provechosa*".[43] Colón confirma aquí implícitamente la existencia del proceso de eliminación. Todas las tierras que lo separen de su objetivo prefijado son para él "ir camino y calar tierra". No despiertan su interés más que en la medida en que puedan constituir un indicio de la proximidad de las islas fabulosas del Asia Oriental descritas por Marco Polo.

El día 30 de Octubre de 1492, Colón, que lleva ya dos días en Cuba, modifica por primera vez su identificación Cuba-Cipango. Pero no para reconocer la existencia de una tierra nueva y distinta, sino para sustituir la primera identificación por la de Cuba-Catay. El primero de Noviembre cambia de nuevo de parecer y pasa a identificar Cuba con la tierra firme y Quinsay: "Y es cierto —dice el Almirante— que esta es la tierra firme y que estoy ante Zayto y Quinsay, 100 leguas". Consecuentemente decide enviar por tierra una embajada para establecer contacto con el Gran Can y entregarle la carta de presentación firmada por los Reyes Católicos que había traído para la ocasión.[44] En ese momento, Colón está tan seguro de hallarse en los dominios del Gran Can que habla con gran optimismo de "las ciudades del Gran Can, que se descubrirán sin duda, y otras muchas de otros señores que habrán en dicha servir a vuestras altezas".[45] Esta confianza es particularmente reveladora del funcionamiento de Colón. Hay que recordar que en ese momento —un mes después de haber llegado a San Salvador— Colón no ha encontrado *nada* de lo que esperaba. Pero esto no le preocupa porque, una vez decidida, de forma voluntarista, la identificación entre lo que va descubriendo y lo que esperaba descubrir, la realización total de sus deseos es sólo cuestión de tiempo. Por eso afirma su seguridad en que lo que busca "se descubrirá sin duda".

Como los vientos contrarios le impiden rodear Cuba, Colón sale de allí convencido de que su identificación de Cuba con la tierra firme de Asia es válida. Y a la llegada a la última isla descubierta en el primer viaje —Española— decide que esta vez sí que se encuentra en el Cipango porque le parece oír que los indígenas hablan del Cibao, que es una región del interior de la Española; y él decide que el Cibao no puede ser otra cosa que el Cipango que anda buscando. La necesidad de identificación entre modelo imaginario y realidad descubierta es tan grande para Colón que, aparte de llevarle a ignorar sistemáticamente la mayoría de los aspectos concretos de la nueva realidad, y de impedirle comprender o ver el Nuevo Mundo tal como es, es capaz de hacerle admitir la posibilidad de que el Cipango, que él siempre había situado, con Marco Polo, a unas 1500 millas de la tierra firme asiática, se encuentre a escasa distancia de Cuba-Catay. Y esto, por no mencionar el hecho mismo del nombre. De Cibao a Cipango va un trecho, pero para Colón esto no cuestiona la identificación sino que indica simplemente que los indígenas no saben pronunciar el nombre de su propia isla.

Por fin, el día 4 de Enero de 1493, después de dos semanas de exploración de la Española, Colón decide que efectivamente el Cipango está allí. La transcripción de su diario hecha por Las Casas dice: "Concluye que Cipango estaba en aquella isla y que hay mucho oro y especiería y almáciga y ruibarbo".[46] El mecanismo es claro y su conclusión lógica: Si el Cibao *es* Cipango, *tiene* que albergar esas riquezas, y el que hasta ese momento Colón no las haya encontrado es secundario. El problema está en que la identificación era errónea; que en la Española *no* habían sido descubiertas ni especias ni oro; y que, consecuentemente, al enumerar la existencia de esos productos, Colón no estaba informando sino ficcionalizando, de acuerdo con sus propias ideas preconcebidas, una realidad que no era capaz de percibir en términos reales.

La extraordinaria identificación de la Española con el Cipango se complementa con la identificación de una región de la misma isla con las míticas Társis y Ofir. Pedro Mártir señala en su primera *Década* que Colón le contó que había encontrado la isla de Ofir, que identificaba con la Española.[47] Y Las Casas confirma esta última identificación colombina del primer viaje citando una carta de Colón a los reyes en la que "Aquella isla de Ophir o Monte de Sópora (adonde iban las naves de Salomón en busca de tesoros), dice aquí el Almirante ser aquesta isla Española que ya tenían sus Altezas". Colón vuelve sobre esta identificación del primer viaje en el resumen de sus descubrimientos que hace en la carta que escribe a los reyes desde Sevilla en 1498, donde habla de "Salomón que envió desde Hierusalem a fin de Oriente a ver el monte Sópora en que se detuvieron los navíos tres años, el cual tienen vuestras altezas agora en la Isla Española".[48]

Desde la isla Española Colón emprende el viaje de regreso a España y se lleva consigo una percepción de la realidad que tiene mucho más de invención que de descripción. Las islas recorridas han sido o bien ignoradas como simples indicios o pasos intermedios no significativos hacia el objetivo fundamental —éste fue el caso de San Salvador y Concepción entre otras— o bien distorsionadas en el esfuerzo por identificarlas con el arquetipo colombino de las tierras desconocidas del otro lado del Mar Tenebroso. La verdadera identidad natural y cultural de las islas del Caribe sigue por descubrir después de un largo viaje en el que Colón se ha limitado a "reconocer" el Cipango, el Catay, Quinsay, los reinos del Gran Can y de Mangi, y las regiones míticas de Társis y Ofir. Pero el sentimiento de triunfo del Almirante ante los "hallazgos" del primer viaje estaba condenado a ser de corta duración. Porque, desgraciadamente para él, la realidad se resistiría a coincidir con sus esquemas e intuiciones, y se le iría haciendo progresivamente más difícil materializar la verdad de sus fantásticas apreciaciones.

A lo largo de todo el segundo viaje, en el que Colón recorrió las islas que se encuentran entre la Dominica y Cuba, así como la isla de Jamaica, todos los esfuerzos del Almirante no resultaron suficientes para aportar pruebas aceptables de la validez de sus identificaciones. Por ello, en el *Memorial* que les envió a los Reyes por conducto de Antonio Torres, el tono y el lenguaje de Colón serían ya muy diferentes de los que se encontraban en sus diarios y cartas del primer viaje. El triunfalismo característico de la *Carta a Santángel* ha desaparecido por completo. En el memorial, Colón ha pasado a expresarse en estos términos: "...a Dios ha plazido darme tal gracia para en su servicio, que hasta aquí *no hallo yo menos* ni se ha hallado en cosa alguna de lo que yo escribí, dije e afirmé a sus Altezas en los días pasados, antes por gracia de Dios *espero que* aún muy más claramente y muy presto por las obras *parecerá,* porque las cosas e especiería en solas las orillas del mar sin haber entrado dentro de la tierra se halla tal *rastro e principios* della que es razón que *se esperen* muy mejores fines, y esto mismo en las minas del oro, porque con sólo dos que fueron a descubrir cada uno por su parte...*se han descubierto* tantos ríos tan poblados de oro que cualquier de *los que lo vieron* e cogieron solamente con las manos por muestra, vinieron tan alegres, y *dicen tantas cosas* de la abundancia dello que yo tengo empacho de las decir e escribir a sus Altezas;...pero porque allá va Gorbalán que fue uno de los descubridores, él dirá lo que vió aunque acá queda otro...que sin duda y aún sin comparación descubrió mucho más según el memorial de los ríos que el trajo diciendo que en cada uno de ellos hay cosa de no creella; por lo cual sus altezas pueden dar gracias a Dios, pues tan favorablemente se ha en todas sus cosas".[49]

Los rasgos más característicos de este párrafo son su extraordinaria ambigüedad, la vaguedad de los datos y la delegación y el reparto de responsabilidades. De entrada, los hallazgos se caracterizan no en forma afirmativa —he hallado más— respondiendo a lo que Colón prometió en el primer viaje y a lo que los reyes esperan de él, sino en forma negativa —no he hallado menos. Las riquezas se indican sin datos específicos de ningún tipo. Hay "rastros" de especiería y "principios" de ella, pero el optimismo de la evaluación se justifica afirmando que, si sólo ha encontrado rastros es porque no ha podido detenerse para penetrar y explorar más allá de las orillas. El oro también "se espera" abundantísimo, pero no por testimonio directo de Colón sino por las afirmaciones de los que han descubierto tantos ríos tan abundantes en dicho metal. A partir de ese momento, las transferencias de responsabilidad se multiplican: Colón, que había llevado a cabo desde su "yo" narrativo cada una de las acciones relevantes del primer viaje, cede repentinamente el protagonismo, y con él la responsabilidad de error, a Gorbalán —que dirá lo que vio *él*— y a Hojeda —que afirma a su vez que en los ríos que ha recorrido hay una cantidad de oro que al propio Colón, se puntualiza, le parece "de no creella".

Todo el estilo y la construcción del *Memorial* de Torres, cuyo primer párrafo se acaba de comentar, indican que la realidad de las nuevas tierras estaba haciendo vacilar la seguridad del Almirante con respecto a las identificaciones que llevó a cabo con tanta certeza durante su primer viaje. Pero hay dos documentos que nos revelan que, incluso ante los problemas cotidianos que le planteaba a Colón, la falta de correspondencia entre lo que iba descubriendo y lo que él "sabía" que había de descubrir allí, Colón no había renunciado un ápice a su modelo. El primero es una referencia a una nueva identificación —esta vez entre una isla del Caribe y el fabuloso reino de Saba que aparece en la carta que le escribió Michele de Cuneo a Hieronymo Annari en Octubre de 1495, narrando el segundo viaje del Almirante, en el que él, Cuneo, participó. Dice Cuneo: "anti che iustrassimo a la isola grossa ne disse (Columbo) queste parole: 'Signori miei, vi voglio conducere in uno loco di unde si parti uno dei tre magi le quali veneron adorare Christo, il quale loco si chiama Saba' ".[50] Esta "isola grossa" que el Almirante identifica sin vacilar con el reino de Saba, parece haber sido —según demuestra largamente Manzano— la isla de Jamaica. El segundo documento, que demuestra la vigencia, durante el segundo viaje, de la determinación colombina de ignorar la realidad geográfica del Nuevo Mundo en todo aquello que pudiera poner en tela de juicio su modelo previo, es todavía más sorprendente. Se trata del texto de un juramento firmado por casi toda la tripulación, que dice así: "...veia ahora que la tierra tornaba al Sur Suduest y al Suduest y Oest, y que ciertamente no tenía dubda alguna que fuese la tierra firme antes lo afirma y defendería que es la tierra firme y no isla y que antes de muchas leguas, navegando por la dicha costa, se fallaría tierra adonde tratan gente política de saber y que saben del mundo, etc.".[51]

La toma del juramento tuvo lugar al dar por terminada Colón la exploración de parte de la costa de Cuba. La necesidad de dicho juramento revela la resistencia no sólo de la geografía del Caribe sino también del buen juicio de buena parte de la tripulación a aceptar las interpretaciones de la realidad de Cristóbal Colón. Cuneo, por ejemplo, se refiere con considerable escepticismo a esa decisión del Almirante de identificar Cuba con Catay y señala que la mayor parte de la tripulación estaba de acuerdo con el abate Lucena, que defendía a bordo la insularidad de Cuba. En todo caso, lo indudable a la vista del juramento es que Colón seguía, a aquellas alturas de su segundo viaje, firmemente decidido a mantenerse aferrado a su modelo imaginario del Nuevo Mundo y a forzar la realidad y la percepción de los demás cuanto fuera necesario para que ambas coincidieran con aquél. La tierra firme a la que se alude en el documento citado no es cualquiera, sino la del Catay, Mangi o extremo oriental del Asia que se hallaba "al comienzo de las Indias y fin para quien en estas partes quisiere venir de España por tierra.[52]

En el tercer viaje de descubrimiento, Colón llega al punto máximo de su delirio identificador del que deja constancia minuciosa en unos textos que son magníficos ejemplos de literatura fantástica, aunque él los presente como descripciones objetivas del continente sudamericano. A las identificaciones del primer y segundo viajes, el Almirante va a ir añadiendo durante el tercero: la de las islas de la costa de Venezuela con las islas perlíferas de Asia descritas por d'Ailly en su *Imago Mundi*;[53] la del Monte Christi con el Monte Sópora de Salomón;[54] y, sobre todo, la del golfo de Paria y la costa venezolana con el Paraíso Terrenal.

El procedimiento es sencillo. Colón se encuentra ante unos fenómenos inexplicables que no puede ignorar: las turbulencias producidas en el mar por el caudal de agua dulce de la desembocadura del Orinoco, la habitabilidad de una zona que suponía habitable con gran dificultad, el color claro de la piel de los habitantes de la zona, y la inclinación de las aguas que le parecían hacer pendiente entre Paria y las Azores. Ante esta realidad Colón tiene dos alternativas posibles: explorar la desembocadura y la tierra firme para averiguar qué es realmente todo aquello, o buscar la explicación de lo que ve identificándolo con información contenida en alguno de sus modelos literarios. Escoge lo segundo, y se apoya en sus fuentes habituales, desde las Escrituras hasta la *Imago Mundi,* para demostrar: 1) Que la Tierra no tiene forma de esfera, sino de pera o de teta de mujer. 2) Que el pezón de la teta está situado en la región de Paria. 3) Que en ese pezón se encuentra el Paraíso Terrenal con las fuentes originarias del Tigris, Eufrates, Ganges y Nilo. Siguiendo el mismo razonamiento, Colón atribuirá la suavidad del clima, la amabilidad de las gentes y la exhuberancia del paisaje a su proximidad con respecto al Paraíso. Y verá en los remolinos que causa el Orinoco en la bahía de su desembocadura el caudal de agua dulce originario de los cuatro grandes ríos que nacen, según d'Ailly, en el Paraíso, para descender, luego, del pezón (alta montaña en Ailly), llegando con estruendo y ruido terribles, que a Colón le explica el choque entre agua dulce y salada de la desembocadura, a formar un gran lago: naturalmente, el de la zona de agua dulce que se resiste a mezclarse con la salada de fuera de la bahía.[55]

De nuevo, el modelo literario previo se impone a la realidad que Colón pretende estar descubriendo y explorando, y el resultado es la deformación del Nuevo Mundo de acuerdo con los términos del modelo en un proceso de ficcionalización que substituye una realidad concreta, la tierra firme de América del Sur, por otra imaginaria: el Paraíso Terrenal encaramado al pezón de la fantástica teoría colombina. Dos años más tarde, después de las tribulaciones y los sinsabores en que concluyó su tercer viaje, Colón recapitularía los éxitos de su labor de descubridor en su carta a Doña Juana de Torres, ama del príncipe Don Juan. En ella el Almirante no se animaba ya a insistir sobre esta última y extraordinaria identificación de su tercer viaje, como no fuera a través de la alusión velada que, implicaba la expresión "nuevo cielo e mundo",[56] que, aludiendo a las nuevas tierras, se relacionaba con la de "otro mundo", utilizada por primera vez por el Almirante para describir las tierras en que se hallaba el Paraíso, en la carta que escribió a los reyes desde Paria el 15 de Octubre de 1498.

Cuando finalmente consiguiera lo necesario para emprender un último viaje, Colón decidiría ir en busca de unos objetivos muy diferentes de su fantástico Paraíso Terrenal venezolano. En su cuarto viaje, Colón buscaba el estrecho que le permitiría pasar de un océano a otro. Pero, en el proceso de localización, Colón llevaría a cabo una última serie de identificaciones erróneas. América Central se identificaría en términos generales con Asia; los habitantes del Cariay con los que mencionaba Eneas Silvio en su *Historia;* Quiriquetana, que era el nombre que daban los indígenas a la región interior de la bahía del Almirante, se identificaría con Ciamba, que era el nombre dado por Marco Polo a la Conchinchina. Sin embargo, poco después Colón decidiría, sobre la base de la información que le iban proporcionando los indígenas, que en realidad Ciamba era la provincia de Ciguare, también situada en el interior del istmo. Y finalmente, el Almirante terminaría por identificar la costa asiática, que creía estar recorriendo, con la del Quersoneso Aureo y la península de Malaya. Ahí debían encontrarse pues las fabulosas minas de oro de las que Salomón sacaba enormes cantidades para su tesoro. Y, en virtud de la identificación voluntarista de Cristóbal Colón, aquellas minas, que ni siquiera se encontraron situadas jamás en el continente que Colón estaba explorando, pasaban a ser la más reciente y fantástica propiedad de la corona española, ya que, según afirmaba el Almirante, "Aquellas minas de la Aurea son unas y se convienen con estas de Veragua".

La sustitución de un proceso de aprehensión objetiva de la realidad americana por otro de identificación del Nuevo Mundo con modelos literarios previos se expresa, dentro de los textos que integran el discurso colombino, en una serie de rasgos que organizan los modos de descripción y caracterización de dicho discurso. Se trata fundamentalmente del uso de la "verificación descriptiva" como modo de caracterización, modo inseparable de un proceso de selección de datos cuya consecuencia lógica e inevitable fue la distorsión de la realidad por eliminación de toda una serie de aspectos concretos. La realidad que emerge de las descripciones que ofrecen los textos de este discurso es una realidad que aparece simultáneamente ficcionalizada por identificación y mutilada por reducción. El modo de caracterización del Nuevo Mundo dentro de estos textos corresponde a una percepción selectiva que sólo se propone aprehender los elementos que sostienen el proceso de identificación de América con Asia; su resultado será una representación de la realidad que se ajusta a los términos del código de representación que se desprende del primer objetivo teórico del proyecto de descubrimiento colombino: el código de identificación de América con las tierras del Asia Oriental descritas por las fuentes y modelos literarios del Almirante.

El primer elemento de la nueva realidad con el que entró en contacto Cristóbal Colón fue la naturaleza, y la descripción de esa naturaleza ocupa un espacio importante en el *Diario* del primer viaje a partir de la entrada correspondiente al 11 de Octubre. Sin embargo, un análisis cuidadoso de todas las descripciones de la naturaleza que hace el Almirante durante este primer viaje revela muy pronto la tipificación extraordinaria de unas descripciones que enlazan con toda una larga tradición de representación del Jardín del Edén y

que constituyen, en ciertos aspectos, una versión simplifica-
da y empobrecida de tan larga serie de imágenes paradisía-
cas del mítico jardín. En ellas, con muy pocas excepciones, la
caracterización aparece reducida a una serie de motivos
fijos. Y cada uno de los elementos que describe aparecerá
calificado dentro del discurso colombino por una serie de
adjetivos constantes cuya función primordial es el fijar en
ellos las cualidades que los ligan, por identificación, al
modelo literario previo.

Habla Colón del aire con insistencia, y en su descripción
lo asocia siempre a dos cualidades: suavidad y calidez. Otras
muchas cualidades posibles del aire son ignoradas con igual
constancia —luminosidad, transparencia, sequedad, hume-
dad, etc.— Esto no se debe a que estas cualidades no se en-
cuentren presentes en los aires del Nuevo Mundo, sino a que
no es sobre ellas, sino sobre la suavidad y calidez (es decir
sobre la temperatura) donde se apoya la validación de un
modelo de la tierra desconocida —el de Colón— que se
oponía a otros muchos que, en la misma época, defendían la
inhabitabilidad de la zona tórrida y de las regiones desconocidas de más allá del Atlántico. Colón estaba convencido
de lo contrario, y es este convencimiento el que se expresa
textualmente en la reducción de la caracterización del aire a
las cualidades verificadas: su temperatura y respirabilidad.

En la caracterización colombina del primer viaje la tierra
aparece reducida a dos aspectos. El primero se concreta en
su fertilidad y extensión: Las islas son "grandes", "extensas",
"extensísimas" y "grandísimas", y también son "verdes" y
"fertilísimas", sin que falten los adjetivos citados en ninguna
de las descripciones de las nuevas tierras. El segundo aspecto
es topográfico: Colón señala insistentemente la ausencia o
presencia de montañas en las nuevas tierras. Hasta la llegada
a la Española, el relato califica de llanas a cada una de las
islas descubiertas, y en algunos casos llega a reiterar "muy
llana sin montaña alguna".[57] De nuevo, la reducción de la
caracterización a dos aspectos principales —el topográfico y
el de riqueza natural—, que se expresan en el texto en la
utilización de una lista muy limitada y repetitiva de adjeti-

vos, lejos de ser arbitraria está dictada por elementos concretos del modelo imaginario de Cristóbal Colón. La riqueza y exhuberancia natural son dos de los elementos constantes de las tierras que las fuentes de Colón describen en el extremo oriental de Asia: y la presencia o ausencia de montañas está ligada a una serie de identificaciones fundamentales de este primer viaje: La de las islas del Caribe con las islas del Asia, que según d'Ailly estaban cubiertas de montes que encerraban cantidades fabulosas de oro; con el monte Sópora, que se levantaba sobre la región mítica de Társis y Ofir; y con el Cipango de Marco Polo.

El agua, tercer elemento en que se concreta la descripción de la naturaleza en el primer viaje de Colón, aparece reducida a un solo rasgo fundamental: la abundancia. Hay "aguas muchas", "ríos hondos", "lagos grandes", etc. El sentido de esta reducción es doble, ya que por una parte liga estas tierras surcadas de ríos y salpicadas de abundantes aguas al modelo de d'Ailly que destacaba la extraordinaria abundancia de aguas en el oriente asiático; y por otra, refuerza el aspecto de fertilidad y exhuberancia que enlaza estas tierras con las del Asia de Marco Polo a través de su riqueza natural.

La fauna americana se caracteriza por reducción a uno de sus rasgos: el exotismo. Los papagayos, simios y peces disformes que menciona escuetamente el Almirante subrayan la diferencia entre estas tierras y el mundo occidental, confiriéndoles un carácter exótico que las liga a las descripciones de flora y fauna compiladas en la *Historia Natural* de Plinio y en los diversos bestiarios medievales.

El último elemento central de esta primera caracterización de la naturaleza llevada a cabo por el Almirante es la vegetación. La vegetación es una realidad insoslayable y sorprendente para cualquier europeo que se encuentre de pronto en un espacio natural tropical. Sin embargo, en mi opinión —y muy al contrario de S.E. Morison que ve en ellas toda suerte de resonancias e inspiraciones poéticas— las descripciones de la vegetación tropical que ofrece Colón son de una gran pobreza y se reducen a la repetición tipificada de unos pocos rasgos fundamentales que se expresan en una serie aún más limitada de adjetivos. La percepción colombina reduce la vegetación tropical a dos cualidades: la exhuberancia y el valor material. La exhuberancia se expresa en dos series de adjetivos que se refieren respectivamente a la fertilidad y a la abundancia. La fertilidad se expresa en la repetición obsesiva de lo "verde" y en la equivalencia implícita entre "verde" y "fermoso"; la expresión reiterada de la abundancia se concreta en la utilización repetitiva de "espeso", "grande", "numeroso", "innumerable", etc. El valor material, segundo aspecto que agrupa la adjetivación de la vegetación en esta presentación del Almirante, pasa por la atribución de la capacidad de producir especias. Ante cada espécimen de árbol desconocido —es decir, ante casi cada uno de los árboles que va viendo— Colón sigue el mismo proceso mental. O bien lo identifica, con frecuencia erróneamente, con árboles muy buscados como la almáciga o el lináloe,[58] o bien elude su descripción precisa, reduciéndolo a su verdura y a la exhuberancia de sus hojas y fruto, y sustituyendo cualquier caracterización específica por la atribución general de la capacidad de producir especias valiosas y muy buscadas: nuez moscada, clavo, pimienta, etc.[59] Y, de nuevo, el proceso de reducción de la vegetación natural, que Colón pretende estar describiendo, a dos rasgos fundamentales no es arbitrario: Tanto la exhuberancia como la capacidad de producir especias eran elementos fundamentales a la hora de proceder a identificar lo que Colón veía con lo que intentaba verificar.

El oro, las piedras preciosas y las perlas merecen, dentro del examen de esta caracterización de la realidad americana que resulta del método de verificación descriptiva empleado de forma sistemática por el Almirante, una mención aparte aunque formen parte de la naturaleza. La razón de esta separación está en que éstas ocupaban para el propio Colón un lugar especial, al funcionar como ejes centrales de todo el proceso de verificación. Esto no implica que Colón siguiera un método más exacto o diferente a la hora de describir y caracterizar esas riquezas, sino todo lo contrario. Para

Colón se trataba de afirmar su existencia como condición necesaria para la validación y confirmación definitivas de todo el proceso de verificación que estamos analizando: La identificación final de América con el modelo asiático colombino dependía fundamentalmente del hallazgo de esas riquezas. De ahí que su valor fuera no sólo material sino también simbólico. Eran la clave de la confirmación de la validez de toda la interpretación colombina y del éxito de su empresa; sin ellas, ni interpretación ni empresa podían sostenerse. En el oro y las piedras preciosas del Nuevo Mundo tenían que materializarse las riquezas míticas descritas por Marco Polo, anunciadas por Pierre d'Ailly y Eneas Silvio, y prometidas por Colón en su proyecto de navegación y descubrimiento. De ahí que la urgencia de su búsqueda se superpusiera a todo lo demás para el Almirante que "no buscaba salvo el oro".[60] Pero la existencia de cantidades fabulosas de oro, plata y piedras preciosas, que el Almirante certifica una y otra vez en sus textos no se da como resultado de la exploración de las islas sino de forma totalmente apriorística: No es que América fuera Asia porque se habían encontrado en ella las riquezas anunciadas por el modelo sino que esas riquezas *tenían que estar* en algún lugar de las nuevas tierras ya que, para el Almirante, éstas formaban con toda seguridad parte de Asia.

En el resumen que hizo Colón al principio del *Memorial* que les escribió a los reyes el 30 de Enero de 1494, desde Isabela, la caracterización de los múltiples aspectos de la realidad americana aparecería reducida a sólo tres de los aspectos que había destacado la verificación descriptiva del *Diario* del primer viaje: Las especias, que se reducen a indicios ("rastros" y "principios" los llama Colón): el oro, que se reduce a la cualidad de abundancia ("*tantos* ríos *tan* poblados de oro"); y la tierra cuya descripción aparece reducida a la cualidad de fertilidad, o sea a la capacidad de producir: "somos ciertos como la obra lo muestra que en esta tierra así el trigo como el vino nacerá muy bien...que parece muy maravillosa...que ninguna otra tierra que el sol escaliente puede ser mejor al parecer ni tan fermosa".[61] Y la equivalencia que se va estableciendo progresivamente en el texto entre "productiva" y "fermosa" hasta llegar a una identificación total de los dos términos ilustra perfectamente la ideología que subyacía en los criterios estéticos y descriptivos de Colón.

El método de verificación descriptiva como modo de caracterización y reducción de la realidad americana que Colón utilizó en el primer y segundo viajes siguió funcionando en los dos viajes siguientes, adecuándose al carácter específico del objetivo respectivo. Así, en la percepción y descripción de las islas de la costa de Paria, de la desembocadura del Orinoco y la costa de América del Sur, Colón destacaría únicamente los elementos que le iban a permitir argumentar la identificación de aquella nueva tierra con las islas perlíferas del Oriente de Marco Polo y con el Paraíso Terrenal tal como lo describió d'Ailly en su *Imago Mundi*. Mientras que en el cuarto viaje el centro casi exclusivo de la percepción colombina sería el oro. El oro, eje central de la identificación entre Centroamérica y el Quersoneso Aureo que perseguía Colón, se substituiría a cualquier otro aspecto de la realidad en unos textos que, o bien eliminan todos los demás elementos concretos de esa realidad, o bien los mencionan reducidos a un motivo escueto que prolonga el código descriptivo de los viajes anteriores.

La utilización del método de verificación descriptiva que organiza el modo de caracterización de la naturaleza del Nuevo Mundo dentro de los textos que narran los viajes colombinos no se circunscribe a ella. Sigue organizando la caracterización de un elemento central de la realidad americana: sus habitantes. A partir del primer viaje, esta población aparece caracterizada fundamentalmente por defecto. El referente principal de la caracterización es de nuevo Marco Polo. Al revés de los habitantes descritos por él, los indígenas del Caribe no iban vestidos, no eran ricos, no poseían armas y no eran comerciantes. Colón los caracterizará como "pobres", "desnudos", "sin armas" y "sin comercio", reduciéndolos, por inversión, a los términos del modelo descriptivo establecido por Marco Polo y asimilado por él.

Todos los elementos concretos de esta primera caracterización de la población del Caribe se pueden reducir a dos características centrales: su valor material —que viene dado por el nivel de civilización, cultura y riqueza— y sus posibilidades de utilización dentro del contexto de la economía occidental —posibilidades que se concretan en el texto en su voluntad de comerciar y en su incapacidad de agredir y de defenderse. Y en los viajes siguientes la caracterización de los habitantes del Nuevo Mundo aparece tan subordinada a las necesidades de justificación y confirmación de Colón como la descripción de la naturaleza. La presentación del americano como "buen salvaje" que se desarrolla brevemente en los textos del segundo viaje sustenta la fábula colombina de la factoría modélica que se insinúa como alternativa al modelo de simple saqueo. Por otra parte, las descripciones del tercer viaje, al centrarse en dos cualidades: —color claro de piel y vestidos de telas "como de seda"—, vendría a confirmar, relacionándose con las gentes descritas por Marco Polo, la situación asiática de las tierras recién descubiertas, subrayando así la validez de los otros rasgos de caracterización que sustentaban la identificación de Sudamérica con el Paraíso Terrenal de Pierre d'Ailly.[62]

Y, finalmente, en el cuarto viaje, la necesidad de identificar Centroamérica con Asia condicionaría de nuevo, de forma decisiva, la percepción y caracterización de los habitantes del Nuevo Mundo. Estos aparecen descritos en relación con una serie de elementos centrales de la caracterización asiática de Marco Polo, que es aquí nuevamente el modelo constante de referencia. El primero de estos elementos se refiere a la *ropa:* Estas gentes "andan vestidas" y "traen ricas vestiduras" dice Colón. El segundo, a la riqueza: además de las "ricas vestiduras" dice que "tienen buenas cosas" y "forran de oro arcas y sillas". El tercer elemento es el comercio: señala que estos indígenas "usan tratar en ferias y mercaderías". El último son las armas: éstos "usan de la guerra" y "traen bombardas, arcos y flechas, espadas y corazas". La verificación de la existencia de estos cuatro elementos sostiene la identificación que hace Colón del Ciguare y el Cariay con la Ciamba o Conchinchina de Marco Polo.[63] Para Colón, la suma de estos cuatro elementos —ropa, riquezas, comercio y armas— es igual a civilización, y la caracterización positiva de la gente descrita en el cuarto viaje con respecto a ellos los define como civilizados. La caracterización negativa de los indígenas descritos en el primer viaje —desnudos, pobres, no comerciantes, no guerreros— los define consecuentemente como salvajes: Los habitantes de Centroamérica tenían que caracterizarse positivamente en relación con estos cuatro elementos si Colón quería ver confirmada de una vez por todas su identificación de la tierra firme del istmo con las culturas avanzadas que Marco Polo situaba en el oriente de Asia.

La atribución que hace Colón a las tierras y gentes recién descubiertas de una identidad prefijada en sus modelos literarios descansa sobre el proceso de selección o "verificación descriptiva" que se acaba de analizar. La percepción de América que emerge de esta selección implica un proceso de reducción y deformación de la realidad. Su caracterización dentro del discurso colombino, de acuerdo con los términos dictados por aquel modelo literario, resulta en la sustitución de un discurso informativo historiográfico de carácter supuestamente objetivo, por un relato ficcional y mitificador que sólo incorpora algunos elementos y datos reales, integrándolos en unas coordenadas de percepción y representación fundamentalmente imaginarias, que se apoyan sobre la supuesta identidad de Asia y el Nuevo Mundo. Por otra parte, el uso constante del método de verificación descriptiva, como modo de aprehensión y caracterización de la realidad, plantea una cuestión fundamental con respecto al problema de la comunicación y del lenguaje. En la narración de sus descubrimientos de islas y tierras del Nuevo Mundo, Colón selecciona, transforma, interpreta y elude, creando verbalmente una representación de la realidad americana en la que lo imaginario y ficcional tienden a predominar claramente sobre lo real. Colón argumenta cuidadosamente cada una de sus identificaciones e impone a los elementos de la realidad descubierta las modificaciones necesarias para que confirmen su percepción y demuestren la validez de sus razonamientos. La naturaleza, las tierras, el mar, los habitantes, la flora y la fauna emergen verbalmente del proceso de verificación descriptiva convenientemente transformados para demostrar la validez del modelo y la exactitud de los cálculos cosmográficos que apoyaban el proyecto del Almirante. Pero lo que interesa ahora es que ese proceso de verificación descriptiva se hace extensivo a un elemento particularmente irreductible de la nueva realidad: el lenguaje de sus habitantes.

Colón no estaba solo en el Nuevo Mundo. América estaba habitada por unas gentes que —al contrario de lo que le sucedía a Colón— conocían la naturaleza de aquellas tierras a través de una larga experiencia personal y de una historia colectiva. Sabían, por ejemplo, si había oro, perlas, especias; sabían si las islas que habitaban eran grandes o pequeñas, islas o tierra firme; conocían las costumbres de sus propios pueblos, sabían si comerciaban, con qué, y con quién; si hacían la guerra y cómo la hacían. Estas gentes hablaban entre sí —aunque no fuera cierto que poseían todas la misma lengua, como afirmó con optimismo simplista el Almirante en su primer viaje— y también con Colón y con los demás españoles. Colón les enseñó muestras de las mercancías que buscaba, los interrogó, los utilizó como guías e informantes. Y sin embargo, la información que éstos poseían sobre sus propias tierras y culturas nunca llegó a las páginas de la narración colombina. Colón pregunta y los indígenas contestan, pero, sorprendentemente, la información que, según Colón, proporcionaban los habitantes de las tierras que iba explorando siempre venía a coincidir con las fantasías del Almirante, siempre corroboraba la exactitud de las identificaciones que iban deformando la realidad de cada nuevo descubrimiento. Y esto, en contradicción flagrante con los elementos concretos de esa realidad que ellos forzosamente conocían.

El fenómeno que explica esta aparente contradicción es el de la sustitución que se operaba dentro del discurso colombino del proceso de comunicación verbal entre dos interlocutores —Colón y los indígenas— por un monólogo en el que el interlocutor real había sido reinterpretado y transformado hasta convertirse en simple signo de confirmación de las percepciones del sujeto narrador. La utilización que hace Colón de lo que dicen los indígenas, interpretándolo sistemáticamente como más le conviene, es tan flagrante que el propio Bartolomé de las Casas, que estaba generalmente dispuesto a defender al Almirante más allá de lo defendible, comenta con ironía la facilidad con la que Colón se convencía de que oía y le decían precisamente aquello que quería oír y esperaba que le dijeran: "Habíase ya persuadido a lo mismo, así todo lo que por señas los indios le decían, siendo tan distante como lo es el cielo de la tierra, lo enderezaba y atribuía a lo que deseaba".[64]

La expresión verbal del proceso de interpretación varía a lo largo del discurso colombino. En el *Diario* del primer viaje, la mayoría de los resúmenes de información supuestamente dada por los indígenas —y siempre corroborante de las identificaciones del Almirante— va precedida de formas de cautela o relativizadoras, explícitas o veladas. "Entendió que", "cree que decían", "parecióle que", "sentía que", "creía que", "cognoscí que me decía", "según podía entender", son todas expresiones que cumplen la función de relativizar la verdad de lo que se narra, subordinando la validez de la información a la capacidad de comprensión del narrador. Esta capacidad de comprensión y de interpretación exacta de las palabras de los indígenas era mínima en términos reales, porque Colón no hablaba en absoluto la lengua indígena. Pero dentro del discurso narrativo esto no es así, ya que, si bien la validez de la información parece relativizarse con las fórmulas de introducción que se enumeraban más arriba, las conclusiones firmes que presentaba el Almirante sobre la base de esas informaciones indígenas no tenían nada de relativo. Colón creía entender, por ejemplo, que Juana era tierra firme, y de ahí concluiría que, con toda seguridad, estaba en Catay y Mangi. La no correspondencia entre la subjetivización de los datos y la objetivización de las conclusiones señala la verdadera función de las formas de cautela dentro del discurso de Colón: son simples fórmulas retóricas que no afectan en absoluto el contenido del mensaje final.

En otros casos, y sobre todo a partir del principio del segundo viaje, el Almirante ni se preocupó de suavizar retóricamente la arbitrariedad de sus categóricas afirmaciones. En estas ocasiones, interpreta, anuncia y afirma, basándose en señas, gestos y palabras cuyo significado real no conoce, y pasando por alto cualquier referencia a su propio desconocimiento de las formas de comunicación verbales y no verbales de los hombres a los que asegura citar con tanta seguridad. Este voluntarismo interpretativo se hace más agresivo hacia el final de los relatos colombinos, en el tercer y, sobre todo, en el cuarto viaje, muy particularmente en la *Lettera Rarissima.* "Dicen" es la forma que introduce largas series de afirmaciones: que hay comercio, oro, plata, perlas y piedras preciosas; que tienen armas como las de los europeos y que recubren las sillas y mesas de oro...y tantas otras. Al ser reinterpretada de modo voluntarista, la información que le van dando los indígenas al Almirante no amenaza el proceso de verificación descriptiva sino que se subordina a él. De hecho, Colón se sirve de esa pretendida información para corroborar la validez y exactitud de sus identificaciones. Cuando la discrepancia entre lo que dicen los indígenas y lo que Colón quiere que digan es demasiado clara para ignorarla o dejarla de lado, Colón sigue una táctica muy simple: la enmienda. Este proceso de enmienda es particularmente llamativo en el caso de los nombres propios. Cuando Colón, por ejemplo, llega a la Española y decide que el Cipango se encuentra en ella, tiene que resolver de algún modo el hecho de que sus habitantes se refieran al Cibao y no al Cipango cada vez que señalan la región que él identifica con el Cipango. Y el mismo problema surge cuando, ante la "Isola Grossa" de la que habla Michele de Cuneo en su carta a Annari, Colón promete a la tripulación que los va a conducir a Saba, la región de la que partieron los tres magos para adorar a Cristo. Al desembarcar, preguntan Colón y sus hombres el nombre de la tierra en cuestión a sus habitantes, quienes les responden que se llama Sobo. Ante esto —dice Cuneo— "el Almirante afirmó que era la misma palabra, pero que los indígenas *no sabían pronunciarla*".[65]

La descalificación por parte de Colón de la información concreta que le podían dar los indígenas se completa así dentro de su discurso con la descalificación global de los mismos como hablantes de sus propias lenguas. El mensaje indígena, que desaparecía en las sucesivas distorsiones a que lo sometía Colón para adecuarlo a sus esquemas de interpretación y representación, se borra definitivamente cuando se pasa a cuestionar su propia autenticidad verbal. La implicación de las enmiendas colombinas no es ya que a los habitantes del Nuevo Mundo no se les comprende porque hablan lenguas distintas de las europeas, sino que son inininteligibles porque no saben hablar correctamente ni las propias. La visión indígena, que hasta aquí era ignorada, será, a través de esta última forma de enmienda, rechazada global y explícitamente. Y de cuestionar la capacidad de los habitantes de América de pronuncionar sus propias lenguas a cuestionar la capacidad indígena de *hablar* no hay más que un paso. Colón lo da con una facilidad asombrosa: Dice Colón ya en su *Diario* del primer viaje que a su regreso a España llevará consigo una partida de indios, y la razón que esgrime para explicar tal decisión es que lo hace "para que desprendan fablar".[66] En el memorial que les escribe a los Reyes en Enero de 1494, Colón indica la necesidad de que los indígenas aprendan el español, pero ni una sola vez se refiere al español como "nuestra lengua" o la "lengua española". Lo que el Almirante declara repetidamente es que los indígenas tienen que aprender "la lengua", como si no tuvieran otra. Por supuesto, la posibilidad de que los españoles aprendan la lengua de los indígenas ni se plantea.

Las implicaciones de la extensión del método de verificación descriptiva al lenguaje de los indígenas, falseándolo, enmendándolo e inventándolo, para acabar finalmente cuestionando su misma existencia, son considerables: Negándole al indígena la palabra, el Almirante se arroga el monopolio del lenguaje y, con él, el de la representación verbal de la nueva realidad. De acuerdo con esto, las primeras representaciones de la realidad americana tal como se dan en el discurso colombino no se presentan como interpretaciones subjetivas y parciales sino que adquieren una autoridad de representación objetiva y totalizadora. Colón se concede, frente a los habitantes del Nuevo Mundo, el poder exclusivo de *crear* América, siguiendo las coordenadas establecidas por su modelo literario y presentando la ficción que resulta como fiel e incuestionable descripción de la realidad del Nuevo Mundo. Y el proceso de eliminación de la capacidad verbal de los indígenas que se da en el contexto del discurso colombino implica la eliminación de cualquier forma de pluralidad cultural. Del mismo modo que una lengua —la hablada por Colón— se convierte dentro de ese discurso en *la Lengua* frente al mutismo impuesto por el narrador a los nativos, la cultura occidental que el Almirante representa se presentará como *la Cultura* frente a un implícito vacío cultural indígena. Colón habla la Lengua y representa la Cultura, y, por ello, es el que conceptualiza, formula y define Lengua, Cultura y Hombre. El que impone y determina formas de intercambio y de relación entre España, como representante concreta de la civilización occidental, y América, como futuro apéndice ecónomico y cultural de Europa. Por todas estas implicaciones, la apropiación absoluta de la lengua que lleva a cabo Cristóbal Colón a lo largo del discurso narrativo que constituyen sus diarios y cartas, de una forma que a fuerza de sutil e insidiosa parece inocente, prefigura la introducción de una relación de poder y explotación entre dos continentes: Europa y América. Y, simultáneamente, inicia una larga tradición historiográfica, filosófica y literaria de representación y análisis de la realidad americana que se caracterizará por una perspectiva histórico-cultural exclusivamente europea y por la eliminación sistemática de la percepción indígena de esa realidad.

3. La instrumentalización de la realidad.

El proceso de ficcionalización de la realidad por identificación de América con los términos de un modelo literario previo no es el único que se da dentro del discurso narrativo del Almirante ni tampoco el más importante.

De hecho, este proceso de identificación de América con el modelo imaginario de Colón está subordinado a otro proceso de deformación profunda. El origen de este último no es literario sino ecónomico, y su finalidad es la propuesta, velada primero y luego cada vez mas explícita, de instrumentalización de la realidad del Nuevo Mundo con fines estrictamente comerciales. Los dos procesos de deformación de la realidad americana no se excluyen sino que se complementan y revelan su origen común en los términos mismos del arquetipo. Más arriba señalábamos el origen literario del modelo imaginario que tenía Colón de lo que eran las tierras que iba a descubrir, a través del análisis de sus fuentes. d'Ailly y Eneas Silvio describían tierras que no habían visto jamás, combinando las teorías de los antiguos, muchas veces fantásticas, con leyendas, mitos, noticias vagas, bestiarios y una gran dosis de imaginación. Si hay que definirlas de algún modo, no hay duda de que el carácter de estas obras de estudio del mundo era mucho más literario que científico. Marco Polo, por su parte, levantó sobre la base sólida y lúcida de un inventario comercial una representación ficcionalizada de la fabulosa Asia oriental en la que se mezclaban, de forma muchas veces imposible de separar, su conocimiento directo de la realidad con leyendas y relatos que la complementaban, confiriéndole una dimensión ficcional y fantástica. Y hasta la propia *Historia Natural* de Plinio —el cuarto eje mayor de articulación del modelo colombino— incluía, a pesar de su título claramente científico, una galería de elementos míticos y fantásticos que, si bien no coincidían con la realidad natural, ilustraban fielmente la visión que se tenía de ella en la época.

Colón se apoyó principalmente en los escritos de d'Ailly, Silvio, Polo y Plinio para la elaboración de su modelo imaginario de las tierras que constituían el objetivo de su viaje. Pero este modelo no es igual a ninguna de ellas sino que constituye una imagen compuesta, creada por un proceso de selección y reducción de los diversos elementos que aparecían en las fuentes. Esta selección se hace desde una perspectiva comercial europea y va destacando los elementos utilitarios desde el punto de vista económico de la época. En la selección implícita en los elementos que constituyen el modelo imaginario colombino se expresan veladamente y por primera vez las estructuras ideológicas profundas que están en el origen de la empresa del descubrimiento de América y que van a dar forma a su desarrollo posterior.

Dejando de lado la mitificación a que pueda haberse visto sometida la figura de Cristóbal Colón por una tradición crítica y biográfica bien intencionada pero no particularmente exacta, la lectura de los escritos del Almirante revela que éste no fue precisamente un soñador. Es indudable que poseía una imaginación notable, pues de otro modo no habría sido capaz de articular su proyecto ni de llevarlo a cabo. Pero el reconocerle esta capacidad no equivale a ignorar el hecho de que ésta no era, en el caso de Colón, de carácter desinteresado y poético, sino que estaba subordinada al propósito de logro de unos intereses materiales y sociales muy concretos. El concepto mesiánico que tenía Colón de su empresa, la visión de sí mismo como elegido de Dios, llamado desde la eternidad a cumplir un destino glorioso, se completaba en el personaje con una visión bastante clara de los aspectos estrictamente económicos y empresariales de su misión,[67] así como de los beneficios de orden material que debía esperar de la realización de su destino. Por eso no es sorprendente el que el modelo imaginario del Nuevo Mundo que abstrajo Colón de sus lecturas diversas sea, más que el producto de las divagaciones de un soñador, la expresión simbólica del proyecto comercial de un mercader. Los elementos que lo integran componen una lista de las mercancías mas valoradas en el mercado europeo de la época: Las perlas, el oro, las piedras preciosas, las sedas, tenían un valor más alto que el de cualquier otra mercancía, si exceptuamos el que les confería a las especias la extraordinaria demanda. Y la imagen de unas tierras desconocidas extensísimas, prósperas y habitadas por unas gentes civilizadas, pacíficas y con una larga tradición de comerciar, aparte de duplicar la representación de Asia creada por Marco Polo en el relato de sus *Viajes*, respondía a unas necesidades comerciales y de apertura de mercados que el proyecto colombino prometía satisfacer. En las anotaciones que escribió Colón en su copia de la *Imago* y de los *Viajes* de Marco Polo iba anotando precisamente, de acuerdo con un criterio de selección que correspondía a esas necesidades, los primeros elementos de aquel modelo imaginario que se impondría en los procesos de identificación errónea que el Almirante iría narrando a lo largo de sus cuatro viajes.

Pero si bien el modelo expresaba unas estructuras ideológicas de comerciante europeo, el carácter comercial de la empresa de descubrimiento proyectada por Colón no se circunscribía a él ni a sus implicaciones. En el momento en que Colón consiguió que los reyes apoyaran su proyecto de exploración suscribió un contrato que le concedía importantes privilegios pero que lo obligaba a determinados resultados.[68] La idea era de Colón, pero su ejecución se apoyaba sobre el dinero de numerosos inversores. Durante los primeros años, la empresa de Indias corrió casi exclusivamente a cargo de la corona, aunque invirtieran también en ella algunos particulares y comerciantes genoveses afincados en el sur de España. Y sólo cuando el éxito de la empresa pareció probado se convirtieron los mercaderes castellanos en una fuente importante de inversión.[69] Con todos estos inversores contrajo Colón, al aceptar de ellos naves y pertrechos, el compromiso de localizar en las Indias o tierras que descubriera todo aquello que había prometido encontrar.

La importancia de esta obligación es considerable, e ilumina un aspecto fundamental de la voluntad de identificación de Colón en sus sucesivos viajes de descubrimiento. La identificación positiva del Nuevo Mundo con el modelo imaginario colombino de las tierras e islas del extremo oriental de Asia cumple dos funciones fundamentales: La primera es de índole personal, ya que esta identificación validaba las teorías cosmográficas de Colón, demostraba la exactitud de su proyecto y de los cálculos e ideas en que se apoyaba, y confirmaba ante los ojos del propio Colón su condición de elegido de Dios. La segunda es de orden económico, ya que esa identificación positiva justificaba la empresa en términos económicos y comerciales, consagrando el prestigio del Almirante ante sus inversores. No hay que ver pues en la obsesión identificadora de Colón solamente un problema de irracionalismo, de imaginación desbordante o de pérdida de contacto con la realidad, sino también la expresión de la necesidad que tenía el Almirante de cumplir determinados compromisos de orden puramente económico. Sólo teniendo este segundo factor en cuenta es posible aceptar la insistencia con la que Colón se aferra una y otra vez a identificaciones aparentemente arbitrarias, sin concluir un excesivo irracionalismo por su parte. El irracionalismo de Colón y su concepción mesiánica de su empresa de descubrimiento fueron un factor importante en la afirmación reiterada de la validez del modelo imaginario frente a una realidad que lo cuestionaba de forma insoslayable. Pero sólo un factor, ya que la defensa empecinada de la validez de su modelo imaginario respondía también a necesidades económicas concretas que comprometían a Colón con sus inversores a través de una serie de promesas y contratos muy reales.

Es en el marco conjugado de la ideología mercantil de Colón y de sus compromisos económicos con la corona donde se apoya en última instancia todo un proceso paralelo de reinterpretación ficcionalizadora de la realidad americana, cuyo objetivo inmediato será la utilización de cada uno de sus elementos con fines comerciales. El código de representación de América, por identificación con las descripciones de los modelos literarios de Colón, se completa, en este segundo aspecto del proceso de ficcionalización, con el código de representación de la realidad americana en función de las necesidades de mercado europeas. Lo que caracteriza este segundo código es una particular aprehensión y reelaboración de la realidad del Nuevo Mundo, que aparecerá transformada esta vez no sólo según los términos de los elementos del modelo imaginario colombino, sino de acuerdo con los términos de lo económicamente valioso o utilizable dentro del contexto de la economía europea.

Este proceso de instrumentalización de la realidad americana que se da dentro de los textos del discurso narrativo colombino comienza con la elaboración del inventario. El orden de prioridades en la exploración es siempre el mismo: oro y piedras preciosas, especias y, finalmente, todo lo demás. La necesidad de hallar oro determina en gran medida toda la trayectoria de descubrimiento y exploración del primer viaje, ya que todo a lo largo de él Colón va siempre explorando, sin detenerse apenas, en la dirección en que los indígenas le van señalando —o Colón cree que le señalan la existencia de oro. Lo mismo sucede con las perlas en el tercer viaje y con el oro, de nuevo, en el segundo y en el cuarto viajes, donde Colón abandona el objetivo inicial y declarado de su viaje —la búsqueda del estrecho que comunica los dos océanos—, para regresar a Veragua, donde cree haber descubierto indicios importantes de oro que identifica con los de la región del Quersoneso Aureo y las minas del Rey Salomón. La necesidad de hallar especias por otra parte determine la transformación de toda la vegetación americana dentro del discurso colombino, de acuerdo con la misma percepción utilitaria que llevará a Colón a cargar diez quintales de agaves sin valor en uno de sus barcos, por estar convencido de que eran lignáloe valiosísimo. Cada árbol desconocido —y lo eran casi todos— se carga de potencialidades imaginarias que lo transforman en pimienta, almáciga o lignáloe; y un árbol, probablemente cubierto de parásitos diversos, se convierte en un ejemplar fantástico: "tenían los ramos de muchas maneras y todo en un pie, y un ramito es de una manera y otro de otra, y tan disforme que es la mayor maravilla del mundo cuanta es la diversidad de la una manera a la otra, verbigracia: un ramo tenía las fojas a manera de canas y otro de manera de lentisco; y así en un solo árbol de cinco o seis de estas maneras y todos tan diversos: ni estos son enjeridos, porque se pueda decir que el enjerto lo hace, antes son por los montes". Como es frecuente en las descripciones del Almirante, el voluntarismo se substituye a la comprobación y Colón explicará que, aunque no conoce prácticamente ninguno de los árboles que ve, está seguro de que todos son "cosa provechosa"; que, aunque no lo ha visto, ha "olido" fuertemente a almizcle; que está lleno de nuez moscada "sino que no estaban maduras y no se conoscía"; y que, aunque hallaron muchos árboles de almáciga, no pudieron coger muestras porque "no es agora el tiempo para cogella porque no cuaja".[70]

Una vez localizados, o mejor inventados, los dos objetivos primordiales del viaje, Colón hace el inventario de todo lo demás. Los elementos concretos de la realidad no susceptibles de ser identificados con metales preciosos y especias se evalúan desde dos aspectos económicos: el agrícola y el comercial. Ambos aspectos se definen y caracterizan de acuerdo con las necesidades europeas y no con la naturaleza de la nueva realidad de cuya caracterización y descripción Colón elimina todos los elementos no aprovechables o transformables desde esa perspectiva. La utilización agrícola y comercial de las nuevas tierras se concretaba en la mente de Colón en dos proyectos: el de la factoría y el de establecimiento de redes de comercio regular entre Europa y América. Para el primer proyecto, Colón hará un examen de las nuevas tierras como productoras potenciales de productos de interés europeo, principalmente trigo, viñas, cebada, arroz, almendras y aceitunas. La transformación de las tierras tropicales americanas en vergeles mediterráneos implica un proceso de ficcionalización cuyo resultado no es la representación fiel de América sino la duplicación de Andalucía o Sicilia —como sucede en el memorial de Colón a los Reyes, de 1494— o de la campiña cordobesa o sevillana —como en el *Diario* del primer viaje.[71]

El establecimiento de rutas comerciales que permitan el transporte e intercambio de los productos agrícolas y mineros de la factoría con Europa condiciona la forma de descripción del discurso que se aplica a ordenar, seleccionar y caracterizar los elementos naturales de las tierras exploradas en función de una estrategia comercial. La mención de las montañas, que relacionaba dentro del código de representación por identificación las nuevas tierras con las islas fabulosas del Asia oriental, se integra en el código comercial señalando las dificultades posibles en el establecimiento de las redes de comunicación y transporte terrestre. Los anchos y profundos ríos que, dentro del primer código de representación, relacionaban América con el Asia de los grandes ríos, cuyo origen se encontraba segun Pierre d'Ailly en el mismo Paraíso Terrenal, denotan en el segundo código las posibilidades de la factoría en un proyecto de explotación agrícola de la tierra y la posibilidad de establecer rutas de navegación fluvial para el comercio con sus productos.[72] Este significado se completa con la relación de contigüidad en que aparecen constantemente los ríos profundos y los puertos de mar. Dentro del contexto del proyecto de utilización comercial de las tierras, cada bahía es evaluada como posible puerto, y la equivalencia que se acaba dando en el caso de los ríos entre "buenos" y "caudalosos", y entre "Fermosos" y "profundos",[73] se desarrolla en la caracterización de los puertos hasta resultar en una equivalencia entre "Maravilloso" y "aprovechable", y entre "perfecto" y "de gran cabida". La hermosura y perfección de los puertos naturales se describe en términos del número y tipo de naves comerciales que son capaces de albergar. La calificación estética máxima —"maravilloso"— corresponde consecuentemente al que mayor cantidad de "carracas" puede contener.[74] El uso que hace Colón, en su representación, de adjetivos de carácter estético no indica una exaltación lírica ante la belleza natural del Nuevo Mundo, aunque este componente pueda estar en ella de forma secundaria. La belleza de los ríos, costas, ensenadas y naturaleza se subordina en la percepción, y se identifica en el discurso, con sus posibilidades de utilización en relación con cualquiera de los dos proyectos ecónomicos concebidos por Colón. El propio Colón hace explícita con tal claridad la relación entre ambos proyectos que resulta imposible pretender cualquier forma de desinterés en su caracterización de las bahías —que hubiera podido de otro modo atribuirse a un objetivo de exploración o navegación: "...fue a una cala...que la mayor carraca del mundo pudiera poner el bordo en tierra, y había un lugar o rincón donde podían estar seis navíos sin anclas como en una sala. Parecióle que se podía hacer allí una fortaleza a poca costa si en algún tiempo en aquella mar de islas resultare un rescate famoso".[75] La caracterización de los puertos, con su subordinación de belleza a utilidad —cabida y fondo—, aparece en este párrafo directamente relacionada con la operación de la factoría y sus actividades de rescate.

La parte más compleja del proceso de instrumentalización de la realidad que se desarrolla en la representación del Nuevo Mundo que crea Colón en su discurso narrativo corresponde a la caracterización de los indígenas. Es la que culmina en la transformación del hombre en mercancía. La propuesta explícita de conversión del indígena en mercancía se hace a partir del segundo viaje —más concretamente, a partir del memorial que escribió Colón a los reyes el 30 de Enero de 1494—, pero las bases, percepción e ideología que subyacen en esta propuesta son bastante evidentes desde el 12 de Octubre de 1492. No hay ningún cambio cualitativo entre la percepción que tiene Colón de la realidad humana del Nuevo Mundo a los pocos días del descubrimiento y la que se expresa en la *Carta de Jamaica* de 1503. Morison, que presenta en su biografía del Almirante una caracterización muy positiva —sin dejar de ser objetiva— del personaje, se ve obligado a admitir este hecho a la vista de la evidencia documental: "Incluso el humanitarismo del Almirante parece haber obedecido a un motivo exclusivamente político y haber sido un medio hacia la esclavización y explotación posteriores. Está claro, a la vista de las últimas frases del *Diario* de Colón correspondientes al 12 de Octubre, que el mismo día del descubrimiento se le ocurrió ya la relativa facilidad con la que aquellas gentes podían ser esclavizadas".[76] Las frases a las que se refiere Morison corresponden con toda probabilidad a la entrada fechada el 14 de Octubre donde Colón dice textualmente: "vuestras altezas cuando mandaren puedenlos todos llevar a Castilla o tenellos en la misma isla *captivos* porque con cincuenta hombres los terná a todos *sojuzgados* y les hará hacer todo lo que quisiere". Lo que sucedió fue que el desarrollo del segundo viaje, con la ausencia de éxitos tangibles que lo caracterizó —especialmente por la incapacidad del Almirante de confirmar cualquiera de las promesas de hallazgos de riquezas que había hecho con gran optimismo en la *Carta a Santángel*— obligó a Colón a llevar su percepción de los indígenas a la práctica a través de la primera formulación de una propuesta comercial que debía compensar a los inversores de los gastos que no serían cubiertos con oro, piedras preciosas o especias.

La caracterización del hombre que habitaba las nuevas tierras participa, dentro del discurso colombino, de tres códigos de representación fundamentales: El código de identificación, el código mercantil y el de evangelización. Los dos primeros son comunes a la caracterización de todos los aspectos de la realidad, cuya representación articulan en relación con el modelo imaginario y con el proyecto de explotación comercial respectivamente. El código de evangelización o cristianización se refiere únicamente a la representación del hombre. La relación entre estos tres códigos en el proceso de caracterización del hombre americano no es estable sino que varía de acuerdo con las distintas fases del proceso. En la primera fase se da un predominio del código de identificación sobre los demás. Este predominio concluye hacia mitad del primer viaje para volverse a actualizar, transitoriamente, en la descripción de los habitantes de las regiones que Colón supone próximas al Paraíso Terrenal, en el tercer viaje, y, finalmente, reaparecer en la descripción de oídas que hace el Almirante de los habitantes del interior de Ciguare y Veragua. En la segunda fase, que se inicia al cancelarse el primer código de representación ante la evidencia del primitivismo de los indígenas pocos días después del descubrimiento, se da simultáneamente la representación y caracterización de los indígenas de acuerdo con los códigos 2 y 3, aunque el 2 se subordina siempre de forma más o menos explícita al 3, que funciona como justificación de la propuesta comercial. En la última fase, que se va afirmando muy paulatinamente a partir de la formulación del memorial a los reyes, de Enero de 1494 hasta llegar a las descarnadas propuestas de la *Carta de Jamaica,* la caracterización del indígena aparece reducida a los elementos del código de representación mercantil. En el desarrollo que va de la primera fase a la última se da, dentro del discurso colombino, un proceso de transformación de la realidad humana del Nuevo Mundo cuyo resultado final será la metamórfosis del *hombre* en *cosa,* pasando por una primera metamórfosis del *hombre* en *bestia.*

La primera fase es la más corta: La presencia irreductible y difícilmente mitificable de los taínos que encontró Colón desde el día 12 de Octubre, hizo imposible ya en los primeros días que siguieron al descubrimiento su identificación con el modelo de habitante descrito en los relatos de Marco Polo. Pero hay que señalar que esta primera representación que hace Colón del hombre americano en su *Diario* se caracteriza precisamente por la inversión sistemática de los términos del modelo de Marco Polo, confirmándose así la vigencia implícita del código de identificación.

Los rasgos de esta primera caracterización que el Almirante crea en su *Diario* del primer viaje son: desnudos/ pobres/sin armas/generosos/no agresivos/cobardes. Cada uno de estos rasgos supone la inversión de uno de los rasgos centrales de la caracterización de los habitantes del Asia oriental que aparecía en los relatos de Marco Polo. Lo interesante es la manera en que Colón agrupa estos rasgos "negativos" para constituir un tipo humano que revela mucho más sobre la ideología del Almirante que sobre la verdadera identidad de los taínos. La suma de las tres primeras inversiones de los rasgos del modelo de Marco Polo —la desnudez, la falta de armas y la pobreza— sustenta el primer juicio de Colón sobre el hombre americano. La conclusión que extrae ante esa primera percepción del indígena, que lo reduce a los tres elementos citados, corresponde a la entrada del 12 de Octubre. En ella declara Colón escuetamente que "ellos deben ser buenos servidores".[77] El cuarto rasgo —la generosidad— aparece dentro del contexto del código 1 como otra cualidad negativa o ausencia con respecto al modelo, por cuanto revela falta de civilización a través del desconocimiento que muestra el hombre americano del comercio y de sus leyes. Pero el desarrollo de este desplazamiento semántico, por el que la generosidad se acabará transformando en un signo de bestialidad, es mucho más paulatino que el ejemplo de la conclusión anterior. El día 17 de Octubre dice Colón que "estos daban de lo que tenían por cualquier cosa que les dieren"; el 3 de Diciembre, afirma que "de lo que tienen luego lo dan por cualquiera cosa que les den, sin decir ques poco y creo que así harían de la especiería y del oro si lo tuvieran"; el 21 de Diciembre, relata: "nos traían cuanto en el mundo tenían...y todo con un corazón tan largo que era maravilla, y no se diga que porque lo que daban valía poco que por eso lo daban liberalmente —dice el Almirante— porque lo mismo hacían y tan liberalmente los que daban pedazos de oro como los que daban la calabaza de agua"; el Almirante "no puede creer que hombre haya visto gente de tan buenos corazones y tan francos para dar". Pero, ya en la carta a Luis de Santángel, Colón formula en pocas palabras la opinión real que le merece tal generosidad en una doble conclusión devastadora: "daban lo que tenían con un amor maravilloso" dice el Almirante; y casi lado por lado con esta afirmación, añade: "daban lo que tenían como bestias".[78]

Los tres primeros rasgos de la caracterización de los indígenas según el código 1 —desnudez, pobreza y falta de armas— los definían como *salvajes* y *siervos*. El cuarto rasgo —la generosidad— los califica como *bestias,* por su incapacidad de comerciar de acuerdo con las leyes de intercambio del mundo occidental. La suma de los rasgos restantes de la caracterización dentro de este primer código —sin armas, no agresivos, mansos, hospitalarios— componen el último elemento central de esta primera caracterización del hombre americano. "No traen armas ni las conocen" dice Colón de los taínos el día 12 de Octubre; "era buena gente y no hacían mal a nadie" anota el 1 de Noviembre; "...no puede haber mejor gente ni más mansa...todos de muy singularísimo tracto amoroso y habla dulce" añade el 24 de Diciembre. La conclusión del Almirante ante tanta dulzura e indefensión no se hace esperar. Ya el 14 de Octubre les había señalado a los reyes la gran facilidad con la que podían esclavizar a la población del Caribe, asegurándoles que con 50 hombres solamente los podrían sojuzgar a todos y hacerles hacer "todo lo que quisiere". El 3 de Diciembre insistirá de forma todavía más explícita sobre la misma idea: "...que 10 hombres hagan huir a 10.000; tan cobardes y medrosos son que ni traen armas, salvo unas varas y en el cabo dellas un palillo agudo tostado".

El primer retrato del hombre americano, tal como emerge en el contexto del primer código de representación, está completo. Es indefenso, salvaje y cobarde, y, para Colón, su función ya está claramente determinada. No se trata de comerciar con él, como hizo Marco Polo con los habitantes de los reinos remotos del Gran Can, sino de despojarlos de sus riquezas y de utilizarlos como siervos, ya que ésta es la única función para la cual el hombre americano le parece dotado al Almirante, pues "son gente de amor y sin cudicia y convenibles para toda cosa", según éste afirma el 25 de Diciembre. Y esta visión del indígena se mantendrá hasta el final del cuarto viaje. En la *Carta de Jamaica* dirá Colón: "Yo vide en esta tierra de Veragua mayor señal de oro en dos primeros días que en la Española en cuatro años, que las tierras de la comarca no pueden ser más fermosas ni más labradas ni la gente más cobarde...". Hasta el último momento del discurso colombino, el inventario del botín irá seguido de la luz verde que implicaba para Colón —y para todos los demás descubridores— la falta de agresividad y la hospitalidad del indígena.

El retrato del hombre americano de acuerdo con el primer código de representación contiene una definición explícita de *salvaje* como suma de tres cualidades: indefensión, (desnudos)/ no agresividad, (sin armas)/no comerciante, (generoso): y simultáneamente, este retrato constituye un resumen implícito de los rasgos que definen, para un hombre de la ideología de Colón, lo que es un hombre civilizado. Estos rasgos son, fundamentalmente, dos: *comerciante* y *agresivo*. La incapacidad o falta de deseo de comerciar equivale, dentro del contexto del discurso colombino, a la pérdida de humanidad, ya que en él se equipara explícitamente al hombre no comerciante con la bestia.[79] Inversamente, la posesión de esta facultad y voluntad de comerciar define al hombre como hombre y como civilizado. En cuanto a la agresividad, se presenta a lo largo del discurso como el segundo elemento que confiere al hombre el carácter de civilizado. Por ejemplo, en la equivalencia entre agresividad e ingenio, que se establece en la entrada del *Diario* correspondiente al 5 de Diciembre, donde el Almirante se refiere a los ataques que los habitantes de la Española infligían a los de Cuba, en estos términos: "debían tener *más astucia* y *mejor ingenio* los de aquella isla de Bohío para los captivar quellos, porque eran muy flacos de coraçón". O en la equivalencia entre armas y razón que implica el Almirante cuando escribe el viernes 23 de Noviembre: "mas que pues eran armados sería gente de razón".

A la caracterización del hombre americano dentro de las coordenadas del primer código, por inversión de los rasgos del modelo imaginario, sucede muy pronto la que emerge paulatinamente de un segundo código: el de evangelización. Así como el código de identificación se articulaba en torno al primer objetivo declarado del proyecto colombino (el descubrimiento de las tierras del Asia oriental), éste se articula sobre el segundo objetivo: la propagación de la fe y la conversión de los infieles a la religión cristiana. La caracterización de los indígenas dentro de este código refuerza la anterior en dos puntos: el carácter primitivo y salvaje de los habitantes de América, concretado en la ausencia de cualquier tipo de religión —"sin ninguna secta" como dirá el Almirante—, y la docilidad que los hace fácilmente cristianizables y manipulables.[80]

Pero lo verdaderamente interesante de este segundo código de representación es que sirve de puente introductorio a las propuestas comerciales que Colón desarrollará hasta sus últimas consecuencias de forma muy explícita en el código de representación mercantil. Así, la primera propuesta de esclavitud que les hace Colón a los reyes aparece justificada por el proyecto de evangelización: Algunos hombres, razona el Almirante, son idólatras y tienen costumbres bestiales, y la mayoría de ellos no conocen "la lengua". Se facilitaría, pues, la tarea de propagación de la fe si se los enviara como esclavos a Castilla, donde "aprenderían la lengua" y, con ella, las enseñanzas de la sante fe: "quitarse hían de aquella inhumana costumbre que tienen de comer hombres...muy más presto rescibirían el bautismo".[81] Esta propuesta se encuentra en el memorial de Colón a los reyes del 30 de Enero de 1494, pero la conexión entre cristianización y provecho no es nueva. Ya el 12 de Noviembre decía Colón lo siguiente: "Así que deben Vuestras Altezas determinarse a los hacer cristianos que si comienzan, en poco tiempo acabarán de los haber convertido a Nuestra Santa Fe multidumbre de pueblos y *cobrando grandes señoríos y riquezas...porque sin duda es en esta tierra grandísimas suma de oro...y también ha piedras y ha perlas preciosas y infinita especiería*".[82]

Los elementos del párrafo anterior enlazan inequívocamente la caracterización del código de evangelización con la del código mercantil. Porque las mismas cualidades que definen al hombre como cristianizable —su primitivismo y su indefensión—, confirman su condición de dominable y utilizable. Estos dos aspectos se complementan y preparan el terreno para la caracterización del código mercantil que culminará en la transformación del *hombre en mercancía*. El eje de articulación del tercer código de representación lo constituye el tercer gran objetivo declarado del proyecto colombino inicial: la ganancia material. Dentro de él, la percepción y caracterización de la realidad americana como almacén de productos aprovechables para el mercado europeo culmina lógicamente en la percepción y caracterización del hombre americano como mercancía deshumanizada.[83] Esta última caracterización del hombre es muy gradual y pasa por una serie de transformaciones y desplazamientos semánticos que culminan en el establecimiento de una serie de equivalencias fundamentales. La primera de estas equivalencias se produce en el *Diario* del primer viaje, en la entrada correspondiente al 12 de Noviembre. En ella refiere Colón que "trujeron siete cabezas de mujeres entre chicas y grandes" (en la época, como ahora, el término "cabeza" no se aplicaba nunca a las personas, sino al ganado). La equivalencia entre *mujeres y ganado* enlaza directamente con la que se da en otros términos dentro de la *Carta a Santángel,* donde el Almirante identifica explícitamente *hombres y bestias.*[84] En la carta que escribe Colón a los reyes a fines de 1495 vuelve a insistir sobre esta equivalencia fundamental entre *indígena* y *bestia* con otras palabras. Esta vez habla de "levar esclavos a mil y quinientos maravedís *la pieza*". De nuevo usa el Almirante —como señalará agudamente Las Casas— un término que reduce implícitamente a los habitantes del Nuevo Mundo a la categoría de bestias; "como si fueran *piezas* como él los llama, o cabezas de cabra" criticará Las Casas.[85]

La segunda equivalencia fundamental que va a ir desarrollando Colón dentro de este tercer código de representación es la que existe para él entre *indígena* y *cosa.* Dice, por ejemplo, en la misma carta a los reyes de 1495: "Así aquí hay esclavos e brasil que parece cosa viva...no falta para haber la renta que arriba dije sino que vengan navíos muchos para llevar estas *cosas* que dije". Los indígenas se equiparan con el brasil, transformándose en objetos al reducirse como aquél a su condición de mercancía. La caracterización del hombre americano en términos no humanos expresa, además de la ideología y percepción colombinas, una estrategia comercial. Se relaciona sin duda con uno de los problemas que tiene que resolver Colón al hacerle su propuesta de trata de esclavos a la muy católica Reina Isabel: el de la justificación ética y moral de vender a los indígenas en lugar —o además— de cristianizarlos. La estrategia del Almirante en relación con este engorroso problema se apoya en dos puntos. El primero es la pretendida subordinación de la esclavización a la cristianización, tal como se expresa en el memorial de 1494. En este documento, el vender a los indígenas como esclavos se presenta como un *medio* para que "aprendan a fablar" y "olviden costumbres bestiales", y, con ellas, el pecado en el que viven. El segundo punto de apoyo de la argumentación colombina en defensa de su proyecto de trata de esclavos será la articulación de una caracterización de los mismos que los priva implícita o explícitamente de cualquier forma de humanidad. Si los habitantes del Nuevo Mundo son bestias, si son cosas, no hay problema en reducirlos a la condición de mercancía y comerciar con ellos como con cualquier otro producto de los que brindan las nuevas tierras.[86]

La caracterización del hombre como mercancía tiene dos momentos. El primero es implícito y se centra en la equivalencia entre *indígena* y *servidor* que formula Colón en la entrada correspondiente al día 13 de Octubre del *Diario* del primer viaje, y en la de *indígena* y *esclavo* que encontramos por primera vez en la *Carta a Santángel,* acompañada de su correspondiente justificación religiosa: "esclavos cuantos mandaren cargar, e serán de los idólatras" dice Colón en medio de su detallado inventario de mercancías.[87] El segundo momento es explícito y aparece por primera vez en el memorial de Colón a los reyes, de Enero de 1494, donde Colón habla de "la carga y descarga de toda la mercaduría" y de "la mercaduría de esclavos" formulando ya con absoluta claridad su reducción del hombre americano a la categoría de objeto válido para el comercio.[88] Una vez definido como mercancía el hombre americano, Colón pasa a evaluar su precio posible dentro del mercado europeo, y, al comparar su "producto" americano con el de otros países, decide que la comparación es favorable al primero y que, en relación con los esclavos guineanos, "uno de estos vale por tres según se ve". Acto seguido, se refiere el Almirante al último factor económico que determinará el valor de su mercancía: la demanda de esclavos que hay en el mercado occidental, y concluye que "en Castilla, Portugal y Aragón, Italia y Secilia y las islas de Portugal, de Aragón y las Canarias gastan muchos esclavos, y creo que de Guinea ya no vienen tantos". En vista de la calidad de la mercancía y de la demanda existente, Colón decide que va a poder venderlos a "mil quinientos maravedís la pieza",[89] lo cual constituye un magnífico negocio para él, sus inversores y la corona.

El proceso de caracterización del hombre americano como mercancía, que articula el tercer código de representación, se cierra con la evaluación material del producto y con la propuesta de inserción, planeada hasta el detalle, de ese indígena transformado en cosa en el marco comercial del mercado europeo.

* * *

A lo largo del análisis de los distintos procesos de deformación a que se ve sometida la realidad americana en el contexto del discurso narrativo de Cristóbal Colón, he ido utilizando el término *ficcionalización* para calificar la suma de estos procesos. La calificación no es arbitraria, puesto que la caracterización de la realidad americana, tal como se da en los tres códigos de representación fundamentales del discurso colombino, tiene como resultado una creación verbal mucho más próxima a la ficción que a la realidad que pretende fielmente representar.

En sus diarios y cartas, el Almirante afirma descubrir cuando verifica, pretende desvelar cuando encubre, y describir cuando inventa. Dentro de unas coordenadas que determinan la función ficcionalizadora del discurso centrada en la necesidad personal y social que tiene el narrador de identificar América con sus modelos previos, por una parte, y de caracterizarla en función de las necesidades y expectativas del mercado europeo, por otra, Cristóbal Colón utiliza unas técnicas de descripción y caracterización cuyo resultado es la sustitución de la realidad americana por una ficción que expresa los sueños de realización personal y económica del Almirante. El uso sistemático de un proceso de selección que excluye todo lo que no interesa y reduce la realidad descubierta a los elementos de interés comercial para Europa se conjuga con la sustitución sistemática y voluntarista de "lo que es" por "lo que se quiere que sea", para completarse con la afirmación de una serie de equivalencias que, ligando el modo de representación a una ideología que transciende los límites del personaje, equipara definitivamente la identidad de todos los aspectos de la realidad del Nuevo Mundo a la función de mercancías que pretende imponérseles de acuerdo con las necesidades del mercado occidental. El resultado de estas técnicas de narración y de caracterización es la ficcionalización de la realidad americana que emerge, en la representación verbal articulada por Colón en su discurso, profundamente transformada.

El hecho de que los criterios de transformación de esa realidad no sean fundamentalmente estéticos no disminuye el carácter ficcional del resultado. Colón transforma subjetivamente la realidad americana en la representación verbal de la misma que constituye su discurso adecuándola a un modelo que se articula simultáneamente sobre una tradición literaria previa: d'Ailly, Eneas Silvio y Marco Polo, principalmente; una estructura imaginaria personal: la que Colón elabora apoyándose en sus lecturas; y unas necesidades económicas e ideológicas concretas: las de la Europa expansionista del siglo XV y XVI. Los tres ejes de ficcionalización no se suceden ni excluyen dentro del discurso, sino que es precisamente la dialéctica de su relación lo que configura la estructura ficcional de la narración que articulan. La forma del discurso y la naturaleza de la transformación de la realidad proyectan una imagen del Nuevo Mundo que constituye la base imaginaria sobre la cual se desarrolló, el proceso de depredación, explotación y degradación que Las Casas llamaría "La destrucción de las Indias" sin dramatizar en absoluto sobre su verdadero alcance y significado. Pero sería erróneo ver en esta imagen degradada del Nuevo Mundo el resultado de una imaginación particularmente perversa. Colón era simplemente un hombre de su tiempo. Su formulación del modelo de percepción del Nuevo Mundo era coherente con las estructuras ideológicas fundamentales de la cultura expansionista y depredadora de la Europa de la época. Si algo llama la atención, al comparar su narración y representación verbal de América con los relatos de sus compañeros, es la mayor humanidad y sensibilidad del Almirante. El retrato de los taínos que nos da Colón es, pese a todo, bastante menos destructor e insultante que los que encontramos en las narraciones del Dr. Chanca o de Michele de Cuneo. La admiración ante la belleza de la naturaleza tropical, que resuena con sinceridad en unas pocas descripciones colombinas, está totalmente ausente de los relatos de Cuneo y Chanca, e incluso de los de Diego Méndez.[90] Colón era un comerciante europeo de fines del siglo XV, si algo, más humano, imaginativo y tolerante que la mayoría. El se sabía coherente con la ideología dominante, y de ahí su desesperación cuando esta misma sociedad, cuyos supuestos ideológicos se limitaba a llevar a la práctica, lo marginó. La profunda desesperación y la soledad devastadora que se expresan en algunos pasajes de la *Lettera Rarissima* deben comprenderse a la luz de esta aparente contradicción.

Cuestionado por sus inversores al regreso del segundo viaje; humillado por su encarcelamiento del final del tercero; desprestigiado por una gestión de gobierno que los Bobadillas que irán a sustituirle, ejecutarán con menos escrúpulos que él, Colón, que no parecía comprender que todo esto no eran más que estrategias de un poder absoluto que no se quería compartido, igualaría al final de su cuarto viaje su trayectoria con el fracaso y su marginación con la espera de la muerte. En Julio de 1503 escribe así desde Jamaica: "Yo estoy tan perdido como dije: yo he llorado fasta aquí a otros: haya misericordia agora el Cielo e llore por mí la tierra. En el temporal no tengo solamente una blanca para el oferta; en el espiritual he parado aquí en las Indias en la forma que está dicho: aislado en esta pena, enfermo, aguardando cada día por la muerte, y cercado de un cuento de salvajes y llenos de crueldad y enemigos nuestros, y tan apartado de los Santos Sacramentos de la Santa Iglesia, que se olvidará desta ánima si se aparta acá del cuerpo. Llore por mí quien tiene caridad, verdad y justicia".[91] El aislamiento del Almirante en aquel destierro suyo de la Isla de Jamaica, en el que culminó abiertamente todo el proceso de cuestionamiento y desprestigio de Colón que se inició muy paulatinamente ya desde el regreso de su segundo viaje de descubrimiento, expresa su marginación creciente dentro del contexto político y social de la España de su época.

Y, sin embargo, la percepción de la realidad del Nuevo Mundo que Cristóbal Colón articuló en su discurso narrativo se adecuaba perfectamente a la ideología dominante y, lejos de ser descartada con él, se iría reafirmando en el desarrollo posterior de la conquista y colonización de América, sin que —con la muy notable excepción de Las Casas y unos pocos disidentes más— hubiera quien denunciara su significado e implicaciones profundas en relación con la sucesión de explotaciones y abusos inseparable de lo que vino a llamarse —en la versión oficial de la Historia— el "proceso de civilización de América".

NOTAS

1. W. Borah y S.E. Cook, *The Indian Population of Central Mexico* (1531-1610), Berkeley, 1960. Charles Gibson, *Los aztecas bajo el dominio español: 1519-1810,* México, 1975, especialmente el capítulo y el apéndice seis. Jaime Vicens Vives, *Historia social y económica de España y América,* Barcelona, 1977, 5 vol. Especialmente vol. III, pg. 324-339. Alejandro Lipschutz, *El problema racial en la conquista de América,* México, 1977, pp. 210-212.

2. Pierre Chaunu, *Conquista y explotación de los nuevos mundos,* Barcelona, 1973, pp. 1-44.

3. Bartolomé de las Casas, *Historia de las Indias,* Madrid, 1958, Atlas: Biblioteca de Autores Españoles, 2 vol. *Brevísima relación de la destrucción de las Indias,* con introducción y notas de Manuel Ballesteros Gaibrois, edición facsímil; Fundación universitaria española, Madrid, 1977.

4. Bartolomé de las Casas, *Historia de las Indias,* pp. 41-43. Cristóbal Colón, *Carta desde Jamaica,* Julio 1503, M. Fernández de Navarrete, Colección de viajes y descubrimientos, Madrid, 1954, Biblioteca de Autores Españoles; edición y estudio preliminar de Carlos Seco Serrano, pg. 235 y ss.

5. Este negocio se identificaba en el primer proyecto del Almirante con el establecimiento de las factorías desde las cuales se organizaría la producción comercial de las nuevas tierras. Véase sobre el proyecto de factoría que tenía Colón y sobre su fracaso: Richard Konetzke, *Los descubridores y conquistadores españoles,* Madrid, 1968. pg. 18 y ss. Rafael Ruiz de Lira, *Colón, el Caribe y*

las Antillas, Madrid, 1980.

6. En el primer momento del descubrimiento, Colón tenía la certeza de encontrarse en las proximidades del extremo oriental del Asia, que había descrito fantásticamente Marco Polo en los relatos de sus *Viajes.* S.E. Morison, *Admiral of the Ocean Sea,* Boston, 1942, ed. de 2 vol. con notas, capítulo XVI y ss.

7. Edmundo O'Gorman desarrolla de forma interesante el problema del aspecto geográfico y filosófico de la invención de las Indias en su libro: *La invención de América,* México, 1947.

8. Hasta el tercer viaje, y, de hecho, murió creyendo todavía que Cuba era Tierra Firme, aunque ya suponía que Veragua y Paria se encontraban en un nuevo continente. Véase S.E. Morison, op. cit. vol. 2.

9. Bartolomé de las Casas, *Historia de las Indias.* Introduce Las Casas el despliegue de erudición con el que se propone demostrar el carácter racional del proyecto colombino diciendo: "Quiero en los siguientes capítulos referir algunas razones naturales y también testimonios y autoridades de sabios y antiguos y modernos varones, por las cuales pudo muy razonablemente moverse a creer y aun tener por cierto que en el mar Océano, al Poniente y Mediodía, podía hallarlas", pg. 27, col. I. Véase los capítulos 6 a 11 para la argumentación erudita que Las Casas anuncia en el párrafo que acabo de citar.

10. *Imago Mundi de Pierre d'Ailly,* París, 1930, 3 vol. Edición de Edmond Buron con notas e introducción, Cap. II.

11. Bartolomé de las Casas, op. cit. pg. 35.

12. Ibidem, pg. 36. Hernando Colón, *La vida del Almirante,* Madrid, 1892, pp. 50-51.

13. Especialmente desde la aparición del relato de los *Viajes* de Marco Polo, y de la difusión de las fantásticas descripciones del fabuloso Oriente que éste contenía.

14. No se implica aquí que no hubiera sido navegado nunca con anterioridad: tanto los restos de naufragios como la teoría del piloto desconocido, o protonauta, formulada hace ya muchas décadas pero defendida recientemente por Juan Manzano Manzano parecen confirmar la existencia de travesías recientes del Atlántico, aunque éstas tuvieron un resultado negativo o tan dudoso que no dan pie a afirmar la exploración de nuevos territorios en las décadas que precedieron la génesis del proyecto de descubrimiento de Cristóbal Colón.

15. Estas tres obras científicas, pero muy especialmente la *Imago Mundi*, constituyeron la base geográfica fundamental de las expectativas de Cristóbal Colón en la fase de formulación de su proyecto.

16. S.E. Morison, op cit. pg. 120, vol. I. Otros autores —desde Vignaud hasta Carlos Manzano— afirman contra la teoría de Morison y Nunn que el contenido de la obra de Marco Polo no pudo influir en su proyecto de descubrimiento porque, afirman estos historiadores colombinos—esta lectura no se hizo hasta varios años después del descubrimiento. En mi opinión esta corriente de interpretación no logra aducir razones ni pruebas convincentes que demuestren de forma clara la validez de su tésis. Henry Vignaud, *Histoire critique de la Grande Entreprise de C. Colomb*, París, 1911. Cecil Jane, *Voyages of Columbus*, vol. I, pg. XXVII. Emiliano Jos, *El plan y la génesis del descubrimiento colombino*, Valladolid, 1980. Juan Manzano Manzano, *Colón y su secreto*, Madrid, 1976.

17. Rafael Ruiz de Lira, *Colón, el Caribe y las Antillas*, Madrid, 1980, pg. 21.

18. Ibidem.

19. Marco Polo, *Viajes*, Madrid, 1979, pg. 13.

20. Marco Polo, op. cit. capítulos XLI-XLII y LVII.

21. Ibidem, capítulo CXXVIII, pg. 123.

22. Plinio aseguraba que en pocos días se podía recorrer la distancia entre el Golfo Persa y las columnas de Hércules. Aristóteles afirmaba que entre el extremo de España y el principio de la India había un mar relativamente pequeño y navegable en pocos días.

23. Las citas provienen de los *Viajes* de Marco Polo y corresponden a su descripción del Cipango, en el capítulo CLX, pp. 151-152.

24. Más adelante se volverá sobre esa concepción mesiánica que tuvo siempre Colón en relación con su destino de descubridor, y que Bartolomé de las Casas se preocupó de documentar y justificar echando mano de los clásicos griegos y latinos, de las escrituras, y de signos proféticos diversos, en su *Historia de las Indias*, vol. I, capítulo II.

25. Véase en relación con la representación imaginaria de los aspectos monstruosos del mundo desconocido, el *Bestiary* de T.H. White, New York, 1980. El antecesor inmediato de este bestiario fue Physiologus que recogía a su vez la información de Herodoto, Aristóteles y Plinio.

26. S.E. Morison, *Journals and documents of the life and voyages of Christopher Columbus,* pg. 21.

27. Bartolomé de las Casas, *Historia de las Indias,* vol. I, pg. 45.

28. *Carta de Paolo Toscanelli físico Florentín a Cristóbal Colón,* en Fernández de Navarrete: *Colección de viajes y descubrimientos,* pg. 299 y ss. El texto de Navarrete reproduce en realidad bajo este título la Carta de Paolo Toscanelli al canónigo Fernando Martínez acompañada de una pequeña introducción escrita por Toscanelli para Colón. La carta de Toscanelli a Martínez está fechada el 25 de Junio de 1474. Véase también la segunda *Carta de Toscanelli a Cristóbal Colón,* sin fecha, reproducida por Navarrete a continuación de la anterior, pg. 300.

29. Segunda *Carta de Paolo Toscanelli a Colón,* en Navarrete, op. cit. pg. 300.

30. Segunda *Carta de Toscanelli a Colón,* en Fernández de Navarrete, op. cit. pp. 300-301.

31. Esta correspondencia ha llegado hasta hoy en tres versiones distintas: 1. La reproducción de ambas cartas que incluye Bartolomé de las Casas en su *Historia de las Indias.* 2. La reproducción y explicación que incluye Fernando Colón en su *Vida del Almirante.* 3. En copia manuscrita atribuida por unos a Cristóbal y por otros a Bartolomé Colón, que se encuentra en el reverso de una de las páginas del ejemplar de la *Historia Rerum* manejado por los dos hermanos, y hoy en la Biblioteca Colombina de Sevilla. Henry Vignaud encabezó con su estudio *Toscanelli y Colón* una larga lista de especialistas que afirmaron que la correspondencia entre ambos era un fraude, frente a otra lista, no menos largo, encabezada por De Lollis, que afirmaba justamente lo contrario. S.E. Morison resume de forma esclarecedora algunos puntos fundamentales de la argumentación a favor y en contra de la autenticidad de dicha correspondencia en su *Admiral of the Ocean Sea,* pp. 56-57.

32. Bartolomé de las Casas, *Historia de las Indias,* capítulos III a XVI.

33. *Diario del primer viaje,* Cristóbal Colón. Edición de Martín Fernández de Navarrete en su *Colección de viajes,* etc., Madrid, 1954.

34. Lionel Cecil Jane, *Select documents illustrating the life and voyages of Columbus,* London, 1930. Jane examina este aspecto de la religiosidad de la época en su ensayo de introducción a esta obra. En la pg. XLIX del primer volumen dice así: "In that age many

were readily inclined to imagine that the Deity was both continually forming their thoughts and continually determining their actions" y en la página L del mismo volumen concluye: "in effect they considered themselves as so many missionaries of Heaven". El único problema es que Jane utiliza esta idea para explicar muchos de los puntos oscuros y discutibles del comportamiento de Colón, mas allá de lo aceptable y demostrable a la vista de la documentación existente.

35. Cristóbal Colón, *Carta a Luis de Santángel anunciando el descubrimiento del Nuevo Mundo*, 15 de Febrero a 14 de Marzo de 1493, editada y anotada por Carlos Sanz, Madrid, 1961.

36. Bartolomé de las Casas, *Historia de las Indias*, vol. I, pg. 426.

37. Bartolomé de las Casas, op. cit. vol. I, pg. 425: *Carta de Cristóbal Colón a los Reyes*.

38. Cristóbal Colón, *Lettera Rarissima* llamada también *Carta de Jamaica*. Colón se la escribió a los reyes el 7 de Julio de 1503 desde su destierro en Jamaica. Reproducida en Navarrete, op. cit. pp. 232-240. Incluida por De Lollis en la Raccolta, I, vol. 2, pp. 175-205.

39. Los nombres actuales de estas islas son, por orden, Wattling Island, Long I., Crooked I., Cuba, Sto. Domingo. Véase S.E. Morison, *Journals and other documents of the life and voyages of Christopher Columbus*, Mapa del Caribe y islas.

40. Cristóbal Colón, *Diario del primer viaje*, en Navarrete, op. cit. Vol. I, pg. 96.

41. Ibidem, pg. 99.

42. Ibidem, pg. 103.

43. Ibidem, pg. 104.

44. El manuscrito de esta carta se conserva en el Archivo de la Corona de Aragón. La carta contiene un saludo formal, expresa la alegría de los reyes españoles ante el interés mostrado por el príncipe oriental por los asuntos de España, introduce a Colón como embajador y le señala la misión de contactar con él y de darle toda la información necesaria. Lo más divertido del caso, aparte del segundo punto del contenido que acabo de resumir, es que Colón llevaba varios ejemplares de esta carta, con el nombre del príncipe en blanco, para que pudiese presentar la misma embajada a los otros príncipes con los que pudiera toparse. Véase la declaración que hace al respecto Bartolomé de las Casas en su *Historia*, vol, I, cap. XXIII, pg. 123, y también S.E. Morison, *Admiral of the*

Ocean Sea, vol. 1, pg. 142.

45. Cristóbal Colón, *Diario del primer viaje*, en Navarrete, op. cit. pg. 112.

46. Ibidem, pg. 146.

47. Pedro Mártir de Anglería, *Décadas del Nuevo Mundo*, Buenos Aires, 1944.

48. Resumen de una carta de Colón a los reyes reproducida por Bartolomé de las Casas en su *Historia*; y *Carta de Colón a los Reyes*, del 18 de Octubre de 1498, en Navarrete, op. cit. vol. I, pg. 207.

49. Cristóbal Colón, *Memorial enviado a los Reyes* con A. Torres, 30 de Enero de 1494. En Navarrete, op. cit. pg. 196. El subrayado es mío.

50. Juan Manzano Manzano, *Colón y su secreto*, pg. 515. Raccolta III, vol. 2.

51. *Información y testimonio de cómo el Almirante fue a reconocer la isla de Cuba quedando persuadido de que era tierra firme* (Original en el Archivo de Indias de Sevilla, legajo 5 del Patronato Real) Reproducido en Navarrete, vol. I, op. cit. pg. 386 y ss.

52. Ibidem, pg. 387.

53. Juan Manzano, *Colón y su secreto*, pg. 565.

54. Cristóbal Colón, *Carta a los reyes* del 18 de Octubre de 1498, en Navarrete, vol. I, pg. 207.

55. El pasaje de d'Ailly se encuentra en la Raccolta I, vol. 2, pg. 401. La traducción citada es de Juan Manzano que la incluye en *Colón y su secreto*, pg. 222.

56. Cristóbal Colón, *Carta a Doña Juana de Torres*, ama del príncipe Don Juan, Octubre de 1500: reproducida en Navarrete, vol. I, pg. 217.

57. *Lettera Rarissima*, escrita por Colón a los reyes desde Jamaica el 7 de Julio de 1503. Reproducida en Navarrete, op. cit. vol. I, pg. 232.

58. O con el lentisco de Plinio que había visto en la isla de Xío. Cristóbal Colón, *Diario del primer viaje*, op. cit. pg. 112.

59. Cristóbal Colón, *Diario del primer viaje*, en Navarrete, vol. I, pp. 95-97, y 111, 112, 116, entre otras.

60. Ibidem, pg. 108.

61. Cristóbal Colón, *Memorial a los Reyes Católicos*, 30 de Enero

de 1494, escrito desde Isabela; En Navarrete, op. cit. vol. I, pp. 197-198.

62. Todas las citas y referencias textuales provienen de dos documentos principales: *La Carta de Colón a los Reyes* del 18 de Octubre de 1498, y la *Carta de Colón a Doña Juana de Torres* de fines de 1500. Ambas se encuentran reproducidas en Navarrete, op. cit. vol. I, pp. 206-222.

63. Todas las citas y referencias textuales provienen de la *Lettera Rarissima* escrita por Colón a los Reyes desde Jamaica el 7 de Julio de 1503. Reproducida en Navarrete, op. cit. vol. I, pp. 232-240.

64. El análisis que Bartolomé de las Casas hace de este párrafo se refiere explícitamente a Martín Alonso Pinzón, pero lo incluyo para ilustrar el caso de Colón por dos motivos: En primer lugar porque el propio Las Casas hace extensivo a él el método de Pinzón en el párrafo siguiente de su *Historia:* en segundo lugar porque la identidad del proceso de interpretación que se da en ambos descubridores se demuestra con toda claridad en lo que sigue, Las Casas, *Historia de las Indias,* vol. I, pg. 156.

65. *Carta de Michele de Cuneo a Hyeronimo Annari,* Raccolta III, vol. 2, pp. 95-107.

66. Cristóbal Colón, *Diario del primer viaje,* en Navarrete, op. cit. vol. I, pg. 96.

67. Cecil Jane, S.E. Morison, y Juan Manzano, entre otros señalan el componente ideológico mercantil de Cristóbal Colón, aunque, en mi opinión, subestiman su importancia al no percibirlo como causa de fondo de muchas interpretaciones y actitudes colombinas que, de otro modo, resultan irracionales o difícilmente explicables, como, por ejemplo, su terquedad a la hora de negociar los acuerdos previos al primer viaje de descubrimiento.

68. *Capitulaciones de Sta. Fé,* del 17 de Abril de 1492. En Navarrete, op. cit. vol. I, pp. 302-304. En ellas Colón se asegura cinco Privilegios que cubren los aspectos más importantes del poder económico y político sobre las futuras tierras: 1. Que se les nombre a él y a sus herederos Almirantes de todas las tierras e islas descubiertas, con todos los privilegios correspondientes. 2. Que se le nombre Virrey de las mismas, con derecho a nombrar tres candidatos para cada cargo. 3. Que se le conceda el décimo de todas y cada una de las mercancías que se saquen de las tierras e islas descubiertas. 4. Que se le otorgue la autoridad de juzgar cualquier pleito relacionado con la adjudicación de dichos productos y mer-

cancías. 5. Que se le reserve la opción de pagar un octavo de los gastos de cualquier armada para dicho negocio y la de quedarse con un octavo de las ganancias que resulten de dicha armada. El tercer y el quinto punto de las capitulaciones aseguran los beneficios económicos de la empresa para Colón y sus descendientes; el cuarto los refuerza, concediéndoles además poder judicial en asuntos de comercio, apropiación y distribución de mercancías; y el primero y el segundo les garantizan el poder político y social para él y sus descendientes. Véase también el *Título expedido por los Reyes a Cristóbal Colón,* el 30 de Abril de 1492, y las *Provisiones* referentes a la preparación de la armada, de la misma fecha. En Navarrete, op. cit. vol. I, pp. 304-307.

69. Jaime Vicens Vives, *Historia económica y social de España y América,* vol. II, pp. 454-465.

70. La cita proviene del *Diario del primer viaje,* op. cit. pg. 100, y las referencias de estas afirmaciones corresponden por orden a las páginas 101, 109, 115, 125, 127 de la misma obra de Navarrete.

71. En Navarrete, op. cit. vol. I, respectivamente pp. 198 y 130.

72. Ibidem, entrada del 13 de Noviembre, pg. 112.

73. Ibidem, entrada del 12 de Octubre, pp. 100-101.

74. La carraca era el mayor navío de carga de la época del descubrimiento. La capacidad en profundidad y anchura de un puerto de albergar carracas, lo calificaba como óptimo para fines comerciales.

75. *Diario del primer viaje,* 16 de Noviembre, en Navarrete, op. cit. vol. I, pg. 114.

76. S.E. Morison, *Admiral of the Ocean Sea,* vol. I, pp. 304-350. La traducción es mía.

77. Navarrete, op. cit. pg. 96.

78. Las citas anteriores que ilustran la caracterización de la generosidad de los indígenas corresponden a las fechas indicadas del *Diario del primer viaje.* Las últimas pertenecen a la *Carta de Colón a Luis de Santángel,* edición citada de Carlos Sanz, pg. 9.

79. Cf. Supra análisis de las citas de la carta de Colón a Santángel y nota 78.

80. *Diario del primer viaje,* días 12 de Octubre y 6 de Noviembre, en Navarrete, op. cit. pp. 96 y 108.

81. Véase Navarrete, op. cit. pp. 196 y ss.

82. *Diario del primer viaje,* Navarrete, op. cit. pg. 112.

83. La visión del hombre como mercancía debe ser comprendida en relación con el contexto cultural, ideológico y comercial de la época. En toda Europa se aceptaba la trata de esclavos, procedentes en su mayoría de Africa. Tanto los portugueses como los catalanes e italianos tenían desde tiempos atrás un lucrativo negocio montado sobre el comercio con esclavos. La transformación que lleva a cabo el Almirante dentro de su discurso narrativo del hombre en mercancía no debe pues verse exclusivamente como resultado de la personalidad particular de Colón, sino como expresión de toda una filosofía de instrumentalización de *hombre* y *realidad* característica de la cultura occidental en la que Colón participaba como miembro de esa civilización. En relación con la tradición de esclavitud y trata de esclavos en la Europa anterior al descubrimiento, véase Jaime Vicens Vives, *Historia social y económica de España y América,* vols. I y II.

84. Cf. Supra pg. 46 y ss.

85. Para la cita y el comentario de Las Casas, véase su *Historia de las Indias,* pg. 397.

86. En esta segunda propuesta de Colón se formula por primera vez la idea en la que se centraría la tremenda polémica entre Bartolomé de las Casas y Ginés de Sepúlveda a propósito de la humanidad o no humanidad de los indígenas americanos. La polémica no hace más que hacer aflorar a la superficie —centrada en el problema concreto de si los indígenas tenían alma o no— la cuestión más amplia de la instrumentalización del hombre hasta su deshumanización, que ni se originó en el siglo XV ni terminó con él.

87. Carta a Luis de Santángel, edición citada, pg. 11.

88. *Memorial de Colón a los Reyes,* 30 de Enero de 1494, en Navarrete, op. cit. pg. 200.

89. Todas las citas de este último análisis vienen de la *Carta de Colón a los Reyes,* de fines de 1495, reproducida por Bartolomé de las Casas en su *Historia de las Indias,* vol. I, pg. 397.

90. Cf. Michele de Cuneo, op. cit. También la *Carta del Dr. Chanca* al cabildo de Sevilla, y, por último, el *testamento de Diego Méndez,* en Navarrete, op. cit. vol. I, pg. 240 y ss.

91. *Lettera Rarissima,* en Navarrete, op. cit. vol. I, pg. 240.

CAPITULO 2

Hernán Cortés: La ficcionalización de la conquista y la creación del modelo de conquistador

1. El contexto de una rebelión.

Hernán Cortés se embarcó en una nave que salía de Palos de Moguer con rumbo a las Indias a principios de 1504. Había transcurrido menos de un año desde el momento en que Colón, abandonado en la isla de Jamaica, escribió la desesperada *Lettera Rarissima* en la que, de forma un tanto inconexa, reafirmaba y acababa de delinear un modelo de percepción de la nueva realidad sobre el cual iba a consumarse, en un plazo de menos de veinte años, la destrucción de las islas de sus Indias.

El modo de representación del Nuevo Mundo que se expresaba en los diarios y cartas del Almirante estaba en la base de un proyecto colonial concreto que se apoyaba en la percepción y caracterización de América como botín. La actividad que corresponde al botín es el saqueo, y como compleja estructura de saqueo se organizó el primer modelo de economía colonial en las Antillas. El centro de aquel modelo era el oro, cuyo valor capital venía determinado por las necesidades de metales preciosos para nuevas acuñaciones de moneda —metales preciosos que escaseaban en Europa como resultado de la balanza comercial pasiva en el comercio con la India y el Oriente.[1] A este hecho se añadían en España los continuos y crecientes gastos de la corona, que iría requiriendo más y más metales preciosos para pagar las deudas que le ocasionaban sus múltiples campañas militares.[2] Esta necesidad histórica de oro explica en parte la obsesión de Colón y sus contemporáneos por él en detrimento de todos los demás aspectos de la realidad ecónomica de América. En la *Lettera Rarissima,* Colón afirmó una y otra vez el valor superior del oro con respecto a cualquier otra mercancía: "De allí sacarán oro...que yo estó a la fuente; genoveses, venecianos y toda gente que tenga perlas, piedras preciosas y otras cosas de valor, todos las llevan hasta el cabo del mundo para las trocar, convertir en oro; el oro es excelentísimo: del oro se hace tesoro, y con él, quien lo tiene, hace cuanto quiere en el mundo, y llega a que echa las ánimas del paraíso".[3] Entre 1503, año en que el Almirante escribió la *Lettera Rarissima* desde Jamaica, y 1520, año de la conquista de México por Hernán Cortés, llegaron a Sevilla no menos de 14.000 Kg de oro, sin contar extravíos ni contrabando.[4] Pero a medida que se iba viendo con más claridad que las nuevas tierras no eran las del extremo oriental de Asia sino un nuevo continente colocado como una barrera entre Europa y los reinos de las especias, el valor excepcional del oro se fue afirmando con mayor exclusividad. Las posibilidades de enriquecimiento rápido se identificaban con él y, apoyándose en el valor material real que tenía en la época este metal, el aventurero o descubridor de los siglos XV y XVI, convertiría el oro en el talismán que mudaba fortunas, rompía barreras sociales y transformaba, sin transición, al aventurero en gran señor. El propio Colón señala esta transformación y mitificación de las cualidades del oro en su *Lettera Rarissima,* cuando complementa el valor material de un oro que "hace tesoro" con el poder mágico de un oro que no sólo "hace cuanto quiere en el mundo" sino que llega milagrosamente a echar las ánimas del paraíso.[5]

Tanto desde el punto de vista de la percepción de la realidad como desde el de la organización de la economía de la colonia, esta supervaloración y mitificación del oro llevó consigo un fenómeno de consecuencias desastrosas: la reducción y subvalorización de todos los demás aspectos de la nueva realidad natural. Este fenómeno, que se expresa con intensidad a lo largo de todo el discurso colombino, para culminar en esa especie de canto de exaltación del oro que entonó el Almirante al final de la *Lettera Rarissima,* supuso una reducción y deformación aún mayor de una realidad que se percibía ya de entrada como botín —es decir, en términos de los elementos necesarios o valiosos dentro del contexto de la economía de mercado europea. La presencia de las especias —segundo elemento clave de la primera representación de América como botín que hizo Colón— se hacía cada vez más dudosa al no confirmarse las identificaciones voluntaristas del Almirante en sus primeros viajes, cuando aquél creía ver clavo y pimienta por todas partes. Los bancos de perlas sólo existían en las proximidades de la isla de la Margarita, y, a pesar del primer cargamento espectacular que llevó de ellas Hojeda a España, no parecían una fuente de riqueza general ni inagotable. Y las piedras preciosas, tan prometidas por las fuentes literarias del modelo colombino, no habían aparecido todavía por ninguna parte. Estaba el palo de brasil, cuya existencia abundante, anunciada por Colón desde el primer viaje, se había confirmado plenamente. Pero el comercio con el brasil no sería tampoco fuente de grandes riquezas para los colonos, porque la corona se reservaba su monopolio y exportación a Flandes, donde, vendido como colorante, serviría para pagar la importación de telas y paños.[6]

Quedaban como posibles fuentes de enriquecimiento la agricultura y la ganadería. Pero aquí se tropieza con un problema doble. En primer lugar, el de la aclimatación de los productos agrícolas europeos en los cuales se centraron los primeros intentos de desarrollo agrícola en la colonia.[7] A pesar de las promesas del Almirante, que veía la isla de la

Española cubierta de olivos y viñedos como las islas del Mediterráneo, la naturaleza tropical se resistía a esa transformación particular, y los árboles, viñas, plantas y granos transplantados al Nuevo Mundo no produjeron al principio resultados ni siquiera satisfactorios. Esta decepción inicial se convirtió en obstáculo mayor, dada la actitud general de los españoles que viajaban a las Indias durante esta primera época de la colonia. Desde Colón hasta Cortés, pasando por Bartolomé de las Casas, encontramos la misma evaluación, las mismas críticas de la actitud de los primeros colonos españoles en América. Estos no habían viajado a América para trabajar, "para ellos cavar y arar", como diría Las Casas, sino para enriquecerse rápidamente y regresar a España. Colón hace una descripción amarga y detallada de los objetivos reales de aquellos pobladores, en una carta a los reyes que escribió desde la Española durante su tercer viaje: "porque no venían salvo con la creencia que el oro que se decía que se hallaba, y especierías, que era a coger con pala, e las especierías que eran dellas los líos hechos liados, y toda a la ribera de la mar, que no había más salvo echarlos en las naos; tanto los tenía ciegos la cudicia. E no pensaban, que bien que obiese oro, que sería en minas, y los otros metales, y las especias en los árboles: y que el oro sería necesario cavarlo, y las especias cogerlas y curarlas".[8] Y veinte años más tarde, Cortés, que ya era gobernador de la Nueva España, se referiría en una carta al rey a la calidad personal de los emigrantes españoles en términos aún menos elogiosos: "...es notorio que la más de la gente española que acá pasa, son de baja manera, fuertes y viciosos de diversos vicios y pecados:".[9] Para esta primera población colonial, la actividad natural era la rapiña, única forma de saquear con la rapidez deseada ese botín de las Indias, y de volverse a España convertido en indiano rico y respetado. En el fondo, las diferencias entre ellos y el Almirante estribaban sólo en una cuestión de método. La visión de América como botín era común a ambos, pero así como Colón, con filosofía de comerciante, planeaba el mejor aprovechamiento de ese botín, los colonos, con una actitud salida de una larga historia de conquistas guerreras recompensadas por rapiñas y saqueos, se proponían simplemente agotarlo y abandonar su despojo.

La historia de las Indias entre 1492 y 1520 demuestra el triunfo del proyecto de saqueo sobre el de utilización y explotación controladas que propugnó Colón. De acuerdo con tal proyecto de saqueo, se creó una economía colonial monstruosa en la que faltaba la capacidad de autoabastecimiento en todos los productos básicos y donde prácticamente toda la actividad productora de la población se canalizaba hacia la búsqueda de oro. El resultado de este modelo fue un rápido agotamiento de las reservas naturales y humanas. La producción de oro que alcanzaría la cifra de 1.434.664 ducados en el período de 1511-1515,[10] empezó a declinar inmediatamente después para ir agotándose a partir de 1520. Y el agotamiento del oro se vio acompañado por el progresivo agotamiento y reducción de la mano de obra indígena —esencial para la producción de mercancías, considerando que los colonos no eran "gente de trabajo", como señaló Colón acertadamente;[11] esto fue cierto hasta el punto de que el valor de cualquier explotación de la colonia —ya fuera minera o agrícola— se equiparaba con el número de indios que tenía para llevarla a cabo.[12] El resultado del ritmo de explotación intolerable al que los colonos sometían a los indios, junto con malos tratos, enfermedades, y falta de alimentos constante, fue una disminución impresionante de la población indígena del Caribe. Entre 1492 y 1514, la población indígena de la Española pasó de 500.000 a 32.000.[13] La preocupación de la corona y de los colonos ante este descenso demográfico se manifestaría con claridad desde 1514, aunque la política real de repartimientos y la preocupación de los colonos respondería, más que a una causa humanitaria, a la relación de dependencia en que se encontraba la explotación de la colonia con respecto a la mano de obra indígena. La disminución de esta mano de obra que cargaba con todo el peso laboral de la explotación implicaba necesariamente el empobrecimiento de los colonos y la disminución de la renta real.

Es en este contexto de agotamiento de las arenas auríferas

y de disminución drástica de la mano de obra donde hay que enmarcar las primeras expediciones a las islas menores de las Antillas, a las Bahamas y, finalmente, a tierra firme, así como la progresiva expansión del centro colonial de Santo Domingo a Puerto Rico primero y a Cuba después. A partir de 1508, la población colonial empezó a extenderse a Puerto Rico y, luego, a Cuba, y, ya en 1505, se realizaban expediciones regulares a las islas que el propio rey había denominado "las islas inútiles" —como las Bahamas— en busca de mano de obra. Bartolomé de las Casas ofrece una descripción escueta de esas primeras expediciones de "exploración" con base en las grandes Antillas: "Por este tiempo, aunque ya se andaba por el rebusco de las gentes yucayas, de que mucho habemos arriba, en el libro 2, hablado como nuestros españoles las vendimiaron, todavía, como vieron los vecinos de esta isla que los indios dellas se les acababan, pero no por eso de matar cesaban, los que se hallaban con algunos dineros, que con la sangre de los muertos habían allegado, se juntaban en companía y armaban uno o dos navíos o más, para ir a rebuscar los inocentes que por las isletas donde moraban, escondidos por los montes se habían del furor pasado escapado".[14] A estas expediciones en busca de esclavos y de posible oro, —los colonos iban con "el ojo vivo a si hallaran señal de oro" señala Las Casas— las denominaba muy gráficamente el propio Las Casas "saltos".

A partir de 1509 se realizaron una serie de expediciones que tenían por objetivo la tierra firme y cuya base de partida ya no era Sevilla sino Sto. Domingo, Cuba o Jamaica. Aunque el objetivo de estas expediciones se iría ampliando progresivamente, siguió estando condicionado por el marco económico en el que se integraban: Se trataba fundamentalmente de suplir las deficiencias de mano de obra y de botín que empezaban a ser evidentes en la colonia.[15] No representaban un proyecto nuevo de descubrimiento y exploración, sino que, ancladas firmemente en el modelo colombino de percepción y representación de la realidad americana, pretendían remediar y compensar la creciente escasez de recursos de la colonia existente, expandiendo a nuevos espacios naturales su modelo económico de saqueo. Las expediciones de Hojeda y Nicuesa, en 1509, la de Hernández de Córdoba, en 1517, las que promovió desde Jamaica Francisco de Garay a partir de 1515, y la de Juan de Grijalva, organizada por Velázquez en 1518, serían básicamente del mismo signo y tendrían los mismos objetivos fundamentales. En ellas, la integración de las nuevas tierras en el ámbito socioeconómico de la colonia, se proyectaba reducida a dos relaciones inmediatas: captura y tráfico de esclavos, y saqueo del botín, especialmente del oro.[16] Pero estas expediciones a tierra firme que precedieron por poco tiempo a la de Hernán Cortés, tuvieron una importancia indiscutible en la elaboración de su proyecto, aunque el objetivo que las impulsó era profundamente distinto del que definiría Cortés poco después.

La primera de aquellas expediciones fue, por orden cronológico, la de Diego de Nicuesa y Alonso de Hojeda, en 1509-10. Nicuesa y Hojeda habían conseguido del rey, mediante intrigas apoyadas por el obispo Fonseca, que les fueran concedidas las licencias y gobernaciones para poblar y rescatar en Veragua y Urabá (Colombia y Panamá) respectivamente. No existen relaciones directas de la expedición escritas por ninguno de sus participantes, pero Las Casas ofrece una versión bastante detallada de ella. De acuerdo con él, el móvil de Nicuesa, que era el cerebro de la expedición, era "el olor de las nuevas que de la riqueza de ella el Almirante que primero la descubrió, había dado, y él oído".[17] La expedición se planeó como intento de rescatar y poblar la tierra firme recorrida por el Almirante en su cuarto viaje. Pero Las Casas puntualiza cuidadosamente esos dos términos, redefiniéndolos de acuerdo con su significado real dentro del contexto en que se utilizaban. Equipara Las Casas explícitamente "poblar" con "llevar las guerras y el pestilencial repartimiento", cuyo resultado inevitable sería, según él, la destrucción y despoblación de las nuevas tierras.[18] En cuanto a la segunda forma de relación —el rescate— Las Casas es también muy explícito, identificando rescate con saqueo material y con captura de esclavos para el tráfico con Europa y la colonia. Se refiere, hablando de la población de Cartagena, a "los grandes males que habían recibido de los que fueron los años pasados *con título de resgatar*", y habla de los colonos exploradores que "su cudicia poco a poco extendiendo *debajo de este nombre resgate* hacían armadas con que captivaban gran suma de indios que en la Española y las demás ínsulas sin más justo título por esclavos vendían".[19]

Los juicios de Bartolomé de las Casas sobre el comportamiento de los colonos suelen ser apasionados. Pero en este caso, como en tantos otros, las acciones de los dos personajes al mando de la expedición — cuyo relato parece ser que oyó Las Casas de boca de alguno de los supervivientes — demuestran la exactitud de sus redefiniciones y puntualizaciones. Según este relato, al llegar Hojeda a tierra firme, y apenas desembarcado, su primera acción habría sido "dar de súbito en un pueblo llamado Calamar, por haber presto algunos indios y enviarlos a esta isla a vender como esclavos". Y una vez realizado este primer propósito, relata Las Casas que Hojeda y su tripulación "su misma cudicia y pecados cegándolos, desparciéronse por los montes buscando cada uno qué robar". Y el primer contacto de Nicuesa con la nueva tierra y sus pobladores habría sido —siempre según la misma fuente— todavía peor, aunque pretendiera justificarse por la necesidad de represalias. Ante la llegada de Nicuesa en ayuda de Hojeda, dice Las Casas, los indígenas "...del grande miedo que tuvieron, de súbito salieron de sus casas huyendo, dellos con armas y dellos sin ellas, y no sabiendo por donde andaban daban en el golpe de los españoles, que los desbarrigaban; huían de aquestos, y daban en los otros de la otra parte, que los despedazaban. Tornábanse a meter en las casas, y allí los españoles, poniendo huego, vivos los quemaban".[20]

Resuelto de ese modo el problema de la rebelión indígena, Nicuesa y Hojeda se separaron para dirigirse a sus respectivas gobernaciones a "colonizar". Las Casas comenta lacónicamente la primera fundación de Hojeda, quien al no hallar el oro que los indígenas le anunciaban "buscó por allí cierto lugar y desembarcó la gente y sobre unos cerros asentó un pueblo al cual llamó la villa de Sant Sebastián...el cual aunque no se poblara no se ofendiera a Dios, antes infinitos pecados se excusaran". Así se creó la "negra villa" desde la cual Hojeda llevaría a la práctica el modelo antillano de colonización, concretado para Las Casas en "inquietar, robar y captivar".[21] La colonización de Diego de Nicuesa expresaría el mismo proyecto, aunque éste no llegó ni siquiera al simulacro de fundación de Hojeda, y se limitó a ir sacando lo que podía para remediar su situación, que se hacía más crítica a cada día que pasaba: "Enviábalos, a chicos y grandes, a enfermos y sanos, a la tierra dentro por ciénagas y aguas, por montes y valles, a saltear los pueblos de los indios y sus labranzas".[22] Cuando, meses más tarde, Anciso se reunió con los supervivientes del grupo dejado por Hojeda en Urabá, les impidió regresar a Jamaica y les persuadió para que continuaran la "colonización y población" comenzadas. El argumento que utilizó para convencerlos expresaba el proyecto de su propia empresa concebida, una vez más, como empresa de saqueo. Las Casas lo resume en los siguientes términos: "Finalmente dello por ruegos y persuasiones y poniéndoles delante cebo para movellos, que saltarían a tierra y harían esclavos para traer o enviar a esta isla... hobo de hacer que a Urabá tornasen".[23]

La segunda expedición a tierra firme que se organizó con base en las Antillas fue la de Francisco Hernández de Córdoba, que salió de Cuba el 8 de Febrero de 1517. Bernal Díaz señala que la expedición estaba financiada por Hernández de Córdoba con participación de cada uno de los miembros de la tripulación, aunque Diego de Velázquez aportó ayuda material y gestionó y concedió las licencias para rescatar y poblar en las nuevas tierras. El piloto de la expedición era el mismo Antón de Alaminos que había acompañado a Cristóbal Colón en su cuarto viaje y a Ponce de León en su descubrimiento de la Florida. Las Casas, que era amigo de Hernández de Córdoba y lo conocía bien, afirma que el objetivo de la expedición era desde un principio "ir a saltear indios donde quiera que los hallasen"; y dice que, por influencia de Alaminos, que insistía en navegar hacia la mar del poniente al sur de Cuba "con esperanza grande que tenía que había de hallar tierra muy poblada y muy más rica que hasta allí",[24] se cambió el rumbo inicial y el propósito de saquear lugares conocidos y ya algo esquilmados, por el de intentar el descubrimiento de nuevas fuentes de botín material y humano, que Alaminos aseguraba se encontrarían en las tierras de Veragua. Bernal Díaz, testigo presencial, pero no siempre escrupuloso en su "elaboración" de los sucesos, especialmente en la de los que modifican de forma favorable su propio papel y el de otros conquistadores anónimos, admite que las instrucciones de Velázquez para esta expedición eran que "habíamos de ir de guerra y cargar los navíos de indios de aquellas islas para pagar con indios el barco para servirse de ellos por esclavos", aunque enseguida después afirma, virtuosísimo, que él y los demás soldados, viendo que lo que pedía Velázquez no era justo, se negaron, respondiéndole que "lo que decía no lo manda Dios ni el Rey que hiciésemos a los libres esclavos".[25] En todo caso, la captura de esclavos como objetivo central de la expedición se cita en ambas fuentes y, tanto en la versión de Las Casas como en el relato de Bernal Díaz, se complementa con el ineludible botín de oro. El primero habla de la riqueza de Veragua descrita por el Almirante —que era muy especialmente riqueza en minas de oro.[26] El segundo se refiere a "tierras ricas y gente que tuviesen oro, o plata, o perlas u otras cualquier riquezas" y puntualiza que llevaban a bordo un contador real encargado de separar el quinto real de lo que se rescatase.[27]

La actividad de los protagonistas de la expedición parece confirmar en cualquier caso que el rescate del botín era el objetivo central de esta nueva expedición descubridora y colonizadora. Todo el diálogo que mantuvo Hernández de Córdoba con los indígenas capturados en diversos lugares de la costa tenía como fin averiguar "si en la tierra había aquel metal". Hernández de Córdoba les preguntaba repetidamente si había oro en la isla y se comprometía a liberar a los prisioneros indios que tenía cautivos en las naves si se lo entregaban.[28] Bernal Díaz por su parte confirma en su *Historia* el proyecto de saqueo de la expedición en la que él también participó, al recordar a aquel clérigo González que iba con la expedición y que "se cargó las arquillas e ídolos e oro y lo llevó al navío".[29]

Sin embargo, a pesar de la claridad del objetivo de saqueo y de que la expedición circunscribió su actividad a ese proyecto inicial, en el relato de Díaz hace su aparición un elemento nuevo, cuya importancia no se le iba a escapar a Velázquez y, mucho menos aún, a Cortés. Se trata de una serie de signos materiales que evidenciaban la existencia de una cultura superior a las halladas hasta entonces en el Nuevo Mundo: las casas de "cal y canto" muy bien labradas, las enigmáticas esculturas y los relieves en piedra y barro que descubrieron los expedicionarios en los templos, las vestimentas que llevaban los naturales y que los caracterizaban como "hombres de más razón que a los indios de Cuba",[30] así como las colmenas domesticadas de las que habla en su relato Las Casas, insinuaban la existencia de formas de civilización mucho más avanzadas que las halladas en las tierras exploradas y pobladas hasta entonces.[31] Y el éxito de esta expedición estribaría, para Velázquez, más en el descubrimiento de todos estos signos anunciadores que en el rescate material obtenido. Díaz no acababa de comprender la importancia que se les daba a aquellas casas de "cal y canto", a las "pecezuelas de oro", y los ídolos que algunos "soblimábanlo en arte",[32] pero la importancia extraordinaria que revistieron para Diego de Velázquez aquellos indicios anunciadores de la existencia en tierra firme de una gran riqueza cultural y material, se reflejaría en la celeridad con la que comenzó los preparativos para otra expedición cuyo objetivo geográfico serían las mismas tierras recorridas por la expedición anterior. Esta última expedición preparatoria salió de Cuba el 1 de Mayo de 1518 al mando de Juan de Grijalva.

Es difícil determinar a la vista de los documentos existentes si Juan de Grijalva ha pasado a la historia con esta expedición como el más tonto o como el más honesto de todos los descubridores y conquistadores. Pero de lo que no cabe la menor duda es de que fue el más obediente, el que más escrupulosamente siguió las instrucciones dadas por un gobernador en toda la historia de la conquista de América, lo cual le valió no pocas críticas e insultos por parte de sus propios hombres. Bernal Díaz lo consideraba valiente y esforzado, pero el capellán de la expedición, Juan Díaz, no puede disimular su irritación ante su falta de iniciativa, y acaba en su relación acusándole del resultado mediocre de la expedición, diciendo que "si hubiéremos tenido un capitán como debiera ser, sacáramos de aquí más de diez mil castellanos; y por él no pudimos trocar nuestras mercaderías, ni poblar la tierra ni hacer letra con él".[33] En todo caso, el comportamiento legalista y obediente de Grijalva tiene la ventaja de iluminar con su coherencia perfecta las instrucciones de Velázquez y su proyecto para esta expedición. Bernal dice que "la instrucción que para ello dió el gobernador fue según entendí que rescatase todo el oro y la plata que pudiere y si viere que convenía poblar o se atrevía a ello, que poblase y sino que se volviese a Cuba".[34] Pero el comportamiento de Grijalva en la relación del capellán Juan Díaz, con su sistemática negativa a llevar a cabo cualquier actividad que no fuera de exploración o de rescate, parece indicar que el poblar no estaba entre las órdenes que le había dado Velázquez a Grijalva para este viaje. Las Casas nos explica cómo esta actitud no se debía en modo alguno a cobardía sino que era resultado de su actitud respetuosa y obediente con las instrucciones recibidas. Dice Las Casas: "Juan de Grijalva era de tal condición de su natural, que no hiciera, cuanto a la obediencia y aún cuanto a la humildad y otras buenas propiedades, mal fraile, y, por esta causa, si se juntaran todos los del mundo, no quebrantara por su voluntad un punto ni una letra de lo que por la instrucción se le mandaba, aunque supiera que lo habían de hacer tajadas. Yo lo conoscí e conversé harto y entendí siempre del ser a virtud y obediencia y buenas costumbres inclinado y muy subjeto a lo que sus mayores le mandasen. Así que, por más ruegos y razones importunas que le hicieron y representaron, no pudieron con él que poblase, alegando que lo traía prohibido por el que le había enviado, y que no para más de descubrir e resgatar

tenía mando, y que con cumplir la instrucción que se le dió
haría pago".[35] Según esta versión, las instrucciones de Velázquez contenían una prohibición explícita de *poblar* y *conquistar,* prohibición que parece lógica considerando por una
parte la ambición de Velázquez y, por otra, el hecho de que
éste aún no poseía la licencia real que se apresuraría a obtener apenas conocidos los resultados de esta última expedición.

Las tres expediciones descritas formaban parte de un
proyecto homogéneo e idéntico al que había dado forma a la
organización social y económica de la colonia española en
las Antillas. Pero aunque su interés innovador es escaso
desde el punto de vista del proyecto colonizador que expresaban, es indudable que revistieron una importancia geográfica considerable. En este aspecto, las tres expediciones
fueron etapas importantes en el proceso de cancelación del
referente imaginario que había articulado la representación
colombina de América. La validez de aquel modelo creado a
partir de datos geográficos y fantásticos que había ido seleccionando Cristóbal Colón en sus lecturas,[36] se vería cuestionada primero, para ser cancelada progresivamente por
una experiencia inmediata de lo que era verdaderamente la
realidad de las nuevas tierras. Se mantendría de la representación colombina la percepción de América y de cada una de
las tierras recién descubiertas como botín, pero el proceso
colombino de verificación descriptiva como modo de aprehensión y descripción fue substituido en medida cada vez
mayor por el inventario objetivo y directo de la realidad
explorada, aunque siempre selectivo en función del modelo y
de las necesidades económicas de la colonia ya establecida.
Ya antes del cuarto viaje de Cristóbal Colón, se había iniciado el desarrollo de un proceso de exploración y definición
progresiva de la tierra firme como objetivo geográfico. La
expedición de Alonso de Hojeda en 1499, en busca de los
bancos de perlas anunciados por el Almirante en su tercer
viaje, dio como resultado geográfico la exploración y el
trazado del mapa de toda la costa de Venezuela. El mismo
año, Vicente Yáñez exploraría la costa desde el cabo de San

Agustín hasta la desembocadura del Orinoco —y no del Amazonas, como se ha afirmado a veces.[37] Un año más tarde, Alvarez Cabral prolongaba la exploración del nuevo continente por la costa del Brasil hasta el Amazonas, mientras la expedición de Rodrigo de Bastida y Juan de la Cosa exploraba la costa de Venezuela a Panamá. Dos años después, Colón buscó afanosamente, en la costa de Colombia y Panamá que estaba recorriendo, el estrecho de comunicación con el mar de la India y las Islas de las Especias. Hojeda y Nicuesa continuarían la exploración de esta misma zona, atraídos por las riquezas anunciadas por el Almirante, en su expedición de 1509. La expedición de Francisco Hernández de Córdoba en 1517 continuó el reconocimiento de la costa, explorando la franja de Yucatán; y Juan de Grijalva, que divisó tierra en la misma península de Yucatán en Mayo de 1518, prolongaría la exploración de la costa hacia el norte, hasta San Juan de Ulúa y el sitio de la actual Veracruz.

En este progresivo descubrimiento de los contornos del nuevo continente, América se iba definiendo como una entidad geográfica nueva y diferente del modelo imaginario que había intentado verificar en ella Cristóbal Colón. Los otros descubridores y exploradores de este período aprenderían a observar con mirada cada vez más objetiva aquellas tierras que, entre 1503 y 1518, se iban revelando como lo que en realidad eran: un continente nuevo, distinto del Asiático, totalmente desconocido e inexplorado hasta aquel momento. Pero el abandono del referente fantástico del modelo colombino haría retroceder sus formas particulares de representación de lo maravilloso y de lo monstruoso sin, por ello, hacer desaparecer el elemento fantástico que se asociaba con la nueva realidad. Ya nadie buscaba, como lo había hecho el Almirante, la región mítica de los montes de oro custodiados por hormigas gigantes, descrita por Eneas Silvio; pero, desde Colón hasta Cortés — y, en realidad, hasta mucho años más tarde — seguirían sucediéndose las noticias, oídas o dadas por guías y exploradores, sobre un número considerable de criaturas y lugares fantásticos. Salvador de Madariaga señala que "los hombres de aquella época estaban dispuestos a aceptar revelaciones extra, infra o sobre-naturales de toda índole, o mejor dicho revelaciones que ampliasen y transfigurasen el sentido y alcance de lo que es natural...formas de vida no imaginadas, maravillosas o espantosas todavía ocultas al mundo viejo",[38] indicando el lugar prominente y cotidiano que ocupaba lo maravilloso en la concepción del mundo del español medieval y renacentista. Irving A. Leonard afirma, por otra parte, que esa propensión del español de la época al mito y a la fantasía era particularmente intensa, incluso para aquel período histórico, y apunta una explicación de este fenómeno en relación con la historia de la península: "El relativo aislamiento de la vida española del resto de Europa, la omnipresente proximidad de lo desconocido en las oscuras aguas del Atlántico, y la mezcla de culturas europeas y arábiga tendían a incrementar un sentido especial del misterio y de la fantasía. Estimulaban enormemente esta preocupación introspectiva por lo extraordinario...las historias de marineros que retornaban.... Traían ellos rumores de islas misteriosas con extrañas formas de vida: hidras, gorgonas, amazonas, sirenas.... Tal vez reaccionando contra el aciago realismo de su propio medio, los españoles que escuchaban estas fantasías se escapaban de sí mismos en alas de lo irreal...".[39]

Parece en todo caso indiscutible que existía una propensión muy acusada al mito, a la imaginación y a la aceptación de lo maravilloso, una de cuyas manifestaciones sería, a partir del siglo XVI, la locura nacional por las novelas de caballerías, cuyas ediciones y reediciones continuas invadirían la península hasta el punto de suscitar la proclamación de leyes que regularan o prohibieran su lectura. Y la confusa línea divisoria entre realidad y ficción que caracterizaba la percepción de la época se mantuvo y manifestó a lo largo de casi todas las expediciones del período y aún mucho más tarde. Colón hablaba de monstruos míticos y del hallazgo del Paraíso Terrenal. Pero, en 1512, Ponce de León navegó perdido por el Caribe durante más de seis meses en busca de la Fuente de la Eterna Juventud, hasta tropezar por casualidad con la península a la que llamaría La Florida. Y cinco años más tarde Juan Díaz refiere haber oído decir que en la punta de la península de Yucatán se encontraban las amazonas y que un cacique indio había hablado de la existencia, en unas islas próximas, de hombres blancos de orejas enormes.[40] Velázquez retomaría los dos elementos —amazonas y hombres monstruosos— elaborando esta última noticia en las instrucciones oficiales que le dio a Hernán Cortés para su expedición a México, en 1519. En ellas le decía: "e porque diz que ay gentes de orejas grandes e anchas y otros que tienen las caras como perros y así mismo donde y a qué parte están las amazonas, que dicen estos indios que con vos lleváis que están cerca de allí";[41] y le ordenaría que investigase la verdad de tales afirmaciones.[42]

Lo fantástico en sus dos vertientes —lo maravilloso y lo monstruoso— ya no funcionaba en ese momento como pieza clave de identificación de las nuevas tierras con el referente imaginario del modelo colombino.[43] Pero continuaba presente en la mente y en los relatos de los descubridores, y, asociado a la tradición de las "istorias antiguas" que inspiraron el modelo de Colón, o a las "historias mentirosas" de las novelas de caballería, seguiría siendo un motor importante de acción y una constante de la aprehensión de la nueva realidad. Sin embargo, la situación objetiva era ya muy distinta de la que le había permitido a Cristóbal Colón sus fantásticas transformaciones e invenciones de la realidad americana de acuerdo con una imagen literaria prefabricada. Aunque Juan Díaz hablara repetidamente del Yucatán como isla, la percepción básicamente correcta de la configuración geográfica de un nuevo continente — frente a la idea inicial del Almirante, que esperaba los numerosos archipiélagos que anunciaban el Cipango y la costa oriental del Catay — se iba imponiendo con rapidez. El objetivo geográfico de las expediciones efectuadas entre 1503 y 1518 aparecía definido con claridad cada vez mayor. Por otra parte, aunque es cierto que el proyecto colonizador de estas expediciones se reducía al de expansión del modelo de saqueo característico de la colonia, es indudable que —

junto con una mayor definición y clarificación del objetivo geográfico que hacía retroceder sensiblemente la barrera de fábulas y temores que se asociaba con lo desconocido — estos viajes a tierra firme aportaron algo de importancia fundamental: Las últimas tres expediciones, pero especialmente la de Hernández de Córdoba y la de Juan de Grijalva, volvieron con una serie de datos concretos sobre las nuevas tierras y sus habitantes, que abrían posibilidades de contacto mucho más ricas que el proyecto tradicional de convertirlas y utilizarlas como reserva de mano de obra y de botín. Diego de Velázquez reaccionaría rápidamente ante estos signos anunciadores de civilizaciones muy prometedoras, intentando asegurarse el monopolio de su explotación mientras seguía enviando sucesivas expediciones exploradoras a recoger información sobre la naturaleza de las nuevas tierras y gentes. Por otra parte, Cortés, sobre quien iba a recaer el mando de la próxima expedición a la tierra firme, elaboraría un proyecto radicalmente nuevo, sobre la base de la evidencia de riqueza cultural y material que se entreveía en los primeros contactos de Hernández de Córdoba con los Mayas, y de Juan de Grijalva con los súbditos del imperio Azteca. Evidencia que se concretaba no en el simple valor material del oro y plata, de las joyas y la coraza que Grijalva había llevado a su regreso a Cuba, sino en el complejo grado de civilización que expresaban la calidad de su hechura, los signos que los cubrían y los motivos que representaban.

Es imposible por falta de documentación existente trazar con certeza la génesis del proyecto de conquista de Hernán Cortés, aunque todo su comportamiento, desde su habilidad para hacerse elegir como capitán de la expedición por el propio Velázquez hasta sus primeras acciones, ya en la tierra firme, demuestran que no se trataba de ninguna improvisación. Mientras Velázquez se disponía a utilizar a Cortés para aprovechar el compás de espera forzoso que le imponía la concesión de la licencia real, recogiendo la información que le permitiría apoderarse con la mayor eficacia y provecho de las nuevas tierras, Cortés movía influencias, decidido a utilizar el apoyo inicial de Velázquez como punto de partida necesario para una empresa que nada iba a tener que ver con los objetivos fijados por el gobernador. Estos eran muy semejantes a los que hace adivinar la escrupulosa obediencia de Grijalva, y se reducían a obtener información sobre la tierra y sus habitantes y a rescatar las cosas de valor que pudieran, para regresar en breve a Cuba con las noticias y la riqueza que hubiera resultado de ambas actividades. Bernal Díaz dice que, aunque públicamente se anunció que la expedición iba a poblar, "secretamente el Diego Velázquez enviaba a resgatar y no a poblar".[44] Las instrucciones que le dio por escrito y ante escribano Velázquez a Cortés, el 23 de Octubre de 1518, confirman la afirmación de Díaz y la completan con información extensa sobre el proyecto de Velázquez y la función que éste le asignaba a la expedición de Cortés dentro de él.[45] La función de la expedición de Cortés quedaba en estas instrucciones reducida a cuatro puntos básicos.[46] Se le nombraba capitán de la armada y se le ordenaba *registrar* la mayor cantidad posible de información, *comunicar* puntualmente en detallada relación la información obtenida a Velázquez, *supervisar* el escrupuloso depósito del rescate en el arca de "dos o tres cerraduras" y *predicar,* si se presentaba la ocasión, algunas verdades fundamentales de la religión católica.

Los signos indicadores de que Cortés proyectaba la expedición como algo más que el simple sondeo que Diego Velázquez pretendía que ésta fuese, así como de que la idea que tenía de su propio papel pudiera ser radicalmente distinta del de simple receptor-transmisor de información que le había asignado el gobernador, no se hicieron esperar. Habla Bernal Díaz de que Cortés "mandó dar pregones y tocar trompetas y atambores en nombre de Su Majestad y en su real nombre Diego de Velázquez, y él por su capitán general, para cualesquier personas que quisiesen ir en su compañía a las tierras nuevamente descubiertas a las *conquistar* y *poblar*".[47] La contradicción entre el objetivo que anunciaban los pregones públicos y los términos de las Instrucciones del gobernador pudo ser considerada por Velázquez como una simple artimaña propagandística para atraer gente a la expedición, o tal vez expresaba el propósito secreto del propio Velázquez. La importancia de este hecho es secundaria y parece que estos pregones no alarmaron en modo alguno a Velázquez hasta que se vieron acompañados por otros signos de naturaleza sospechosa y alarmante. La expedición había sido planeada por Velázquez sobre el mismo modelo que la de Grijalva, que constaba de sólo cuatro barcos. Pero poco después del nombramiento de Cortés, y como resultado directo de la actividad y diligencia de éste, empezó a ser evidente que los preparativos que se hacían para esta expedición desbordaban ampliamente los de cualquiera de las anteriores. La participación final de Cortés en la financiación de la empresa es todavía muy discutida y oscila entre los dos tercios del total de los gastos que le atribuye Montejo, los siete barcos que aportó, según Puertocarrero, y la mitad del capital en barcos y pertrechos que le atribuye Gómara. Fue, de acuerdo con todos los testimonios, una participación muy substancial, y Cortés utilizó su propia hacienda hasta endeudarse para equipar de ese modo la expedición.[48] A la vista de estos preparativos espectaculares y de los rumores y comentarios que recorrían la isla sobre el posible alzamiento de Cortés, "a quien todos juzgaban por muy varón en sus cosas", según le dijo a Diego de Velázquez su bufón Cervantes el Loco, el gobernador, que, según Díaz, "siempre temió dél que se le alzaría",[49] decidió atajar las sospechas y conjurar el peligro, destituyendo a Cortés de su cargo de capitán general de la expedición. Cortés, informado probablemente por alguno de los numerosos amigos que tenía en la corte de Velázquez, se adelantó a la destitución, ordenando el embarque antes de lo acordado y sin previo aviso al gobernador. Con esta acción, Cortés iniciaba su complejo proceso de liquidación de la autoridad de Velázquez, colocándose en una situación de obediencia formal y declarada, pero de rebelión de hecho.[50]

La organización y aprovisionamiento de una flota de carácter totalmente excepcional constituyen el primer indicio indiscutible de que el proyecto que abrigaba Cortés no coincidía con el que le asignaba Velázquez. Basta comparar los componentes de esta flota de 12 barcos y 600 hombres con los tres barcos y 110 hombres de la expedición de Hernández de Córdoba, o con los cuatro barcos de la de Grijalva, para darse cuenta de ello. Pero es posible que esta previsión de Cortés, además de ser el primer indicio indiscutible de su ambicioso proyecto, sea el único que se posee antes de su partida hacia tierra firme el 15 de Febrero de 1519. En sus negociaciones con Diego de Ordaz y Francisco Verdugo, en Trinidad, y con Pedro Barba, Cortés reafirmó una y otra vez su lealtad inquebrantable al mismo gobernador que quería destituirlo, y Bernal Díaz nos habla de las amorosas cartas que le enviaba Cortés a Velázquez, afirmando una obediencia que sus propios actos habían empezado ya a desmentir de forma inequívoca.

2. Estructuras ficcionales de justificación.

La primera mención que encontramos de la fiebre epistolar que caracterizaría a Hernán Cortés durante el resto de su vida se sitúa durante los tres meses de preparativos y en el contexto inmediato del primer momento de la rebelión. Nos la hace Bernal Díaz, quien además resume el contenido de esas primeras cartas definiendo su función. Desde Trinidad, dice Bernal que Cortés "escribió...muy amorosamente al Diego Velázquez que se maravillaba de su merced de haber tomado aquel acuerdo, y que su deseo es servir a Dios y a Su Majestad y a él en su nombre". Poco más tarde, Bernal Díaz se refiere de nuevo a las cartas que envía Cortés al gobernador, esta vez desde la Habana, y muy poco antes de que se hicieran a la mar definitivamente, diciendo: "Y Cortés lo escribió al Velázquez con palabras tan buenas y de ofrescimientos, que lo sabía muy bien decir, e que otro día se haría a la vela e que le sería servidor".[51] Si aceptamos el resumen de Díaz, la función política de aquellas cartas era tranquilizar a Velázquez mientras Cortés completaba sus preparativos; y esta función se concretaba en la retórica de seducción a la que alude Díaz cuando se refiere explícita y reiteradamente a su tono *amoroso* y a las *buenas palabras* "que Cortés sabía muy bien decir". Pero la importancia de estas primeras cartas no reside sólo en el hecho de que introduzcan la funcionalidad de la escritura cortesina, concretada en sus dos vertientes fundamentales de justificación y seducción. En su reiterada insistencia en una obediencia de Cortés a Velázquez, que ha dejado ya de ser sustentada por ningún elemento de la realidad concreta para convertirse en la pura ficción que esas cartas articulan, encontramos algo que es como el primer eco anunciador de los procesos de profunda ficcionalización de la realidad que, bajo una estructura documental impecable, articularán el discurso narrativo de las *Cartas de Relación.* Estos procesos de ficcionalización se articulan en torno a dos ejes fundamentales: el de la transformación de la rebelión en servicio, y el de la transformación del rebelde en modelo. El primero organiza en buena medida la narración de las tres primeras cartas y concluye con el reconocimiento por parte del rey de la validez y legitimidad del proyecto de conquista de Cortés. El segundo es el más rico y complejo de los dos, y se desarrolla como eje central de la narración desde la primera hasta la última carta de relación.

Pero antes de pasar al análisis del proceso de ficcionalización y mitificación que se desarrolla en torno al primer eje de transformación, conviene examinar los rasgos centrales del marco estructural en el que se desarrolla ese proceso. Este marco es el de la carta de relación. La relación como género constituía en la época el punto de convergencia de la epístola y el documento legal. En tanto que epístola, o carta, narraba e informaba sobre aspectos múltiples de la realidad, describía, comentaba acciones y comportamientos, incluía reflexiones de su autor y de los que lo rodeaban. En tanto que documento legal, y no simple carta personal, se comprometía implícitamente a la veracidad de lo narrado. El concepto de *carta de relación* llevaba implícita la certificación del contenido y constituía una cierta garantía de su veracidad. Y dentro de las cartas de relación de Hernán Cortés, la garantía implícita de veracidad, que llevaba consigo la utilización de la forma oficial de la *relación,* se reafirmaría con el uso reiterado del adjetivo "verdadera" que acompaña casi siempre dentro de ellas el término "relación". Tanto el uso de la carta de relación como forma elegida para narrar los sucesos de la conquista de México como la reiteración explícita del adjetivo persiguen el mismo fin: Con ellas se crea un marco pretendidamente objetivo y documental que garantiza ficticiamente la imparcialidad y veracidad del mensaje que se inscribe en él; y un texto en el que la elección de la forma funciona como garantía que pretende autorizar la naturaleza veraz del mensaje que expresa. Dentro del texto de cada una de las cartas, la conciencia que tiene el narrador del compromiso que implica la elección de esta forma de narración se dramatiza en una serie de incidentes que puntualizan su significado reafirmando la veracidad comprobada de todo lo que en ellas se narra. En la segunda carta, por ejemplo, el "hacer relación" de la naturaleza de los volcanes se presenta como algo posible sólo después de una exploración directa de los mismos. Dice Cortés: "Y porque yo siempre he deseado de todas las cosas de esta tierra poder hacer a vuestra alteza muy particular relación, quise de ésta, que me pareció algo maravillosa, saber el secreto, y envié diez de mis compañeros, tales cuales para semejante negocio eran necesarios, y con algunos naturales de la tierra que los guiasen, y les encomendé mucho procurasen de subir la dicha sierra y saber el secreto de aquel humo, de donde y como salía". Poco después, dentro de la misma carta, Cortés la pide a Moctezuma que le permita examinar personalmente las minas de oro para que así pueda "hacer relación al rey".

Los dos ejemplos citados tienen un elemento en común: señalan la observación directa como base necesaria del conocimiento —geográfico en este caso—, extendiendo implícitamente este criterio a todo lo que se narra en las cartas de relación de Hernán Cortés. Los escrúpulos de Cortés en el terreno geográfico —que no le permiten hablar de nada cuyo "secreto" no haya desvelado personalmente— se proyectan más allá de la materia geográfica para iluminar implícitamente el criterio selectivo de la narración, que pretenderá hablar únicamente de aquello cuya verdad ha sido comprobada.

La autorización del texto, concretada a nivel estructural en la elección de la forma de la relación y a nivel estilístico en la reiteración del elemento central que define esa forma con el uso del adjetivo *verdadera,* se completa así con un elemento común a gran parte de las crónicas del período: el testimonialismo como modo de autorización de la verdad de lo narrado. Para Bernal Díaz y Las Casas, entre otros, hay dos formas de narrar la conquista: Como testigo presencial de una acción en la que se puede o no haber participado, pero que en cualquier caso se conoce de primera mano; o como recopilador y narrador de los relatos de distinas personas que hayan presenciado unos hechos en los que el cronista no ha participado y que tampoco ha observado de forma directa. Desde el punto de vista del primer grupo de cronistas —el representado por Díaz entre otros—, la segunda opción es inaceptable, y la polémica entre Bernal Díaz y Gómara se centrará precisamente en esta cuestión. Para Díaz, lo que hace Gómara no es escribir historia siguiendo un metodo de información y composición diferente, sino "inventar" y "hacer borrones". Falsea, equivoca fechas y cifras, exagera o disminuye méritos y el resultado es un "texto-borrón" sobre cuyo valor documental se pronuncia Díaz sin vacilar, diciendo: "Y habían de mandar borrar los señores del Real Consejo de Indias los borrones que en sus libros van escritos".[52] Las Casas coincide con Bernal Díaz en su condena del método de Gómara y de sus resultados. Lo acusa repetidamente de decir "falsedades" e "insolencias", y atribuye ambas a su absurda pretensión de narrar cosas que ni siquiera vio. Dice Las Casas: Gómara que escribió la Historia de Cortés, que vivió con él en Castilla siendo ya marqués, y no vido cosa ninguna ni jamás estuvo en las Indias... compone muchas cosas en favor de él que, cierto, no son verdad".[53] E insiste más adelante: "...dice el clérigo Gómara en su Historia muchas y grandes falsedades como hombre que ni vido ni oyó cosa de ella".[54]

Este rechazo de Díaz y Las Casas lleva implícita una defensa del modelo de narración testimonial[55] con exclusión de todos los demás. Esta se expresa estilísticamente en el caso de Las Casas con las continuas referencias explícitas a su conocimiento de primera mano de aquello y aquellos cuya historia narra: Se precisan lugares de encuentro, momentos y frecuencia del trato, y el grado de relación personal con cada uno de los personajes importantes, especificando una relación que va desde el conocimiento —por ejemplo en el caso de Cortés, cuyo padre, afirma Las Casas, "harto conocí"— pasando por la amistad, de Las Casas con Grijalva, por ejemplo, hasta el parentesco. En Bernal Díaz encontramos la misma insistencia en palabras o relaciones que indican el grado de proximidad del narrador con respecto a lo narrado, sólo que Díaz lleva esta identificación implícita entre lo presenciado y lo verdadero un paso más allá. Comienza por oponer el modelo historiográfico de Gómara al testimonial suyo, y acaba oponiendo una estética —la de Gómara— a la suya. La de Bernal se concreta en una identificación entre lo *bello* y lo *verdadero*. Es lo que se podría llamar una estética de la verdad y Bernal la formula de manera explícita cuando dice que "la verdadera pulicía e agraciado componer es decir verdad en lo que he escrito".[56] Por oposición a ella, la estética de Gómara se caracteriza por una sustitución de la verdad documental por una bella forma retórica. Estas historias de "prólogo y preámbulo con razones y retórica muy subida", como las llama Díaz, son inaceptables como relatos historiográficos para los cronistas que, como Bernal y Las Casas, no aceptan más conocimiento de la realidad que el que deriva de la experiencia directa. El argumento supremo de autoridad, invocado una y otra vez por estos dos cronistas para refutar la versión de los hechos presentada por Gómara o por otros cronistas como él, será que ellos *conocieron* a los personajes, *vieron* la acción o *participaron* en ella.

La narración de la conquista de México que ofrece Cortés en sus *Cartas de Relación* se ajusta perfectamente a este requisito de experiencia directa y éste se complementa con el reconocimiento abierto de la existencia de un proceso de selección del material que se incluye en ellas. El criterio declarado es el "interés del rey" y, al declararlo, Cortés pone, aparentemente, las cartas sobre la mesa y revela su buena fe, reconociendo la existencia de un proceso de selección muy inocente que encubre otro mucho más profundo y complejo, cuya existencia no se subordina al interés real sino al del propio Cortés. La presentación testimonial refuerza la validez del mensaje que aparece encuadrado en un marco que, tanto por la relación del narrador con la materia narrada —participación y buena fe— como por la estructura formal de esa narración —la relación—, garantiza ficticiamente su veracidad. Ficticiamente porque, en aparente paradoja, el análisis de los procesos de ficcionalización que articulan la representación de la realidad de la conquista que nos ofrece Cortés revela que esa estructura formal insistentemente documental y objetivadora de sus cartas es una mera estrategia verbal con un fin político inmediato. En el contexto del "discurso de persuasión" de las tres primeras cartas, esa estrategia constituye el primer paso del desarrollo del proceso de ficcionalización de la realidad que se da en las *Cartas de Relación*. Cortés se proponía componer de forma extremadamente racional unos documentos persuasivos con una función política inmediata. Pero, al elegir narrar dentro del marco documental de la *relación* una versión personal y mitificadora de la conquista de México, Cortés rompe los límites del discurso de la "historia de verdad" y los vacía de contenido, convirtiendo sus formas en una convención literaria que es parte integrante de la estructura narrativa del discurso fundamentalmente ficcional que introducen y configuran.

La contigüidad y el entrelazamiento de formas documentales y ficcionales de narración dentro de un mismo texto no era un fenómeno nuevo en una época en la que en cierto modo expresaba — junto con una tradición narrativa ya establecida — aquella confusa línea divisoria entre realidad y fantasía a la que se refiere Irving A. Leonard.[57] Enlazaba con una tradición de crónicas que desde hacia varios siglos combinaban, en proyectos historiográficos, lo fabuloso con lo real, lo ficcional con lo histórico y lo maravilloso con lo cotidiano. Crónicas generales, de sucesos particulares, de personajes notables, de viajes, o abiertamente fabulosas, en las que se pasaba sin transición ni aviso de lo factual a lo imaginario.[58] Haría falta, entre otras cosas, la combinación del éxito arrollador de las "historias mentirosas", como se denominaron las novelas de caballería, con la reforma del pensamiento introducida por los escritos de Erasmo —reforma que perseguía lo inmoral y lo mentiroso como rasgos característicos de una literatura a extinguir, frente a las "historias verdaderas o de verdad", que se identificaban con la literatura didáctica y moral— para que fuera tomando cuerpo la problemática de la necesidad imperiosa de distinguir entre fantasía y realidad y entre historiografía y ficción.[59] Pero a principios del siglo XVI, la estrecha contigüidad entre narración de hechos reales y relatos fantásticos o imaginarios no sólo no planteaba un problema sino que se resolvía con frecuencia con la equiparación implícita de unos con otros. La progresiva pérdida de separación entre lo real y lo imaginario había sido, en parte, introducida y facilitada por el desarrollo de la crónica. Irving A. Leonard ve en este carácter cada vez más ficcional de unos escritos que seguían presentándose como narración de hechos reales uno de los orígenes de esa progresiva confusión entre lo real y lo imaginario que culminaría en el triunfo de lo segundo que suponía la pasión colectiva por las novelas de caballerías. Dice Leonard: "De simples relaciones de hechos se volvieron con el tiempo cuentos ornamentados con detalles irreales, y con cada vez mayor número de elementos inventados, lo cual no les restó su prestigio de constancias auténticas...el libro es en realidad un trasunto de lo que ocurría en las viejas crónicas, con la adición de detalles, incidentes y características de la literatura de ficción que se había puesto ya en boga; pero, puesto que se trataba de un episodio histórico que le era familiar, el lector corriente no dudaba de su veracidad. De este modo, se facilitó la completa aceptación del libro de caballería que de una forma contemporánea acababa de surgir".[60]

En el contexto de una tradición en la que la novela de caballería enlaza sin problema de continuidad con la crónica medieval y renacentista cuyas formas pseudo-historiográficas adopta, los procesos de ficcionalización de las *Cartas de Relación* de Cortés destacan por su sutileza y por su austeridad. Nada en lo escrito por Cortés permite suponer una trayectoria intelectual comparable a la de Fernández de Oviedo, que evolucionó desde la aceptación y traducción de novelas de caballería hasta el discurso historiográfico de su *Historia Natural de las Indias*.[61] Ninguna representación de la realidad del Nuevo Mundo evidencia una ausencia tan consistente del elemento fantástico como la que nos da Cortés, y, después de un análisis detallado de sus cartas resulta imposible demostrar y difícil mantener la importancia que Irving A. Leonard atribuye, en el caso de Cortés, a la influencia de las novelas de caballerías como motor de su conquista de México y de sus exploraciones posteriores.[62] Es probable que Hernán Cortés compartiera la afición a la aventura que expresaba colectivamente la popularidad inverosímil de que gozaron las novelas de caballerías. Pero la existencia de este rasgo, común a tantos hombres de su época, no presupone la aceptación del modelo fantástico de la literatura de caballerías ni implica una influencia de aquella formulación específica de la sed de aventuras de una época, que constituía tal literatura, en el proyecto y en las acciones de Cortés. Leonard concluye de la lectura de la cuarta *Carta de Relación* que "él y sus lugartenientes encabezaban expediciones cuyo principal propósito era localizar minas de oro y de plata y, desde luego, descubrir a las amazonas",[63] e insiste más adelante en que "el principal de estos objetivos eran las amazonas". Es cierto que en su *Carta de Relación* del 15 de Octubre de 1524 Cortés se refirió a las amazonas. Pero lo hizo repitiendo la relación que le había hecho a él Cristóbal de Olid, quien había escuchado la historia de labios de los señores de la provincia de Ciguatán. La supuesta localización de las míticas amazonas corresponde en el texto de la carta a los señores de Ciguatán; y la relación de su existencia y de las riquezas que poseen pertenece a Cristóbal de Olid. A Cortés le corresponden la *duda* y el proyecto de *verificación* lo cual es mucho más coherente con el racionalismo característico de su percepción habitual de la realidad que la aceptación de la existencia de un objetivo fantástico que le atribuye Leonard.

Es inútil intentar rastrear en las *Cartas* las huellas de la tradición literaria que desemboca en las "historias mentirosas", como lo es también intentar revelar los procesos de ficcionalización que las articulan, relacionándolos con el supuesto modelo referente de esa literatura. La ficcionalización de las *Cartas* es de una naturaleza distinta, y el modelo de representación que éstas crean está casi tan alejado de esta tradición como del referente más próximo del discurso colombino. El discurso narrativo que crea Cortés en sus *Cartas* es cualitativamente distinto, y es posible afirmar que si alguna vez se ha levantado un discurso claramente ficcional sobre el más claro análisis concreto de la realidad concreta, éste es el de las *Cartas de Relación* de Hernán Cortés.

El punto de partida del que he definido más arriba como primer proceso de ficcionalización de las *Cartas* —el que se articula en torno a la transformación de la rebelión en servicio— es la transgresión. Transgresión vacía de contenido en su momento inicial de desobediencia aparentemente injustificada, y que se define en relación con el orden establecido como simple amenaza y ruptura de ese orden. A lo largo de las tres primeras *Cartas* (es decir, hasta el momento de la aceptación implícita de la rebelión por el rey que le concede a Cortés los cargos de Gobernador y Capitán General de la Nueva España), Cortés irá caracterizando progresivamente esa transgresión y dotándola del contenido adecuado para poder transformarla en servicio. La primera fase de esa transformación se concreta en la caracterización del orden rechazado por Cortés y representado por Velázquez. Esta se inicia con la caracterización del propio Velázquez, sus móviles y sus acciones, caracterización que se irá haciendo extensiva al modelo colonial creado y representado por Velázquez y otros como él.

El personaje de Velázquez aparece en las *Cartas* reducido a unos pocos rasgos cuyo significado e implicaciones hay que examinar en relación con el código de referencia implícito en las caracterizaciones de personajes que se dan en las *Cartas:* el de vasallaje. La caracterización de Velázquez se estructura sobre la negación o la ausencia de los rasgos centrales que deben caracterizar al vasallo ideal. Esta caracterización no se efectúa de manera directa —a través de juicios o descripciones del personaje— sino casi siempre de forma indirecta a través de sus acciones y de los móviles y objetivos que expresan. Perdida la primera *Carta de Relación*, fundamental a juzgar por el contenido de la *Carta de Justicia y Regimiento* que retoma su argumentación inspirada directamente por Cortés, hay que centrar el análisis de este punto en el resumen de ésta que da la segunda *Carta* y en el contenido de la segunda y tercera *Cartas de Relación* principalmente. El resumen puntualiza un rasgo: los intereses de Velázquez no se subordinan a los del rey ni se identifican con éstos, sino que se oponen a ellos. La acción que nos revela este hecho es la decisión de Velázquez de interceptar la nave que Cortés y los suyos envían al rey, con Puertocarrero y Montejo como procuradores encargados de entregarle todo el oro y las joyas obtenidas hasta el momento —y no sólo el quinto obligado—, junto con la *Primera Carta* de Cortés y la de *Justicia y Regimiento*. Cortés no opina ni juzga. Sencillamente, expone: "tenían determinado de tomar un bergantín que estaba en el puerto, con cierto pan y tocinos y matar al maestre de él, e irse a la isla Fernandina a hacer saber a Diego Velázquez como yo enviaba la nao que a vuestra alteza envié y lo que en ella iba y el camino que la dicha nao había de llevar para que el dicho Diego Velázquez pusiera navíos en guarda para que la tomasen, como después que lo supo lo puso por obra, que según he sido informado envió tras la dicha nao una carabela y si no fuera pasada la tomara".[64]

Dentro del código del vasallaje, la actitud de Velázquez y de sus seguidores, que interfieren con el interés real en beneficio propio, equivale a la traición. Equivalencia que la acción del propio Cortés confirma cuando declara que "vistas las confesiones de estos delincuentes los castigué conforme a justicia y a lo que según el tiempo me pareció que había necesidad y al servicio de vuestra alteza cumplía".[65] Velázquez es un traidor, sus seguidores unos delincuentes, y Cortés administra la justicia en servicio del rey. La coherencia es impecable y, sin embargo, lo que está exponiendo Cortés es una pura ficción, como lo es, en relación con el contexto legal y político de la época, la fundación de la Rica Villa de la Veracruz y el nombramiento de Capitán y Justicia Mayor que su cabildo concede al propio Cortés. Fuera de la coherencia verbal del discurso de las cartas, coherencia que se basa, entre otras cosas, en la aceptación como premisa válida de lo que en realidad constituye la conclusión del silogismo y el objeto de demostración —la identificación de las acciones rebeldes de Cortés con la *legalidad*—, es Cortés el que ha actuado como traidor y delincuente; y la "justicia" que pretende administrar es sólo un acto más de rebelión contra esos supuestos "delincuentes y traidores" que, de hecho, son los representantes de la legalidad. El proceso de transformación de los representantes legítimos del poder real en delincuentes y traidores resulta en la creación de una representación totalmente ficcionalizada de la realidad, y el que esa ficcionalización adopte la forma insólita de la lógica aristotélica más impecable no altera su verdadera naturaleza.

El proceso de ficcionalización de la realidad que se concreta en la selección, reordenación y redefinición subjetiva de los elementos de la narración y de su significado, aparece en este primer ejemplo muy condensado por tratarse de un resumen. Pero dentro de la misma *Segunda Carta de Relación,* Cortés va a completar la caracterización de Velázquez y del orden que éste encarna a través de la narración de uno de los episodios más importantes de la conquista de México: la pérdida de Tenochtitlán. Las numerosas versiones que se conservan del desarrollo de los acontecimientos que culminaron en la Noche Triste se pueden separar en dos grupos distintos: Las de los miembros del ejército de Cortés y las de los testigos indígenas. Las discrepancias entre unas y otras se centran fundamentalmente en dos puntos: La matanza del Templo durante la celebración de la fiesta de Toxcatl y la muerte de Moctezuma. Las versiones indígenas atribuyen la rebelión de los aztecas a la matanza ordenada por Pedro de Alvarado sin motivo alguno. El *Códice Ramírez* narra los hechos así: "Entretanto don Pedro de Alvarado que había quedado en México por su lugarteniente, rogó a Moctezuma que todos los señores sus vasallos hiciesen un *mitote* como sabían, galanos y sin armas, para ver la bizarría y grandeza del reino, el rey lo hizo así...y viniendo muy apuestos y lozanos etc., Pedro de Alvarado habiendo dejado alguna gente con Moctezuma de guarnición,...dió con la demás sobre los pobres danzantes y mató los más de ellos y los despojó del tesoro que sobre sí traían: de lo cual se sintió tanto la ciudad que por poco no perecieran aquel día".[66] La misma presentación del acto de Alvarado encontramos en el *Códice Aubín,* aunque de manera mucho más sucinta: "Apenas ha comenzado el canto, uno a uno van saliendo los cristianos; van pasando entre la gente y luego de cuatro en cuatro fueron a apostarse en las entradas. Entonces van a dar un golpe al que está guiando la danza.... Entonces fue el alboroto general con lo cual sobrevino la completa ruina".[67]

La versión de los informantes de Sahagún corrobora las dos anteriores, haciendo hincapié en la descripción detallada de la crueldad con la que los soldados de Alvarado asesinaron a los mejores guerreros del ejército azteca, aprovechando la participación de éstos en las danzas rituales que prescribían que fueran desarmados: "...los españoles toman la determinación de matar a la gente.... Dispuestas así las cosas inmediatamente entran al patio sagrado para matar a la gente.... Inmediatamente cercan a los que bailan, se lanzan al lugar de los atabales: dieron un tajo al que estaba tañendo: le cortaron ambos brazos. Luego lo decapitaron: lejos fue a caer su cabeza cercenada.... A algunos los acometieron por detrás; inmediatamente cayeron por tierra dispersas sus entrañas. A otros les desgarraron la cabeza, enteramente hecha trizas quedó su cabeza.... Todas las entrañas cayeron por tierra. Y había algunos que aún en vano corrían: iban arrastrando los intestinos y parecían enredarse los pies en ellos.... La sangre de los guerreros cual si fuera agua corría: como agua se ha encharcado y el hedor de la sangre se alzaba al aire, y de las entrañas que parecían arrastrarse.... La razón de haberse irritado tanto los mexicanos fue el que hubieran matado a los guerreros sin que ellos siquiera se dieran cuenta del ataque, el haber matado alevosamente a sus capitanes".[68] Las versiones indígenas coinciden en presentar de forma más o menos explícita una misma interpretación del significado de la matanza: se trató de una encerrona premeditada para liquidar a los guerreros aztecas desarmados; y también coinciden en señalar esta matanza como la causa directa de la rebelión de la población de Tenochtitlán contra Alvarado.[69]

Por el lado de los conquistadores, podemos contrastar la versión de Cortés con la de Bernal Díaz. Andrés de Tapia se encontraba en la expedición contra Narváez junto a Cortés y su relación termina con la victoria de Cortés y los suyos sobre el ejército de Narváez. Pero Bernal, que también se encontraba fuera de la ciudad de México con la misma expedición, recoge, junto con la versión de los emisarios de Moctezuma, la que oyó de Alvarado y sus compañeros al regresar con Cortés a Tenochtitlán. Su versión coincide en lo fundamental con las tres versiones de origen indígena citadas, pero difiere en algunos puntos de la interpretación de los hechos. "Vinieron cuatro grandes principales que envió el gran Moctezuma ante Cortés, a quejarse del Pedro de Alvarado, y lo que dijeron llorando muchas lágrimas de sus ojos, que Pedro de Alvarado salió de su aposento con todos los soldados que le dejó Cortés, y sin causa ninguna dio en sus principales y caciques questaban bailando y haciendo fiesta a sus ídolos Huichilobos y Tezcatepuca, con licencia que para ello les dio el Pedro de Alvarado, e mató e hirió a muchos dellos", dice Bernal, ofreciendo así una primera versión indígena de los hechos que completa enseguida, transcribiendo la versión que le dio a Cortés el propio Alvarado.

Según éste, los aztecas conspiraban contra Alvarado y, alentados por promesas de Narváez a Moctezuma y por la inferioridad numérica de los españoles después de la partida de Cortés, proyectaban atacar la fortaleza y liquidarlos a todos apenas concluyeran la celebración de la fiesta del dios Tóxcatl. De acuerdo con esta interpretación, la matanza que llevó a cabo Alvarado habría sido una agresión anticipada provocada por los planes de ataque de los aztecas, y lo único que hizo Alvarado fue adelantarse "a dar en ellos".[70] Las dos versiones que da Díaz coinciden con las indígenas en cuanto a la existencia de la matanza del templo, y la presentan también como causa directa de la rebelión de los aztecas y del sitio de la fortaleza; pero discrepan en cuanto a las causas de esa matanza, que para los indígenas fue un acto de agresión y crueldad traicionero y gratuito, y para los españoles un acto defensivo ante el ataque inminente de los aztecas.

Españoles e indígenas también discrepan en el otro punto fundamental de los acontecimientos que condujeron a la Noche Triste: la muerte de Moctezuma. Según Hernando Alva Ixtlixochitl, "dicen que uno de los indios le tiró una pedrada de la cual murió; aunque dicen los vasallos que los mismos españoles lo mataron y por las partes bajas le metieron una espada".[71] El Códice Ramírez acusa todavía más abiertamente a Cortés y los suyos de la muerte de Moctezuma: "Finalmente viéndose el marqués con más de novecientos españoles y los amigos que tenía, determinó un caso que aunque le dio otro color, Dios sabe la verdad, y fue que el cuarto del alba amaneció muerto el sin ventura Moctezuma, al cual pusieron el día antes en un gran asalto que les dieran en una azotehuela baja para que les hablase con un pequeño antepecho, y comenzando de tirar dicen que le dieron una pedrada; mas aunque se la dieron no podían hacerle ningún mal porque había ya más de cinco horas que estaba muerto, y no faltó quien dijo que porque no le vieran herida le habían metido una espada por la parte baja".[72] Bernal por su parte atribuye a la pedrada de sus súbditos su muerte y a Cortés la iniciativa de poner a Moctezuma en la azotea para que apaciguara a sus méxicas: "E viendo todo esto acordó

Cortés que el gran Moctezuma les hablase desde una azotea y les dijese que cesasen las guerras, e que nos queríamos ir de su ciudad...y le dieron tres pedradas, una en la cabeza y otra en un brazo y otra en una pierna; y puesto que le rogaban se curase y comiese y le decían sobre ello buenas palabras, no quiso, antes cuando no nos catamos, vinieron a decir que era muerto".[73] Y añade Bernal a la descripción del hecho el detalle del dolor y duelo de Cortés y los suyos, duelo muy verosímil aunque sólo fuera porque con la muerte del emperador prisionero se esfumaba lo que Cortés todavía consideraba uno de los peones decisivos para recobrar el control de la situación en Tenochtitlán.[74]

Con algunas variaciones, todas estas versiones presentan un relato muy parecido de la secuencia de los hechos que desembocaron en la huida de la Noche Triste, y por eso mismo resulta todavía más llamativa la narración profundamente diferente que da Cortés de estos hechos en su segunda *Carta de Relación* y que corrobora nuevamente en el resumen del principio de la tercera. La ficcionalización de estos acontecimientos que se da en las cartas mencionadas resulta de dos procedimientos concretos: La selección del material, con supresión de todo lo que no sea asimilable al objetivo que se persigue —uno de cuyos elementos centrales es todavía la transformación de la rebelión en servicio— y la reelaboración cuidadosa del material seleccionado. Cortés selecciona los elementos de la narración suprimiendo dos incidentes absolutamente fundamentales: la matanza del templo perpetrada por Alvarado y los suyos, y la liberación de Cuitlahuac, hermano de Moctezuma. La importancia capital del primer incidente está clara en *todas* las versiones indígenas y españolas que lo presentan unánimemente como el incidente que desencadenó la rebelión. La del segundo fue igualmente decisiva, ya que implicaba la destitución del sumiso Moctezuma y la organización de la resistencia y del ataque azteca bajo el mando de un nuevo jefe guerrero y religioso. A la narración objetiva de unos hechos que, partiendo de la masacre de Alvarado y apoyándose en un grave error de Cortés, desembocarían en la pérdida de Tenochtitlán y de todo el tesoro azteca, Cortés substituye una ficción articulada sobre la omisión de estos dos incidentes centrales, y según la cual los aztecas se habrían rebelado sin otra causa que la forzada ausencia de Cortés. En la versión de Cortés, lo que sucedió fue simplemente que "los indios les habían combatido la fortaleza por todas partes della, y puéstoles fuego por muchas partes y hecho ciertas minas, y que se habían visto en mucho trabajo y peligro y todavía los mataran si el dicho Moctezuma no mandara cesar la guerra; y que aun los tenían cercados, puesto que no los combatían, sin dejar salir a ninguno de ellos dos pasos fuera de la fortaleza".[75] Y en su tercera *Carta de Relación* vuelve sobre la misma versión, subrayando explícitamente la falta de motivo de la sublevación indígena: "y como sin causa ninguna todos los naturales de Culúa que son los de la gran ciudad de Temixtitán y los de todas las provincias a ella sujetas no sólo se habían rebelado contra vuestra majestad, mas aún nos habían muerto muchos hombres".[76]

La ficcionalización del episodio, que se apoya, en primer lugar, en una omisión de dos hechos centrales, cuyo resultado es la transformación completa del carácter de ese desarrollo de acontecimientos que Cortés pretende relatar fiel y objetivamente en su "relación verdadera y particular", se completa con un segundo procedimiento de transformación ficcional: La reelaboración del material seleccionado. Cortés va seleccionando determinados incidentes que reelabora de acuerdo con la función que les ha asignado en su argumento. El resultado de esa reelaboración es, de nuevo, una versión ficcionalizada de los hechos históricos. Basta comparar como ejemplo las distintas versiones de la descripción de la llegada de Cortés y los suyos a la asediada fortaleza de Alvarado para verificar la existencia de este proceso de elaboración que complementa la selección inicial. Bernal narra esa llegada verídicamente, organizándola en torno al elemento histórico central: Las indagaciones de Cortés sobre las causas de la rebelión y las explicaciones y justificaciones de Pedro de Alvarado. Bernal cita las palabras textuales del juicio final que le mereció a Cortés la actuación de Alvarado a quien le dijo "que era muy mal hecho e gran desatino", y transcribe cuidadosamente las explicaciones de Alvarado sobre el incidente.[77] Cortés, por el contrario, creando su versión a posteriori y sobre la decisión previa de silenciar el incidente de la matanza, organiza su ficción en torno a la alegría del reencuentro con sus hombres, convirtiendo la desagradable escena de acusaciones y justificaciones narrada por Bernal en una idílica ilustración de la armonía, solidaridad y camaradería reinantes entre él y su ejército.[78]

Cortés sigue el mismo procedimiento de reelaboración en su versión de la muerte de Moctezuma. Dice: "Y el dicho Moctezuma, que todavía estaba preso, y un hijo suyo con otros muchos señores que al principio se habían tomado, dijo que le sacasen a las azoteas de la fortaleza y que él hablaría a los capitanes de aquella gente y les harían que cesase la guerra. Y yo le hice sacar, y en llegando a un pretil que salía fuera de la fortaleza, queriendo hablar a la gente que por allí combatía, le dieron una pedrada los suyos en la cabeza, tan grande, que de allí a tres días murió".[79] La alteración consiste aquí en atribuirle a Moctezuma la iniciativa del intento de pacificación —el aparentemente inocente "dijo" que inicia en esta versión toda la secuencia de acciones que desemboca en la pedrada mortal— y, al hacerlo, transfiere su propia responsabilidad por esta muerte a Moctezuma y sus súbditos. El resultado de esta transferencia de responsabilidades es nuevamente la ficcionalización de la narración que convierte una muerte —causada en gran medida por la ignorancia en que estaba Cortés del verdadero significado del nombramiento de Cuitlahuac y por la orden que le dio a Moctezuma de que saliera a hablar con sus súbditos[80]— en una iniciativa suicida de la que sólo Moctezuma es responsable, y en una agresión cuya culpa recae exclusivamente sobre los aztecas.

Los ejemplos de esas omisiones y reelaboraciones sobre los cuales Cortés va hilando su ficcionalización de la pérdida de Tenochtitlán son numerosos y hay que preguntarse qué propósito expresa esa transformación de la realidad. Las versiones de Díaz, el Códice Ramírez, etc., demuestran que

Cortés conocía perfectamente los hechos, que comprendía sus implicaciones y que, por lo tanto, las omisiones y reelaboraciones son deliberadas y calculadas y se subordinan a un plan general de transformación de la realidad. Sin duda, uno de los objetivos de esa transformación es una determinada caracterización de Cortés y de los suyos, y una desproblematización de sus acciones en la conquista y pérdida de Tenochtitlán. Pero el análisis detallado del texto de la segunda *Carta de Relación* revela que el objetivo central de esa ficcionalización es, en realidad, completar la caracterización de Velázquez y los suyos como traidores que amenazan el interés real, responsabilizándolos de forma exclusiva por la pérdida de Tenochtitlán y su tesoro. Demostrar en la caracterización de las acciones de Velázquez y sus consecuencias que aquél traicionaba al rey, sacrificando los intereses reales a los suyos propios, es la piedra angular de la transformación de la rebelión de Cortés en servicio. Presentar a Velázquez como verdadero responsable de la rebelión azteca y de la consecuente pérdida de Tenochtitlán y su tesoro equivale a demostrar de forma tangible esa traición y a justificar implícitamente la rebelión de Cortés, que pasa de ser transgresión del orden real y desobediencia a su gobernador, a presentarse como el servicio de un vasallo fiel alzado contra un traidor. Y hay un elemento estructural que viene a sumarse a los procedimientos de selección y reelaboración de los hechos analizados más arriba, para completar la caracterización ficcional de Velázquez como verdadero culpable de la pérdida de Tenochtitlán. Se trata del procedimiento de transposición temporal por el que Cortés intercalará, en el orden cronológico de la narración de los hechos, reflexiones y percepciones que en la realidad forzosamente correspondieron a un momento posterior. Sustentado por la ordenación cronológica del material —que crea la ilusión de que las cosas van sucediendo a medida que Cortés las narra— este procedimiento le permite al narrador convertirse en clarividente anunciador de las desastrosas consecuencias de las acciones de Velázquez y Narváez, preparando al lector para la metamórfosis final de ambos en *la* causa de la rebelión "sin causa" de los aztecas.

En la narración de la llegada de Narváez a México y de sus contactos e intercambios con Cortés, éste continúa la línea de caracterización de Velázquez y los suyos que inició en la primera carta perdida y que resumió al principio de la segunda. El motivo de la expedición había sido, según esta versión de los hechos, la rivalidad de intereses entre Velázquez y el Rey: "...se habían movido con aquella armada y gente contra mí porque yo había enviado relación y cosas de esta tierra a vuestra Majestad y no al dicho Diego Velázquez ...y Velázquez hacía (la armada)...constándoles el daño y deservicio que de su venida a vuestra majestad podía redundar",[81] dice Cortés. Es el primer delito de traición — de acuerdo con el código de vasallaje que exigía la subordinación de todo interés personal al del rey — del que acusa en esta *Carta de Relación* a Velázquez, pero no es el último. Desoyendo las leales recomendaciones del siempre leal Cortés, Velázquez reitera su delito cuando incita a los naturales a la rebelión contra los españoles, mandándoles decir "que él le (a Moctezuma) soltaría y que venía a prenderme a mí y a todos los de mi companía, e irse luego y dejar la tierra. Y que él no quería oro sino, preso yo y los que conmigo estaban, volverse y dejar la tierra y sus naturales de ella en su libertad".[82] El "deservicio" que resultaría de este segundo acto de traición es tan obvio que Cortés ni siquiera lo subraya. El tercer hecho que sostiene la caracterización ficcional de Velázquez como traidor es todavía más grave. Dice Cortés en su segunda *Carta de Relación* que Narváez "en nombre del dicho Diego de Velázquez venía contra nosotros a tomarnos por guerra, y que para ello estaba confederado con los naturales de la tierra, en especial con el dicho Moctezuma y sus mensajeros".[83] Se trata ya aquí de un delito de alta traición, concretado en la identificación de Velázquez y los suyos con el bando de los aztecas, enemigo del rey y de sus "verdaderos" representantes. Paralelamente a este proceso de caracterización indirecta de Velázquez a través de la acción, la caracterización explícita y directa que de él y de los suyos hace Cortés se endurece progresivamente, yendo de "extranjeros" a "deservidores" para cerrarse con su presentación como "traidores y aleves y malos vasallos que se rebelaban contra su señor y quieren usurpar sus tierras y señoríos".[84]

Ante tanta traición y deservicio, Cortés sale de Tenochtitlán anunciando clarividentemente que no osaba dejar la ciudad "con temor de que, salido yo de la dicha ciudad la gente se rebelase y perdiese tanta cantidad de oro y joyas y tal ciudad, mayormente que, perdida aquella era perdida toda la tierra". Pero a la vista "del gran daño que se comenzaba a revolver" y de que "la tierra se levantaba a causa del dicho Narváez", Cortés se ve forzado, en interés del rey, a salir y enfrentarse con Narváez, y éste aparece como responsable de la ausencia de Cortés de Tenochtitlán, así como de las consecuencias de dicha ausencia.

Toda esta narración, tan impecablemente estructurada después de los hechos, ilumina la subordinación de la ficcionalización de todo el episodio de la pérdida de Tenochtitlán a las necesidades de una caracterización de Velázquez y los suyos que justifique la rebelión de Cortés contra él. La omisión sistemática de todo aquello que divida la responsabilidad de esta pérdida entre el bando de cortés y el de Velázquez responde al proyecto calculado de completar la caracterización de Velázquez como traidor, presentando el mayor desastre de la conquista de México como consecuencia directa de la sed de poder de Velázquez y de su reiterada traición a los intereses reales. Dando por sentada precisamente aquella legitimidad de la acción rebelde de Cortés que constituye el objetivo mismo de la demostración, éste crea una ficción en la que unos episodios se omiten, otros se reelaboran, y donde la supuesta caracterización objetiva de los dos personajes centrales culmina en una inversión total de los papeles respectivos. La coherencia y la lógica más impecable dan forma a este discurso fundamentalmente ficcional que, presentándose como veraz y objetivo al amparo de la forma de la "relación", sustituye la exactitud de los hechos por una ficción subordinada a un proyecto previo de justificación. Dentro de esa ficción, se nos demuestra, a través de la ficticia lógica interna del discurso, que la rebelión de Cortés contra un traidor como Velázquez se justifica y que no constituye una amenaza para el orden establecido, sino un servicio ejemplar al rey.[85]

La primera fase del proceso de ficcionalización articulado en torno al eje de la transformación de la rebelión en servicio se centra pues en la descalifacación de Diego de Velázquez como representante válido del Rey. En su segunda fase, ese proceso de transformación se centrará en la caracterización de la empresa rebelde de Cortés como inversión de todo lo que representan Velázquez y su proyecto de expansión colonial. De nuevo, la técnica de caracterización es una exposición aparentemente objetiva, que encubre un proceso de selección y elaboración de elementos clave. El narrador rara vez califica directamente una acción cuyo sentido modélico se irá desprendiendo "naturalmente" de sus propios resultados y de la oposición implícita a la caracterización paralela del proyecto y las acciones de Velázquez.

La falta de la perdida primera *Carta de Relación* de Cortés es particularmente grave para el análisis de este punto, porque nos priva de la primera formulación directa que hizo Cortés de su rebelión como inversión del proyecto de Velázquez. Pero tanto la *Carta de Justicia y Regimiento* como la versión de Bernal Díaz y la de Andrés de Tapia recogen el mismo argumento de oposición de los dos proyectos: para todos ellos la oposición se centraba en el proyecto de *poblar* de Cortés frente al de *rescate* de Velázquez. Bernal Díaz llega a afirmar que las instrucciones de Velázquez decían explícitamente: "Desque hobieredes rescatado lo más que pudieredes, os volveréis".[86] La *Carta de Justicia y Regimiento* completa la oposición con el objetivo de exploración del proyecto de Cortés, exploración que —se subraya— no fue llevada a cabo en las expediciones de Grijalva y los demás.[87]

Con pequeñas variaciones, las distintas versiones directas de los hechos se centran en una diferencia de objetivos —rescatar vs. poblar— que expresa la oposición entre dos proyectos cualitativamente distintos. Es probable que, por razones de efectividad política a la hora de seducir a sus hombres, el propio Cortés redujera las diferencias entre ambos proyec-

114

tos a la de estos dos términos en los que se concretaba para los expedicionarios la diferencia entre las posibilidades de ganancia material de uno o otro. El de rescate ofrecía unos beneficios muy limitados, ya que la mayor parte de lo rescatado se entregaba al gobernador. El de poblar abría posibilidades de ganancia ilimitada, que se concretaban en el botín que se lograra en la guerra contra los naturales y en las tierras e indios que se recibieran como recompensa. El soldado de una expedición de rescate regresaba de ella cansado, a veces herido, pero rara vez recompensado por sus servicios. Las ganancias eran para el gobernador y para el capitán que recibía, en pago por sus servicios, oro y encomiendas. Los hombres de Cortés se referían a esta realidad en las discusiones que Bernal Díaz sitúa justo antes de la elección de Cortés como capitán y justicia mayor y, de la fundación de la Rica Villa de la Vera Cruz: "¿Paresceos señor bien que Hernando Cortés así nos haya traído engañados a todos, y dio pregones en Cuba que venía a poblar y agora hemos sabido que no trae poder para ello, sino para rescatar y quieren que nos volvamos a Santiago de Cuba con todo el oro que se ha habido y quedaremos todos perdidos, y tomar se ha el oro Diego Velázquez como la otra vez? Mirá señor que habéis venido ya tres veces con esta postrera gastando vuestros haberes y habéis quedado empeñado, aventurando tantas veces la vida con tantas heridas; hacémoslo señor, saber porque no pase esto más adelante".[88] Para todos aquellos hombres, la sustitución del proyecto que critican lúcidamente en la cita anterior implicaba algo cualitativamente distinto de un simple aumento del botín: la posibilidad de transformación social del soldado en encomendero.

A lo largo de la narración de las *Cartas de Relación,* la vaguedad del término "poblar" se va a ir precisando y definiendo, a medida que Cortés desvela su proyecto de conquista e imperio como modelo de incorporación de las nuevas tierras cualitativamente distinto del que expresaba la realidad socioeconómica de la colonia. Durante las tres primeras *Cartas,* sin embargo, la presentación de la empresa de Cortés aparece fundamentalmente subordinada al primer eje de ficcionalización, y se reduce a una inversión de los términos de la caracterización de Velázquez y su proyecto. Según aquélla, Velázquez y sus proyectos no se caracterizaban en relación con un proyecto de rescate sino con uno de *traición*. Consecuentemente, la caracterización ficcional del proyecto de Cortés no se centraría en su presentación como conquista sino en su definición como *servicio*. A la codicia e irresponsabilidad del primero corresponderán el desinterés, la generosidad y la previsión del segundo. Donde Velázquez reduce su relación con las nuevas tierras a enriquecerse con ellas sin preocuparse de su destrucción ni del daño que su actitud pueda acarrear para los intereses del rey que, como traidor que es, subordina siempre a los suyos propios, Cortés actuará siempre con desinterés total y generosidad ejemplar, movido exclusivamente por el afán de servir a su rey y sin esperar otra recompensa que la aceptación real de su voluntad de servir y de su deseo de engrandecer a su rey y señor con sus acciones. La presentación de todas las acciones que va seleccionando y destacando la narración de las *Cartas* de Cortés se subordina a esta definición de su empresa como servicio. Así, nos dice que el móvil que lo impulsa a detenerse en México, desobedeciendo a Velázquez, es el tener a Moctezuma "como súbdito a la real corona de vuestra majestad", y leemos que la única razón por la que Cortés castigó a los partidarios de Velázquez y destruyó las naves fue "que no se estorbara el gran servicio que a Dios y a vuestra alteza se ha hecho";[89] y que lo que impulsó a Cortés a dejar Tenochtitlán para enfrentarse a Narváez fue la protección del interés real.[90]

La empresa de Cortés aparece en la presentación ficcional de las *Cartas* no sólo como servicio sino como servicio que no espera otra recompensa que el servicio mismo. En sus arengas a los soldados, Cortés afirma una y otra vez el *servir* como objetivo fundamental de la acción, y, poco antes de pasar al ataque contra Narváez, que, no hay que olvidarlo, representaba a Velázquez, al rey y el poder legalmente constituido, se expresa en estos términos: "Y visto que por ninguna vía podía yo excusar tan gran daño y mal, y que la

116

gente naturales de la tierra se alborotaban y levantaban a más andar, encomendándome a Dios y pospuesto todo el temor del daño que se me podía seguir, considerando que morir en servicio de mi rey, y por defender y amparar sus tierras y no las dejar usurpar, a mí y a los de mi companía se nos seguía alta gloria, di mi mandamiento a Gonzalo de Sandoval, alguacil mayor, para prender al dicho Narváez".[91] La ficcionalización es completa si consideramos que el usurpador es Cortés y el servidor leal Narváez, pero lo fundamental del párrafo que acabo de citar es la identificación de la gloria con el servicio al rey, que se lleva hasta la muerte misma, en oposición implícita a la actitud de un Velázquez, que pone en peligro el interés real subordinándolo al objetivo primordial de engrandecer su propio poder y aumentar sus propios beneficios. En este contexto, ceder a las presiones de Velázquez no sería obediencia sino traición, y el desobedecerle pasa a ser un servicio más. El propio Cortés expresa con claridad esta conclusión lógica que se desprende de la ficcionalización previa de la caracterización de Velázquez, Cortés y sus proyectos respectivos dentro del discurso de las *Cartas:* "...y por ningún interés ni partido haría lo que él (Velázquez) me decía; antes yo y los que conmigo estaban moriríamos en defensa de la tierra, pues la habíamos ganado y tenido por vuestra majestad pacífica y segura, y por no ser traidores y desleales a nuestro rey".[92]

Dentro de la lógica interna, siempre impecable, de un discurso narrativo que caracteriza ficcionalmente a Velázquez y su proyecto como traidores al interés real, la conclusión es inescapable: la obediencia al gobernador se convierte en complicidad con un traidor y la rebelión contra él en la mejor forma de servicio al rey. La transformación de la rebelión en servicio, primer eje articulador de los procesos de ficcionalización de las *Cartas de Relación,* se ha completado. Queda, sin embargo, un último elemento ficcional de las *Cartas* destinado a reforzar esa transformación decisiva para la justificación del proyecto de conquista de Cortés. Se trata del providencialismo. Las invocaciones a Dios, la Virgen y toda la corte celestial —especialmente Santiago y San Pedro—, son parte natural del lenguaje en un momento histórico en el que el desarrollo de los acontecimientos se ajusta, en la percepción de la mayoría, a un plan divino. A menudo, tales invocaciones no son más que un simple tic de lenguaje vaciado de contenido real, como es el caso con muchas de las que encontramos en la *Historia Verdadera* de Bernal Díaz y con algunas de las que aparecen en las *Cartas* y que equivalen al "Dios mediante", "a Dios gracias" o "nos de Dios" del español actual. Junto a éstas encontramos, no obstante, otro tipo de invocación, nada mecánica y dotada de un contenido y una función muy específicos. Sobre estas últimas se apoya la presentación providencialista de la empresa de Cortés, último elemento ficcionalizador que aparece subordinado al proyecto de transformación de la rebelión en servicio. La función de esta estructura ficcional providencialista es presentar a Dios como aliado de Cortés frente a aztecas y seguidores de Velázquez por igual, y legitimar la empresa rebelde a través de la evidencia del apoyo y protección divinos con los que cuenta. En el encuentro con los enviados de Garay, poco después de la fundación de la Villa Rica de la Vera Cruz, se manifiesta por primera vez esta protección divina de que parecen gozar Cortés y los suyos, cuando Dios impide el disparo de la escopeta que amenaza a uno de los capitanes de Cortés. Dice éste: "puso fuego a una escopeta y matara aquel capitán que yo tenía en la Vera Cruz sino que quiso Nuestro Señor que la mecha no tenía fuego".[93] A partir de ahí, Cortés irá reafirmando la existencia de este apoyo, de forma muy explícita en cada una de las confrontaciones de importancia con los seguidores de Velázquez. Por ejemplo, cuando derrote a Narváez dirá que "todos fueron muy alegres porque así Dios lo había hecho y proveído". E insiste: "porque si Dios misteriosamente esto no proveyera...".[94]

La misma explicación providencialista ofrece Cortés de sus más sonoras victorias contra los indígenas. En Tlaxcala dice que "...bien pareció que Dios fue el que por nosotros peleó, pues entre tanta multitud de gente, y tan animosa y diestra en el pelear, y con tantos géneros de armas para nos ofender, salimos tan libres", añadiendo que la victoria final fue "la que Dios nos había querido dar".[95] En las peleas que preceden a la Noche Triste, puntualiza que él y los suyos cuentan con la "ayuda de Dios y de su gloriosa Madre". En Otumba, dice Cortés, "pareció que el Espíritu Santo me alumbró" para explicar su propia previsión, y la batalla se decide a favor de los españoles porque "quiso Nuestro Señor mostrar su gran poder y misericordia con nosotros".[96] Finalmente, cuando preparan el asedio a Tenochtitlán les llegan refuerzos de hombres y armas —que Cortés describe diciendo: "...milagrosamente nos envió Dios este socorro"— que tuvieron una importancia decisiva en la victoria que alcanzaron los españoles en la guerra "a la cual plugo a Dios dar conclusión".[97]

Con una modestia ejemplar, Cortés cede el mérito de algunos de sus más espectaculares triunfos militares a Dios, la Virgen y los santos. El resultado de esta humildad es, de nuevo, la transformación ficcional de la acción, que pasa a ser expresión de la voluntud divina en lugar de simple resultado del genio militar de Cortés y del valor de sus hombres. Esta transformación de la acción completa los procesos de ficcionalización que articula el eje de transformación de la rebelión en servicio y cumple con respecto a él una función fundamental. Porque en el contexto de una ideología que incorpora elementos medievales tanto como renacentistas y en la cual el concepto del origen divino de la monarquía supone la estrecha alianza entre el rey y Dios, la presentación de Dios como el aliado más fiel y constante de Cortés, y la de su empresa rebelde como acción favorecida y protegida repetidamente por la providencia, constituye la mejor forma posible de legitimación. Cortés no cuenta todavía con el apoyo del rey para su empresa, pero, una vez integrada su acción en la estructura providencialista que se acaba de analizar, este apoyo sólo podría ser denegado en oposición flagrante a la voluntad de Dios. La rebelión de Cortés, ya transformada en servicio dentro de sus cartas a través de la caracterización ficcional de Cortés, Velázquez y sus proyectos respectivos, se legitima definitivamente cuando, al aparecer enmarcada la acción en la estructura providencialista, la rebelión deja de ser resultado exclusivo de una decisión individual o colectiva para convertirse en expresión de la voluntad de Dios.

3. *La creación de un modelo.*

De los retratos oficiales, como el que se encuentra en el Hospital de Jesús, a los estilizados dibujos que se multiplican en los códices indígenas, las representaciones pictóricas que se conservan de Cortés componen una misma imagen en sus rasgos esenciales. Vemos a un hombre de gesto decidido, observamos la expresión entre irónica y soñadora, las piernas bien torneadas, la mano entre guerrera y virginal. Fijada en sus rasgos esenciales, es la imagen de un hombre pequeñito y cabezón, de mirada despierta y aspecto delicado. El detalle convencionalizado de la representación no ofrece mayor información, y hay que volverse hacia los textos de sus contemporáneos en un primer intento de profundizar en el retrato del conquistador.

Las Casas, que mostraba una falta de objetividad considerable en los mil modos en que procuraba disculpar y justificar las acciones y percepciones del Almirante, a quien presentaba en los términos más elogiosos posibles, está muy lejos de adoptar la misma actitud benévola con respecto a Cortés. De todas las caracterizaciones contemporáneas de Cortés, la suya es la más negativa. En la *Historia de las Indias*, Cortés aparece retratado como un puro oportunista que se limita a utilizar todo y a todos para lograr sus propios fines. El único mérito que le reconoce es el de "ser latino porque había estudiado leyes en Salamanca y era en ellas bachiller". Por lo demás, los rasgos que componen la caracterización son todos negativos. Según Las Casas, Cortés era "hablador y decía gracias", de lo cual se apresura Las Casas a deducir que no tenía la suficiente discreción para ser un buen secretario. Era "astutísimo", "resabido" y "regatado": mezquino, falso, desagradecido, codicioso, y de origen "harto humilde".[98] Por otra parte, el retrato de Hernán Cortés que emerge de la relación de Andrés de Tapia, uno de los miembros de la expedición rebelde de éste, tiene muy poco que ver con la negativa caracterización de Las Casas. A través de sus arengas y acciones, así como de los comentarios del propio Tapia, Cortés se presenta en esta relación como un hombre excepcional y "muy bien quisto de la gente". En la versión de Tapia, Cortés es inteligente, valiente, justo, buen político, posee un gran genio militar y es muy popular entre sus hombres.[99]

Queda el retrato de Bernal Díaz, quien, como siempre, ofrece la descripción más detallada y sabrosa del personaje. El retrato de Díaz es exhaustivo —se propone decir la "proporción e condición de Cortés"— y expresa una profunda admiración por las cualidades de todo tipo que le atribuye a Cortés. Comienza con la descripción física que lo caracteriza así: "Fue de buena estatura e cuerpo, e bien proporcionado e membrudo, e la color de la cara tiraba algo a cenicienta, y no muy alegre, e si tuviera el rostro más largo, mejor le paresciera, y era en los ojos en el mirar algo amorosos e por otra parte graves; las barbas tenía algo prietas e pocas e ralas, e el cabello, que en aquel tiempo se usaba, de la misma manera que las barbas, e tenía el pecho alto e la espalda de buena manera, e era cenceño e de poca barriga y algo estevado, y las piernas e muslos bien sentados: e era buen jinete e diestro de todas armas, ansí a pie como a caballo e sabía muy bien menearlas, e, sobre todo corazón e ánimo, que es lo que hace al caso". Esta primera descripción, que se centra en el aspecto físico, la va completando Bernal con gran cantidad de información de primera mano sobre la personalidad de Cortés. De acuerdo con él, Cortés era "travieso sobre mujeres" y como consecuencia de ello" se acuchilló algunas veces con hombres esforzados e diestros e siempre salió con vitoria". Era austero y poco aficionado a la ostentación, pero "en todo daba señales de gran señor". Era aficionado a las letras y culto: "latino...bachiller en leyes, y algo poeta", en palabras de Bernal. Era "el primero" a la hora del trabajo y, en las batallas, nos dice Díaz, "siempre...le vi que entraba en

121

ellas juntamente con nosotros". Buen guerrero, muy esforzado, precavido, osadísimo y "muy de razón", aunque, subraya Bernal, "extremadamente porfiado". Bernal concluye su retrato con una referencia a la afición de Cortés por los juegos: "No quiero decir de otras muchas proezas e valentías que vi que hizo nuestro marqués...e volveré a decir de su condición que era muy aficionado a juegos de naipes e de dados".[100]

Sin embargo, la larga y detallada descripción del personaje de Cortés que nos ofrece Bernal Díaz en su *Historia Verdadera* resulta apenas menos esquemática y simple que los retratos y caracterizaciones citados más arriba, si la comparamos con la extraordinaria complejidad del personaje que emerge de las *Cartas de Relación* del propio Cortés. La caracterización del personaje de Cortés como héroe y modelo no es un aspecto marginal del discurso narrativo de las *Cartas*. La transformación del Cortés-rebelde en el Cortés-modelo articula el proceso de ficcionalización más importante del discurso narrativo de las *Cartas* y constituye uno de los fines inmediatos fundamentales de dichas *Cartas*. La importancia estructural de dicha caracterización reside en que ese modelo en el que se va convirtiendo Cortés, a través del proceso de ficcionalización y mitificación de su figura que se desarrolla en las *Cartas*, es el punto de enlace entre la justificación de la rebelión —primer objetivo de la ficcionalización de la realidad de la conquista en las *Cartas*— y la formulación del proyecto político de Cortés, que constituye su meta final. Los rasgos específicos de la caracterización ficcional del personaje se subordinan en este contexto a las funciones complejas que éste debe cumplir, y que van desde la necesidad de tranquilizar al rey, afirmando la subordinación de Cortés a su poder y autoridad, hasta la voluntad de garantizar la validez del proyecto que se presentará implícitamente como proyección de la calidad modélica de aquél que lo formula. El desarrollo de la caracterización ficcional del personaje de Cortés en las *Cartas* presenta dos fases bien definidas. La primera se identifica con el proceso de mitificación progresiva de la figura de Cortés y culmina en la tercera *Carta de Relación* con la caída de Tenochtitlán. La segunda está constituida por un proceso de paulatina humanización y problematización del mítico Cortés creado en las primeras tres *Cartas* y culmina en los desastres de la expedición a Honduras que se narran en la *Quinta Carta*. El hecho de que la mayor intensidad del proceso de ficcionalización del personaje corresponda a las tres primeras *Cartas* —es decir, al período anterior a la aceptación y reconocimiento por parte del rey de los méritos de Cortés y de la legitimidad de su conquista de México—, subraya una vez más el carácter perfectamente deliberado de los procesos de ficcionalización que se dan en las *Cartas,* así como su subordinación a unos objetivos muy políticos y nada literarios.

Ideológicamente, la caracterización ficcional del personaje de Cortés aparece anclada en la convergencia de la concepción del mundo medieval con la renacentista, convergencia que caracteriza en España el período histórico en el que se produce. La concepción medieval del mundo se manifiesta dentro de las cartas en lo que podríamos llamar el código de representación feudal, que se concreta en dos aspectos fundamentales de la transformación de Cortés en modelo: el de vasallo y el de cristiano. La concepción renacentista, por otra parte, se expresa en la selección misma de los rasgos que caracterizan a Cortés como el jefe excepcional que exige su proyecto de conquista de México y en los términos de ese proyecto. Y en la formulación implícita de una filosofía política que elige la razón como instrumento privilegiado de conocimiento y que afirma que el fin justifica los medios.[101] El punto de partida de la ficcionalización del personaje es la figura del rebelde. La transformación ficcional de este rebelde en héroe se inicia —perdida su primera *Carta de Relación*— con la narración escueta de la destrucción de las naves que hace Cortés al principio de la *Segunda Carta*. El rebelde que adoptó una medida defensiva para protegerse del castigo que merecía legalmente su rebelión se convierte en el relato en el jefe previsor, capaz de actuar en la forma necesaria para asegurar el éxito de una empresa que aparece definida como "gran servicio" al rey. Es el primer momento de la metamórfosis que se va a ir confirmando a lo largo de las cuatro *Cartas de Relación*. A partir de ahí, la selección y reelaboración del material narrativo se ve subordinada a la necesidad de caracterizar a Cortés como suma de los rasgos objetivamente necesarios para llevar a cabo con éxito el proyecto de la acción. Y cualquier elemento que no resulte funcional de acuerdo con este criterio de selección tendrá que ser eliminado.

La técnica de caracterización ficcional del personaje entronca directamente con el modelo literario de la épica. Basta comparar el personaje del Cid con el héroe de las *Cartas* para observar que ambos son producto de una análoga estrategia narrativa. Ambos expresan en los elementos concretos de su caracterización la suma de cualidades objetivamente necesarias para realizar con éxito el proyecto que persigue la acción, pero el proyecto es diferente. En el caso del Cid, se trataba de liquidar la fragmentación del poder característica de un orden feudal, subordinándolo al modelo de una monarquía centralizada. En el caso de Cortés, el objetivo es la conquista de un nuevo reino y la integración de un proyecto político personal de signo reformista dentro de la estructura existente del imperio cristiano que preside la figura del monarca absoluto. El proyecto del Cid aparecía anclado en la ideología de la reconquista, que expresaba la concepción del mundo propia de la España medieval. El de Cortés se presenta, a través de los rasgos que integran la caracterización ficcional del personaje, como la expresión misma de la filosofía política del Renacimiento. Cortés no pudo leer *El Príncipe* de Maquiavelo antes de escribir sus *Cartas de Relación,* ya que, aunque Maquiavelo las escribió en prisión alrededor de 1513, la primera edición de la obra no se publicó hasta después de su muerte, en 1532. Sin embargo, la caracterización ficcional de Cortés que presenta el discurso narrativo de las *Cartas de Relación* se levanta sobre los mismos elementos centrales que articulan la formulación de la filosofía renacentista que Maquiavelo llevó en *El Príncipe* a sus últimas consecuencias.

Arnold Hauser observa, con razón, que Maquiavelo no

inventó el maquiavelismo y que años antes de que éste escribiera su obra, Italia estaba ya gobernada por unos príncipes que eran maquiavélicos poco menos que desde la cuna. El mérito fundamental de Maquiavelo fue su capacidad de formular de forma coherente y sistemática una filosofía que partía de la separación entre política y principios cristianos, y que constituiría la base del realismo político del Renacimiento.[102]

Nada hay pues de sorprendente en el hecho de que Cortés encarnara en muchas de sus acciones la concepción política formulada por Maquiavelo. Henry R. Wagner afirma que "aunque Cortés no imitase a César Borgia, estaba inconscientemente duplicando su trayectoria",[103] y pasa a explicar esa inconsciente duplicación en términos del común origen español de ambos personajes. El parecido que pudiera haber entre Cortés y Borgia, o cualquier otro gran político del Renacimiento, resultaba, no obstante, del hecho de que ambos compartían elementos centrales de aquel realismo político que formularía Maquiavelo en su *Príncipe,* y no de una nacionalidad común. Pero en el caso de Cortés es imposible relegar, como propone H. Wagner, esa filosofía del realismo político, implícita en sus actos y escritos, al espacio del subconsciente. Su capacidad de formular racionalmente los elementos centrales de una filosofía que se adecuaba exactamente a las necesidades de la época lo separa de la multitud de príncipes a que alude Hauser y lo convierte en predecesor de la formulación de Maquiavelo. Esa capacidad de análisis concreto de una realidad concreta sobre la que se levanta la formulación de la filosofía del racionalismo político del Renacimiento es la misma que está en la base de los términos específicos de la caracterización de Cortés como modelo. El héroe de las *Cartas,* no enlaza, a través de los rasgos particulares que componen, su caracterización con los personajes de las novelas de caballería —cuyas acciones todo conquistador quería emular, según Irving A. Leonard. La visión de sí mismos que tuvieron muchos conquistadores tenía sus raíces probables en los modelos caballerescos, pero en esto fue Cortés una notable excepción. Leonard se asombra de que no haya más referencias en sus cartas a elementos fantásticos y personajes caballerescos como los que aparecen alguna vez en la *Historia Verdadera* de Bernal Díaz, por ejemplo. Pero la lectura de las *Cartas de Relación* y de otra correspondencia de Cortés demuestra con claridad que la importancia de los modelos caballerescos fue, en su caso, deleznable. Los escritos de Cortés no nos lo muestran como un *imitador* de modelos sino como un *creador* de ellos: con la puntualización de que las raíces de esta creación no están nunca en el terreno de lo fantástico o en modelos literarios preexistentes, sino en el análisis racional de la realidad objetiva. Colón ficcionalizaba la representación de la realidad americana para identificarla con un modelo imaginario preexistente. Cortés, por el contrario, partió de un análisis racional de la realidad y de la situación objetiva en que se encontraba para crear en sus *Cartas* el héroe que era la encarnación misma de la filosofía política de su época. La ficcionalización del discurso colombino se basaba en un proceso de reducción y desvirtuación. La del discurso narrativo de las *Cartas* expresa, por el contrario, un proceso de análisis racional y de profunda comprensión de la realidad histórica y política de su tiempo.

El primer aspecto de la caracterización es el de *guerrero y militar*. Corresponde a una de las funciones principales que Cortés debía desempeñar en el proceso de ocupación y conquista del imperio de Moctezuma, y enlaza con uno de los aspectos fundamentales de la caracterización del príncipe renacentista que haría Maquiavelo. Dice éste textualmente: "Un príncipe no debe tener otro objeto, otro pensamiento, ni cultivar otro arte más que la guerra, el orden y la disciplina de los ejércitos porque es el único que se espera ver ejercido por el que manda. El príncipe que carece de esta ciencia práctica no posee el primero de los talentos necesarios a un capitán porque ella enseña a hallar al enemigo, a tomar alojamiento, a conducir los ejércitos, a dirigir las batallas, a talar un territorio con acierto".[104] Desde la narración del episodio de la destrucción de las naves que el narrador convierte, a posteriori, de medida defensiva contra las seguras

126

represalias de Velázquez en ejemplo de clarividencia, la previsión es el primer rasgo que caracteriza a Cortés como genio militar. La presentación del personaje como modelo de previsión se logra atribuyéndole en todos los éxitos de la acción la capacidad de anticipar con exactitud los movimientos del enemigo. Simultáneamente, se transforman o eliminan de la narración todos aquellos incidentes en los que la imprevisión de Cortés ha tenido consecuencias negativas para el desarrollo de la conquista. Uno de los ejemplos más claro de este proceso de eliminación y transformación lo constituye el episodio del derrocamiento de los ídolos del Templo Mayor.

En él Cortés presenta su decisión de destruir los ídolos del Templo Mayor de Tenochtitlán como una decisión apropiada a la situación de los españoles, cuyos resultados son inmediatos y, naturalmente, positivos. Dice Cortés: "Los más principales de estos ídolos y en quien ellos más fe y creencia tenían, derroqué de sus sillas y los hice echar por las escaleras.... Y el dicho Moctezuma y muchos de los principales de la ciudad dicha estuvieron conmigo hasta quitar los ídolos y limpiar las capillas y poner las imágenes, y todo con alegre semblante, y les defendí que no matasen criaturas a los ídolos como acostumbraban.... Y de ahí en adelante se apartaron de ello y en todo el tiempo que yo estuve en la dicha ciudad nunca se vió matar ni sacrificar criatura alguna".[105] Pero el relato de Bernal Díaz, mucho más coherente con el desarrollo posterior de los acontecimientos que culminaron en la Noche Triste, destruye esta idílica presentación del episodio y de sus consecuencias. De acuerdo con Bernal, la provocación de Cortés se basó en un error de cálculo sobre la solidez de la situación de los españoles en Tenochtitlán —situación que se vería aun más debilitada por la llegada de las fuerzas de Narváez a Veracruz— y sus consecuencias fueron negativas desde el principio. El acto de provocación de Cortés desencadenó una reacción inmediata de indignación entre los aztecas, que respondieron enviando un claro ultimátum a Cortés y los suyos: "y fue que como habíamos puesto en el gran cu, en el altar que hicimos, la imagen de Nuestra Señora y la Cruz, y se dijo el santo Evangelio e misa, parece ser que los Vichilobos e el Tezcatepuca hablaron con los papas y les dijeron que se querían ir de su provincia, pues tan mal tratados son de los teules...e que se lo dijesen a Moctezuma y a todos sus capitanes que luego comenzasen la guerra y nos matasen...el gran Moctezuma envió llamar a Cortés...y dijo el Moctezuma: "Oh señor Malinche e señores capitanes: cuanto me pesa de la respuesta y mando que nuestros teules han dado a nuestros papas e a mí e a todos mis capitanes, y es que os demos guerra y os matemos e os hagamos ir por la mar adelante, lo que he colegido de ello, y me parece que antes que encomiencen la guerra, que luego salgáis de esta ciudad y no quede ninguno de vosotros aquí; sino mataros han; e mira que os va las vidas".[106]

La importancia de esta transformación ficcional del episodio en la *Segunda Carta* es fundamental. De acuerdo con ella, Cortés aparece caracterizado como hombre previsor que mide bien sus fuerzas y evalúa buen la situación antes de llevar a cabo una acción cuyas consecuencias positivas ha previsto. El resultado ficcional de su acto es la consolidación del orden, la erradicación del sacrificio y el aumento de la autoridad de los españoles. Pero la realidad fue muy distinta, a juzgar no sólo por Bernal sino también por los acontecimientos posteriores. La partida de Cortés hacia la costa para enfrentarse a Narváez aparecía dentro de la *Segunda Carta* como un acto razonable, lleno de previsión y bien calculado; y el abandono de Tenochtitlán, dejando sólo una fuerza defensiva de apenas 100 hombres era un acto heroico pero no temerario, ya que —dice Cortés— la ciudad quedaba pacífica y segura, y los hombres de Alvarado bastaban para mantener una plaza en la que no había ni asomo de rebelión por parte de unos indígenas que acataban felices la autoridad de los españoles. Pero en el contexto histórico real de una ciudad cuyos habitantes habían expresado ya claros propósitos de rebelión, a través de un ultimátum cargado de amenazas e inspirado por sus dioses, el heroísmo de Cortés se convierte en acción desesperada, su previsión se vuelve muy cuestionable, y la desastrosa agresión de Alvarado en el templo recobra su sentido real como expresión de angustia y temor ante una situación que se hacía cada día más insostenible. El resultado real de la provocación de Cortés no fue la consolidación de la obediencia azteca, sino el inicio de la rebelión. La situación entre el incidente del derrocamiento y la partida de Cortés hacia la costa no era de paz, como implica Cortés en su versión de los hechos, sino de gran inquietud e inseguridad. "Digamos cual andábamos todos en aquella gran ciudad, tan pensativos, temiendo que de una hora a otra nos habían de dar guerra, e nuestros naboríes de Tascala e doña Marina así lo decían al capitán: y el Orteguilla el paje de Moctezuma, siempre estaba llorando, y todos nosotros muy a punto...porque de día ni de noche no se nos quitaban las armas, gorjales y antipares y con ello dormíamos", dice Bernal Díaz, resumiendo de forma muy expresiva la situación real en la que se encontraban los españoles en Tenochtitlán, como consecuencia del incidente del Templo Mayor.[107]

Subordinada a la caracterización de Cortés como modelo de previsión, la narración del episodio en las *Cartas* ficcionaliza el incidente concreto, convirtiéndolo de impulso irreflexivo en acto previsor, y, simultáneamente, transformando sus consecuencias, que se presentan como positivas, y eliminando de la narración toda la conflictividad de un acto que estaba en el origen mismo de los acontecimientos que culminarían en la derrota de la Noche Triste y en la pérdida de Tenochtitlán. Esta transformación o eliminación de elementos se completa con el procedimiento de atribución de una clarividencia casi profética que ya se había señalado en la sección anterior. Antes de cada batalla, Cortés supone, ve y anticipa todo aquello que va a darles la victoria a los españoles. Su ejército es invulnerable a las emboscadas porque él siempre va "sobre aviso"; los ataques sorpresivos tlaxcaltecas se estrellan contra la defensa mejor organizada porque Cortés prevé la improbable posibilidad del ataque nocturno que les han aconsejado a éstos sus hechiceros: en Otumba, la previsión inspirada por el Espíritu Santo, con quien Cortés parece dispuesto a compartir, por esta vez, la gloria, determina la salvación del ejército que se veía amenazado por la destrucción total; y, finalmente, en la reconquista de Tenochtitlán que se narra en la *Tercera Carta de Relación,* la previsión de Cortés se presenta como factor fundamental de salvación colectiva y como base de los más rotundos triunfos militares.

El segundo rasgo que compone la caracterización de Cortés como guerrero y militar modélico es el valor. En el contexto del discurso de las *Cartas,* el valor extraordinario que caracterizaba a Hernán Cortés en los testimonios de sus contemporáneos, empezando por los de sus propios soldados, alcanza unas dimensiones míticas. La caracterización parte del valor personal implícito en una decisión como la de alzarse con las naves de Velázquez o la de adentrarse en una tierra desconocida con un puñado de hombres, para acabar presentando el valor de Cortés como dimensión sobrehumana y como elemento decisivo en los momentos claves del desarrollo de la acción de la conquista. La ficcionalización se concreta, en el caso del valor, en la presentación del valor personal indiscutible de Cortés como *único* elemento determinante del éxito de la empresa, con exclusión de todos los demás. Esta ficción se apoya de manera decisiva en el uso frecuente —y, en algunos episodios, sistemático— de la primera persona del singular, que sustituye en la narración a la mucho más real primera persona del plural. En la narración de las guerras contra los tlaxcaltecas, por ejemplo, el uso que hace de la primera persona singular transforma el sentido de la acción, cuyo éxito aparece como resultado exclusivo del valor sobrehumano de Cortés: "les hice mucho daño sin recibir de ellos ninguno" —dice éste— "les quemé cinco o seis lugares pequeños...les quemé más de diez pueblos...pelearon conmigo los del pueblo...di sobre dos pueblos en que maté a mucha gente", añade. Y en las batallas que preceden a la Noche Triste, de nuevo es el valor de Cortés el que salva constantemente la situación..."y cabalgué a la mayor prisa que pude y corrí por toda la calle adelante con algunos de a caballo que me siguieron y, sin detenerme en alguna parte, torné a romper por los dichos indios y les torné a tomar las puentes y fui al alcance de ellos hasta la tierra firme".[108] Los compañeros de Cortés se limitan a "seguirle" mientras él parece ser, con valor y determinación sobrehumanos, el único guerrero sobre el que recae el peso de la acción del combate. Este procedimiento de ficcionalización del valor se repite de manera constante a lo largo de la narración de la retirada de la Noche Triste y del repliegue que culmina en la batalla de Otumba; y vuelve a aparecer en muchas de las acciones importantes de la reconquista de Tenochtitlán.

El uso de la primera persona singular crea en la narración una separación ficticia entre Cortés y el resto de sus hombres. Cortés aparece aislado, y el peso de la acción pasa a recaer exclusivamente sobre él, que la resuelve favorablemente en cada caso por medio de una cualidad específica. En este caso, la cualidad es el valor, pero en otros momentos de la caracterización puede ser la diplomacia, la persuasión, la astucia o la violencia, que aparecerá así justificada. En el caso del valor, la primera persona utilizada de este modo no sólo proyecta el valor de Cortés más allá de los límites de lo humano, sino que crea simultáneamente una ilusión de invulnerabilidad que indica un proceso de clara mitificación del personaje.

La presentación de Hernán Cortés como táctico y estratega excepcional constituye el tercer rasgo de su caracterización como modelo de guerrero. La presentación de Cortés como modelo en lo que Maquiavelo llamaba la ciencia de la guerra se concreta, en primer lugar, en una transformación de la realidad americana que convierte los ríos y valles, las montañas y llanuras de la geografía de México, los pueblos, las calles y las plazas del complejo imperio azteca, en un gigantesco objetivo militar. Esta presentación de la realidad, que reduce analíticamente sus elementos concretos a los objetivos estratégicos relevantes, se da con frecuencia en la *Segunda Carta,* y en la tercera pasa a ser casi la única forma de representación de la realidad. En esta última, el código de representación del descubridor, que organizaba en la *Segunda Carta* la descripción de los dominios de Moctezuma, relacionándolos con otros objetivos representativos de la fiebre exploradora del Renacimiento (Africa, Asia) o del botín de la reconquista (Sevilla, Granada), es sustituido casi totalmente por un código de representación exclusivamente militar. La belleza, que se identificaba en el primero con riqueza, cultura y refinamiento, pasa a identificarse con el triunfo militar en la *Tercera Carta,* donde lo hermoso es *pelear* y donde las mismas ciudades descritas en términos estéticos y culturales en la *Segunda Carta* se transforman en simples objetivos militares.

Esa transformación del México fabuloso de las primeras *Cartas* en un México que aparece como suma de los objetivos tácticos que articulan la estrategia general de su reconquista, acredita en la narración el talento de Cortés como estratega excepcional. Su capacidad de planear la acción de su reconquista con la apertura de la vía de retirada hacia el mar, que se asegura con la fundación de Tepeaca, la construcción de los bergantines, y la táctica de cegar las puentes en el avance hacia el centro de Tenochtitlán, confirman este aspecto de la caracterización. Pero, al igual que en el caso de la caracterización del héroe en función de su valor excepcional, la ficcionalización no estriba en este caso en la atribución del rasgo sino en el modo en que esta atribución se hace dentro de la narración. Cortés no es sólo un buen estratega y táctico, sino el prototipo y modelo de ellos, y, dentro del contexto de las *Cartas,* el único. Bernal Díaz protesta indignado contra la exclusividad con la que Gómara atribuye determinadas cualidades a Cortés en su *Historia.* El mismo proceso encontramos en las *Cartas,* donde el héroe planea, prácticamente siempre solo, una estrategia infalible. El éxito en la acción se presenta como resultado exclusivo de la estrategia concebida por Cortés y las iniciativas que se apartan de ella conducen inevitablemente al fracaso —como demuestran cada uno de los pocos fracasos que no elimina Cortés de la narración de las *Cartas* y que aparecen sistemáticamente explicados en función de una iniciativa desobediente.[109] En la ficcionalización de las *Cartas* no hay posibilidad de error, sorpresa ni fracaso para un héroe mítico que posee un talento extraordinario que con nadie comparte y que garantiza la victoria.

El último rasgo que completa dentro de las *Cartas* la presentación de Cortés como modelo militar es el uso de la violencia. La base real sobre la que se transforma en este contexto el uso del terror y de la violencia, convirtiéndolos ficticiamente en un mérito táctico más que completa la caracterización militar del Cortés ficcional es la desproporción cuantitativa entre el ejército indígena y el reducido ejército español. Dentro del contexto de esta desproporción numérica, el terror como táctica de uso calculado de la violencia se convierte en una de las armas más importantes de la conquista. Por otra parte, la subordinación de la presentación del terror a la caracterización de Cortés como táctico ejemplar transforma su violencia cuestionable en acción ejemplar y necesaria, y justifica ficticiamente algunos de los episodios más conflictivos de la conquista.

El episodio de la matanza de Cholula es uno de los ejemplos más reveladores de esa transformación. El desacuerdo de biógrafos e historiadores en torno a ese episodio es muy considerable. Las versiones contemporáneas del episodio, escritas por testigos presenciales del bando español, coinciden en afirmar que hubo traición por parte de los cholultecas. Las versiones indígenas recogidas por Sahagún, por otra parte, no se refieren a la traición pero hablan explícitamente de la firme intención que tenían los cholultecas de no someterse, convencidos de que contaban con la protección especial de sus dioses para librarse del dominio español.[110] Sea cual fuere la realidad, la represión ordenada por Cortés en Cholula fue de tal dimensión que resulta difícil de justificar incluso ante la presencia hipotética de indicios reales de traición. Además, no se trató de una batalla sino de una masacre calculada de miles de indígenas indefensos, y de la posterior destrucción de gran parte de la ciudad. Andrés de Tapia describe así el episodio: "E luego mandó matar los más de aquellos señores, dejando ciertos de ellos aprisionados, y mandó hacer la señal que los españoles diesen en los que estaban en los patios, e moriesen todos, e así se hizo, e ellos se defendían lo mejor que podían e trabajaban de ofender: pero como estaban en los patios cercados e tomadas las puertas, todavía morieron los más dellos. E echo esto, los españoles e indios que con nosotros estaban, salimos en nuestras escuadras por muchas partes por la ciudad, matando gente de guerra e quemando las casas.... Así es que se hizo todo lo posible por destriur aquella cibdad...e duró dos días el trabajar por destruir la cibdad".[111] Bernal Díaz, por su parte, se extiende menos sobre la matanza y destrucción de la ciudad que sobre el relato de la traición de los cholultecas, a los que acusa poco menos que de tener preparadas las ollas con la salsa de chiles que iban a utilizar para cocinar a los españoles.[112] La versión de Cortés, en cambio, es perfectamente escueta y funcional. En su *Segunda Carta,* Cortés enumera brevemente los signos de una traición que le confirmaría más adelante la información que recibió Marina de una mujer cholulteca, y se dispone a actuar porque, dice, "acordé de prevenir antes de ser prevenido". En esta versión, la violencia se minimiza al máximo. La tortura y ejecución de los jefes principales, que mencionan de Tapia y Bernal Díaz, se reduce aquí a dejarlos atados en una sala; la matanza dentro del recinto cerrado de los patios de miles de indígenas desarmados la reduce Cortés a la frase siguiente — en la que ni siquiera se expresa sintácticamente la relación directa entre la acción de los españoles y la muerte de los indígenas: "...y dímoles tal mano que en pocas horas murieron más de tres mil hombres"; la destrucción de la ciudad se limita a "poner fuego a algunas torres y casas fuertes donde se defendían y nos ofendían", y la duración de la represión pasa de dos días a "cinco horas".[113]

La narración que se articula sobre estos cambios presenta una realidad considerablemente ficcionalizada. En ella, la violencia se convierte en la acción necesaria planeada por Cortés, quien aparece caracterizado como el prototipo del hombre capaz de controlar la situación de la manera adecuada. Toda conflictividad desaparece en su versión, que presenta una decisión altamente cuestionable como un acto necesario e inevitable, minimizando al mismo tiempo el alcance real de sus efectos. La función de esta ficcionalización del episodio es doble. Por una parte, implica la justificación del uso de semejante forma de violencia: por otra, caracteriza a Cortés como líder militar capaz de actuar del modo óptimo en relación con la situación concreta en que se encuentra.[114]

El segundo aspecto que articula la caracterización de Cortés como héroe ficcional en el discurso narrativo de las *Cartas de Relación* corresponde a su función como *político*. La caracterización de Cortés como político se centra en su capacidad de realizar hasta el máximo el proyecto de conquista por medio de negociaciones, fortaleciendo simultáneamente su situación militar por medio de alianzas. En la narración de las *Cartas,* la violencia y agresividad características del modelo militar no se presentan nunca como el mejor modo de dominar sino como el último recurso que sigue al agotamiento de las posibilidades de persuasión y negociación. Si, como guerrero, Cortés destruía y mataba sin piedad siempre que fuera necesario, como político seduce a indígenas y españoles por igual. Y lo hace con tanta eficacia que, a lo largo de toda la *Carta de Justicia y Regimiento,* tanto la unidad y combatividad del bando español como la multiplicación vertiginosa del número de seguidores indígenas con el que éstos cuentan, se presentan más como resultado de la capacidad de Cortés de persuadir, negociar y seducir que de cualquiera de las medidas disciplinarias o represivas que éste, por otra parte, no vacilaba en aplicar. Así, en la narración de Cortés, los intentos de rebelión de los partidarios de Velázquez se controlan por la persuasión irresistible de las arengas ejemplares en las que Cortés les recordaba los términos de la gloriosa misión en la que se habían embarcado, manejando hábilmente incentivos políticos, religiosos, sociales y materiales. Las referencias a las medidas disciplinarias reales —desde la prisión hasta la tortura y la horca—, que daban fuerza a tan hermosos discursos, aparecen siempre reducidas a una vaga y escueta mención de castigo indeterminado. "Los castigué conforme a justicia y a lo que según al tiempo me pareció que había necesidad y al servicio de vuestra alteza cumplía",[115] dice Cortés resumiendo la acción disciplinaria contra Escudero y Carmeño, a quienes mandó ahorcar, y la de Umbría, a quien hizo azotar y cortar los pies en castigo por un intento de rebelión. El efecto de esta sustitución es que, dentro del relato, la autoridad y el dominio de Cortés parecen resultar exclusivamente del poder de persuasión de alguien superior, que está en posesión de la verdad y que consigue obediencia, respeto y sumisión por el simple hecho de transmitir y recordar esa verdad a los que lo rodean.

La versión de la conquista que presentan las *Cartas* subordina explícitamente el uso de la fuerza al agotamiento de los recursos pacíficos. Las fases del proceso de dominio y de imposición de autoridad y vasallaje son siempre las mismas: Requerimiento, persuasión, negociación, perdones repetidos y ataque. El ataque se produce sólo cuando todas las extraordinarias facultades diplómaticas y persuasivas de Cortés no han conseguido el objetivo por una acción exclusivamente política. La filosofía política implícita en la caracterización del personaje a través de acciones y discursos se puede reducir a dos principios básicos del realismo político de todos los tiempos, que aparecen formulados explícitamente en *El Príncipe* como expresión de la filosofía política del Renacimiento. El primero es el "Divide y vencerás", que se concreta en la política de alianzas de Cortés a lo largo de toda la conquista. Dice Maquiavelo: "El orden común de las cosas es que, luego que un poderoso extranjero entre en un país, todos los demás príncipes que son allí menos poderosos se le unan por un efecto de la envidia que habían concebido contra el que los sobrepujaba en poder, y a los que él ha despojado.... El nuevo príncipe, con el favor de ellos y sus propias manos, podrá abatir fácilmente a los que son poderosos, a fin de permanecer en todo el árbitro de aquel país".[116] Y Cortés llevó esta idea a la práctica de forma sistemática en cuanto intuyó el descontento de los súbditos de Moctezuma y sus deseos de liberarse del dominio azteca. Poco después de aliarse con los Tlaxcaltecas, formularía muy explícitamente esta política fundamental en toda la conquista: "Vista la discordia y disconformidad de los unos y de los otros, no hube poco placer, porque me pareció hacer mucho a mi propósito, y que podría tener manera de más aína sojuzgarlos, y que se dijese aquel común decir *de monte etc., ...*y con los unos y con los otros maneaba y a cada uno en secreto le agradecía el aviso que me daba, y le daba crédito de más amistad que al otro".[117] El segundo principio de la filosofía política de Cortés consiste en alternar sabiamente la dureza con la dulzura en su relación con los españoles e indígenas por igual. Lo que en el lenguaje popular se llama "una de cal y otra de arena" y en el lenguaje, más elevado, de Maquiavelo, equilibrio entre la severidad y la clemencia.[118] A la prisión de Moctezuma, por ejemplo, sigue en las *Cartas* un torrente de "buenas palabras" y de protestas de respeto y sumisión: y al acto aún más problemático de "echarle unos grillos" sucede toda una exhibición de magnanimidad y "buen tratamiento" que enlaza con toda la política que ha ido caracterizando las relaciones de Cortés con los indígenas y con sus propios hombres hasta ese momento.

En el contexto de este aspecto de la caracterización, la reelaboración de la realidad, que presenta el éxito de la campaña diplómatica para imponer la autoridad de Cortés como resultado exclusivo de su habilidad política, se complementa con la eliminación de todos los errores políticos cometidos y de sus consecuencias. El mejor ejemplo de este proceso de eliminación de fallos, que completa la ficcionalización de la dimensión política del héroe, es el episodio de la liberación de Cuitlahuac, hermano de Moctezuma. Henry Wagner resume la importancia que tuvo este error, diciendo que, entre los muchos que cometió Cortés en la semana que siguió a su regreso a Tenochtitlán después de derrotar a Narváez, el de soltar a Cuitlahuac pudo muy bien ser el que marcó el principio del desastre.[119] Madariaga se refiere a las versiones de Cervantes de Salazar y Torquemada para mostrar la liberación de Cuitlahuac como maniobra equivocada, dentro de las negociaciones que mantenía Cortés con Moctezuma y los suyos, para intentar recuperar el control de la ciudad.[120] Bernal Díaz y los informantes indígenas presentan la transferencia del poder de Moctezuma a Cuitlahuac como un hecho consumado, sin detenerse en el proceso que culminó en ella. Pero no parece aventurado concluir que fue Cortés quien cometió el error de liberarlo, por causas imposibles de averiguar con certeza a la vista de la documentación existente. A la llegada de Cortés a Tenochtitlán, Cuitlahuac era uno de los que habían permanecido presos en su palacio desde antes de su partida. Una semana más tarde, el mismo Cuitlahuac estaba en libertad y había sido elegido por los aztecas como jefe político y religioso de la rebelión. El único con autoridad suficiente para tomar la decisión de dejar en libertad a uno de los prisioneros reales era Cortés. Y, tanto si la decisión se tomó colectivamente como si fue individual, la responsabilidad del error caía primordialmente sobre Cortés como jefe del bando español. La omisión total de cualquier referencia a la liberación de Cuitlahuac y al proceso de su nombramiento es coherente con la estrategia narrativa que suprime en las *Cartas* todo error o elemento que pueda amenazar la caracterización del héroe como representante perfecto de cada una de las virtudes que hacen al caso, y completa el aspecto político de esa caracterización.

En el capítulo titulado "De los que llegaron al principado por medio de maldades", dice Maquiavelo: "Es menester, pues, que el que toma un estado haga atención en los actos de rigor que le es preciso hacer, a hacerlos todos de una sola vez e inmediatamente, a fin de no estar obligado a volver a ellos todos los días, y poder, no renovándolos, tranquilizar a sus gobernados, a los que ganará después fácilmente haciéndoles bien".[121] La conducta de Cortés apenas finalizada la campaña parece ajustarse exactamente a esa filosofía práctica. En el discurso narrativo de las *Cartas,* la caída de Tenochtitlán marca sin transición el desplazamiento de la presentación la tercera de sus funciones fundamentales: la de *gobernante.* La dureza se convierte en magnanimidad, la agresividad se vuelve compasión y el castigo se transforma en perdón. Los análisis militares y la percepción guerrera del enemigo dejan paso a una humanización que se expresa en repetidas muestras de compasión y de clemencia. La caracterización de los aztecas como "perros" y "traidores" que aparecía a lo largo de la *Tercera Carta* se sustituye ahora por la de "tristes", que "era tanta la pena que tenían que no bastaba juicio a pensar cómo lo podían sufrir". Cortés el guerrero, implacable en la campaña de reconquista de Tenochtitlán, desaparece ante un Cortés vencedor que prepara su gobierno con la clemencia y que se presenta ya como defensor de los mismos indígenas a los que ha atacado de forma tan despiadada hasta ese momento. Perdona a Cuahutemoc, quien le ha entregado su propio puñal pidiéndole que lo mate, lo anima diciéndole que "no tuviese temor ninguno" y nos dice que su primera acción de vencedor es la protección de los desdichados vencidos.[122]

La caracterización de Cortés como modelo de gobernante que se inicia, al concluir la toma de Tenochtitlán, con la presentación de su magnanimidad y clemencia se centra en dos procesos. El primero es la caracterización del personaje como suma de las funciones ideales del gobernante de un estado recién fundado —como diría Maquiavelo— y la presentación del orden creado como dependiente de su presencia. El segundo es la caracterización del nuevo estado como modelo de orden, justicia y paz, eliminando cualquier elemento problemático. Dentro de este segundo proceso, lo conflictivo y lo problemático aparecen totalmente ausentes del orden utópico creado por el modélico gobernante, y pasan a identificarse con todo el que pretenda minar su poder —principalemente con los enviados de Velázquez y de Fonseca. Con este procedimiento, a la vez que se fortalece la caracterización del héroe capaz de crear tal orden como prototipo del perfecto gobernante renacentista, se prolonga la caracterización de Velázquez, Fonseca o cualquier potencial adversario de Cortés, como amenaza al interés real.

De acuerdo con la narración de las *Cartas,* apenas conquistada Tenochtitlán y cimentada la paz con perdones, Cortés desplegó una actividad impresionante. Repartió tierras, reconstruyó la ciudad, organizó un sistema de comunicaciones que enlazaba todos los puntos del nuevo estado con su capital, pobló, fundó ciudades y pueblos, montó fábricas de armamento y municiones, restableció el comercio y perfeccionó la economía del imperio, cristianizó, descubrió minas y planeó un programa de exploraciones y expediciones de conquista que extendían su gobierno más allá de los límites del anterior imperio, y que asegurarían el control de puertos y costas, a la vez que prometían enlazar el nuevo reino con las tan buscadas islas de las especias. Hablando de la reconstrucción de Tenochtitlán, dice que "hanse dado tanta prisa en hacer las casas de los vecinos que hay mucha cantidad de ellas hechas, y otras que llevan ya buenos principios; y porque hay mucho aparejo...hacen todos tan buenas casas que puede creer vuestra sacra majestad que de hoy en cinco años será la más noble y populosa ciudad que haya en lo poblado del mundo, y de mejores edificios".[123] Este proyecto declarado de crear la ciudad más noble del mundo enlaza con una caracterización de sus actividades de gobernante que apunta a la creación de un estado utópico que se define en gran medida por oposición al modelo de colonia de las Antillas. El propio Cortés formula de forma explícita esa oposición en su *Cuarta Carta de Relación,* cuando se refiere a la acogida que han recibido entre los colonos las ordenanzas de gobierno que ya ha promulgado: "De algunas de ellas los españoles que en estas partes residen no están muy satisfechos, en especial de aquellas que los obligan a arraigarse en la tierra; porque todos, o los más, tienen pensamientos de se haber con estas tierras como se han habido con las islas que antes se poblaron, que es esquilmarlas y después dejarlas. Y porque me parece que sería muy grande culpa a los que de lo pasado tenemos experiencia, no remediar lo presente y por venir, proveyendo en aquellas cosas por donde nos es notorio haberse perdido las dichas islas, mayormente siendo esta tierra, como ya muchas veces a vuestra majestad he escrito, de tanta grandeza y nobleza, y donde tanto Dios Nuestro Señor puede ser servido y las reales rentas de vuestra majestad acrecentadas".[124]

En la formulación del proyecto de estado de Cortés, el modelo de *saqueo* aparece substituido por el de *desarrollo* general de los recursos de la colonia. No se agota el botín sino que se pretende crear centros y estructuras de producción agrícola, comercial y artesanal. A la obsesión por el oro como símbolo único de riqueza, característica del discurso colombino y del modelo económico de las Antillas, se opone la búsqueda y explotación de minas de cobre, estaño y hierro, que se destinan a una producción de armas y herramientas que supone una independización con respecto a los proveedores de España. La rapiña se reemplaza con la producción. La corrupción, con la administración centralizada en la persona de Cortés para el bien común. La destrucción progresiva y lamentable de la colonia antillana deja paso a un proyecto utópico de creación y desarrollo dentro de un régimen autoritario y paternalista, pero justo. La despoblación de las Antillas se presenta como una de las preocupaciones dominantes del gobernante, que toma medidas, dicta leyes y castiga abusos en un afán evidente de proteger a la población mexicana y de salvarla de correr la misma suerte que los encomendados de las Antillas. Las ordenanzas de gobierno que dictó en Mayo de 1524 protegían al indígena regulando sus horas de trabajo, la frecuencia de sus desplazamientos, la composición de su dieta cotidiana, la enseñanza de la religión, y prohibiendo explícitamente su utilización para el trabajo de las minas. Y la carta al rey del 15 de Octubre de 1524 justifica la desobediencia de Cortés a las instrucciones reales que le ordenaban cesar los repartimientos y permitir la libre contratación y comercio de los naturales con los españoles, presentándola como parte de un proyecto que pasa por la protección de los naturales frente a los abusos de unos colonos a los que describe como "de baja manera, fuertes y viciosos de diversos vicios y pecados", para acabar proponiendo un modelo de estado próspero, ordenado y justo. Dentro de él, la esclavitud se justificaría sólo como castigo por el delito de rebelión, y la cristianización de los naturales sería, de verdad, uno de los objetivos básicos.[125]

Los elementos que integran la caracterización de Cortés como gobernante se ajustan perfectamente a las necesidades objetivas de la creación de su modelo de estado utópico renacentista y lo señalan como el hombre idóneo para la empresa. Reforzando esta perfecta adecuación entre proyecto y hombre, las *Cartas* formulan repetidamente la dependencia de lo primero con respecto al segundo. La presencia y persona de Cortés se presentan con carácter insustituible y pasan, dentro del contexto ficcionalizador de esta narración, a ser el elemento central sin el cual todo el estado se desmoronaría.[126] Los únicos problemas que admite esta utópica presentación de la realidad inmediatamente posterior a la conquista se asocian o bien con las interferencias de aquéllos o bien con la acción de los naturales que quedan todavía por integrar en las fronteras del nuevo estado. Estado que sólo puede verse amenazado por alguien que esté fuera de él y que por ignorancia, como los naturales, o por ambición, como los enviados de Fonseca y Velázquez, se atreva a atentar contra tanta armonía puesta por Cortés a los pies de su rey.[127]

La caracterización del gobernante completa la creación ficcional de Cortés como héroe renacentista. Como tal, conquista, negocia, organiza y manda mejor que nadie. Su caracterización encarna una por una todas las virtudes del modelo renacentista formulado por Maquiavelo, y, consecuentemente, nadie podría estar mejor dotado que él para llevar a cabo la tarea de transformación de México en el estado renacentista perfecto. Pero este hecho mismo plantea un problema fundamental. Sucede que los mismos rasgos que caracterizan a Cortés como héroe renacentista y gobernante idóneo lo presentan como alguien potencialmente peligroso en un contexto político en el que el poder aparece fuertemente centralizado en la figura de un monarca absoluto. La caracterización de Cortés en sus *Cartas de Relación* es la encarnación misma de la filosofía política que formularía Maquiavelo en su presentación de *El Príncipe*. Pero en la realidad Cortés no era un príncipe sino un vasallo. Cortés era un hidalgo aventurero, ascendido vertiginosa y alarmantemente como resultado de unos méritos y unas cualidades que no correspondían a su condición. Las mismas cualidades que, siendo príncipe, hubieran hecho de él el modelo de su época lo convertían en el más peligroso de los súbditos en el contexto de una estructura política que no toleraba la dispersión del poder.

El discurso narrativo de las *Cartas* muestra hasta qué punto Cortés era consciente de este hecho, a través de la última vertiente del proceso de ficcionalización de su figura. Si la primera fase de ese proceso transformaba al rebelde en héroe, la segunda lo convierte en modelo, al integrar su caracterización como héroe renacentista en una estructura ficcional de vasallaje y providencialismo que enlaza, irónicamente, con modelos ideológicos y literarios mucho más propios de la Edad Media que del Renacimiento que Cortés encarnaba con tanta exactitud.[128] La utilización de la estructura de vasallaje tiene por objetivo inmediato reintegrar ficticiamente al héroe en la jerarquía de poder que encabezan Dios y el rey. El propio Cortés formuló explícitamente la estructura de esa pirámide que jerarquiza el poder, en su carta al rey del 15 de Mayo de 1522, cuando dice: "pues en ella se verán obras no de nuestras manos mas de Dios con cuyo favor a vuestra majestad se han hecho tantos servicios en estas partes que por no me alargar dejo de significar, y también por ser yo en parte ministro de ellas".[129] Dios, situado en la cúspide de la pirámide, concede mercedes al rey, que se encuentra inmediatamente por debajo de él, por medio de los servicios de Cortés que se presenta a sí mismo como ministro de Dios y vasallo del rey.

Frente a una realidad objetiva de desobediencia, rebelión y adquisición de un enorme poder personal, Cortés afirmaría una y otra vez, utilizando el marco ficcional de esa pirámide de relaciones, la subordinación del héroe a las leyes del rey y a la voluntad de Dios. Los motivos e intereses de Cortés al emprender la empresa de conquista —que incluían, desde luego, la ambición de poder, gloria y riqueza— se reducirían en el contexto de las *Cartas* a la voluntud de servir al rey, que podía llegar al sacrificio de la propia vida si ello fuera necesario. Así, al principio de la *Segunda Carta,* Cortés presentaba como único motivo de su decisión de

143

adentrarse en la tierra, a la conquista del imperio azteca, su voluntad de traer a Moctezuma "preso o muerto o súbdito a la corona de vuestra majestad". Y en la *Cuarta Carta* puntualizaría que aunque "la menor de estas entradas que se van a hacer me cuesta de mi casa más de veinte mil pesos de oro y que las otras dos de Pedro de Alvarado y Cristóbal de Olid me cuestan más de cincuenta...como sea todo para el servicio de vuestra cesárea majestad, si mi persona, juntamente con ello, se gastare lo tendría por mayor merced".[130] La gloria, la ganancia y el poder se ceden, dentro de la estructura ficcional de las *Cartas,* al rey. Cortés se contenta fícticia y humildemente con ser "ministro" o "causa", y nunca más que vasallo deseoso únicamente de servir el interés real.[131] El proceso de expansión de la conquista se describe en los mismos términos. La conquista se define como extensión del vasallaje a los indígenas, y Cortés se encarga de repetir en cada caso una fórmula que recuerde este sentido. Los indígenas conquistados se convierten en vasallos, y la función de Cortés en esa conversión se presenta como la de un simple intermediario que, sin interés propio, confiere, en representación de su rey, la gracia del vasallaje a los indígenas de turno.[132]

La integración del poder de Cortés en el marco político de una monarquía absoluta se completa con la utilización de un esquema providencialista que modifica ficticiamente el sentido de voluntad, acción, conocimiento y proyecto. Dentro de este marco providencialista, la voluntad que se expresa en cada una de las elecciones del personaje —desde la destrucción de las naves hasta la expedición a las Hibueras— se transforma en *obediencia.* El personaje no elige, sino que es elegido por Dios para la empresa, y se limita a ejecutar no sus propios proyectos sino la voluntad divina. El conocimiento se presenta consistentemente como inspiración divina; la acción que resulta de esa inspiración queda definida implícitamente como guerra santa, y el proyecto se transforma en misión.[133] A través de la presentación sistemática de Dios como aliado y artífice de la victoria, y de las invocaciones a la providencia, el Espíritu Santo, y la Santísima Trinidad, Cortés neutralizaría ficticiamente su propio poder, desligándolo de su origen verdadero —las características personales y las acciones de Cortés— y atribuyéndole un origen divino que ocultaba sus raíces. Y, al presentarlo como algo que emanaba no de su propia capacidad política y militar sino de la voluntad de Dios, le confería a éste una capacidad de cancelarlo que las acciones del propio Cortés habían desmentido ya.

La función de la estructura ficcional de vasallaje es clave dentro del discurso narrativo de las *Cartas* porque, en términos reales, ese modelo feudal al que se quiere subordinar la caracterización del personaje como héroe renacentista estaba siendo profundamente cuestionado por las circunstancias concretas de la conquista y por las acciones del verdadero Cortés. Cortés se había insubordinado ya, al desobedecer a Velázquez; había destruido unas naves que ni siquiera le pertenecían; había creado un estado que reducía al rey a un papel de simple supervisor, mientras el poder aparecía concentrado en las manos de su gobernador; y había actuado en todo momento con una independencia que más correspondía al rey que a su humilde vasallo. Pero Cortés era perfectamente consciente de que el rey tenía el poder de destruirlo;[134] y sabía también que la única posibilidad que tenía él de conservar ese poder muy considerable, que día a día le daba lo que iba conquistando y ganando, era transformarse, y transformarlo en su narración, por medio de una representación ficcional que convirtiera al poderoso conquistador en humilde vasallo y a su acción en servicio a Dios y al rey. Esta es la función precisa de la utilización ficcional de la estructura de vasallaje, que apela a un modelo ideológico que proclama el origen divino de la monarquía y acepta una concepción mesiánica de historia y acción. Enmarcada por esta estructura, la caracterización de Hernán Cortés como héroe renacentista se subordina ficticiamente a ella, integrándose en la pirámide que encabeza Dios, a la vez que su acción individual y creadora aparece transformada en una serie de actos cuya inspiración y éxito se atribuyen a Dios, y cuyos resultados materiales pertenecen a la corona.

El objetivo de las *Cartas de Relación* no es el relato escueto y fiel de la verdad, sino la creación de una serie de modelos ficcionales que aparecen subordinados a un proyecto de adquisición de fama, gloria y poder. Pero, a diferencia de lo que sucedía con el proceso de ficcionalización del discurso colombino, la ficcionalización de las *Cartas* no se levanta sobre el error voluntarista sino sobre el más lúcido análisis de una realidad concreta. Mientras la ficcionalización colombina culminaba en la creación de un modelo falso de percepción y representación de la realidad americana, que aparecía situada entre el botín y el mito, la percepción de esa realidad que se expresa en las *Cartas* de Cortés es fundamentalmente analítica y objetiva. La percepción profundamente racional de Cortés anota, analiza y clasifica con la mayor exactitud todos los rasgos fundamentales de la tierra firme que explora y conquista. Cualquier elemento fantástico o mitológico que indique la subordinación de la representación de la realidad americana a modelos literarios previos está ausente del discurso narrativo de sus *Cartas*. Bernal Díaz y Andrés de Tapia prolongan la tradición colombina, organizando con frecuencia la representación de esa realidad en torno a los dos mismos elementos básicos de conceptualización de lo desconocido que organizaban el discurso de Colón: lo maravilloso y lo monstruoso. En la primera descripción que hace Bernal Díaz de Tenochtitlán, por ejemplo, la identifica con los modelos fantásticos de los libros de caballerías, presentando una ciudad maravillosa, a mitad camino entre realidad y sueño: "Y desque vimos tantas ciudades y villas pobladas en el agua, y en tierra firme otras grandes poblazones, y aquella calzada tan derecha y por nivel como iba a México nos quedamos admirados y decíamos que parecía a las cosas de encantamiento que cuentan en el libro de Amadís, por las grandes torres y cúes y edificios que tenían dentro del agua, y todos de calicanto, y aun algunos de nuestros soldados decían que si aquello que vían sí era entre sueños, y no es de maravillar que yo lo escriba aquí desta manera, porque hay mucho que ponderar en ello que no sé cómo lo cuente: ver cosas nunca oídas, ni vistas, ni aun soñadas, como vimos".[135] Y las descripciones que nos ofrece Bernal de sacrificios, canibalismo y sodomías, así como la que hace Tapia del recinto del Templo Mayor de Tenochtitlán, enlazan, con su insistente truculencia, las manifestaciones sangrientas de una religión cruel con una tradición literaria que, como en el caso del modelo de Colón, identificaba con frecuencia las tierras y culturas desconocidas e inexploradas con una realidad monstruosa.

Frente a esos modelos descriptivos, la percepción de la nueva realidad americana que se expresa en la presentación que ofrece Cortés de la tierra mexicana y del imperio azteca destaca por su claridad analítica. La descripción de Tenochtitlán que encontramos en sus *Cartas*, por ejemplo, es un modelo de clasificación racional en el que cada elemento se presenta ordenadamente en relación con su función social y económica, y como expresión del grado de cultura y civilización que implica. Lo maravilloso no resulta en la narración de Cortés de la identificación de la nueva realidad con modelos ideológicos o literarios previos, sino de la suma misma de los elementos reales que caracterizan esa nueva realidad. El referente europeo —económico o geográfico— que articulaba de forma casi constante la percepción y representación colombinas, se utiliza aquí rara vez desde la *Primera Carta* y desaparece totalmente en la *Quinta*. En ésta las escasas comparaciones del México natural o del imperio azteca con elementos de contexto europeo, que se utilizaban ocasionalmente durante las primeras cuatro cartas para facilitar la comunicación de los aspectos múltiples de una realidad totalmente nueva, dan paso a una formulación explícita de la imposibilidad de comunicar esos aspectos, utilizando Europa como referente. Al principio de la *Quinta Carta,* Cortés alude a ese problema de comunicación y declara, por una parte, la imposibilidad de narrar con exactitud la nueva realidad, y, por otra, la imposibilidad de que "desde allá" se pueda comprender lo que "desde aquí" se intenta describir y narrar: "y son cosas que es bien que vuestra alteza las sepa, al menos por no perder yo el estilo que tengo, que es no dejar cosa que a vuestra majestad no manifieste, las relataré en suma lo mejor que yo pudiere, porque decirlas como pasaron, *ni yo las sabría significar, ni por lo que yo dijese allá se podrían comprender*". Antes del final de esa misma carta, vuelve a referirse a este problema de comunicación que cancela la validez de la utilización del contexto europeo como referente, presentando como única forma posible de conocimiento y comprensión de una realidad nueva y cualitativamente distinta la experiencia directa de la misma. Se trata en este caso de una descripción de la naturaleza recorrida por Cortés en la expedición a las Hibueras, descripción en la que se expresa todo el problema de la inadecuación de los modos de percepción europeos para la comprensión de la realidad americana: "Comenzamos a subir el puerto, que fue la cosa del mundo más maravillosa de ver y pasar; pues *querer yo decir y significar* a vuestra majestad la aspereza y fragosidad de este puerto y sierras, *ni quien mejor que yo lo supiese lo podría explicar, ni quien lo oyese lo podría entender,* si por vista de ojos no lo viese y pasando por él no lo experimentase".[136] La experiencia directa de la realidad se presenta como algo insustituible, y ambas citas contienen implícitamente la necesidad de crear un nuevo lenguaje para expresar la nueva realidad, así como un rechazo de aquel modo de percepción que articulaba el modelo de representación del discurso narrativo de Cristóbal Colón.

Los procesos de ficcionalización de las *Cartas* se subordinan de forma impecable a la doble necesidad de legitimar la empresa y consolidar el poder adquirido. La estructura de esta ficcionalización es profundamente racional y calculada. Se inicia con la utilización de la forma de la *relación* que inscribe la narración en un marco documental y oficial, proponiendo una equivalencia implícita entre narración y verdad. Al mismo tiempo, la filosofía que se expresa entre las líneas de esa narración apela a una ideología renacentista que, desde Maquiavelo hasta San Ignacio de Loyola, afirma que el fin justifica los medios y que el éxito legitima la

acción. Dentro de ese marco ideológico y estructural, la ficcionalización, que se concreta en los procesos de selección,
reordenación y reelaboración del material analizados más
arriba, sustituye aquella *verdadera relación* que prometían
la forma adoptada por el discurso y las declaraciones reiteradas del autor por la creación de tres modelos ficcionales: el
de la acción, el del proyecto y el del héroe.

La creación del modelo ficcional de héroe lleva consigo un
claro proceso de mitificación del personaje que implica la
elusión del cuerpo y de todo aquello que, expresando emo-
ción, debilidad o duda, problematice la imagen de un
modelo humano que se quiere sin fisuras. Si queremos encontrar el cuerpo de Hernán Cortés, no debemos buscarlo en
las tres primeras *Cartas de Relación,* donde lo más que encontraremos será un brazo —herido en la Noche Triste— o
una frente apedreada en la retirada. Hay que rastrear ese
cuerpo en la relación de Andrés de Tapia que nos habla de
aquella purga que se tomaba Cortés con frecuencia y que en
Tlaxcala pudo haber echado a perder el ataque; o en los
sufrimientos físicos que —según Bernal Díaz— lo aquejaban
con tal frecuencia que hasta se había traído de Cuba "unas
manzanillas" para curarlos. El modelo de conquistador que
crea Cortés en las cuatro primeras *Cartas* no duda, no teme,
no vacila, no sufre. Hay que esperar a la *Quinta Carta* para
encontrar una progresiva humanización y problematización
de un modelo que, ante un cambio de situación objetiva, ya
no necesita presentarse como superhombre invulnerable.

La ficcionalización de América que se daba dentro del discurso narrativo colombino se apoyaba en dos procesos muy
simples. El primero era el de transformación de los elementos de la nueva realidad por identificación con los términos
de un modelo imaginario de esas tierras. El segundo consistía en reducir la nueva realidad a los elementos asimilables
como mercancías dentro del contexto mercantilista de la
Europa de fines del siglo XV.[137] El discurso narrativo de las
Cartas de Relación de Cortés, por otra parte, apela, simultáneamente, a un modelo ideológico medieval y a una filosofía renacentista para crear una representación ficcional de

conquista, conquistador y estado, que se convertirán en los modelos del desarrollo posterior de la conquista del Nuevo Mundo. La ficcionalización cortesina no se concreta en la mitificación de la realidad americana sino en la del conquistador, su acción y su proyecto. La transformación de la realidad de la conquista no se apoya aquí en el voluntarismo irracional que articulaba las identificaciones y reducciones de Colón, sino en una instrumentalización de la razón que, trastocando silogismos e identificando premisas y conclusiones, convierte la palabra en arma privilegiada, en un proyecto de adquisición de poder, gloria y fama. El modo característico de la ficcionalización cortesina es la razón. Su resultado es la creación de unos modelos que expresan, a través de los elementos que los constituyen como ficción, el más impecable racionalismo y el profundo conocimiento que tenía su lúcido creador de aquella realidad histórica que se proponía aplacar, seducir, y dominar.

NOTAS

1. Véase Richard Konetzke, *Descubridores y conquistadores de América*, ed. cit. pg. 17 y ss.

2. Ya al principio del reinado de Isabel y Fernando, y como consecuencia de las guerras civiles que lo precedieron, existía una conciencia clara entre los cronistas de la época de la escasez del tesoro de Isabel y Fernando, en comparación con los de otros monarcas. Jaime Vicens Vives, *Historia social y económica de España*, vol. II, pg. 375.

3. *Lettera Rarissima*, en Navarrete, op. cit. vol. I, pg. 238.

4. R. Konetzke eleva el cálculo de esta cifra a 19 toneladas entre 1503 y 1510, en op. cit. pg. 45. Por otra parte, en Jaime Vicens Vives, op. cit. vol. II, pg. 473, la cantidad de oro llegada a Sevilla entre 1503 y 1520 se estima en 14.118 kg.

5. *Lettera Rarissima*, cf. la cita en pg. 2 supra, y la nota 3.

6. Richard Konetzke, op. cit. pg. 47.

7. Hay que esperar hasta 1517 para encontrar la primera explotación azucarera aceptable, y los primeros experimentos con la plantación de caña no comienzan hasta 1503. Véase R. Konetzke, op. cit. pg. 50.

8. La carta se encuentra reproducida por Bartolomé de las Casas en su *Historia de las Indias*, vol. I, pg. 424.

9. Hernán Cortés, *Carta al Emperador Carlos V*, desde Tenuxitán el 15 de Octubre de 1524.

10. Jaime Vicens Vives, op. cit. vol. II, pg. 473. Sin embargo,

Pierre Chaunu sitúa dentro de su *Conquista y explotación de los nuevos mundos,* el inicio del declive en la producción de oro entre 1512 y 1513 basándose en los gráficos de E.J. Hamilton en *American treasure and price revolution in Spain,* Cambridge, 1934. Véase también en relación con este problema, Pierre Chaunu, *Seville et l'Atlantique,* 4 vols., París, 1959-1960.

11. Cristóbal Colón, Carta a los Reyes, reproducida en Las Casas, *Historia de las Indias,* vol. I, pg. 424.

12. "Las minas y los campos empezaron a valorarse tan solo en función de los indios disponibles para explotarlos. La encomienda como posesión valiosa se cotiza fuertemente, y, como cualquier otro bien se cede, se alquila, y se negocia. Empiezan a surgir los encomenderos absentistas, mientras que capataces y arrendadores exprimen al indio y le hacen trabajar a golpe de látigo," Jaime Vicens Vives, *Historia social y económica de España y América,* vol. II, pg. 473.

13. Ibidem, pg. 474. Las cifras de Bartolomé de las Casas son de 1.100.000 indígenas a la llegada de Colón y de 46.000 en 1510. Gonzalo Fernández de Oviedo coincide en esta estimación del número de indígenas, de lo que R. Konetzke deduce que esa es probablemente la cifra que ambos oyeron de los propios colonizadores.

14. Bartolomé de las Casas, *Historia de las Indias,* vol. II, pg. 219.

15. Pierre Chaunu considera la crisis de la economía cubana ya evidente en 1516, como resultado directo de la extinción de la población indígena y como motor decisivo del nuevo impulso explorador y conquistador. Véase *Conquista y explotación de los nuevos mundos,* pp. 15-18.

16. Era el oro el único valor que interesaba a Grijalva en su expedición, a juzgar por el relato que hizo del primer contacto con los indígenas el capellán de la expedición. Según éste, al ofrecerles los aztecas las telas pintadas con los hechos de la vida de los méxicas, el capitán les respondió que "no buscaban más que oro". Se expresa aquí con toda claridad esa percepción de la tierra firme como extensión del botín ya muy dilapidado de las Grandes Antillas. En *Colección de Documentos para la Historia de México,* publicados por D. Joaquín Icazbalceta, México, 1858, dos vols.; la relación del capellán se encuentra reproducida también en *Cronistas de la Conquista,* editado por Agustín Yáñez, México, UNAM, 1939, pp. 19-39.

17. Bartolomé de las Casas, *Historia de las Indias,* vol. II, pg. 128.

18. Ibidem, pg. 130.

19. Ibidem, pp. 140-141.

20. Las dos citas pertenecen a Bartolomé de las Casas, *Historia de las Indias,* vol. II, pg. 140 y ss.

21. Ibidem, las citas anteriores corresponden a las páginas 143-145.

22. Bartolomé de las Casas, ibidem, pg. 163.

23. Ibidem, pg. 153.

24. Ibidem, pg. 402.

25. Bernal Díaz del Castillo, *Historia verdadera de la conquista de México,* Madrid, 1975. Ambas citas provienen de esta obra, y, en cuanto a la segunda no hay que olvidar que la virtud de Bernal Díaz esta fechada muchos años más tarde que los hechos a los que hace referencia, cuando el rechazo de la esclavitud como comercio legítimo se había convertido ya desde hacía tiempo en una postura defendida por figuras de gran prestigio entre las que figuraba el propio Cortés, por quien Díaz sentía verdadera reverencia.

26. Véase supra notas 3 y 5, referentes a la *Lettera Rarissima* y su elogio del oro de Veragua; y la enumeración de los signos que evidenciaban para el Amirante gran riqueza de oro en la zona, dentro de la misma carta de Colón.

27. Bernal Díaz, op. cit. pg. 29.

28. Bartolomé de las Casas, *Historia de las Indias,* vol. II, pg. 404.

29. Bernal Díaz del Castillo, *Historia Verdadera de la Conquista de la Nueva España,* pg. 31. Este incidente se completa con múltiples referencias a cualquier objeto que evidenciara la existencia de oro, aunque fuera de oro bajo que aceptaban con gran alegría porque, como dice Bernal, "aún no era descubierto el Perú".

30. Bernal Díaz del Castillo, op. cit. pp. 30-31 y 37.

31. Bartolomé de las Casas, op. cit. vol. II, pg. 406.

32. Bernal Díaz, op. cit. pg. 37.

33. *Relación de la expedición de Juan de Grijalva,* escrita por Juan Díaz, capellán de la armada. En *Crónicas de la Conquista,* México, UNAM, 1939, pg. 37.

34. Bernal Díaz del Castillo, op. cit. pg. 40.

35. Ambas citas provienen de Bartolomé de las Casas, op cit. vol. II, pg. 445.

36. Cf. supra, *La imagen de un mundo desconocido.*

37. Pierre Chaunu, *Seville et l'Atlantique,* t. VIII, pg. 123.

38. Salvador de Madariaga, *Hernán Cortés,* Buenos Aires, 1941, pg. 103.

39. Irving A. Leonard: *Los libros del conquistador,* México, 1979, pg. 27.

40. *Relación de la expedición de Grijalva,* escrita por Juan Díaz, edición citada, pp. 24-27.

41. *Instrucciones de Diego Velázquez a Hernán Cortés,* del 23 de Octubre de 1518. En la Colección de documentos inéditos del Archivo de Indias, serie I, vol. 12, pp. 225-246.

42. Quizá el testimonio de más peso en cuanto al crédito general de que gozaban las noticias sobre la existencia de figuras o elementos fantásticos en la época es el que encontramos en un documento de 1524. Se trata de la cuarta carta de relación de Hernán Cortés, y es difícil imaginar a alguien más racional y menos propenso a elucubraciones fantasiosas que él. Sin embargo, en su relación, al describir la organización de la exploración sistemática de todo el territorio mexicano que estaba llevando a cabo a partir de la conquistada ciudad de Tenochtitlán, habla de la información que había recibido de uno de los capitanes que había enviado a explorar sobre "los señores de la provincia de Ciguatán que se afirman mucho haber una isla toda poblada de mujeres, sin varón ninguno, y que en ciertos tiempos van de la tierra firme hombres, con los cuales han acceso, y las que quedan preñadas, si paren mujeres las guardan y si hombres los echan de su compañía: y que esta isla está diez jornadas de esta provincia y que muchos de ellos han ido allá y la han visto. Dicenme asimismo que es muy rica de perlas y oro: yo trabajaré, en teniendo aparejo, de saber la verdad y hacer de ello larga relación a vuestra majestad." Hay que subrayar que Cortés, con su racionalismo característico, señala que la verdad de tales afirmaciones queda pendiente de verificación, y que sólo después de haberlas verificado las considerará dignas de crédito. Pero esta actitud escéptica de Cortés, que en la época constituía la excepción y no la regla, es la que hace particularmente significativa la cautela de Cortés a la hora de rechazar la información fantástica de su capitán. Hernán Cortés, *Cuarta Carta de Relación,* en la edición de Porrúa, México, 1975, pg. 184.

43. Cf. supra, *El desconocimiento de un mundo real.*

44. Bernal Díaz del Castillo, op. cit. pg. 55.

45. Contienen dichas instrucciones treinta cláusulas que, a efectos del análisis del proyecto, se pueden reducir a diez. La cláusula número diez formula el carácter explorador de la expedición y estipula el reconocimiento de puertos y entradas, así como la obligación de trazar mapas de toda la costa explorada y de sus accidentes. Las cláusulas 21 y 22 señalan los límites de esa exploración, reduciéndola a la franja costera y prohibiendo explícitamente cualquier entrada que aleje a los expedicionarios de las naves, permitiendo sólo el reconocimiento cauteloso de algún pueblo "que estuviese cerca de la costa de la mar". Las cláusulas 12 y 13 estipulan la obligación de averiguar y hacer puntual relación, informando a Velázquez de las costumbres y religión de los habitantes de la tierra firme. La cláusula 26 completa el objetivo explorador de la expedición, recomendando que se averigüe todo lo posible sobre "otras tierras e islas y de la manera y nulidad de la gente de ella" e incluye la referencia a las noticias habidas de la existencia de amazonas, hombres orejudos y con cara de perro. La cláusula 25 encarga a Cortés la evaluación general del botín de las nuevas tierras —del "secreto" como se le llama discretamente incluyendo explícitamente "los árboles y frutas, yerbas, aves, animalicos, oro, piedras preciosas, perlas e otros metales, especiería e...sabido que en las dichas tierras ay oro, sabráis de donde e como lo an, e si lo oviere de minas y en parte que vos lo podáis aver, trabajar de lo catar e verlo". La cláusula 20 especifica el objetivo de rescate "de oro como de perlas, piedras preciosas, metales o cualesquiera cosas que oviere" y precisa la conveniencia de llevar un "arca de dos o tres cerraduras" para guardar dicho rescate. La 11 encarga a Cortés de comunicar a los indígenas que encuentre lo fundamental del sistema de intercambio del vasallaje, haciendo hincapié en el tributo que debe empezar ya a organizarse. Y, por último, las cláusulas 15, 16, 17 y 18 hablan de la misión de socorro de esta expedición, que debe averiguar el paradero de Grijalva y de cualquier otro cristiano, ayudarlo y traerlo de regreso a Cuba. En la Colección de documentos inéditos del Archivo de Indias, serie I, vol. 12, pp. 225-246.

46. Hay que señalar aquí que, aun en el caso de que Velázquez hubiera considerado y discutido con Cortés la posibilidad y conveniencia de poblar, no hubiera podido hacer constar este objetivo en un documento legal como las *Instrucciones,* ya que aún no estaba autorizado para ello por el rey. Su nombramiento de Adelantado con derecho a poblar y conquistar la Tierra Firme no llega-

ría hasta varios meses más tarde (verano de 1519). Por otra parte conviene subrayar que la intención de poblar no cancelaba el modelo de saqueo —ambas actividades habían ido de la mano en la desastrosa explotación de las Antillas— ni indicaba la existencia en la mente de Velázquez de un proyecto de distinta naturaleza al de la propia colonia. Las instrucciones se limitaban a: Exploración e información de lo explorado a Diego de Velázquez; inventario de riquezas naturales y evaluación general del botín; inicio del proceso de apropiación mediante el rescate y la organización de un sistema de tributo; socorro a los miembros de la expedición de Grijalva o cualquiera anterior. No sólo no contenían ninguna provisión para poblar, sino que las cláusulas que limitaban la exploración a la franja costera hacían hincapié en la necesidad de mantenerse cerca de las naves en los ocasionales desembarcos, y de no acercarse a poblados más que en caso excepcional.

47. Bernal Díaz, *Historia Verdadera,* pg. 56.

48. Bernal Díaz cuenta que era sabido en la isla que, además de gastar lo que tenía, tuvo que pedir prestado y fiado, "Y como unos mercaderes amigos suyos que se decían Jaime Tría y Jerónimo Tría e un Pedro de Jérez, le vieron con aquel cargo de capitán general, le prestaron cuatro mill pesos de oro y le dieron fiados otros cuatro mill en mercaderías sobre sus indios y hacienda y fianzas". Ibidem, pg. 56.

49. Las dos citas vienen de Bernal Díaz, op. cit. pp. 55 y 57 respectivamente.

50. Todos los testimonios coinciden en atribuir a Cortés declaraciones públicas y explícitas de obediencia a Velázquez durante los tres meses que siguieron a su partida de Cuba, período en el que anduvo "como gentil corsario" —según sus propias palabras a Las Casas años más tarde—, abasteciendo lo mejor que pudo la expedición para sus fines reales de conquista y población. Bartolomé de las Casas, op. cit. pg. 452, vol. II.

51. Bernal Díaz, op. cit. pp. 59 y 63 respectivamente.

52. Bernal Díaz, op. cit. pp. 53-54.

53. Bartolomé de las Casas, op. cit. vol. II, pg. 239.

54. Ibidem, pg. 449.

55. Mario Hernández Sánchez Barba utiliza el término "actitud existencial" para referirse a la elección del modelo testimonial sobre el erudito que realizan estos primeros cronistas. Véase su obra *Literatura e historia en Hispanoamérica,* Madrid, 1978.

56. Bernal Díaz del Castillo, op. cit. pp. 25 y 53 respectivamente.

57. Irving A. Leonard, op. cit. capítulos I-III.

58. De la *"Crónica del Rey D. Rodrigo con la Destruición de España"*, ejemplo de crónica fabulosa cuya primera edición se sitúa alrededor de 1511, dice M.G. Ticknor: "La mayor parte de los nombres propios mencionados en la Crónica son tan imaginarios como los de sus supuestos autores, y las circunstancias que en ella se refieren, tan de pura invención como los diálogos de los personajes, que sobre estar llenos de pormenores fastidiosísimos, son desnudos de interés e impropios de la época que se ha querido pintar". M.G. Ticknor, *Historia de la Literatura Española,* traducción de D. Pascual Gayangos y D. Enrique de Vedia, Madrid, 1851.

59. Marcel Bataillon, *Erasme et l'Espagne,* pg. 656 y ss.

60. Irving A. Leonard, op. cit. pp. 46-47.

61. Edmundo O'Gorman examina con detalle esta trayectoria en su prólogo a la *Historia Natural de las Indias,* México, 1939, UNAM.

62. Irving A. Leonard, op. cit. pp. 51-77.

63. Ibidem, pp. 56 y 62 respectivamente.

64. Hernán Cortés, *Segunda Carta de Relación,* ed. cit. pg. 32.

65. Ibidem, pg. 32.

66. *Códice Ramírez:* México, 1979, pg. 198.

67. La matanza del templo según la versión del *Códice Aubín:* reproducida en *La visión de los vencidos* de Miguel León Portilla, México, 1976, pp. 88-89.

68. *La visión de los vencidos,* pp. 81-83.

69. Véase, por ejemplo, el relato de los informantes de Sahagún citado más arriba en la pg. 155.

70. Las dos notas son de la *Historia Verdadera* de Bernal Díaz, pp. 263-264. La exactitud de la versión de Díaz viene corroborada por las declaraciones en las que el propio Alvarado da su versión de los hechos en respuesta a los cargos que se le formularon en su *Proceso de Residencia,* México, 1847, pg. 284.

71. Fernando Alva Ixtlixochitl, en *La visión de los vencidos,* pg. 90.

72. *Códice Ramírez,* pp. 199-200.

73. Bernal Díaz, *Historia Verdadera,* pp. 270-271.

74. En lo cual se engañaba puesto que, elegido nuevo emperador el

hermano de Moctezuma a quien inadvertidamente Cortés había consentido en enviar como emisario para tratar de la paz con los aztecas, Moctezuma dejaba de tener poder e importancia para un pueblo ante el cual ya se había desprestigiado profundamente por sus alianzas y su sumisión con los españoles. Cf. *Crónica de la Nueva España* de Francisco Cervantes de Salazar, Madrid, 1914.

75. Hernán Cortés, *Segunda Carta de Relación*, ed. cit. pg. 77.

76. Hernán Cortés, *Tercera Carta de Relación*, ed. cit. pg. 106.

77. Bernal Díaz, op. cit. pg. 264.

78. Esta es textualmente la versión de Cortés: "Con esto me fuí a la fortaleza, en la cual, y en aquella mezquita mayor que estaba junto a ella, se aposentó toda la gente que conmigo venía; y los que estaban en la fortaleza nos recibieron con tanta alegría como si nuevamente les diéramos las vidas, que ya ellos estimaban perdidas, y con mucho placer estuvimos aquel día y noche creyendo que ya estaba todo pacífico". Hernán Cortés, *Segunda Carta de Relación*, ed. cit. pg. 78.

79. Ibidem, pg. 78.

80. Bernal Díaz es perfectamente explícito con respecto a la responsabilidad de Cortés. En la página 266 de su relato no deja lugar a dudas en cuanto al hecho de que esta exigencia de Cortés fue una más de las acciones agresivas y desconsideradas que caracterizaron su comportamiento con Moctezuma desde su regreso a la ciudad de México. Para el relato detallado de ese cambio de actitud de Cortés con respecto a Moctezuma, véase la *Historia Verdadera de la Conquista de Nueva España*, ed. cit. pg. 266 y ss.

81. Hernán Cortés, *Segunda Carta de Relación*, ed. cit. pg. 71.

82. Ibidem, pg. 73.

83. Ibidem, pg. 74.

84. La cita corresponde a la *Segunda Carta de Relación*, ed. cit. pg. 75. Del mismo modo se presentará la llegada de Cristóbal de Tapia, que Cortés pondrá en la misma categoría que la de Narváez. Con ello justifica su desobediencia, refiriéndola al modelo de caracterización de la segunda carta, que identificaba la intervención de cualquier otro que no fuera Cortés como *deservicio* y *peligro* para la tierra que "alborotan". Hernán Cortés, *Tercera Carta de Relación*, ed. cit. pp. 168-169.

85. Pero en su carta al rey del 12 de Octubre de 1519, Velázquez resumiría los términos centrales de aquella realidad política e his-

tórica frente a la cual Cortés fue articulando la ficcionalización de su rebelión. La carta de Velázquez enuncia ese contexto histórico como punto de referencia e ilumina la extensión de la transformación de la realidad que se da en la presentación de las *Cartas de Relación*. Como amenaza y delito merecedor de un castigo ejemplar la caracteriza Diego de Velázquez en la carta en la que le daba parte al rey de la desobediencia de Cortés. En ella dice: "A vuestra muy ilustre Señoría muchas veces suplico que en cualquiera manera que esto subceda sea un ecceso y hurto como este muy castigado, porque demás de aventurarse tanta cantidad de oro y haber cometido tan gran maldad y hurto y no sé si estos males han inficionado los demás que en la hueste quedaron, han puesto tan gran alboroto en esta isla que certifico a Vuestra Ilustra Señoría que demás del trabajo que se pasará en apaciguarlos y ellos ternán considerando el atrevimiento que estos tuvieron, las rentas e intereses que su Alteza tiene en esta isla serán harto menoscabadas en este año presente; y a Nuestro Señor plega que no sea más, porque la distancia que hay de esos reynos a estas partes si no fuesen muy temidas y favorecidas las justicias y gobernadores que en ellas sus Altezas ponen, e muy castigados los semejantes eccesos e hurtos, que este bastaría para que todos los destas partes se pusiesen en condición, y para dar atrevimiento a que muchos malos ficiesen otro tanto, según las gentes españolas son reboltosas e deseosas de novedades.... Su Alteza mande castigar la turbación que estos malos han puesto en su real servicio porque a todos sea ejemplo". *Carta de Diego de Velázquez al Rey,* 12 de Octubre de 1519. En la Colección de documentos inéditos del Archivo de Indias, serie I, vol. 12, pp. 246-251. (La carta enuncia precisamente esa realidad de derecho frente a la cual iría construyendo Cortés su ficcionalización de su propia expedición y empresa de conquista.)

86. Bernal Díaz del Castillo, op. cit. pg. 93. Esta cita de Bernal no concuerda con el texto completo de las *Instrucciones de Diego de Velázquez,* pero tal vez se encontrara en alguna carta de Diego de Velázquez entregada a Cortés junto con las Instrucciones, mucho más ambiguas en sus terminos de definición del rescate como objetivo primordial —no exclusivo— del proyecto de entrada.

87. Hay que señalar que a pesar de esta pérdida de la primera *Carta de Relación* a la que me acabo de referir, la llamada *Carta de Justicia y Regimiento,* escrita teóricamente no por Cortés sino por el cabildo y regidores de la recién fundada Villa de la Vera Cruz, llena en buena medida el vacío informativo dejado por ella. El

examen de esta última, por otra parte, revela a cada línea la identidad del verdadero inspirador del texto: basta comparar cada uno de los puntos de la argumentación de esta *Carta de la Justicia y Regimiento* con los de las otras cuatro *Cartas de Relación* que se conservan, para reconocer el razonamiento de Cortés detrás de todas ellas.

88. Bernal Díaz, op. cit. pp. 92-93.

89. Hernán Cortés, *Segunda Carta de Relación*, ed. cit. pp. 32-33.

90. Dice Cortés: "Y como yo viese tan manifiesto el daño y deservicio que a vuestra majestad de lo susodicho se podía seguir, puesto que me dijeron el gran poder que traía, y aunque traía mandado de Diego de Velázquez que a mí y a ciertos de los de mi compañía que venían señalados, que luego que nos pudiese haber nos ahorcase, no dejé de me acercar más a él, creyendo por bien hacerle conocer el gran deservicio que a vuestra alteza hacía, y poderle apartar del mal propósito y dañada voluntad que traía; y así seguí mi camino". Ibidem, pg. 74.

91. Ibidem, pg. 75.

92. Ibidem, pg. 74.

93. Ibidem, pg. 34.

94. Ibidem, pg. 76.

95. Ibidem, pp. 37-39.

96. Ibidem, pp. 80 y 85 respectivamente.

97. Hernán Cortés, *Tercera Carta de Relación*, ed. cit. pp. 161 y 162 respectivamente.

98. Bartolomé de las Casas, op. cit. vol. II, pp. 238-240. Para Bartolomé de las Casas las acciones problemáticas de Colón eran siempre "errores", producto de la ignorancia o de la precipitación, nunca de la crueldad o codicia del Almirante. Cortés, por el contrario, se convierte en su *Historia de las Indias* en una especie de encarnación del mal y del abuso premeditado y calculado. La comparación de la versión de Las Casas con las versiones de otros testigos de la época y hechos de Cortés, como Bernal Díaz o Andrés de Tapia, revela hasta qué punto era fuerte el prejuicio de Bartolomé de las Casas contra Hernán Cortés, y en qué medida su caracterización de Cortés distorsiona y falsea la realidad del personaje. Los fragmentos citados corresponden a la *Historia de las Indias*, vol. II, pg. 445 y ss.

99. Andrés de Tapia, *Relación de la conquista de México*, en

Crónicas de la Conquista, UNAM, México, 1939.

100. Bernal Díaz, *Historia Verdadera,* pp. 578-581. De la afición de Cortés a los juegos y de su tolerencia hacia ellos a pesar de la prohibición explícita de Velázquez, hay pruebas abundantes. Uno de los documentos más curiosos en relación con este punto es una cédula real fechada el 11 de Marzo de 1530 en la que se restituye a Cortés y a sus hombres el dinero perdido jugando a los naipes durante las campañas de la conquista de México. La cédula responde a la petición hecha por el licenciado Francisco Núñez que dice "en nombre de los vecinos y moradores de la dicha Nueva España e conquistadores de ella", que: "...al tiempo que la dicha tierra se conquistó e pacificó, algunos de los dichos conquistadores jugaron cantidad de pesos de oro, y porque convenía para hallarse siempre juntos en los rebates y aver causa para velar en los pueblos donde residían, se permitía que jugasen de noche a los naipes y de día a los birlos, de manera que estoviesen siempre juntos porque de no lo estar, demás de las dichas causas se causaban muchas muertes de cristianos y robos de caballos y otras cosas". En otra real cédula de la misma fecha se le restituyen a Cortés la "quantía de doce mil pesos de oro" que Cortés había jugado durante las mismas campañas "siete o ocho años ha a los naypes, de que él recibe mucho agravio e dagno". Ambas cédulas se encuentran en la Colección de documentos inéditos del Archivo de Indias, serie I, vol. 12, pp. 510-514.

101. Arnold Hauser traza el desarrollo de esa filosofía política que se inicia con la formulación de la separación entre la praxis política y los principios e ideales cristianos que hace Maquiavelo, para culminar en la fundación de una orden como la de los Jesuitas. Dice Hauser: "The Jesuit order...was to become a model of dogmatic strictness and ecclesiastical discipline and...became the first embodiment of the totalitarian idea. With its principle of the end justifying the means, it signifies the supreme triumph of the idea of political realism and gives the sharpest possible expression to the basic intellectual characteristic of the century", *The Social History of Art,* vol. II, pg. 118 y ss.

102. Arnold Hauser, *The Social History of Art,* Vintage Books, New York, 1951, vol. II, pp. 118-120.

103. Henry R. Wagner, *The Rise of Hernán Cortés,* Berkeley, 1944, pg. 464.

104. Nicolás Maquiavelo, *El Príncipe,* Madrid, 1976, pp. 73-75. En

mi opinión, los estudios de Leonard, Wagner y Madariaga exageran considerablemente la importancia del modelo de la reconquista en el desarrollo de la conquista militar de México. El proyecto militar de la conquista tenía sin duda raíces que se remontaban desde el Renacimiento a la reconquista española o a las cruzadas europeas, pero no por ello hay que verlo como expresión superviviente del "espíritu de la reconquista" con exclusión de todo lo demás. La importancia que le concede Maquiavelo a la guerra y su ciencia en ese tratado sobre cómo adquirir el poder y conservarlo que es *El Príncipe*, responde a una realidad histórica plenamente renacentista en la que las armas seguían siendo la forma fundamental de transformar la realidad política y económica de los distintos estados europeos. La necesidad de la preparación militar y guerrera de cualquier gobernante se hace inexcusable en una época en la que el más lúcido filósofo político subordina al poder de las armas cualquier forma de legalidad: "Los principales fundamentos de que son capaces todos los estados ya nuevos ya antiguos, ya mixtos son las buenas leyes y armas; y porque las leyes no pueden ser malas en donde las armas son buenas, hablaré de las armas, echando a un lado las leyes", en *El Príncipe,* ed. cit. pg. 62.

105. Hernán Cortés, *Cartas de Relación,* pp. 64-65.

106. Bernal Díaz, op. cit. pp. 227-228.

107. Ibidem, pg. 229. La ficcionalización de este episodio que lleva a cabo Cortés incluye también una transformación de la figura del propio Cortés y de su comportamiento. En las *Cartas,* Cortés se presenta como alguien digno y ponderado, que ordena, con parsimonia y poco menos que sin alzar la voz, que se saquen los ídolos del templo. Andrés de Tapia, que estaba presente, ofrece otra descripción del comportamiento de Cortés que conviene citar para medir la extensión de la transformación que se realiza en las *Cartas.* Según él, "antes que los españoles por quien había enviado vinieren, enojose de palabras que oie e tomó una barra de hierro que estaba allí e comenzó a dar en los ídolos e pedrería; e yo prometo mi fe de gentilhombre, e juro por Dios que es verdad que me parece agora que el marqués saltaba sobrenatural, e se abalanzaba tomando la barra por en medio a dar en lo más alto de los ojos del ídolo". Andrés de Tapia, op. cit. pg. 87.

108. Hernán Cortés, *Cartas de Relación,* pp. 38 y 83 respectivamente.

109. Por ejemplo, la caída en una trampa por escuchar las pre-

siones de Alvarado y ceder a las de sus propios hombres que querían penetrar hasta el centro de la ciudad, con la consiguiente pérdida de más de 50 hombres, no caracteriza a Cortés como imprevisor sino que demuestra la validez invariable de sus tácticas y métodos. Lo mismo sucede con el incidente de las puentes mal cegadas que aparece narrado en la misma *Tercera Carta*.

110. Véase la *Relación* de Andrés de Tapia, pp. 74-75, y la *Historia Verdadera* de Bernal Díaz, pg. 164 y ss.: También la *Visión de los vencidos*.

111. Andrés de Tapia, ibidem, pg. 75.

112. Bernal Díaz, *Historia Verdadera,* pg. 165 y ss. El canibalismo y la sodomía constituyen una especie de obsesión recurrente dentro del discurso narrativo de Bernal, donde pasan a representar por sí solos el Mal, que Bernal identifica implícitamente con los infieles centrándolo en esas dos costumbres que se percibían como monstruosas desde el contexto cultural europeo.

113. Hernán Cortés, *Segunda Carta de Relación,* ed. cit. pp. 44-45.

114. El discurso narrativo de las cartas utiliza abiertamente el uso del terror y de la violencia en la caracterización del héroe ficcional, y, aunque minimice los efectos concretos de la represión, no parece que a Cortés le creara ningún problema admitir que les dio tal mano a los cholultecas que murieron más de tres mil. Al contrario, lo presenta como una prueba de su talento militar, con lo cual no se caracteriza como desalmado sino como hombre de su época. El héroe actúa aquí sobre el mismo principio que formularía con la mayor claridad Maquiavelo en la sección de *El Príncipe* en la que habla "De la severidad y clemencia, y si vale más ser amado que temido". En ella leemos que "le es imposible a un príncipe nuevo evitar la reputación de cruel, a causa de que los Estados nuevos están llenos de peligros"; y a la alternativa entre ser amado y ser temido responde Maquiavelo formulando el mismo principio que está implícito en toda la transformación del terror y la violencia en táctica necesaria que lleva a cabo Cortés en las *Cartas.* Dice así: "Se responde (a la cuestión de si vale más ser amado que temido) que sería menester uno y otro juntamente; pero como es difícil serlo a un mismo tiempo, el partido más seguro es ser temido, primero que amado, cuando se está en la necesidad de carecer de uno u otro de ambos beneficios". La conducta de Cortés en Cholula y Tepeaca es una perfecta ilustración de esta filosofía, cuya validez quedará confirmada una y otra vez dentro de la narración por los éxitos de

conquista que, verdadera o ficcionalmente, se presentarán como resultado directo de ella. Nicolás Maquiavelo, *El Príncipe*, pp. 81-85.

115. Hernán Cortés, *Cartas de Relación*, pg. 32.

116. Nicolás Maquiavelo, *El Príncipe*, pg. 19.

117. Hernán Cortés, *Cartas de Relación*, pg. 42.

118. Maquiavelo elabora en relación con este principio general toda una teoría sobre el buen uso de la crueldad y la utilización política de la bondad y generosidad en su *Príncipe*. Por otra parte la relación de Cortés con sus propios hombres es una perfecta combinación de los dos principios. Divide a la tropa aislando a los seguidores de Velázquez entre los cuales distribuye alternativamente castigos y mercedes, liquidando en el proceso a los más irreductibles y ganándose a los demás. Véase la *Segunda Carta de Relación*, ed. cit.

119. Henry Wagner, *The Rise of Hernán Cortés*, pg. 294.

120. Salvador de Madariaga, *Hernán Cortés*, pg. 454.

121. Nicolás Maquiavelo, op. cit. pg. 50.

122. "Yo había proveído —dice— que por todas las calles estuviesen españoles para estorbar que nuestros amigos no matasen a aquellos tristes que salían, que eran sin cuento. Y también dije a todos los capitanes de nuestros amigos que en ninguna manera consintiesen matar a los que salían; y no se pudo tanto estorbar, como eran tantos, que aquel día no mataran y sacrificaron más de quince mil ánimas." Hernán Cortés, *Cartas de Relación*, pg. 161.

123. Ibidem, *Cuarta Carta de Relación*, pg. 197.

124. Ibidem, *Carta de Cortés al Emperador*, del 15 de Octubre de 1524, pg. 205.

125. El proyecto formulado en la cuarta *Carta de Relación*, y en la carta que Cortés le escribió al rey el 15 de Octubre de 1524 principalmente, opone a la concepción del Nuevo Mundo como botín, reserva de metales preciosos y fuente de rápido enriquecimiento (característica del modelo de representación colombino y de la experiencia colonial de las Antillas), un modelo político y económico en el que la economía no se orienta hacia la producción de un tributo de metales preciosos para el rey o los colonos, sino hacia una producción agrícola, minera y ganadera armoniosa, que apunte hacia una forma de autoabastecimiento. Esta transformación de objetivos se formula —junto con sus implicaciones en re-

lación con el verdadero lugar que se les reserva a los naturales dentro de la nueva sociedad— en la carta del 15 de Octubre de 1524, donde Cortés dice al referirse a la cuestión del tributo que se les exigía habitualmente a los indígenas: "porque oro ni plata no había de ser, porque alguno que tenían antiguamente en joyuelas ya lo han dado y se es acabado, y lo que podrían dar es lo que ahora dan a los españoles que los tienes, así como maíz que es el trigo de que acá nos mantenemos; algodón de que hacen las ropas de que ellos se visten; pulque, que es un vino que ellos beben: hacer las casas en que los españoles moran: criar algunos ganados." Ibidem, pg. 212.

126. Cortés invoca explícitamente esta dependencia para justificar su desobediencia a Tapia y su negativa a ir a entrevistarse con él. De forma menos explícita establece cuidadosamente, a lo largo del final de la *Tercera Carta* y de toda la *Cuarta*; su insustituibilidad en la relación del proyecto de estado de la Nueva España.

127. En la ficcionalización de las *Cartas* no hay lugar para elementos problemáticos ni distintos de los que exige el proyecto de caracterización del héroe. Tampoco lo hay en la descripción del estado que este héroe crea. El lugar exclusivo que la ficción asigna a conflictos y problemas diversos se identifica con la presentación de los sucesivos usurpadores. Como tales aparecen caracterizados dentro del discurso de las *Cartas* todos aquellos que, como Tapia, Garay y Grijalva, enviados por Fonseca o Velázquez, pretendan minar o compartir el poder absoluto de Cortés, que los trata de "corsarios". Hernán Cortés, *Cuarta Carta de Relación,* pg. 187.

128. En este contexto de ficcionalización deben entenderse los elementos de su código de representación feudal de acción y personaje así como las referencias a Montesinos, Roldán y otros héroes de la época medieval que Bernal Díaz le atribuye a Cortés en su *Historia Verdadera*. No expresan la influencia de los modelos caballerescos en Cortés y su proyecto, como propone Irving A. Leonard, —aunque éste sea el caso para Bernal y otros conquistadores— sino la utilización deliberada de esos modelos para articular una caracterización ficcional de acción y personaje, que se subordina a unos fines políticos muy precisos.

129. Hernán Cortés, *Carta al Emperador,* del 15 de Mayo de 1522, en *Cartas de Relación,* pg. 99.

130. Hernán Cortés, *Cuarta Carta de Relación,* pg. 195.

131. Frente a la traición que aparecía identificada en las *Cartas* por

Velázquez y los de su bando, siempre procurando su ganancia e interés personales, Cortés formularía repetidamente como objetivo central de su acción y proyecto el acrecentamiento de los dominios y de la gloria del monarca. Como, por ejemplo, cuando se refiere a los barcos que está construyendo para seguir su expansión territorial hacia las islas de las especias, diciendo: "porque tengo por muy cierto que con ellos, siendo Dios Nuestro Señor servido, tengo que ser causa de que vuestra cesárea majestad sea en estas partes señor de más reinos y señoríos que los que hasta hoy en nuestra nación se tiene noticia; ...pues creo que con hacer yo esto no le quedará a vuestra excelsitud más que hacer para ser monarca del mundo". Hernán Cortés, *Cuarta Carta de Relación*, pg. 196.

132. En la ficcionalización de las *Cartas,* Cortés no sólo subordinó todos sus actos al interés del rey, presentando hasta sus actos más rebeldes como servicios de buen vasallo, sino que en una serie de arengas a sus hombres —arengas no menos ficcionalizadas— utilizaría los conceptos de *vasallaje* y de *servicio* como supremo argumento de persuasión, reforzando así la importancia de la estructura ideológica a la que éstos aluden. La primera de estas arengas la pronunció en el contexto de las campañas militares contra los tlaxcaltecas, y la transcribe así: "oía decir por los corrillos que había sido Pedro Carbonero y que los metía donde nunca podrían salir...y yo los animaba diciéndoles que mirasen que eran vasallos de vuestra alteza y que jamás en los españoles en ninguna parte hubo falta, y que estábamos en disposición de ganar para vuestra majestad los mayores reinos y señoríos que había en el mundo, y que demás de hacer lo que como cristianos éramos obligados, en pugnar contra los enemigos de nuestra fe, y por ello en el otro mundo ganábamos la gloria y en este conseguíamos el mayor prez y honra que hasta nuestros tiempos ninguna generación ganó. Y que mirasen que teníamos a Dios de nuestra parte y que a él ninguna cosa le es imposible...". El orden de la argumentación concede la importancia primordial al vasallaje, que se presenta como motor fundamental de una acción que aparece caracterizada implícitamente como servicio frente a la alternativa de abandono de la empresa, que, dentro del mismo código feudal de representación, se identifica con la traición. En la arenga citada, sólo después de la utilización de la relación de vasallaje como argumento capital se refiere Cortés a la obligación que tienen de actuar como cristianos: y la mención de la gloria, honra y prez, que en la realidad constituía la motivación fundamental, se relega al último termino.

Hernán Cortés, *Segunda Carta de Relación,* pp. 39-40.

133. Lo cual de paso justifica la expropiación de las nuevas tierras como botín, de acuerdo con la teoría de Sto. Tomas, tal como señala Victor Frankl en su artículo "Imperio particular y universal en las cartas de relación de Hernán Cortés", Cuadernos Hispanoamericanos, número 165, pg. 467.

134. Resulta sorprendente la evalucaión que hace Henry Wagner en relación con la elección entre someterse e independizarse que tuvo que hacer Cortés: "Although Cortés was a natural born leader he was not in my opinion a great one; his judgement was not commensurate with his energy.... Confronted finally with the necessity to declare himself independent or returning to Spain to have his wings clipped, he tamely submitted". Henry Wagner, op. cit. pp. 41-42. Si algo demuestra esta decisión de Cortés de no independizarse es precisamente su lucidez: ni siquiera todo el poder alcanzado en la conquista logró hacerle perder de vista el contexto político y social en el que se integraba su propio poder. Dentro de ese contexto el apoyo del rey era todavía una base fundamental sobre la que se apoyaba todo el poder del propio Cortés en México. México no era en modo alguno un estado absolutista plenamente constituido sino un estado dependiente en vías de constitución, cosa que parece olvidar Wagner cuando habla con tanto optimismo de la posibilidad de independización. El que Cortés no se hiciera ilusiones sobre la invulnerabilidad y solidez de su propio poder lo señala como gran político realista y racional, y no —tal como parece indicar Wagner— como sumiso, timorato o falto de verdadera talla e iniciativa.

135. Bernal Díaz, *Historia Verdadera,* pg. 178.

136. Hernán Cortés, *Quinta Carta de Relación,* pp. 221 y 244 respectivamente. El subrayado es mío.

137. Y no hay que olvidar que el elemento fantástico de esa representación colombina, que identificaba América con los reinos fabulosos o míticos del extremo oriental de Asia, cumplía la función clave de definirlos como las más extraordinarias reservas de metales preciosos y especias de las que se hubiera tenido noticia a través de los textos de los antiguos o de los libros de viajes de la época. Cf. supra *La instrumentalización de la realidad.*

Segunda Parte: Desmitificación y Cuestionamiento

CAPITULO 3

Del fracaso a la desmitificación

1. Una colectiva propensión al mito.

El racionalismo riguroso que caracterizaba el proyecto de Hernán Cortés y su percepción de la realidad histórica dentro de la cual actuaba no constituyó la regla dentro del contexto de la conquista de América, sino una notable excepción. Desde principios del siglo XVI, se sucedieron casi sin interrupción las expediciones en busca de objetivos maravillosos y quiméricos. La expansión territorial del imperio español y la exploración del continente americano se llevaron a cabo bajo el signo seductor del mito.

Tradicionalmente se ha asociado el proceso arrollador de la conquista española de América con tres impulsos fundamentales: "Oro, gloria y evangelio".[1] El conjunto de estos tres elementos expresaba la combinación de una filosofía de la guerra, heredada de la larga reconquista peninsular, con la preocupación por la gloria mundana y la fama tan características del Renacimiento. Pero había un cuarto elemento que actuó como motor de la acción con una importancia por

171

lo menos equivalente a la de cualquiera de los otros tres. Me refiero a la constante fascinación por lo maravilloso, que se iría expresando a lo largo de todo el proceso de conquista en las continuas metamorfosis y reelaboraciones de un pequeño repertorio de mitos fundamentales.

Irving A. Leonard estudia aspectos fundamentales de la notable credulidad y fascinación que mostraba el español del siglo XVI frente a toda suerte de leyendas fantásticas y mitos fabulosos. En su análisis, Leonard se propone mostrar la influencia indudable que las fábulas de aquellas "historias mentirosas" —como llamarían los moralistas a las novelas de caballería— tuvieron sobre la acción de la conquista de América y sobre sus protagonistas. Dice Leonard al respecto: "Al igual que las cintas cinematográficas de hoy día, esta literatura ejerció una profunda influencia en la conducta, la moral y el pensamiento de la sociedad de su tiempo, y propició la aceptación de valores artificiales y de falsas actitudes con respecto a la realidad...y puso algún color en la existencia gris de los lectores, quienes, a pesar de las denuncias de los moralistas contra aquellas historias mentirosas, continuaron hallando en ellas retratos auténticos de la vida, de los que adquirieron no sólo modalidades de conducta e ideas sobre una realidad más amplia, sino una incitación para las hazañas".[2] Pero la enorme popularidad que alcanzaron en España y América las novelas de caballería, que con toda probabilidad fueron leídas por una proporción apreciable de conquistadores, parece más un síntoma que una causa de la propensión al mito del español de la época. Es indudable que los relatos de caballería dieron forma concreta a la imaginación de los españoles de la época, y que éstos identificaron con frecuencia lo desconocido con elementos fantásticos que aquellas historias presentaban de manera más o menos convincente. Y es cierto que Bernal Díaz no fue el único que recurrió al referente caballeresco para comunicar y representar los aspectos más extraordinarios de la realidad americana.[3] Sin embargo, la locura nacional por las novelas de caballería pudo muy bien ser sólo una de las múltiples manifestaciones de un proceso enor-

172

memente complejo de progresiva pérdida de contacto con una realidad que de día en día se hacía más problemática y menos maravillosa. Este proceso es el mismo que culminaría ya en el siglo XVII en una España de la que Pierre Vilar dice que prefería soñar a enfrentarse con sus problemas cada vez más acuciantes; y en la que se llegaría al trágico desajuste entre mitos caducos y realidad que dramatizaría Cervantes en el *Quijote*.[4]

Los orígenes de este proceso creciente de lo que Pierre Vilar denomina el irrealismo español[5] son muy complejos y su análisis desborda el marco de este trabajo. Las interpretaciones oscilan entre el polo de Vilar, que propone el análisis profundo de los fundamentos sociales de la época para comprender el fenómeno, y el de explicaciones como la que apunta Leonard, que resultan con frecuencia tan sugestivas como poco satisfactorias. Dice Leonard: "El relativo aislamiento de la vida española del resto de Europa, la omnipresente proximidad de lo desconocido en las oscuras aguas del Atlántico y la mezcla de culturas europeas y arábiga tendían a incrementar un sentido especial del misterio y de la fantasía.... Tal vez reaccionando contra el aciago realismo de su propio medio, los españoles que escuchaban estas fantasías se escapaban de sí mismos en alas de lo irreal, y, a medida que su imaginación se ponía incandescente, incubaban la pasión por la aventura y el descubrimiento".[6] En todo caso, y sea cual sea su origen preciso, la existencia de una intensa tendencia quimérica y mitómana entre los españoles del siglo XVI es un hecho indiscutible e históricamente demostrable.[7] La extraordinaria vitalidad de esta propensión se expresó no sólo en la generación ininterrumpida de fábulas sino también en la persistencia con que se reafirmaron una y otra vez los mitos y ficciones frente a una serie de experiencias negativas y de fracasos que hubieran debido poner freno definitivo a las fantasías desbordantes de tantos exploradores y conquistadores.

Los objetivos míticos de las expediciones del continente americano no fueron creaciones individuales. Todos ellos entroncaban con leyendas y noticias más o menos vagas que provenían o bien de la tradición occidental y asiática o bien de tradiciones indígenas que los españoles llegaron a comprender, a veces erróneamente, cuando pudieron comunicarse con los indígenas. Muchas veces, aquellos identificaron los pocos datos y las noticias vagas y contradictorias que recibían de los indígenas sobre los lugares y tierras hacia los que se dirigían con los objetivos míticos que constituían el fin de su expedición, sin que, en la mayoría de los casos, hubiera la menor base real para tal identificación. En otras ocasiones, se dio una coincidencia real entre un mito indígena y una leyenda europea. Y, por último, hubo numerosos casos en los que la certeza en la existencia de determinado objetivo mítico en el continente americano se dio como resultado de relaciones mentirosas —como la de Fray Marcos de Nizza— o de invenciones y mentiras que contaban los propios guías y cautivos indígenas por motivos muy diversos.

Entre los numerosos mitos que constituyeron el repertorio esperanzado y fantástico del conquistador, hubo dos que tuvieron una importancia primordial en la exploración de la porción norte del continente americano. El primero fue el de la Fuente de la Eterna Juventud, y el segundo el mito medieval de las Siete Ciudades Encantadas.

La existencia de elixires maravillosos, capaces de devolver la juventud a quien los probara, era un elemento que se encontraba presente tanto en la tradición europea como en la asiática. Los chinos buscaron durante largo tiempo tal elixir, y las referencias a bebidas y sortilegios varios dotados de la propiedad de devolver la juventud se encuentran en la tradición occidental desde la época clásica y a lo largo de toda la Edad Media.[8] Juan de Mandeville incluyó en los relatos de sus supuestos viajes una detallada descripción de una fuente de la eterna juventud que situaba junto a la ciudad de Polombe, y a la que daba el nombre de Fons Juventutis.[9] En América, por otra parte, existía entre los indígenas, desde el Orinoco hasta la Florida, una tradición paralela que se refería no a una fuente sino a un río de la juventud. Las propiedades maravillosas de tal río —o, mejor dicho, de tales ríos, ya que había varios, situados, según los indígenas, en distintos lugares— provenían de su contacto con una serie de árboles maravillosos que bañaban en ellos sus raíces.[10]

El objetivo mítico que inspiró a conquistadores como Ponce de León resultó de una fusión de las leyendas europeas con el mito americano del río de la inmortalidad. El primero que asimiló este último al mito europeo fue Pedro Mártir de Anglería en sus *Décadas del Nuevo Mundo*. Los cronistas posteriores —Oviedo, Gómara y Herrera— recogen esta versión de la fuente de la eterna juventud, que constituyó el objetivo declarado de la primera expedición de Hernando de Soto a la Florida. La actitud de los españoles con respecto a la existencia de dicha fuente registró variaciones importantes. Ponce de León, por una parte, organizó en 1512 una expedición a Bimini, la isla donde creía que —tal como le indicaban los habitantes de las Antillas— debía encontrarse la famosa fuente. No la halló, y, en cambio, alcanzó la punta de la Florida, a donde se dirigiría en 1539 al mando de otra expedición mayor con la esperanza de encontrar en la inexplorada península lo que no había logrado encontrar en las Bahamas. Por otra parte, el cronista Gonzalo Fernández de Oviedo se muestra de un escepticismo sin fisuras cada vez que se refiere a fuente tan prodigiosa, cuyas noticias atribuye a los indígenas. Critica duramente a Juan Ponce de León quien, dice Oviedo, "anduvo en busca de aquella fabulosa fuente de Bimini, que publicaron los indios que tornaba a los viejos mozos. Y esto yo lo he visto ...no en el subjeto e mejoramiento de las fuerzas pero en el enflaquecimiento del seso, e tornarse, en sus hechos, mozos y de poco entender, y destos fue uno el mismo Juan Ponce, en tanto que le duró aquella vanidad de dar crédito a los indios en tal disparate, e a tanta costa suya de armadas de navíos y gentes".[11] Y, más adelante, insiste en la crítica a la credulidad de Juan Ponce ante las noticias de la fuente maravillosa, que atribuye nuevamente a los indígenas: "aquella fuente de Bimini que los indios habían dado a entender que hacía renovar e retonescer e refrescar la edad e fuerzas del que bebía o se lavaba en aquella fuente, como todo aquello pasó en la vanidad que debía pasar una cosa tan fabulosa e mendace, e vido que había sido burlado e mal informado".[12] Sin embargo, la mayoría de la población de las Antillas distaba mucho de manifestar un juicio tan firme como el de Oviedo con respecto a las historias fantásticas que circulaban. Prueba de ello es la expedición de Lucas Vázquez de Ayllón a las Carolinas, organizada ocho años después de la primera expedición a Bimini de Juan Ponce de León. Según Pedro Mártir, las noticias que hacían referencia a una fuente maravillosa que restauraba milagrosamente la juventud de quien probaba sus aguas definieron uno de los objetivos fundamentales de tal expedición. Un sirviente indígena llamado Andrés había afirmado ante Lucas Vázquez de Ayllón y del presidente de la Audiencia de la Española que su propio padre de edad muy avanzada había bebido de ella, sintiendo restaurada en el acto su juventud.[13]

La expedición de Lucas Vázquez de Ayllón no descubrió la maravillosa fuente, como tampoco la había descubierto Juan Ponce de León en 1512. Tampoco los indígenas del Caribe, quienes desde mucho antes de la llegada de los españoles habían explorado las costas de la Florida en su busca, dieron nunca con su mágico río, a pesar de que —según afirma Herrera— "no quedó Río ni Arroyo en toda la Florida hasta las Lagunas y Pantanos adonde no se bañasen". Sin embargo, tan larga tradición de fracaso no fue suficiente para acabar rápidamente con el mito.[14] Y hubieron de transcurrir muchos años antes de que los rumores en torno a las aguas mágicas que devolvían milagrosamente la juventud a quien las bebía o se bañaba en ellas se apagaran definitivamente.

El objetivo mítico de la fuente de la eterna juventud dio impulso a las expediciones que exploraron la península de la Florida y el este del continente norteamericano. El resto de las exploraciones que fueron descubriendo Norteamérica, desde la frontera de México hasta los grandes llanos del centro de ese continente, se organizaron en su mayor parte con un objetivo distinto, aunque no menos quimérico: Las

Siete Ciudades Encantadas, que luego vinieron a ser las siete ciudades de Cíbola. El origen occidental más remoto que se ha podido trazar de este mito es una leyenda portuguesa medieval. Fernando Colón la incluye en la biografía de su padre, y Herrera hace lo propio en su *Historia General*. La leyenda cuenta que en la época de la entrada de los árabes en España, al perder Rodrigo el reino, siete obispos portugueses huyeron de la invasión musulmana. Se embarcaron con su gente y navegaron hasta una gran isla donde cada uno fundó una ciudad. Hecho esto, y para evitar que la gente pensara en regresar a la península, les prendieron fuego a las naves que los habían llevado hasta allá. El suceso se sitúa, en la leyenda, hacia el año 714 de nuestra era.[15] A partir del mapamundi de Martín de Behaim —hecho en 1492— la misteriosa isla en la cual los obispos portugueses fundaron sus míticas siete ciudades aparece identificada con la isla de Antilla. La anotación que hace al respecto Behaim sitúa el suceso de la huida de los obispos en el año 734. Dice así: "El año 734 después del Nacimiento de Nuestro Señor Jesucristo, en que toda España se sujetó a los paganos, que vinieron de Africa, dicha isla Antilla llamada Septe Ritade, fue habitada por un Arzobispo de Porto en Portugal y otros seis Obispos con un número de Christianos hombres y mujeres, que habían pasado huyendo de España con sus ganados y bienes". En 1508, el mapamundi de Ruysch situaba la mítica Antilla, sede de las siete ciudades, en medio del Atlántico, a mitad camino entre las Azores y la Hispaniola. Y, en 1523, esta isla todavía aparece dibujada en el mapamundi de Schöner.[16]

Durante el siglo XV, hubo varios proyectos portugueses que tenían como objetivo el descubrimiento y la exploración de la isla mítica y de sus siete ciudades. Fernando Colón asegura que en los tiempos de Enrique el Navegante las naves portuguesas llegaron a tomar tierra en dicha isla, pero que la tripulación de dichas naves rechazó con temor una invitación de los habitantes, que se ofrecían a llevarlos ante su señor, y prefirió regresar precipitadamente a Portugal.[17] El más conocido de esos proyectos fue, sin embargo, el del flamenco Fernán Dulmo, a quien la corona portuguesa concedió licencia en 1485 para explorar "una gran isla, islas o tierra firme, situada más allá de nuestras costas y que se cree ser la isla de las Siete Ciudades".[18] No hay más noticias de la expedición de Dulmo, ni se sabe si llegó finalmente a hacerse a la mar en busca de su mítico objetivo.

La leyenda medieval de los siete obispos fundadores convergió en América con una tradición que existía entre los indios de México. Se trata del mito religioso del Chicomoztoc, que narraba el origen de las siete tribus de los Nahuas. Gandía habla de esta probable fusión en los siguientes términos: "La relación de estas siete cuevas misteriosas pudo ser confundida con siete ciudades o evocar la leyenda de las siete ciudades medievales".[19] En todo caso, la existencia del mito nahua de las siete cuevas podría explicar la abundancia de testimonios indígenas que parecían hacer referencia a siete pueblos o lugares importantes situados al norte de la frontera de México, en el lugar de origen de las tribus que habrían ido afluyendo hacia el valle central de México mucho antes de la llegada de los españoles. Y el conocimiento que muchos españoles tenían de la antigua leyenda de las siete ciudades explicaría a su vez la rapidez con la que asimilaron a ella todas las referencias que los indígenas hacían a su propio mito originario.

El desconocimiento que se tenía de la verdadera naturaleza del continente americano durante la primera mitad del siglo XVI hacía fácil que aventureros y soñadores pudieran situar sin dificultad en sus inexploradas extensiones todos los mitos de las tradiciones occidental e indígena combinadas. Y por si fuera poco, este repertorio doble se vio enriquecido por una tercera fuente no menos importante y creativa: la de los relatos fantásticos y falsos, transmitidos a lo largo de todo el proceso de exploración y conquista por indígenas y españoles por igual.

El más notable de estos relatos, por el detalle de una narración que, siendo de carácter primordialmente ficticio, se presentaba como resultado de una experiencia directa de exploración, fue el que se contenía en la relación de Fray

Marcos de Nizza. En 1536, poco después del regreso de Alvar Núñez Cabeza de Vaca, Dorantes y Esteban a México, tras la larga peregrinación que los llevó desde la Florida hasta la capital de la Nueva España, el virrey Don Antonio de Mendoza concibió el proyecto de organizar una expedición que se adentrara en Norteamérica en busca de unas ciudades maravillosas de las que se había tenido noticia recientemente. El responsable de dichas noticias no fue nunca Alvar Núñez, quien jamás mencionó en su relación de los *Naufragios* nada que se pareciera a las siete ciudades encantadas o a cualquier otro objetivo mítico, sino un cautivo de Tejas, propiedad del gobernador Nuño de Guzmán.[20] Este afirmaba ser hijo de un mercader que en sus peregrinaciones comerciales había visitado repetidamente una serie de ciudades fabulosas, situadas del otro lado del desierto. Afirmaba también que en ellas su padre había intercambiado sus mercancías de plumas por cantidades considerables de oro y plata, metales abundantísimos en aquellas partes. Según la historia fantástica del cautivo, después de cruzar durante cuarenta días un desierto que se hallaba al norte de México, se llegaba a una región en la que se encontraban las siete ciudades míticas y —aseguraba— cada una de ellas era mayor y más rica que toda la ciudad de México.

Durante el invierno de 1537 Antonio de Mendoza intentó repetidamente persuadir a Alvar Núñez de que aceptara el mando de la expedición que exploraría aquellas regiones, pero éste declinó el ofrecimiento y regresó a España, donde tenía el proyecto de solicitar el nombramiento de Adelantado de la Florida. Mendoza no abandonó por ello su proyecto de exploración y, por fin, en Marzo de 1539, partió de México una pequeña expedición de reconocimiento que iba encabezada por Fray Marcos de Nizza. Esteban —el negro alamanzor que había sobrevivido al desastre de la expedición de Narváez en 1526 con Dorantes y Alvar Núñez— formaba parte de ella en calidad de guía excepcional.

Todo menos la fantástica relación de Fray Marcos de Nizza parece indicar que la expedición fue un fracaso y que jamás llegó a los objetivos que se había propuesto: las siete ciudades fabulosas de los relatos del Tejo de Nuño de Guzmán. Esteban perdió la vida a manos de los indígenas, y, al recibir la noticia de su muerte, parece probable que Fray Marcos decidiera dar media vuelta sin haber hecho más que echar una rápida ojeada al primero de los poblados de los indios Zuni. El propio Fray Marcos reconoce su agitación al enterarse de la muerte de Esteban: "Yo con las ruines nuevas temí perderme, y no temí tanto perder la vida, como no poder volver a dar aviso de la grandeza de la tierra".[21] Sin embargo, en esa misma relación afirma que, a pesar de tales consideraciones, decidió seguir adelante para cumplir la misión de exploración que le había sido encomendada: "...yo les dije que en todo caso yo había de ver la ciudad de Cibola ...y seguí mi camino hasta la vista de Cibola, la cual está asentada en un llano, a la falda de un cerro redondo".[22]

Es imposible precisar la extensión real de la trayectoria de exploración de Fray Marcos, pero lo que las expediciones posteriores llegaron a demostrar sin dejar lugar a dudas fue que la "relación" que hizo Fray Marcos de la naturaleza y características de aquella "gran tierra", que pretendía haber recorrido, constituía uno de los relatos más puramente ficticios de todo el conjunto de relaciones de descubrimientos. Las instrucciones que recibió éste del virrey Mendoza definían claramente la misión exploradora e informativa de la expedición: "Llevaréis mucho aviso de mirar la gente que hay, si es mucha o poca y si están derramados o viven juntos. La calidad y fertilidad de ella, la templanza de la tierra, los árboles y plantas y animales domésticos y salvajes que hubiere, la manera de la tierra, si es áspera o llana, los ríos, si son grandes o pequeños, y las piedras y metales que hay en ella; y de las cosas que se pudieren enviar o traer muestra, traellas o enviallas, para que de todo pueda S.M. ser avisado".[23] Pero, o bien Fray Marcos daba una interpretación muy personal al término "información", que para él no excluiría la presentación de las conjeturas más fantásticas como verdades de hecho, o bien poseía una predisposición a la fantasía y credulidad que aun superaba la de la mayoría de sus mitómanos contemporáneos, o tal vez ficcionalizó la realidad de su recorrido, deseoso de justificar las esperanzas del virrey Mendoza y confiando en que, en algún lugar cercano, acabarían por hallarse en un futuro próximo los objetivos maravillosos prometidos por el Tejo de Nuño de Guzmán. El hecho es que su famosa relación constituyó la primera y completa formulación americana del mito de las siete ciudades de la leyenda portuguesa, convenientemente actualizado y mejorado por las aportaciones de los guías y pobladores indígenas con los que Fray Marcos aseguró haberse entrevistado repetidamente.

Dentro de la relación de Fray Marcos, encontramos cuatro formulaciones del mito de las siete ciudades de Cibola. La primera se la atribuye Fray Marcos a los indios que habitaban cerca de Petatean, justo al norte de la frontera de México, quienes, respondiendo a las preguntas que les hacía el fraile para averiguar si había por allí "muchas poblaciones y de gente de más polizía y razón", le contestaron que, efectivamente, a unas cuatro o cinco jornadas tierra adentro había "muchas y muy grandes poblaciones en que hay gente vestida de algodón. Y mostrándoles yo algunos metales que llevaba para tomar razón de los metales de la tierra, tomaron el metal de oro y me dijeron que de aquél hay vasijas entre aquella gente de la abra, y que traen colgadas de las narices y orejas ciertas cosas redondas de aquel oro, y que tienen unas paletillas dél con que raen y se quitan el sudor".[24] La segunda dice haberla oído de boca de un indio que acompañaba la vanguardia de Esteban y regresó para dar las buenas nuevas. De éste dice Fray Marcos: "afirma y dice: que en esta primera provincia hay siete cibdades muy grandes, todas debajo de un señor, y de casas de piedra y de cal, grandes; las más pequeñas de un sobrado y una azutea encima, y las otras de dos y de tres sobrados, y la del señor de cuatro, juntas todas por su orden; y en las portadas de las casas principales muchas labores de piedras turquesas de las cuales dijo que hay en gran abundancia. Y que la gente destas cibdades anda muy bien vestida. Y otras muchas particularidades me dijo, así destas siete cibdades como de otras provincias más adelante, cada una de las cuales dice ser mucha más cosa questas siete cibdades; y para saber del como lo sabía, tuvimos muchas demandas y respuestas; y halléle de muy buena razón".[25] La tercera formulación nos la presenta como la versión de los indígenas que habitaban las tierras que lindaban con el objetivo mítico. Repite con más detalle las dos primeras, añadiendo los nombres de Marata, Acus Totonteac y Cibola, y extendiéndose sobre la civilización de sus habitantes, que "andan ceñidos con cintas de turquesas y que encima destas camisas los unos traen muy buenas mantas y los otros cueros de vaca muy bien labrados...y asímismo las mujeres andan vestidas y cubiertas hasta los pies de la misma manera". Precisa las riquezas fabulosas que encierran dichas ciudades, señalando que "todos traen turquesas colgadas de las orejas y de las narices, finas y buenas, y dicen que dellas están hechas labores en las puertas principales de Cibola".[26]

La cuarta formulación del mito se la atribuye Fray Marcos a un habitante de la propia ciudad de Cibola. Este cuarta formulación confirma las versiones anteriores, dándoles nueva autoridad por el hecho de provenir tal confirmación de un natural de Cibola "algo viejo y de mucha razón", según el fraile. El indígena en cuestión aseguraba que "Cibola es una gran cibdad, en que hay mucha gente y calles y plazas, y que en algunas partes de la cibdad hay unas casas muy grandes, que tienen a diez sobrados, y que en éstas se juntan los principales, ciertos días del año; dicen que las casas son de piedra y cal, por la manera que lo dixeron los de atrás, y que las portadas y delanteras de las casas principales son de turquesas; dixome que, de la manera de esta cibdad, son las otras siete, y algunas mayores, y que la más principal dellas es Ahacus; ...Y asimismo dixo que, a la parte del sureste, está el reino que llaman de Totonteac; dice que es una cosa la mayor del mundo y de más gente y riquezas; y que aquí visten paños de lo que es hecho esto que yo traigo y otros más delicados, y que se sacan de los animales que atrás me señalaron; y que es gente de mucha pulicía".[27]

Hasta aquí es posible disculpar a Fray Marcos, alegando que se limitaba a transcribir la información que le daban los nativos, y cuya naturaleza fabulosa correspondía poco a la realidad, como después se demostró. Sin embargo, hay una serie de elementos dentro de la relación que indican que la función de Fray Marcos fue más la de creador activo de fábulas que la de simple transmisor de lo que le contaban. En primer lugar, está su propia insistencia en autorizar y certificar la veracidad de la información que le iban dando los indígenas. Lejos de guardar cualquier distancia crítica con respecto a las informaciones que recibe, el fraile se apresura a subrayar el crédito que éstas les merecen a Esteban y a él mismo por buenas razones: "...y Esteban me envió decir que, desde que se apartó de mí nunca había tomado a los indios en ninguna mentira, y que hasta allí todo lo había hallado por la manera que le habían dicho, y que ansí pensaba hallar lo demás. Y ansí lo tengo por cierto, porque es verdad que, desde el primer día que yo tuve noticia de la cibdad de Cibola, los indios me dijeron todo lo que hasta ahora he visto".[28] En segundo lugar, está la descripción falsa que hizo de Cibola, la primera de las siete ciudades y, según los indígenas, la menor de ellas: "Tiene muy hermoso parescer de pueblo, el mejor que en estas partes yo he visto; son las casas por la manera que los indios me dijeron, todas de piedra con sus sobrados y azuteas, a lo que me paresció desde un cerro adonde me puse a vella. La población es mayor que la cibdad de México".[29] La transformación de un pequeño poblado Zuni, con sus casas de adobe, en una ciudad mayor que México es un indicio claro de la capacidad mitificadora de Fray Marcos, sin que esta vez sea posible achacarles la responsabilidad de la noticia a los indígenas, ya que aquel declara explícitamente haberlo visto con sus propios ojos desde un cerro cercano. Además, éste no es el único ejemplo de la capacidad que demostró Fray Marcos de mejorar una realidad, que tal vez llegó a recorrer, hasta hacerla tan irreconocible que los exploradores posteriores abrigaron serias dudas sobre el hecho de que Fray Marcos hubiera llegado a atravesar verdaderamente aquellas regiones. Afirmó, por ejemplo, en su relación, que en las áridas regiones del sudoeste americano, que los exploradores posteriores recorrieron acuciados siempre por el hambre, él caminó "siempre muy abastado de comidas de venados, liebres y perdices del mismo color y sabor que las de España, aunque no tan grandes, pero poco menores".[30]

Sin embargo, de los numerosos ejemplos de la actividad mitificadora del fraile explorador, el más espectacular es probablemente su transformación del búfalo americano en animal fantástico, cruce fabuloso de rinoceronte, vaca y cabrón. El búfalo de Fray Marcos era "un animal que tiene un solo cuerno en la frente y queste cuerno es corvo hacia los pechos, y que de allí sale una punta derecha, en la cual dicen que tiene tanta fuerza, que ninguna cosa, por recia que sea, dexa de romper si topa con ella;...la color del cuero es a manera de cabrón y el pelo tan largo como el dedo".[31]

El relato fantástico de la relación que escribió Fray Marcos sobre su supuesto descubrimiento de las siete ciudades de Cíbola fue la primera formulación americana escrita del mito, que aparecía concretado en la existencia de unas regiones fabulosas, de increíbles riquezas, situadas en algún punto del interior de Norteamérica. Pero no fue la última. Desde Lucas Vázquez de Ayllón hasta el propio Vázquez de Coronado se fue repitiendo la presencia de una fuente de información que corroboraba mitos existentes, inventaba otros nuevos y alentaba en empresas condenadas al fracaso a una larga serie de exploradores y conquistadores, cuyo objetivo se había identificado con alguno de los reinos míticos sobre cuya existencia circulaban noticias y rumores insistentes por toda la colonia. Se trata de la figura del cautivo indígena. Cronológicamente, el primero de esta larga serie de cautivos indígenas, tejedores de fábulas y de mitos, fue aquel yucayo, llamado Andrés Barbudo ("porque entre sus coterráneos imberbes él salió con barbas" —puntualiza Pedro Mártir de Anglería), que convenció a Ayllón, al Deán de la Española y al licenciado Figueroa, presidente del senado, de la existencia de la fuente de la eterna juventud en algún punto de las tierras de la Florida. Este Andrés puso por testigos del rejuvenecimiento mágico de su propio padre a "muchos de los que fueron traídos de su patria Yucaya, los cuales afirman que vieron a aquel hombre ya casi decrépito y después rejuvenecido y con fuerzas y vigor corporal".[32] Lucas Vázquez de Ayllón, por su parte, tenía un criado indígena, llamado Francisco, que enriqueció la historia de Andrés el Barbudo. Gonzalo Fernández de Oviedo se refiere a su encuentro con Francisco en la casa de Ayllón, en el año 1523. "Llevaba yo entonces una perla grande que tuve...que pesaba veinte y seis quilates y era perfecta y redonda, y quise que la viese porque él me decía que aquel indio le decía que las había excelentes y grandes en su tierra; e dijo el licenciado que era muy pequeña a respecto de las que le prometía aquel su adalid; e tanto más se me representó e tuve por cierto su engaño, e creí que aquel indio mentía en cuanto le había dicho e que el deseo de volver a su patria le hacía decir todo aquello de que conoscía que el licenciado se holgaba e que como astuto acumulaba novelas que no se le debían creer".[33] La expedición a las Carolinas que encabezó Lucas Vázquez de Ayllón en Julio de 1523 demostró que éste no compartía el escepticismo que Oviedo se atribuyó en su *Historia,* cuando ya el fracaso de la expedición y la huida de Francisco en los bosques de su Chicora natal, apenas desembarcado, le habían dado ampliamente la razón.

Pocos años más tarde, el cautivo tejo de Nuño de Guzmán continuó con la mayor creatividad la labor mitificadora de Andrés el Barbudo y Francisco de Chicora. Pedro de Castañeda insertó al comienzo de su *Relación de la Jornada de Cibola* un breve resumen de las historias del indio tejo: "este indio dixo que él era hijo de un mercader y su padre era muerto pero que, siendo él chiquito, su padre entraba la tierra adentro a mercadear con plumas ricas de aves para plumages y que en retorno traya mucha cantidad de oro y plata que en aquella lo ay mucho y que bido muy grandes pueblos tanto que los quiso comparar con México y su comarca y que auía uisto siete pueblos muy grandes donde auía calles de platería y que para ir a ellos tardauan desde su tierra quarenta días y todo despoblado y que la tierra por do yban no tenía yerba sino muy chiquita de un xeme y que el rumbo que lleuaban era al largo de la tierra entre los dos mares siguiendo la vía del norte".[34]

Alentado por tan prometedoras noticias, Nuño de Guzmán se apresuró a organizar una expedición a las míticas siete ciudades que no llegó a pasar de la región de Culiacán. Pero cuando la relación fantástica de Fray Marcos de Nizza vino a confirmar este primer enunciado del mito en América, el virrey Mendoza se decidió a intentar el descubrimiento por su cuenta. Mientras se ultimaban los preparativos de la expedición, envió una pequeña fuerza al mando del capitán Melchor Díaz para que verificara por adelantado algunas de las noticias sensacionales aportadas por Fray Marcos. El resultado era previsible: Melchor Díaz informó a su regreso que no había podido llegar muy lejos a causa del mal tiempo, pero que, en lo poco que había recorrido, no había encontrado nada que confirmase las optimistas informaciones de Fray Marcos. Los mismos indígenas, que eran citados por el fraile como responsables de las noticias detalladas de las siete ciudades de Cibola, le aseguraron a Melchor Díaz la existencia no de siete ciudades fabulosas sino de cuatro pueblecitos de casas de adobe y de tres algo mayores pero de las mismas características. Afirmaron asimismo que los habitantes de dichos pueblos tenían, en efecto, turquesas, aunque muchas menos de las que había dado a entender Fray Marcos. En cambio, negaron tener noticia de la existencia de cualquier metal en aquella región y, más concretamente, dijeron no tener ninguna evidencia de que se hallara en ellas ni oro ni plata.

El que esta información, presentada en la forma de informe secretísimo al virrey Mendoza, no bastara para posponer o cancelar los preparativos de la expedición de Vázquez de Coronado, no es más que una prueba adicional de la fuerza que cobraban en la imaginación de los conquistadores —incluso en la de alguien de ordinario tan tranquilo y ponderado como Don Antonio de Mendoza— todos aquellos indicios y noticias que podían asimilarse o interpretarse como confirmación de mitos anteriores. Mitos que en forma de leyendas, cuentos infantiles, romances, crónicas o relatos de caballería, formaban parte de unas estructuras de lo imaginario que, en tanto que miembros de una misma cultura occidental, todos ellos compartían.

El avance de la expedición de Coronado confirmó muy pronto la verdad del informe de Melchor Díaz y el carácter fantástico de la relación de Fray Marcos. Y es probable que dicha expedición hubiera tardado muy poco en regresar de no haber recibido el maltrecho mito de las siete ciudades de Cibola reinventado por el franciscano, el apoyo y confirmación que le estaban haciendo tanta falta, bajo la forma de las inspiradas fábulas de otro cautivo indígena, a quien los españoles apodaron "el turco".[35] El Turco y Sopete fueron regalo del cacique Bigotes a Alvarado, quien encabezaba la vanguardia de la expedición de Coronado a Cibola. Apenas se encontró este Turco entre los españoles —que se hallaban en aquel momento en uno de los puntos de más baja moral de toda la expedición— empezó a contar unas historias fantásticas acerca de la región de donde él procedía y a la que se ofrecía a llevarles como guía. "...decía que auia en su tierra un rio en tierra llana que tenía dos leguas de ancho adonde auía peces tan grandes como cauallos y gran número de canoas grandísimas de más de a veinte remeros por banda y que lleuaban velas y que los señores yban a popa sentados debajo de toldos y en la proa una grande águila de oro; decía más que el señor de aquella tierra dormía la siesta debajo de un grande árbol donde estaban colgados gran cantidad de caxcabeles de oro que con el aire le daban; mas decía quel común servicio de todos en general era de plata labrada y los platos jarros y escudillas eran de oro; llamaba el oro Acochis; diósele a el presente crédito por la eficacia con que lo decía y porque le enseñaron joyas de alatón y olióló y decía que no era oro y el oro y la plata cognocía muy bien".[36] Interrogado repetida y arteramente, el Turco se mantuvo fiel a su primer relato y se ganó la confianza no sólo de Alvarado sino también de Coronado y de la mayoría de los expedicionarios, algunos de los cuales llegaron a atribuirle poderes sobrenaturales y a afirmar que estaba en tratos con el diablo.[37] La expedición no regresó a México, sino que vagó durante dos años por las grandes llanuras del centro de

Norteamérica, en busca de la mítica Quivira prometida por el Turco, explorando unas regiones vastísimas y en las que, lejos de descubrir las siete ciudades maravillosas tan anunciadas, los españoles "no avian visto otra cosa sino vacas y cielo".[38]

El último de esta serie de guías y cautivos indígenas creadores de fábulas que dieron impulso a la exploración de una buena parte del continente norte fue Pedro, el indígena que llevó a su perdición a la expedición de Hernando de Soto en 1540. En la batalla de Napetuce, en Apalache, Juan Gaytán capturó, entre los muchos indígenas, a un joven que afirmaba no ser de aquellas partes, sino de una tierra muy lejana por la parte de donde salía el sol. Decía que la ciudad de la que provenía se llamaba Yupaha, y que estaba gobernada por una mujer. Era populosa y grande y había en ella oro en abundancia. Al preguntarle los españoles, explicó cómo lo sacaban de las minas, cómo lo fundían y refinaban "tal como lo había visto o como el diablo se lo había enseñado. De tal modo que todos los que entendían algo de esto dijeron que era imposible explicarlo tan detalladamente sin haberlo visto hacer: y a partir de ahí todos tuvieron todo lo que el dicho indio contaba por cierto".[39] Y ahí empezaron los problemas de Hernando de Soto; y bien podría decirse del indígena —que, una vez bautizado, se hizo llamar Pedro—, lo mismo que dijo Castañeda del Turco: "que fue causa de todo el mal suceso que ubo".[40]

Perico no parece haber poseído una imaginación tan fértil como la del Turco o la de Andrés el Barbudo, pero sí tenía la costumbre de "afirmar que había visto lo que sólo sabía de oídas y de acrecentar a voluntad lo que conocía directamente".[41] Siguiendo sus indicaciones, De Soto y los suyos anduvieron perdidos durante semanas, desprovistos de alimentos y agua, antes de alcanzar los dominios de la gran cacica de Cutifachiqui. Y, una vez allí, renunciaron a quedarse en un lugar en cuyas arcas se habían descubierto, si hemos de creer al Fidalgo de Elvas, veinte arrobas de perlas, para ir en busca de las riquezas fabulosas de una región de Coca —prometida por Perico— que nunca se materializó.

Antiguos mitos de origen asiático, clásico o medieval; leyendas indígenas; descripciones fantasiosas que guardaban escaso parecido con las tierras que pretendían revelar; relaciones españolas e indígenas más fantásticas que aquellas "historias mentirosas" contra las que tronaban los moralistas y cuya influencia corruptora se vería obligada a intentar atajar la propia Inquisición: No hay duda de que todos estos elementos ocuparon un lugar destacado en la concepción del mundo y del sentido de la conquista de América que tuvo el conquistador español del siglo XVI. Pero, una vez finalizada la conquista del Perú, pasaron a sumarse a tan variado repertorio de objetivos fabulosos y míticos dos ejemplos concretos y hasta cierto punto verificables de tanta quimera y tanto proyecto maravilloso como circulaba por el Nuevo Mundo. El modelo de la conquista del imperio azteca y el de la del imperio de los incas, sometidos desde las relaciones de sus propios protagonistas a un proceso de mitificación que les confería un carácter casi mágico, pasaron a enriquecer —con las pruebas muy reales del botín que en ellas se obtuvo— la lista de modelos para la acción y de objetivos que hacía soñar a tanto aventurero con ambiciones de poderoso.

En las relaciones atribuidas por los españoles a los indígenas se suceden las descripciones del esplendor de lugares míticos que toman como referente Nueva España o Perú, los tesoros del Cuzco o los de Tenochtitlán. Estas dos ciudades eran la piedra de toque a la hora de imaginar o describir la magnificencia de tantas ciudades inexistentes prometidas por indios y españoles por igual. Cuando Fray Marcos dialoga con los habitantes de las regiones que limitan con el reino de Cibola, dice: "Aquí hay tanta noticia de Cibola como en la Nueva España de México, o en Perú del Cuzco".[42] Y al divisar el poblado de Cibola —que tal vez no vio realmente nunca antes de acompañar hasta él a la expedición de Coronado— se apresura a compararlo con México, afirmando que Cibola es "mayor que la ciudad de México". El modelo de México ha sustituido definitivamente al referente español de la reconquista —tan frecuente en el discurso colombino—, que comparaba repetidamente los poblados y tierras del Nuevo Mundo a las ciudades andaluzas de Sevilla, Córdoba y Granada "cuando se ganaron". El Fidalgo de Elvas, por su parte, subraya la importancia del modelo del Perú en la expedición de Hernando de Soto. Al explicar la sorprendente decisión de De Soto, que prefiere seguir su camino en busca de la Coca que le prometían las mentiras de Perico antes que quedarse en el poblado de la cacica de Cutifachiqui, donde había encontrado comida, agua, hospitalidad y veinte arrobas de buenas perlas, dice Elvas: "A todos les pareció bien poblar aquella tierra por ser buen paraje que, si se poblara, todos los navíos de la Nueva España y del Perú y de Sta Marta y Tierra Firme harían allí escala de camino hacia España, y que era buena tierra y bien aparejada para sacar provecho. Pero como el intento del gobernador era buscar otro tesoro como el de Atabalipa, señor del Perú, no se quiso contentar con la buena tierra, ni con las perlas, aunque muchas de ellas valían su peso en oro".[43]

Hernando de Soto pagó con la vida su error y su voluntarismo, y en su caso, como en tantos otros, la experiencia acabaría demostrando que lo excepcional dentro de la conquista eran los ejemplos de México y del Perú, y no los terribles pantanos y desiertos, junglas y emboscadas en los que, atraídas por dos excepciones y un montón de sueños, fracasarían la mayoría de las expediciones que —entre 1500 y 1550— se propusieron hacer coincidir la realidad americana con las fábulas acumuladas por diversas culturas a lo largo de varios siglos de historia.

2. El discurso narrativo del fracaso.

En el contexto de la producción narrativa de la conquista de América, la mitificación de la realidad y la creación de los modelos se llevaron a cabo —inicialmente— dentro de un discurso articulado por el éxito. El éxito de Cristóbal Colón fue problemático, pero él eludió la decepción, inevitable de haber comparado objetivamente la realidad de las tierras descubiertas que llegó a recorrer con la imagen previa que él tenía de lo que éstas iban a ser. Esta elusión se consumó en la transformación de la realidad americana de acuerdo con los modelos imaginarios abstraídos de las lecturas que Colón había realizado durante la fase de génesis de su proyecto de descubrimiento. Y se completó con una percepción selectiva de la realidad del Nuevo Mundo que la reduciría a los elementos valiosos dentro del contexto de mercado de la Europa del siglo XV. La percepción y representación de la realidad americana que emergió de la combinación de estos dos procesos de transformación casi distaba tanto de la verdad como la relación fantástica que hizo Fray Marcos de Nizza de su descubrimiento de las siete ciudades maravillosas. Pero, como en el caso de esta última, la ficcionalización tuvo la virtud de proteger a Colón de la percepción de su empresa como fracaso en relación con los objetivos que se había propuesto.

Por otro lado, la creación del modelo de conquista y de conquistador que llevó a cabo Hernán Cortés en sus *Cartas de Relación* se articulaba sobre una selección, reordenación y reelaboración del material histórico, que tomaba como punto de partida real de su construcción ficcional precisamente aquel éxito que, dentro del discurso narrativo, aparecía como su fin inevitable. Dentro de esta estructura, desobediencias y errores se veían transformados y justificados como elementos necesarios y positivos dentro de un plan de acción magistralmente calculado cuyo resultado indiscutible era el éxito, representado por la conquista del imperio azteca.

Pero, frente a ese discurso de la conquista mitificador de realidades, acciones y personajes, se desarrollaría otro de carácter muy diferente. Este se articulaba sobre el fracaso y reivindicaba el valor del infortunio y el mérito del sufrimiento. A este discurso narrativo del fracaso le corresponde la creación de las primeras representaciones desmitificadoras y críticas de la realidad americana.

El discurso narrativo del fracaso no sigue cronológicamente al discurso mitificador que se mencionaba más arriba, sino que se va desarrollando hasta cierto punto, paralelamente a aquél. Ya en la *Carta de Jamaica* encontramos una serie de elementos que anuncian la problemática del desengaño que va a articular este segundo discurso narrativo de la conquista de América. El primero de estos elementos es la caracterización de la naturaleza como suma de fuerzas violentas, incontrolables, hostiles y destructoras. La costa descrita por Colón en esta carta es brava e inhóspita; el río alto y fuerte quiebra las amarras; el agua está invadida de gusanos que horadan los cascos de los barcos; las olas arrebatan las anclas y rompen las amarras; y el mar es una sucesión de tempestades devastadoras y apocalípticas: "...ojos nunca vieron la mar tan alta, fea y hecha espuma. El viento no era para ir adelante... Allí me detenía aquella mar fecha sangre, hirviendo como caldera por gran fuego. El cielo jamás fue visto tan espantoso: un día como la noche ardió como forno; y así echaba la llama con los rayos...que cada vez miraba yo si me había llevado los mástiles y velas; venían con tanta furia y espantables que todos creíamos que me había de fundir los navíos. En todo este tiempo jamás cesó agua del cielo, y no para decir que llovía salvo que resegundaba otro diluvio".[44] Por primera vez en la representación del Nuevo Mundo aparece su naturaleza poderosa, irreductible y no mitificable. El referente europeo y el modelo ideal quedan cancelados por esta naturaleza violenta, *distinta* —insiste una y otra vez Colón— de todo lo conocido. Y por primera vez se anuncia un tema que va a ser una de las constantes fundamentales del discurso narrativo del fracaso, y cuya importancia se prolongará, con variantes innumerables, hasta la literatura hispanoamericana actual: la derrota del hombre por la naturaleza y su impotencia total ante ella.

El segundo elemento, que relaciona el texto de la *Carta de Jamaica* con el discurso narrativo del fracaso, es la introducción del sufrimiento como elemento central del mensaje. En su *Lettera Rarissima* Colón se queja, llora y se desespera, y todo ello no son sino expresiones distintas de una misma condición constante de sufrimiento. En el caso de Colón, se trata de un sufrimiento físico y moral. En otros muchos casos se hablará de un sufrimiento exclusivamente físico, concretado en penalidades y escaseces de todo tipo. En su carta, Colón está angustiado, solo, fatigado, enfermo y sin esperanza de escapar al desastre. Y todo ese sufrimiento se presenta como resultado de "la intención tan sana que yo siempre tuve al servicio de vuestras Altezas". Tiene por lo tanto una cualidad de mérito y servicio merecedor de recompensa, que anuncia otra constante del discurso narrativo del fracaso, y que Colón no deja de subrayar: "Yo vine a servir de veintiocho años, y agora no tengo cabello en mi persona que no sea cano, y el cuerpo enfermo y gastado...".[45]

La descripción de la naturaleza como fuerza hostil y todopoderosa, y la presentación del sufrimiento como elemento central de la narración y como servicio merecedor de merced y recompensa, ya que no de gloria y fama, son dos elementos, anunciadores nada más, de un discurso narrativo en el que, a pesar de todo el dolor y la amargura que transpira, no cabe incluir plenamente la *Carta de Jamaica* de la que forman parte. Porque, con toda su desolación, ésta no cuestiona ni por un momento el éxito del descubrimiento: y su carácter trágico no viene de la duda ni de la conciencia del fracaso, sino de un abandono que se percibe como ingratitud y como desconocimiento, por parte de la corona, de los propios logros.

En la *Quinta Carta de Relación* de Hernán Cortés, que constituye cronológicamente el primer texto fundamental para el análisis del desarrollo de lo que he venido llamando el discurso narrativo del fracaso, encontramos algo más que elementos anunciadores de este discurso. De hecho, la narración de la *Quinta Carta de Relación* supone un cambio cualitativo con respecto a la de las tres primeras *Cartas de Relación* de Cortés. Nos encontramos en ella con un texto muy complejo que marca la transición entre el discurso mitificador y el del fracaso, conservando elementos centrales del primero y esbozando ya las estructuras centrales del segundo. Del primero conserva la figura central de Cortés, que prolonga su inicial caracterización como modelo idóneo para llevar a cabo la acción épica, realizando las modificaciones necesarias que requiere su adaptación a la nueva realidad. De conquistador militar, Cortés aparece metamorfoseado en descubridor y pacificador. Observa regiones, vías de comunicación naturales, cultivos, sembrados, formas de organización de los indígenas, y evalúa el potencial de desarrollo de los parajes que va recorriendo. El guerrero de la conquista del imperio azteca se transforma en ingeniero en un medio en el que el enemigo que hay que combatir son con más frecuencia las ciénagas y la jungla que los indígenas dispersos; y así dirige la construcción de su increíble puente, del que puntualiza "que lleva más de mil vigas, que la menor es casi tan grande como el cuerpo de un hombre, y de nueve y de diez brazos de largura, sin otra madera menuda que no tiene cuenta".[46] Infatigable como siempre, organiza misiones de exploración y de reconocimiento, averigua derroteros y se afana en la búsqueda de agua y víveres con la misma eficacia sin fisuras con que trazaba los planes estratégicos de la reconquista y asedio de Tenochtitlán. Aparece aquí Cortés dotado de un cuerpo y de unas necesidades biológicas que habían desaparecido totalmente en las cartas anteriores, y que le causan en esta última empresa no pocos problemas. Pero la clarividencia de Cortés, su control casi mágico de la situación, y la protección divina que lo designaban como idóneo y elegido para la conquista militar de México y la organización del nuevo estado, siguen señalándolo como héroe insuperable en medio de las junglas y marismas de Centroamérica.

Cortés se muestra siempre, aun dentro del desbarajuste objetivo que constituye la acción dentro de la *Quinta Carta,* a la altura de las circunstancias. Pero hay ya en esta quinta carta un elemento estructural que la distancia del discurso mitificador y la convierte en punto de arranque del discurso del fracaso: en ella, al contrario de lo que sucedía en las otras tres, los elementos de la narración no aparecen todos subordinados a las necesidades de la caracterización modélica del héroe. La acción se problematiza, y su validez aparece cuestionada por el propio Cortés, quien, aunque no llegue a hablar de "fracaso", la califica en términos inconfundiblemente críticos: "No podré significar a vuestra majestad —nos dice en ella Cortés— la mucha alegría que yo y todos los de mi compañía tuvimos con las nuevas que los naturales de Tauhia nos dieron, por hallarnos ya tan cerca del fin de tan dudosa jornada como la que traíamos era...".[47] A la presentación de la acción como expresión de un plan impecable y de un orden de origen divino, característica del discurso mitificador de las tres primeras *Cartas,* sucede en la quinta esa "jornada dudosa" de objetivos imprecisos y cambiantes, y en la que la acción tiene más de vagabundeo al azar de los accidentes del terreno que de plan rigurosamente concebido y ejecutado de acuerdo con los objetivos definidos.

Dentro del marco estructural de la *Quinta Carta de Relación,* al no seleccionarse y reelaborarse sistemáticamente todos los elementos de la realidad en función de una caracterización ficcional del modelo de conquistador y conquista se abre un espacio para la presentación objetiva y crítica de la nueva realidad. Esta presentación nueva se concreta en la aparición de una serie de elementos que organizarán en buena medida el discurso narrativo de esta última carta-relación de Hernán Cortés, y que pasarán a ser algunos de los elementos estructurales centrales en el desarrollo posterior del discurso narrativo del fracaso.

El primero de estos elementos es la presencia del objetivo mítico. Objetivo mítico, que para Ponce de León se identificaría con la fuente de la eterna juventud, para Vázquez de Coronado con las siete ciudades de Cíbola imaginadas por Fray Marcos de Nizza, y para Hernando de Soto con la existencia de un segundo Perú lleno de tesoros no menos ricos que los del que él mismo había ayudado poco antes a conquistar. En el caso de Cortés, el objetivo mítico se relaciona por analogía con el del imperio azteca ya conquistado. Es la atracción de ese "segundo México" inexistente lo que parece haber movido a Cortés a dejar sus obligaciones y privilegios de Gobernador de la Nueva España para embarcarse en la expedición a Honduras, y la necesidad de sofocar la rebelión de Olid parece poco más que un pretexto para no revelar los objetivos reales de la expedición.[48] El propio Cortés declara explícitamente este objetivo mítico hacia el final de la *Quinta Carta:* "y yo tengo por muy cierto que en ella vuestra majestad ha de ser muy servido, y que ha de ser otra Culúa; porque tengo noticias de muy grandes y ricas provincias, y de grandes señores en ellas, de mucha manera y servicio;...y por todo este camino he venido en su rastro y tuve por nueva muy cierta que está a ocho o diez jornadas de aquella villa de Trujillo...y de ésta hay tan grandes nuevas que es caso de admiración lo que de ella se dice, que aunque faltan los dos tercios hace mucha ventaja a esta de México en riqueza, e igualable en grandeza de pueblos y multitud de gente y policía de ella".[49]

Al revés de lo que sucedió con México, el proyecto estaba condenado al fracaso por la sencilla razón de que su objetivo no existía. Pero eso Cortés no lo supo hasta después de haber abandonado su búsqueda por otras razones.[50] En la percepción de Cortés, lo que impidió su segundo triunfo espectacular no fue, durante esta última expedición, el conocimiento del carácter mítico del objetivo que perseguía, sino un obstáculo nuevo y formidable que se erguía entre Cortés y lo que andaba buscando. Este obstáculo era la naturaleza, que saltaría ya en el texto de la *Quinta Carta,* al primer plano que ocupa en todos los textos posteriores que integran el discurso narrativo del fracaso. Colón introdujo el tema en la carta que escribió desde Jamaica. Cortés se referiría en descripciones y comentarios una y otra vez a una naturaleza —inimaginable dentro de un contexto europeo— que modificaba al hombre y su acción y que transformaba la búsqueda de poder, gloria y fama en dura lucha por la supervivencia.

Al igual que en la *Carta de Jamaica,* la irrupción de la realidad americana en el discurso de Cortés se anuncia con la cancelación definitiva del referente europeo. Desde el principio de la *Quinta Carta,* Cortés avisa, al introducir la narración, que va a explicar los sucesos de la jornada lo mejor que pueda, "porque decirlas como pasaron ni yo las sabría significar ni por lo que yo dijese allá se podrían comprender".[51] La percepción objetiva de la realidad americana se ve acompañada por la toma de conciencia de *la diferencia* y de la imposibilidad de comunicar los aspectos de esa realidad nueva al rey, por la falta de un referente válido y común: "pues querer yo decir y significar a vuestra majestad la aspereza y fragosidad de este puerto y sierras, ni quien mejor que yo lo supiera lo podría explicar ni quien lo oyere lo podría entender, si por vista de ojos no lo viese y pasando por él no lo experimentase". El problema de comunicación no resulta, en la formulación de Cortés en este párrafo, de su incapacidad de percibir y describir, sino del carácter esencialmente distinto de esa naturaleza que pretende narrarle al rey. La formulación implica que el centro del problema es éste, y que cualquier otro europeo sumergido en semejante realidad y experiencia sería igualmente incapaz de "decir y *significar*" —es decir, de comunicar— lo que viera y sintiera a un lector que, por mucho que lo *oyera,* no podría entenderlo, al carecer de una experiencia directa del objeto que Cortés trata de narrar.

Los pocos poblados que había estaban desiertos, y los caminos habían sido borrados por la maleza y el agua en aquella tierra hostil que Cortés recorrió infatigablemente durante meses. "Era todo montañas muy cerradas" —dice Cortés— "demás de las montañas había muchas ciénagas y muy trabajosas...y la gente de aquella tierra...por los montes andaban cada uno por sí por aquellas ciénagas y rios". Su marcha se ve continuamente interrumpida por "las muy grandes ciénagas y raíces de árboles que las rodean" y que le obligan a alterar su dirección y trayectoria, sólo para acabar cayendo en otras ciénagas aún peores, como aquella de la que dice que "dura bien dos tiros de ballesta, la cosa más espantosa que jamás las gentes vieron". Cuando se aleja de los pantanos, subiéndose trabajosamente a las montañas, se encuentra con un terreno diferente, pero no menos hostil: "era la montaña de tal calidad" —nos dice— "que no se veía otra cosa sino donde se ponían los pies en el suelo, o mirando hacia arriba la claridad del cielo; tanta era la espesura y alteza de los árboles que aunque se subían en algunos no podían descubrir un tiro de piedra". A la escasez de agua de la sierra sucede sin transición "la mayor agua que nunca se vido, y con la mayor pestilencia de mosquitos que se podía pensar, y era tal el monte y el camino y la noche tan oscura y tempestuosa que dos o tres veces quise salir para ir a dar en el pueblo y jamas acerté a dar en el camino". A veces, la violencia de esa naturaleza que se renuncia a describir se expresa y comunica a través de sus efectos, como sucede en la descripción de un puerto maravilloso cuya realidad Cortés se reconoce incapaz de comunicar: "Y no quiero decir otra cosa sino que sepa vuestra majestad que en ocho leguas que tuvo este puerto estuvimos en las andar doce días, digo los postreros en llegar al cabo de él, en que murieron sesenta y ocho caballos despeñados y desjarretados y todos los demás vinieron heridos y tan lastimados que no pensamos aprovecharnos de ninguno, y así murieron de las heridas y del trabajo de aquel puerto sesenta y ocho caballos y los que escaparon estuvieron más de tres meses en tornar en sí". En este medio hostil, en el que ni la brújula sirve para orientarlos, los españoles vagan durante semanas totalmente perdidos, "estando ya casi sin esperanza por estar sin guía y porque de la aguja no nos podíamos aprovechar por estar metidos entre las más espesas y bravas sierras que jamás se vieron, sin hallar camino que para ninguna parte saliese".[52]

En el contexto real de una naturaleza inhumana y destructora, la acción se transforma. La naturaleza se introduce en la narración como obstáculo que hay que dominar para alcanzar el objetivo propuesto, pero paulatinamente va situándose en el centro del relato, desplazando proyectos y objetivos previos. Paralelamente, el enfrentamiento permanente con una naturaleza hostil que hostiga a los expedicionarios de mil maneras y la supervivencia cada día más dudosa dentro del medio intolerable en que se encuentran, pasan a organizar casi con exclusividad total la acción cotidiana. Si Cortés se metamorfosea de guerrero-conquistador en ingeniero que traza caminos y planea los puentes que han de salvar a su ejército del horror de las ciénagas, sus hombres cortan madera, abren trochas, buscan víveres, cavan pozos y construyen balsas. El enemigo ya no es el indígena sino el medio. La acción, que, dentro del discurso mitificador tenía por objeto la obtención del botín y la subyugación de los nativos, se centra aquí en la lucha por el dominio de una naturaleza que agrede y cerca por todas partes, constituyéndose en único fin de una acción que se ha transformado, en el texto, en "trabajos". Cortés, que tan rara vez admitía dificultad o esfuerzo alguno en sus tres primeras *Cartas,* insiste una y otra vez, en la quinta, en los "grandes", "muchos", "tantos", y "mayores" trabajos que "padecen" de forma continua él y sus hombres.

El motor de esa acción tan poco gloriosa, que se distancia de la épica del discurso mitificador para aproximarse cada vez más al relato de náufrago, también se transforma. La gloria y la fama ganadas en fiel vasallaje al rey y en la conquista de nuevas tierras y botín daban impulso al modelo de acción característico del discurso mitificador. En el del fracaso, el motor de la acción será *la necesidad*. Necesidad que puede tomar formas diversas, pero que con frecuencia se concreta en hambre, sed, frío y enfermedad. El hambre, que va a ser uno de los elementos centrales de los mejores textos del discurso narrativo del fracaso, hace su primera aparición en el de la *Quinta Carta:* "Había días que no comíamos sino cuescos de palmas y palmitos, y aun éstos se comían pocos porque no traíamos ya fuerzas para cortarlos", dice Cortés; y la perspectiva de unas cargas de maíz, de cacao o de unas cuantas gallinas es suficiente para aplazar objetivos más gloriosos y modificar el rumbo de la expedición entera. Al hambre se une a veces el frío, o la sed: "En todo este tiempo que pasamos este puerto jamás dejó de llover de noche y de día, y eran las sierras de tal calidad que no se detenía en ellas agua para poder beber y padecíamos mucha necesidad de sed, y los más de los caballos murieron por esta falta, y si no fuese porque de los ranchos y chozas que cada noche hacíamos para nos meter, que de ellos cogíamos agua en calderos y otras vasijas, que como llovía tanto había para nosotros y para los caballos, fuera imposible escapar ningún hombre ni caballo de aquellas sierras".[53] A la necesidad de buscar víveres, se añade la de construir refugios para protegerse de las inclemencias durante la noche y la de organizar la recogida del agua. Y, aunque las últimas dos no llegan a constituir el motor primordial de la acción de manera tan constante como el hambre, se suman a ésta para acabar de desplazar unos objetivos gloriosos que se relacionaban con un modelo épico de acción. Estos se verán eclipsados en el texto, con frecuencia, por otros objetivos mucho más modestos, que dicta la necesidad y que se alcanzan mediante una acción que oscila entre lo prosaico y lo desesperado.

La presentación objetiva de la realidad natural americana, el desplazamiento progresivo de objetivos míticos y fabulosos, la transformación de una acción épica en tareas cotidianas, y la substitución de la riqueza, gloria y poder, como motores fundamentales de la acción, por la necesidad, hacen de la *Quinta Carta de Relación* de Hernán Cortés el primer texto narrativo del discurso del fracaso. Pero la caracterización de la figura de Cortés en términos modélicos y, hasta cierto punto, inalterados por la nueva realidad y situación lo ligan de forma indisoluble al discurso mitificador de las tres primeras *Cartas.* Por otra parte, dentro del texto de la *Quinta Carta de Relación,* el desarrollo de la acción y la transformación intermitente de los objetivos no se presenta como fracaso, sino como necesidad transitoria, planeada y calculada por el modelo Cortés en su nueva metamórfosis de explorador. Y la imposibilidad de alcanzar los objetivos míticos propuestos[54] no se presenta como resultado del error de Cortés, que buscaba algo que no existía, sino de la necesidad objetiva de suspender la búsqueda por razones políticas de la mayor urgencia.

El resultado de la ambivalencia que caracteriza la presentación narrativa de la *Quinta Carta* es un texto híbrido que se sitúa en la convergencia del discurso mitificador con el del fracaso. La propia ambigüedad del texto hace imposible considerarlo plenamente como texto del discurso narrativo del fracaso, que sin duda inicia. Y esto, a pesar de que contiene varios de los elementos centrales que organizarán este discurso y que articularán su carácter fundamentalmente desmitificador y crítico.

Entre 1526 y 1542, se lleva a cabo la exploración española de Norteamérica, ejemplificada por tres expediciones fundamentales: la de Pánfilo de Narváez en 1526, la de Hernando de Soto en 1539 y la de Vázquez de Coronado en 1540. Cada una explora regiones diferentes, pero las tres tienen por lo menos dos puntos en común. El primero es la búsqueda de objetivos míticos y fabulosos. Estos objetivos derivan de mitos como los de las Siete Ciudades Encantadas, o la Fuente de la Eterna Juventud, o de modelos históricos reales como el del imperio inca y sus maravillosos tesoros —en cuya conquista había participado directamente Hernando de Soto—, y el azteca, cuyo dominio le había tenido que ceder, muy a su pesar, Pánfilo de Narváez a Hernán Cortés. El segundo punto que enlaza las tres expediciones es el fracaso total en que desembocó cada una de ellas. Un fracaso que implicaba que los objetivos propuestos no se habían alcanzado, pero que, al mismo tiempo, afectó el resultado de la expedición de una forma mucho más global: de la expedición de Pánfilo de Narváez, que constaba de cinco barcos, cuatrocientos hombres y ochenta caballos, sólo sobrevivieron cuatro hombres. Coronado regresó con sus hombres, herido y derrotado, tras dos largos años de penalidades que diezmaron su ejército y minaron su propia determinación, sin haber realizado más proeza que la de haber atravesado media Norteamérica en condiciones extremadamente difíciles. En su carta al emperador de 1541, Coronado resume el fracaso de toda la empresa: "porque desde que llegué a la provincia de Cibola, adonde el Visorrey de la Nueva España me envió en nombre de vuestra majestad, visto que no había ninguna cosa de las que Fray Marcos dijo, he procurado descubrir esta tierra, ducientas leguas y más a la redonda de Cibola, y lo mejor que he hallado es este río de Tíguez en que estoy y las poblaciones del, que no son para poderlas poblar porque demás de estar cuatrocientas leguas de la mar de Norte y de la del Sur más de doscientas, donde no puede haber ninguna manera de trato, la tierra es tan fría como a V.M. tengo escrito, que parece imposible poderse pasar el invierno en ella porque no hay leña ni ropa con que se puedan abrigar los hombres, sino cueros de que se visten los naturales, y algunas mantas de algodón, en poca cantidad".[55] Y, finalmente, Hernando de Soto murió de una enfermedad desconocida en las tierras cercanas a la desembocadura del Mississippi. Su cadáver fue enterrado a escondidas de los indígenas por miedo de que, al enterarse éstos de su muerte, se animaran a liquidar al resto de los miembros de la expedición. Los trescientos supervivientes que quedaron tuvieron que construir bergantines y atravesar con grandes peligros las aguas del golfo de México, hasta tomar tierra en Pánuco, adonde llegaron mucho más miserables de lo que eran cuando más de un año antes se habían hecho a la mar en busca de una fuente mítica y un segundo Perú.

La derrota lleva con frecuencia aparejado el silencio. Ese mismo silencio que sumió en el olvido los sucesos particulares de tantas expediciones fracasadas, desde la de Hojeda y Nicuesa hasta la de Lucas Vázquez de Ayllón. Pero en el caso de las expediciones de Narváez, De Soto y Coronado, las cosas fueron distintas: los supervivientes decidieron deliberadamente hacer uso de la palabra y salvar del olvido la historia trágica de sus infortunios. Pedro de Castañeda declara su intención de narrar con exactitud de testigo presencial los sucesos de la exploración, rompiendo de forma deliberada con aquella tradición que relegaba el fracaso al olvido: "...que como aquella tierra no permaneció no hubo quien quisiese gastar tiempo en escrebir sus particularidades porque se perdiese la noticia de aquello que no fue Dios servido que gosasen él sabe por que...pues mi intención no es ganar gracias de buen componedor ni retórico, salbo querer dar verdadera noticia".[56] La intención testimonial del autor se completa en el proemio a la relación con el propósito declarado de zanjar las discrepancias que existen en torno a los sucesos de la jornada entre cronistas y testigos, y con la decisión del autor de salir al paso de las ficcionalizaciones posteriores de los propios expedicionarios que "deléytanse en contar lo que bieron y aun lo que entienden que perdieron".[57] Pedro de Castañeda no es el único que decide narrar la historia de una expedición fracasada. De la misma expedición de Coronado se conservan varias otras relaciones, como la de Juan de Jaramillo, mucho menos rica que la anterior, o la llamada *Relación del Suceso,* de autor anónimo, y la *Relación Postrera de Cibola,* escrita probablemente por uno de los frailes que acompañaban la expedición.[58] Tampoco la jornada de De Soto cayó en el olvido, gracias a la detallada *Relación* que hizo de ella uno de sus miembros, el Fidalgo de Elvas, y de la relación mucho más breve de Luis Hernández de Biedma, quien también participó en ella. Gonzalo Fernández de Oviedo, por su parte, incluye en su *Historia General de las Indias* el texto abreviado de la relación que escribió, sobre la expedición de De Soto, Rodrigo de Ranjel. De los cuatro supervivientes de la expedición de Narváez, uno, Alvar Núñez Cabeza de Vaca, narraría los infortunios de la expedición y los suyos propios durante los nueve largos años que transcurrieron antes de que alcanzara la Nueva España, después de recorrer a pie todo el sur del continente, desde la Florida hasta Tejas. Y su relación de los *Naufragios* es todavía hoy, por su riqueza y complejidad, el texto fundamental entre la larga serie de relaciones que formaron lo que he llamado el discurso narrativo del fracaso.

Del análisis individual de todas estas relaciones de infortunios se desprenden una serie de elementos centrales comunes que desligan sus textos de las formas y la problemática de un discurso mitificador y creador de modelos, definiéndolas simultáneamente como distintas voces del discurso diferente y nuevo que integran. El primero de estos elementos es la caracterización del medio americano. La valoración estética y contemplativa de la naturaleza americana es un fenómeno que se daba muy rara vez en el contexto del discurso mitificador, y, cuando esto sucedía, las descripciones que subrayaban cualidades estéticas en las nuevas tierras aparecían generalmente subordinadas a un fin económico —Colón— o político, como en Cortés. Para Colón, el paisaje solía ser pieza de identificación con los modelos imaginarios o signo del valor mercantil de las tierras descubiertas. Para el Cortés de la tres primeras *Cartas,* el paisaje americano oscilaba entre una suma de peligros potenciales y signos amenazadores, que debían ser interpretados correctamente para asegurar el éxito —*Segunda Carta*—, y una sucesión de objetivos militares a los que se concedía mayor o menor importancia, según el lugar que ocuparan en el plan estratégico que había de culminar en la conquista del imperio. En el discurso narrativo del fracaso, el *paisaje* desaparece como concepto estético y como categoría de percepción para dar paso al *medio*. El medio incluye todos los elementos de lo americano —geografía, clima, flora, fauna, etc...— y se caracteriza por una serie de cualidades que varían según los textos, pero que comparten el hecho de ser uniformemente negativas. El narrador del fracaso no fantasea a posteriori ni mitifica lo descubierto. En su discurso, el medio americano es siempre hostil y amenazador: es el enemigo número uno. Su hostilidad se concreta en dos aspectos fundamentales: el carácter extremado y excesivo de su naturaleza, y la profunda enajenación que resulta del desconocimiento que tiene de ese medio el hombre europeo que intenta dominarlo. Cortés no es el único que habla del carácter destructor y desmesurado de esa nueva naturaleza en la que todo es "mayor" y "más" de lo que ojos algunos hayan visto jamás, y que le parece imposible comunicar y describir en razón misma de su carácter excesivo. El Fidalgo de Elvas habla, parca pero insistentemente, de las tremendas ciénagas y pantanos de la Florida y de la costa sur del continente, "donde cavalos não podião entrar",[59] y en cuyos brazos de agua los nativos aparecían y desaparecían con tal celeridad que no servían ballestas ni arcabuces para dar en ellos. Coronado se asombra, sobrecogido, ante las dimensiones de unos llanos que compara con el mar: "Llegué a unos llanos tan grandes" —nos dice— "que por donde yo los anduve no les hallé cabo... y por donde me quisieron guiar caminé otros cinco días hasta llegar a unos llanos tan sin seña como si estuviéramos engolfados en la mar".[60]

Y el narrador de la *Relación Postrera de Cíbola* prolonga en su relato esta visión misteriosa y terrible de las llanuras del centro de Norteamérica: "Los llanos proceden adelante, ni se sabe qué tanto.... Es la tierra tan llana que se pierden los hombres apartándose media legua, como se perdió uno a caballo que nunca más paresció, y dos caballos ensillados y enfrenados que nunca más parescieron. No queda rastro ninguno por donde van...".[61] Los narradores de las relaciones de la expedición de Coronado se complementan con los de la de Hernando de Soto en sus referencias reiteradas a ríos innumerables cuyos cauces torrenciales arrastran a hombres y caballos, profundísimos brazos de mar que penetran en la tierra cortando el paso, nubes de insectos que impiden el sueño y transmiten enfermedades mortales, y rigores de un clima que convierte las regiones de los grandes llanos o el invierno de las costas del sur en intolerables e inhabitables para unos exploradores que a duras penas pueden soportar tales inclemencias.

El carácter excesivo y extremoso de la naturaleza expresa uno de los aspectos de la hostilidad que el medio americano reviste dentro del discurso narrativo del fracaso. El otro aspecto se centra en el carácter inescrutable e inmutable que éste reviste para unos hombres que desconocen prácticamente todo lo que al Nuevo Mundo se refiere. El resultado de tal desconocimiento es la falta de recursos y la vulnerabilidad ante cualquier manifestación natural, que se percibe sistemáticamente como agresión. La mayoría de las penalidades que padecieron los expedicionarios de Hernando de Soto y de Vázquez de Coronado derivaban de su profundo desconocimiento del medio en el que se movían, desconocimiento que su percepción transformaba en agresión del medio hacia ellos. El hambre, que se presenta de forma obsesiva en todos los textos que integran este discurso, la sed, el frío y la enfermedad, resultaban muchas veces de ese mismo desconocimiento. La tierra se convierte en "mala", "estéril", "sin mantenimientos", para quien no sabe identificar las plantas de las que los naturales sacan el sustento. El agua escasea para quienes no son capaces de descubrir fuentes y pozos. El Fidalgo de Elvas parece el más lúcido en su evaluación del grado de inadecuación de los españoles a la naturaleza en la que se veían obligados a sobrevivir. Después de referirse a la situación desesperada en que se encontraban los enfermos de la expedición por falta del alimento necesario —carne y sal—, dice: "Los indios no carecen de carne: porque con sus flechas matan muchos venados, gallinas y conejos y otras piezas de caza; que para esto tienen gran ingenio que no poseen los españoles; y aunque estos lo tuvieran no podrían utilizarlo, porque caminaban la mayor parte del tiempo y no osaban ni apartarse de las sendas".[62]

En el contexto de un medio que se percibe y representa en agresión constante, la acción se ve forzosamente modificada en relación con la del discurso mitificador, y esta transformación del modelo épico de acción constituye el segundo rasgo característico del discurso narrativo del fracaso. El modelo de acción del primer discurso narrativo se podía descomponer en tres momentos: exploración, ocupación y dominio. La correspondencia —establecida siempre a posteriori, no hay que olvidarlo— entre acción y resultado era perfecta, y cada uno de sus momentos se veía coronado por el éxito. En el *Diario* y las *Cartas* de Colón, la exploración del Nuevo Mundo resultaba en éxitos continuos y espectaculares, a medida que Colón se convencía de estar recorriendo el Japón y la China o de haber alcanzado, por fin, el Quersoneso Aureo donde se hallaban las famosas minas del rey Salomón. En las tres primeras *Cartas* de Cortés, la perfección de la trayectoria lineal de exploración desde Veracruz al corazón del imperio azteca equivalía en su sencillez y dirección a una metáfora de la conquista de México en la que, por voluntad divina y genio de Cortés, estaba destinada a culminar. El segundo momento de la acción —la ocupación— era una suma de brillantes episodios diplomáticos que se expresaban en repetidas y generosas lecturas del Requerimiento y en una sucesión de arengas y discursos por ambos lados. Los límites de la ocupación diplomática coincidían con el inicio de la violencia, que aparecía siempre justificada por la explícita voluntad de ocupación pacífica que la precedía. En la violencia y por la violencia se consumaba el tercer momento de la acción; el dominio de lo explorado y ocupado. Dominio que, además de aparecer plenamente justificado por el fracaso de la diplomacia, se presentaba con la legitimidad indiscutible de una guerra santa.

El discurso narrativo del fracaso cancela el modelo anterior de acción épica. En este nuevo contexto, la *exploración* se convierte en vagabundeo. A medida que los objetivos míticos se tornan, en el contacto con la dura realidad, más y más improbables, la dirección del movimiento de exploración se desintegra; su trayectoria se desdibuja y extravía, y los expedicionarios llegan a veces al punto de dar vueltas en redondo en una misma región sin siquiera percatarse de ello. "Partimos de aquí y llegamos a la provincia de Xacatín que era entre unos espesos montes y falta de comida; de aquí nos guiaron los indios, la vuelta de leste a otros pueblos pequeños y pobres de comida, con decir que nos llevaban a donde había otros cristianos como nosotros, y paresció después ser mentira, y que no podían tener noticia de otros sino de nosotros, sino que como hacíamos tantas vueltas, en algunas destas debían de tener noticia de que pasábamos".[63]

En el discurso narrativo del fracaso no hay *ocupación,* o, dicho en palabras de Pedro de Castañeda, "la tierra no permanece". El conquistador y sus hombres recorren la tierra siguiendo la dirección que marcan sus necesidades más inmediatas y sin dejar en ella más huellas que las que dejaban los hombres de Coronado en los pastos de los grandes llanos, donde se perdían para no reaparecer nunca más. Y, del mismo modo que no hay ocupación, no hay *conquista.* En el contexto de un medio natural terriblemente hostil, la acción del discurso del fracaso se transforma en lucha por la supervivencia. La presentación de la acción militar, que aparecía idealizada y mitificada en el discurso mitificador, reviste en este último caracteres de parodia. Basta tener el modelo de las campañas militares de Cortés presente para darse cuenta del espacio que lo separa de presentaciones como las que ofrece Castañeda en su relación, donde una provocación de los indios aparece descrita en los siguientes términos: "Y otro día, a dos leguas del pueblo, siendo de noche, algunos indios en parte segura dieron una grita que aunque la gente estaba apercibida se alteraron algunos en tanta manera que ubo quien echó la silla a el rebés".[64] La acción ordenada y agresiva del discurso de Cortés deja paso a una acción caótica y defensiva, cuyo carácter penoso y fútil sustituye al heroísmo preciso de la primera. La osadía, el valor y la acción, como fuente de honra, propios del primer discurso, dan paso en este último al "trabajo", al "sufrimiento" y a la acción entendida exclusivamente como lucha contra la destrucción y la muerte.

La transformación del modelo épico de la acción se relaciona con el tercer elemento característico del discurso del fracaso: la cancelación de riqueza, gloria y poder como motores fundamentales de esa acción. En el contacto con la realidad se esfuman, junto con los mitos, la riqueza y la gloria como motores fundamentales. La necesidad los substituye, concretada en los elementos fundamentales de los que depende la supervivencia, que ha pasado a ser paulatinamente el único contenido de la acción. Los mitos son desplazados poco a poco por el hambre, la sed, el frío y las necesidades defensivas frente a los naturales. Y las expediciones evolucionan de acuerdo con ellos. Por otra parte, ese proceso de cancelación de riqueza, gloria y poder, como motores de la acción, enlaza, dentro de los textos que integran este discurso, con el de la transformación de objetivos. Y esta transformación de objetivos, que se manifiesta, dentro de los textos, en la transformación de la naturaleza del botín, constituye el cuarto elemento fundamental del nuevo discurso narrativo. Colocados en una situación de necesidad muchas veces desesperada, cambia radicalmente la escala de valores de los conquistadores. En los textos de Colón, Cortés, Díaz, Tapia, Cuneo y demás narradores del discurso mitificador, veíamos a los españoles definir como objetivos el oro, plata y piedras preciosas, eliminando o despreciando todo lo demás. Los productos de la tierra interesaban a Colón sólo en la medida en que podían identificarse con las especias o anunciar la proximidad de las regiones fabulosas que se buscaban. La ropa y las artesanías valían sólo como signo del grado de civilización de los indígenas, cuya cultura caracterizaban como botín más o menos próspero. No se aceptaba más botín que el oro y la plata, las perlas y las piedras preciosas, y los interrogatorios reiterados de los indígenas, que a veces llegaban hasta la tortura y la muerte, se dirigían con exclusividad a descubrir la existencia de estos elementos, descartando todo lo demás. El desprecio que mostraban los españoles por todo lo que no fuera pedrería o metales preciosos provocó el escándalo de los aztecas. Los informantes de Sahagún los llamaban "puercos que sólo ansiaban el oro", y en el *Códice Florentino* se da una descripción muy expresiva de su comportamiento bárbaro al llegar a apoderarse del fabuloso tesoro de Moctezuma: "Y cuando hubieron llegado a la casa del tesoro, llamada Teucalco, luego se sacan afuera todos los artefactos tejidos de pluma, tales como travesaños de pluma de quetzal, escudos finos, discos de oro, los collares de los ídolos, las lunetas de la nariz, hechas de oro, las grebas de oro, las ajorcas de oro, las diademas de oro. Inmediatamente fue desprendido de todos los escudos el oro, lo mismo que de todas las insignias. Y luego hicieron una gran bola de oro, y dieron fuego, encendieron, prendieron llama a todo lo que restaba, por valioso que fuera, con lo cual todo ardió.... Y en cuanto al oro, los españoles lo redujeron a barras".[65]

Pero las expectativas de alcanzar objetivos fabulosos se redujeron hasta desaparecer a lo largo de cada una de las expediciones fracasadas. Y con ellas se redujeron también las exigencias de los españoles, que se veían obligados a centrar su interés en objetivos mucho más básicos —satisfacer el hambre, protegerse del frío, saciar la sed—, y que pasaron a reconocer como botín elementos mucho más humildes y cotidianos, como comida, mantas, agua y leña. Cortés no fue el único que modificó la trayectoria de su expedición ante las noticias de la existencia de una buena cantidad de maíz en algún pueblo alejado, o de un corral de gallinas. Las listas escrupulosas que nos ofrece el Fidalgo de Elvas del botín obtenido en sus incursiones en los poblados indígenas no guardan semejanza alguna con los inventarios de riquezas de los textos de Colón y Cortés. La "heroica" conquista de Cíbola, después de un enfrentamiento a pedradas con los indígenas, se ve coronada por la captura de un botín de bastimentos que, puntualiza Pedro de Castañeda con gran espíritu práctico, "era de lo que más necesidad había". Y los regalos que ofrecen los indígenas a Coronado se reducen generalmente a "cueros adobados y rodelas y capacetes" que los españoles, en actitud que contrasta radicalmente con la arrogancia descrita por los cronistas aztecas, reciben "con mucho amor".[66] El Fidalgo de Elvas, por su parte, deja constancia de la generosidad de un señor indígena que les envió a "dos mil indios que llevaban un regalo de muchos conejos, y perdices, pan de maíz, dos gallinas y muchos perros, que eran tan estimados entre los cristianos como si fueran carneros gordos, a causa de la escasez de carne y sal que padecían". También se refiere con detalle a los regalos de la cacica de Cutifachiqui, que les ofreció mantas, cueros y muchas gallinas. Y el tono del Fidalgo de Elvas no es muy distinto del que usa Bernal Díaz para describir los ricos presentes de los aztecas, cuando nos habla de aquella población en la que De Soto recibió un regalo: "le hicieron un servicio en que le ofrecieron setecientas gallinas salvajes"; o de otras muchas en las que "les ofrecían las gallinas que tenían y podían conseguir"; o de un poblado en el que el cacique "como gran servicio le trajo al gobernador dos cueros de venado".[67]

La desmitificación de la naturaleza americana, que aparece caracterizada como centro de la confrontación entre el europeo y América; la transformación de la acción heroica en lucha por la supervivencia; la sustitución de riqueza y gloria, como motores de la acción, por la necesidad, que acaba organizando totalmente el desarrollo de las expediciones; y la modificación de los objetivos, que se concreta en una redefinición del botín: Estos cuatro elementos, que articulan las narraciones que integran el discurso narrativo del fracaso, se completan con un último elemento fundamental que es la transformación de la relación en *servicio*. A lo largo de toda la conquista de América, el proyecto de la acción se vincula a la adquisición de gloria, fama y poder. Pero el logro de estos objetivos depende exclusivamente del éxito del proyecto. El conquistador que fracasa regresa a su punto de partida sin nada valioso que ofrecer y, consecuentemente, pocas mercedes y gloria puede esperar. Es en este contexto donde se produce la presentación de la relación de infortunios como valor o servicio tan digno de mercedes como cualquier proyecto avalado por el éxito. La función de la relación concebida en estos términos no será, dentro del discurso del que forma parte, servir al rey informando verídica y puntualmente de todo lo sucedido, sino reclamar reconocimiento por unas penalidades y sacrificios que se reivindican como prueba de una lealtad merecedora de las más altas recompensas. Pedro de Castañeda declara, en el proemio a su relación, que la intención que le mueve a escribirla es "hacer a vuestra merced este pequeño servicio el cual reciba como de verdadero servidor y soldado".[68] Y, en su proemio a los *Naufragios,* Alvar Núñez reivindica también el valor de la *intención* frente al del *éxito,* que atribuye más a la fortuna que a la voluntad: "Más ya que el deseo y la voluntad de servir a todos en esto haga conformes, allende la ventaja que cada uno puede hacer, ay una muy gran diferencia no causada por culpa dellos sino solamente de la fortuna, o más cierto sin culpa de nadie más por sola voluntad y juycio de Dios, donde nasce que uno salga con más señalados servicios que pensó, y a otro le suceda todo tan al revés que no pueda mostrar de su propósito más testigo que su diligencia, y aun ésta queda a veces tan encubierta que no puede bolver por sí".[69] Alvar Núñez identifica explícitamente la relación de infortunios con el servicio al rey: "A la qual suplico la resciba en nombre de servicio, pues éste solo es el que un hombre que salió desnudo pudo sacar consigo".

En ausencia de un botín que enriquezca las arcas de la corona, forzoso es transformar en servicio la relación de las desdichas, reivindicando su valor y presentándola como evidencia del merecimiento de cargos y recompensas a los que se aspira. Dice Alvar Núñez al respecto:... "bien pensé que mis *obras* y servicios fueran tan claros y manifiestos como fueron los de mis antepasados, y que no tuviera yo necesidad de *hablar* para ser contado entre los que con entera fe y gran cuidado administran y tratan los cargos de Vuestra Majestad y les hace merced. Más...no me quedó más servicio deste que es traer a Vuestra Majestad *relación*...".[70] Los servicios no han rendido los frutos previstos y las obras no han sido coronadas por el éxito. Contra el telón de fondo de esta oposición entre hablar y obrar que cuestiona Alvar Núñez se recorta un elemento que aparece dotado, por primera vez dentro del discurso narrativo de la conquista, de una transcendencia que se pretende tan valiosa como la del botín material conseguido por otros: la palabra.

3. *Desmitificación y crítica en la relación de los* Naufragios.

El punto de partida de la relación de los *Naufragios* de Alvar Núñez Cabeza de Vaca es el mismo que el de todos los demás textos que, junto con ella, integran el discurso narrativo del fracaso: un modelo formulado en los textos del discurso mitificador, modelo que se puede descomponer en tres elementos centrales. El primero es el objetivo, definido como botín mítico-fabuloso en el *Diario* y las *Cartas* de Colón, en las elucubraciones fantásticas que aquél consignó en ellos como si fueran verdades de hecho. La existencia de esta América mítica, enunciada por Colón y soñada o entrevista por tantos otros, pareció confirmada por el éxito espectacular de las conquistas que llevaron a cabo, respectivamente, Cortés en México y Pizarro en el Perú.[71] El segundo elemento modélico del discurso mitificador es la acción, entendida como proyecto épico militar de dominio, cristianización y expropiación. La formulación más rigurosa y completa de este modelo de acción, que concreta, dentro del marco de la conquista, el modo de relación entre españoles e indígenas, se encuentra en las *Relaciones, Cartas* y *Ordenanzas de Gobierno* de Hernán Cortés.[72] Y el último modelo fundamental creado por los textos del discurso mitificador es el del conquistador, caracterizado como héroe mítico. La creación de este mito le corresponde también a Hernán Cortés, quien logra reunir en él una suma de todas las cualidades morales, políticas y físicas necesarias para llevar a cabo el proyecto de la conquista de América.[73] Frente a ese discurso mitificador e imperialista que identifica *acción y conquista, hombre y conquistador, América y botín,* se van a ir articulando los procesos desmitificadores que, a lo largo de los textos diversos que integran el discurso narrativo del fracaso, van a culminar paulatinamente en la cancelación de los modelos.

La relación de los *Naufragios* se integra plenamente en este discurso desmitificador, cuyos elementos centrales comparte. América aparece en los *Naufragios* caracterizada en términos que enlazan con la representación de la *Quinta Carta de Relación* de Hernán Cortés y que cancelan implícitamente el modelo formulado por Cristóbal Colón. La América fabulosa del Almirante, que reunía los atributos de Társis y Ofir, Japón y China —por no mencionar los del Paraíso Terrenal—, desaparece en el texto de Alvar Núñez para dejar paso a una presentación racional y objetiva de lo que éste recuerda de las tierras que recorrió a lo largo de nueve años de pergrinación. La América de Alvar Núñez ya no es un mito. Es una tierra vastísima, salvaje e inhóspita, cuya naturaleza la hace apenas habitable para los naturales e inhabitable por completo para los europeos.

La validez del referente europeo para comunicar esta nueva naturaleza se reduce a su utilización para describir los palmitos comestibles "a la manera de" los de Castilla y Andalucía, de los que se alimentan esporádicamente indígenas y españoles. Lo característico de esta nueva representación de la naturaleza es aquí —como en otros textos del discurso del fracaso— la desmesura, que asume con frecuencia carácter de caos originario y que la dota de un aspecto que alternativamente maravilla y sobrecoge al que la contempla. Es ésta, dice Alvar Núñez, "tierra muy trabajosa de andar y maravillosa de ver, porque en ella hay muy grandes montes y los árboles a maravilla altos, y son tantos los que están caídos en el suelo que nos embarazaban el camino, de suerte que no podíamos pasar sin rodear mucho y con muy gran trabajo; de los que no estaban caídos, muchos estaban hendidos desde arriba hasta abajo de rayos que en aquella tierra caen, donde siempre hay muy grandes tormentas y tempestades".[74] La misma desmesura caracteriza a las ciénagas que impiden el paso de la caballería, o la fuerza de los ríos torrenciales que con su "corriente muy recia" derriban y ahogan a hombres y caballos.[75] Los bancos de ostiones que cubren el fondo de los brazos de mar que tienen que atravesar Alvar Núñez y los suyos, cuando andan en busca del mar que Narváez les ordenó descubrir, expresan con exactitud el hostigamiento constante que sufrían los españoles, sumergidos en la naturaleza americana. Alvar Núñez habla largamente de aquellos "ostiones de los cuales rescibimos muchas cuchilladas en los pies y nos fueron causa de muchos trabajos",[76] y en la construcción misma de la frase revela su percepción de la naturaleza como agresor que, en este caso, los acuchilla por medio de los ostiones, y del hombre europeo que se presenta como víctima que "recibe" estas agresiones sin poderse defender de ellas ni evitar los grandes "trabajos" que les causan. Alvar Núñez consigna puntualmente en su relación todas las noticias que recuerda de la posible existencia de oro, plata y piedras preciosas. Pero subraya que no tiene evidencia directa de tal existencia, de la que sólo ha visto "muestras" y "señales". Y en el balance final de su caracterización de América, estos indicios y noticias —que constituirían una de las bases de apoyo de la definición de objetivos míticos posteriores, como los de Hernando de Soto y Vázquez de Coronado— no alteran ni mínimamente una presentación en la que la realidad americana aparece totalmente desmitificada —aunque no siempre comprendida—, cancelando inequívocamente la América mítica del discurso colombino.

La transformación de la acción heroica de la conquista en lucha desesperada por la supervivencia, segundo elemento que liga la relación de los *Naufragios* al discurso narrativo del fracaso, se desarrolla con mayor profundidad en este texto que en cualquier otro de los que integran este discurso narrativo. Esta transformación se anuncia ya desde el capítulo tres, que narra los primeros momentos de la llegada a Florida, con la toma de posición y el alarde reglamentarios. Narváez toma solemnemente posesión de un puñado de casas abandonadas y es "obedescido por gobernador" en una especie de ceremonia fantasma en la que no está presente ni un solo natural y en la que le presenta las provisiones un ejército de hombres famélicos y agotados, con unos pocos caballos "tan flacos y fatigados —dice Alvar Núñez— que por el presente poco provecho podíamos tener de ellos". La escena presenta un aspecto desolado y patético, que se acentúa por el contraste, implícito en el texto, con el modelo de la conquista de Cortés (que Narváez pretendía duplicar), con sus brillantes arengas y alardes.

La descripción del ejército invasor, que ofrece Alvar Núñez en el capítulo siguiente, acentúa todavía más el aspecto caricaturesco que presenta desde su inicio la expedición de Narváez, por comparación con el modelo que pretende emular. Los pilotos, nos dice Alvar Núñez, "no sabían ni a que parte estaban"; los caballos "no estaban para que en ninguna necesidad que se ofreciese nos pudiésemos aprovechar de ellos"; "íbamos mudos y sin lengua...y que sobre todo esto no teníamos bastimentos".[77] Frente a la dirección y fuerza que caracterizaban al ejército invasor de las *Cartas de Relación,* el de Narváez aparece desde el comienzo caracterizado por la debilidad, la vulnerabilidad y la desorientación. Narváez es una caricatura del héroe. Carece, en el retrato que hace de él Alvar Núñez, de todas las cualidades que hacían del Cortés de las *Cartas* un modelo, y su imprevisión, arrogancia, falta de talento militar e irresponsabilidad, lo presentan, frente al prudente Cabeza de Vaca, como el origen de todas las desgracias de la expedición. Y si Narváez aparece en los *Naufragios* como una caricatura de conquistador, sus hombres se presentan desde el principio de la narración como una caricatura de ejército. En la caracterización de este último, muy pronto se producen una serie de substituciones de atributos que lo separan radicalmente del modelo creado por Cortés. Al contrario de lo que sucedía en aquél, la iniciativa, las demostraciones de fuerza, la agresividad y las amenazas corresponden aquí a los indígenas. A los españoles les corresponde sólo la violencia defensiva —el "revolverse", como dice el narrador— cuando los ataques y amenazas de los naturales se hacen intolerables.

Esta substitución de los atributos de fuerza, que caracterizan siempre a los modelos del discurso mitificador, por signos de debilidad y vulnerabilidad se completa, en la presentación de Alvar Núñez, con la transformación del contexto en el que se presentan aquí algunos términos clave del discurso de Cortés. El ejemplo más revelador es el del verbo *tomar*. Cortés lo utiliza constantemente para expresar el logro de un objetivo militar. Las ciudades, los peñoles, los puertos, las azoteas, el templo, etc., son "tomados" cuando, tras la lucha heroica, Cortés y los suyos logran apoderarse de ellos. Alvar Núñez también utiliza el término, pero lo hace aplicándolo a una realidad antiheroica por completo. Llegados a una isla después de navegar sin rumbo durante siete días, dice Alvar Núñez: "hallamos muchas lizas y huevos de ellas que estaban secas; que fue muy gran remedio para la necesidad que llevábamos. Después de tomadas, pasamos adelante, y dos leguas de allí pasamos un estrecho...".[78] La última frase presenta una estructura idéntica a la de tantos resúmenes formularios con los que Cortés indicaba someramente en sus *Cartas de Relación* el progreso triunfante de la acción militar de la conquista de México. Pero aquí se substituye el elemento central que sustentaba el carácter heroico del proceso —elemento que en la narración de Cortés era siempre un objetivo militar de importancia— por una provisión de huevos y pescados secos. El efecto grotesco que se desprende de la contigüidad sintáctica de la fórmula militar con el humilde objetivo "tomado" por el ejército de Narváez expresa con gran intensidad y economía la desintegración del modelo épico de acción que había sido formulado por Hernán Cortés.

La desintegración del modelo de la acción se va anunciando desde el principio de los *Naufragios* a través de los elementos que se acaban de señalar; pero comienza, de hecho, con un incidente específico y se consuma totalmente en los capítulos VIII a X de la relación. El incidente aparece narrado en el capítulo V en los siguientes términos: "Uno de a caballo que se decía Juan Velázquez, natural de Cuéllar, por no esperar entró en el río, y la corriente, como era recia, lo derribó del caballo, y se asió a las riendas y ahogó a sí y al caballo; y aquellos indios de aquel señor que se llamaba Dulchanchelin hallaron al caballo y nos dijeron donde hallaríamos a él por el río abajo; y así fueron por él y su muerte nos dió mucha pena porque hasta entonces ninguno nos había faltado. El caballo dió de cenar a muchos aquella noche".[79] A lo largo de todas las *Cartas de Relación* de Cortés, el caballo aparece como el símbolo por excelencia de la superioridad militar de los españoles y representa para los indígenas la naturaleza sobrehumana de los "teules". Tanto Cortés como Díaz y Tapia se refieren al terror que la presencia de los caballos despertaba en los indígenas, que les atribuían poderes mágicos, y señalan una y otra vez la importancia primordial de la caballería en todo el proceso de la conquista de México. En el incidente narrado por Alvar Núñez, el caballo aparece tan despojado de magia como de gloria. Los indígenas no sienten temor ante él porque, al contrario de lo que sucedía con los aztecas, no han tenido ocasión de observarlo en otro terreno que el de los pantanos y ríos de la Florida, donde los caballos —como señalaría el Fidalgo de Elvas años más tarde— más eran un estorbo que un elemento de superioridad. Para los españoles, la utilidad del caballo se identifica por primera vez en este episodio con su calidad de *bastimento,* apuntando ya decididamente a la substitución del objetivo de *conquista* por el de *supervivencia.* El "venado mágico", que le describieron con admiración sus enviados a Moctezuma, aparece aquí reducido a la humilde función de cena para los hambrientos seguidores de Narváez, marcando simbólicamente el inicio de la liquidación del modelo de acción como conquista militar enunciado por Cortés, modelo que se desintegra definitivamente en el capítulo VIII de los *Naufragios.* Su liquidación se concreta en la sustitución de la guerra por la industria y en la transformación de todos los instrumentos de la conquista militar y de todos los atributos del conquistador en objetos que se definen como necesarios en el contexto de la huida y de la lucha por la supervivencia.

La necesidad de sobrevivir plantea la huida como primer paso obligatorio, ya que la tierra descubierta es tan mala que de permanecer en ella "no se podía seguir sino la muerte". Pero, una vez acordada la sustitución del objetivo de conquista por el de *regreso,* se plantean grandes dificultades para llevarlo a la práctica. "A todos parescía imposible porque nosotros no los sabíamos hacer (los navíos) ni había herramientas, ni hierro, ni fragua, ni estopa, ni pez, ni jarcias, finalmente ni cosa ninguna de tantas como son menester, ni quien supiese nada para dar industria en ello, y sobre todo no haber qué comer entretanto que se hiciesen".[80] La solución a todas estas imposibilidades pasa por una serie de acciones que marcan la destrucción simbólica del modelo de conquista y la transformación del conquistador en artesano.

La primera de estas acciones es la fundición de todos los objetos propios de la guerra para su posterior transformación en herramientas de trabajo. Los arreos de montar, en los que se apoyaba la figura mítica del conquistador, y las armas, que simbolizaban el carácter dominador de su acción, se transforman en instrumentos necesarios para el trabajo manual, más propios, por lo tanto, del plebeyo artesano que del hidalgo conquistador. Dice Alvar Núñez: "Y acordamos hacer de los estribos y espuelas y ballestas y de las otras cosas de hierro que había, los clavos y hachas y otras herramientas de que tanta necesidad había de ello". La segunda acción en que se concreta la liquidación del modelo de conquista es la transformación de los caballos. La sustitución de la función militar del caballo por su valor como bastimento —que se inició en el episodio del jinete ahogado— se completa aquí con una utilización minuciosa de todas las partes del animal: "...de las colas y crines de los caballos hicimos cuerdas y jarcias.... Desollamos también las piernas de los caballos enteras y curtimos los cueros de ellas para hacer botas en que llevásemos el agua".[81] Desposeídos de sus caballos y armas, los conquistadores de los *Naufragios* cambian gloria por industria y aparecen dedicados a todo tipo de trabajos manuales que van desde la recogida de palmitos y resina para hacer brea y estopa, hasta el curtido de los cueros de los caballos y la transformación de sus propias ropas en velas para las canoas.

La última fase del proceso de cancelación del modelo de conquista formulado por el discurso mitificador se concreta en la progresiva fragmentación del ejército invasor. El punto clave de esa fragmentación corresponde a la ruptura de la solidaridad y a la substitución de la noción de un ejército unificado por una misión colectiva, por la de prioridad absoluta de la seguridad y el interés personales. Ambos fenómenos se producen en el capítulo X de la relación, mientras Narváez y sus hombres andan navegando cerca de la costa poco después de escapar a un ataque indígena. "...Y como amaneció cada barca se halló por sí perdida de las otras...a la hora de vísperas ví dos barcas y como fuí a ellas ví que la primera a que llegué era la del gobernador el cual me preguntó qué me parescía que debíamos hascer. Yo le dije que debía recobrar aquella barca que iba adelante y que en ninguna manera la dejase, y que juntas todas tres barcas siguiésemos nuestro camino donde Dios nos quisiese llevar. El me respondió que aquello no se podía hacer porque la barca iba muy metida en la mar y él quería tomar tierra... Yo, vista su voluntad tomé mi remo y lo mismo hicieron todos los que en mi barca estaban para ello...mas como el gobernador llevaba la más sana y recia gente que entre toda había en ninguna manera lo pudimos seguir. Yo, como vi esto pedíle que, para poderle seguir, me diese un cabo de su barca, y él me respondió que no harían ellos poco si solos aquella noche pudiesen llegar a tierra.... Yo le dije...que me dijese qué era lo que mandaba que yo hiciese. El me respondió que ya no era tiempo de mandar unos a otros; que cada uno hiciese lo que mejor le paresciese que era para salvar la vida".[82] Ante la dispersión inicial de los barcos, Alvar Núñez representa en este fragmento la voluntad de preservación del modelo, y Narváez su cancelación definitiva dentro del contexto de los *Naufragios*. Al requerir insistentemente a Narváez para que no abandonara la tercera barca primero, y para que ligara su suerte a la de la tripulación de la canoa de Alvar Núñez después, éste estaba apelando a uno de los elementos centrales del modelo creado por el discurso mitificador: la solidaridad inquebrantable del bando español.[83] Pero a las peticiones reiteradas de Alvar Núñez para que considerara la seguridad del ejército como colectividad unificada, Narváez respondería reafirmando una y otra vez la prioridad de su interés personal sobre todo lo demás para acabar proponiendo ese "sálvese quien pueda" con que concluyó definitivamente la comunicación entre el gobernador y su tesorero.

El modelo cortesino identificaba impecablemente la acción de los conquistadores con la voluntad del jefe, y ésta con el interés de la corona. En el episodio de los *Naufragios* que se acaba de citar, esta cadena de relaciones aparece cortada por su eslabón central, el jefe, quien, al anteponer su interés personal al de la corona y al de sus propios hombres, destruye el modelo y queda caracterizado, de acuerdo con la ideología que lo articulaba, como traidor al rey y como hombre sin honor.

Al igual que en los demás textos del discurso narrativo del fracaso, la transformación del modelo de acción épica conquistadora en lucha por la supervivencia implica una substitución de los objetivos fabulosos por otros mucho más modestos cuyo valor se define exclusivamente en relación con un contexto de lucha desesperada por sobrevivir al frío, al hambre y a la sed. De los primeros objetivos no queda en los *Naufragios* más que aquella prometedora sonaja de oro que encuentran apenas desembarcados en la Florida Narváez y sus hombres. Las promesas anunciadas por este hallazgo no llegaron a materializarse jamás, y a la sonaja se reducirían todas las riquezas esperadas del "segundo México" que Narváez se propuso descubrir. Cuando, muchos años más tarde, al narrar su viaje por las tierras del sudoeste del Norteamérica, Alvar Núñez habla de turquesas y corales, y de grandes señales de oro y plata al norte de Nueva España, lo hace sin presentarlos como objetivos fundamentales en una tierra cuya riqueza ha pasado ya a identificarse para él con la fertilidad, el agua y la capacidad de producir excelentes cosechas. Entre la sonaja y México media un espacio de casi diez años en los que no hubo más objetivo en la acción de Alvar Núñez y los otros supervivientes que resistir a la muerte y asegurarse un botín de raíces, marisco, carne y tunas que les permitiera subsistir día a día. El hambre, condición permanente de los indios con los que Alvar Núñez, Dorantes, Castillo y Esteban convivieron durante más de ocho años, es la que redefine en los *Naufragios* los objetivos a corto plazo, identificándolos con los elementos necesarios para la supervivencia en condiciones primitivas y en un medio hostil: "Algunas veces matan algunos venados y a tiempos toman algún pescado; mas esto es tan poco y su hambre tan grande que comen arañas, y huevos de hormigas y gusanos y lagartijas, y salamanquesas y culebras y víboras que matan a los hombres que muerden, y comen tierra, y madera y todo lo que pueden haber y estiércol de venados y otras cosas que dejo de contar; y creo averiguadamente que si en aquella tierra hubiera piedras las comerían".[84]

El motor de una acción dirigida a conseguir unos objetivos tan poco gloriosos no puede ser, lógicamente, la preocupación por la fama característica del discurso mitificador. Aquí, como en los demás textos del discurso narrativo del fracaso, la necesidad promueve transformaciones, dicta proyectos, ordena trayectorias y redefine misiones: "...y tanto puede la necesidad que nos hizo aventurar a ir de esta manera y meternos en una mar tan trabajosa y sin tener noticia de la arte de marear ninguno de los que allí iban" dice Alvar Núñez poco antes de su último naufragio. "En fin nos vimos en tanta necesidad que lo hobimos de hacer, sin temer que nadie nos llevase por ello la pena", añade cuando se ven obligados a realizar la primera de sus extraordinarias curaciones.[85] En el relato de Alvar Núñez, la riqueza, la gloria y la adquisición de poder han desaparecido totalmente como objetivos y como motores de la acción. La necesidad cancela todas las ambiciones, pasa a ser el elemento impulsor de toda acción y el núcleo organizador de todo proyecto, a la vez que proyecto y acción se circunscriben a un objetivo único: sobrevivir.

La relación de los *Naufragios* comparte pues con los demás textos que integran el discurso del fracaso los cinco elementos centrales que lo articulan. Anclados en la transformación fundamental de percepción y discurso que estos elementos expresan, los textos que integran el discurso narrativo del fracaso formulan la primera representación desmitificadora de América, la conquista y el conquistador. Y, al hacerlo, cuestionan los modelos de tierra, acción y hombre creados por el discurso mitificador que iniciaban los textos de Cristóbal Colón y de Hernán Cortés. La transformación de objetivos y la redefinición del botín resultan en una desmitificación de la realidad americana, que, por primera vez, aparece desligada de las dos categorías fundamentales a las que la reducía el discurso mitificador: la de fábula y la de botín. La América de los textos del discurso del fracaso ha dejado ya de ser un mito para presentarse con toda la complejidad de una realidad nueva e irreductible. La desintegración del proyecto épico que se consuma en estos textos, cuestiona profundamente el concepto de acción formulado por Hernán Cortés. En Cortés, acción y conquista se identificaban totalmente, y la acción individual se subordinaba, siguiendo las líneas del modelo épico tradicional, a un proyecto histórico colectivo de dominio y expropiación. En el discurso narrativo del fracaso, por el contrario, el proyecto histórico se eclipsa ante la necesidad individual, y la acción deja de dirigirse hacia el dominio de los demás para centrarse paulatinamente en la propia preservación. Ligada a estos dos procesos de desmitificación, la figura del conquistador se problematiza y resquebraja. El héroe mítico del discurso cortesino era una construcción ideal que encarnaba todas las virtudes necesarias para la realización del proyecto épico. Los rasgos de su caracterización coincidían exactamente con los elementos necesarios para el desarrollo del proceso histórico de conquista que dirigía y sustentaba. En el discurso narrativo del fracaso, el héroe cortesino se humaniza y yerra, sufre, duda y fracasa. La abstracción mitificadora característica de la presentación del modelo humano creado por Cortés deja paso a la ambivalencia y a la contradicción. El resultado es, nuevamente, el cuestionamiento del modelo del discurso mitificador, cuestionamiento en el que se enmarcan la liquidación del héroe y la aparición del hombre.

La desmitificación característica del discurso narrativo del fracaso se concreta en estos tres procesos centrales de transformación. Las narraciones de los textos que lo integran parten de la constatación del fracaso, para ir señalando diferencias entre el modelo propuesto por el discurso mitificador y la realidad revelada por la experiencia directa. En ellos, los modelos se vacían de contenido progresivamente y, en la mayoría de los casos, sólo son substituidos por la desorientación y el desengaño. Es en este contexto donde se define por primera vez el carácter excepcional de la relación de los *Naufragios*. Porque, en ella, el cuestionamiento de los modelos característico de todos los textos del discurso narrativo del fracaso no desemboca en la simple constatación del infortunio y en el desengaño, sino que, superando estos límites, deja paso a la aparición de una conciencia crítica que va a organizar una percepción y representación de la realidad de la conquista cualitativamente distintas.

La relación de los *Naufragios* aparece estructurada en torno a dos procesos centrales bien diferenciados. El primero es el proceso —que se acaba de analizar— de desmitificación de los modelos formulados por el discurso mitificador, cuestionados por las tres transformaciones fundamentales que comparten todos los textos del discurso narrativo del fracaso. El segundo es el proceso de desarrollo progresivo de una conciencia crítica desde la cual se formulará una percepción distinta de la realidad americana, y de los términos posibles de la relación entre los españoles y esa realidad.

El punto de partida de este segundo proceso se encuentra en el capítulo XII de la relación. El relato nos presenta a Alvar Núñez y a un reducido grupo de conquistadores-náufragos en la isla del Mal Hado. La situación de indefensión en que se encontraban se expresa en el texto por la aparición del *miedo* como elemento organizador de la percepción de una realidad que distorsiona. Los nativos que acudieron a ver a los náufragos adquieren, por efecto de ese miedo, un aspecto monstruoso que ilustra por contraste la debilidad de los conquistadores: "que agora ellos fueran grandes o no nuestro miedo los hacía aparecer gigantes",[86] reconoce Alvar Núñez. Durante los días siguientes, los náufragos comen de lo que los indígenas les dan, y, cuando consiguen almacenar una cantidad mínima de víveres, se disponen a intentar por última vez la travesía hasta los bergantines perdidos o hasta las costas de la colonia más próxima. Desentierran la canoa que estaba cubierta de arena y se quitan las ropas para ir metiéndola en la mar. "Y así embarcados, a dos tiros de ballesta dentro en la mar, nos dió tal golpe de agua que nos mojó a todos; y como íbamos desnudos y el frío que hacía era muy grande, soltamos los remos de las manos y a otro golpe que la mar nos dió trastornó la barca; ...Como la costa es muy brava el mar de un tumbo echó a todos los otros envueltos en las olas y medio ahogados en la costa de la misma isla, sin que faltasen más de los tres que la barca había tomado debajo. Los que quedamos escapados, *desnudos como nascimos y perdido todo lo que traíamos...*".[87] Es el último de los naufragios de Alvar Núñez, y las dos líneas que concluyen el fragmento citado expresan simultáneamente la culminación del proceso de cancelación del modelo español de conquista y el punto cero del desarrollo de la conciencia crítica del narrador. El proceso de cancelación, cuyo desarrollo se expresaba metafóricamente en la transformación de las armas en herramientas, de los caballos en bastimentos, y de las ropas en velas de canoa, desemboca en este episodio en su fase final: la desnudez. Esta desnudez expresa la forma extrema de desposeimiento en relación con el contexto cultural e ideológico dentro del cual se definían la figura del conquistador y su proyecto, ("perdido todo lo que traíamos", declara Alvar Núñez).

Pero, simultáneamente, se levanta sobre ella el principio de un nuevo desarrollo que aparece, dentro del texto, desvinculado de aquel contexto ideológico que "se ha perdido" metafóricamente en este último naufragio. La condición de desnudez proyecta su significación en dos direcciones opuestas. Por un lado, aparece asociada con el fracaso y la muerte, expresando la pérdida de contacto con el contexto cultural originario. Desde los diarios de viaje de Colón, las ropas españolas representaban la civilización, frente a una desnudez de los nativos que los caracterizaba automáticamente como bárbaros. En relación con este código de representación cultural, la pérdida de la ropa equivale a la pérdida de la civilización, es decir, a la muerte en términos del etnocentrismo característico de la ideología de la época; y Alvar Núñez señala esta relación en el texto, donde puntualiza: "Estábamos hechos propia figura de la muerte". Pero, por otro lado, la desnudez y la muerte en relación con el contexto ideológico-cultural europeo aparecen asociadas con la idea del nacimiento: "desnudos como nascimos", dice Alvar Núñez. Y la contigüidad textual entre muerte y vida, que se refuerza por la relación explícita entre *desnudarse* y *nacer,* indica el punto de origen de una conciencia nueva. Es esta conciencia nueva, que se desarrolla sobre la liquidación simbólica de los modelos ideológicos europeos, la que va a organizar la percepción crítica de la realidad en los *Naufragios.*

El primer elemento de esa nueva percepción es el rechazo de la dicotomía maniquea propia de la percepción y representación épicas: Infieles vs. cristianos en la épica medieval; salvajes vs. civilizados en el discurso de Cristóbal Colón; naturales vs. españoles en las relaciones de Hernán Cortés. El capítulo XII de los *Naufragios* marca la cancelación de esta división que aparece substituida por una forma de solidaridad que elimina la oposición entre españoles y nativos. Ante la situación de los españoles después del último naufragio que los deja desnudos e indefensos, "derramando muchas lágrimas, habiendo cada uno lástima no sólo de sí mas de todos los otros que en el mismo estado vían", la primera reacción de los nativos refuerza en el texto el alcance de esa transformación. Dice Alvar Núñez: "mas cuando ellos nos vieron ansí en tan diferente hábito del primero, y en manera tan extraña, espantáronse tanto que se volvieron atrás". Pero esos mismos hombres que han sido identificados como salvajes, bárbaros y enemigos a lo largo de toda la presentación épica de la conquista, lejos de aprovechar esa debilidad para acabar con los invasores, se comportan como hermanos, y lloran y comparten el infortunio de Alvar Núñez y sus hombres. "Los indios —narra Alvar Núñez— de ver el desastre que nos había venido y el desastre en que estábamos, con tanta desventura y miseria, se sentaron entre nosotros y con el gran dolor y lástima que hobieron de vernos en tanta fortuna, comenzaron todos a llorar recio, y tan de verdad que lejos de allí se podía oir y esto les duró más de media hora".[88]

A partir del llanto compartido de este episodio, se produce un desarrollo en la caracterización de nativos y españoles que, por momentos, invierte los papeles que asignaban a cada uno los relatos anteriores. Esta caracterización expresa la total pérdida del control de la situación por parte de los españoles, que se ven reducidos a "llorar", "preguntar", "suplicar" y "temer". La iniciativa y el control de la acción están totalmente en manos de los indígenas, que "toman" a los españoles, los llevan asidos de tal manera que éstos ni siquiera tocan con los pies en el suelo, los calientan en las fogatas que hacen al borde del camino, los alimentan con pescado y los cobijan en sus chozas. La inversión de papeles, que se inicia en esta escena del último naufragio, culmina en un incidente que cuestiona de forma crítica uno de los supuestos ideológicos centrales de todos los textos del discurso mitificador de la conquista. El incidente se relaciona con el problema del canibalismo. Desde Colón hasta Cortés, pasando por Tapia y Bernal Díaz, el canibalismo es una de las grandes coartadas del conquistador. El canibalismo generalizado que Colón atribuye a los habitantes de las Antillas le sirve como justificación para la propuesta comercial que dirige a la reina Isabel, con el objeto de organizar, con su apoyo, un lucrativo negocio de trata de esclavos. El canibalismo ritual de los indígenas de la meseta de México —que Bernal Díaz exagera hasta extremos simplemente grotescos— define, desde la óptica de alguien como Bernal, a los indígenas como salvajes bárbaros e inhumanos, justificando automáticamente la guerra que se les hace, la esclavitud que se les inflige, y el exterminio en masa que padecen en varios momentos de la conquista. En la ideología del conquistador medio, el canibalismo era un pecado contra natura —como la sodomía, otra de las obsesiones de Bernal— y, como tal, no sólo era merecedor de los peores castigos sino que ponía en entredicho la misma naturaleza humana de quienes lo cometían. Estos aparecían situados, por el hecho de haber caído en tal aberración, en una zona ambigua entre la categoría de hombre y la de bestia, y esta categorización proporcionaba una base sobre la cual las peores atrocidades, violencias y represiones adquirían un cierto color justiciero.

Alvar Núñez relata en sus *Naufragios* dos casos de canibalismo. Pero lo importante aquí es, más que el hecho del canibalismo en sí, el que en los dos casos se trata de canibalismo practicado no por indígenas sino por españoles. El primer caso es el de los cinco cristianos que se habían refugiado en la costa, cerca del poblado de los indios que recogieron a Alvar Núñez. Al llegar los fríos rigurosos del invierno, cuenta Alvar Núñez que "cinco cristianos que estaban en rancho en la costa llegaron a tal extremo que se comieron los unos a los otros hasta que quedó uno solo que por ser solo no hubo quien lo comiese". El segundo caso es el de Esquivel, que se encontró en pleno mes de noviembre sufriendo tales rigores de hambre y de frío que sus compañeros "se comenzaron poco a poco a morir...y los que morían los otros los hacían tasajos; y el último que murió fue Sotomayor y Esquivel lo hizo tasajos y comiendo del se mantuvo".[89] La inversión de papeles que implica la atribución del canibalismo a los españoles se completa dentro de los *Naufragios* con la descripción de la reacción de los indígenas ante tal comportamiento: "De este caso se alteraron tanto los indios y hobo entre ellos tan gran escándalo que, sin duda, si al principio ellos lo vieran los mataran y nos viéramos todos en grande trabajo".[90] Las implicaciones de esta inversión de papeles, que transforma a los españoles en salvajes subhumanos y a los indígenas en representantes de humanidad y civilización, son devastadoras en relación con el modelo de representación del discurso mitificador, que aparece irremisiblemente subvertido.

La desmitificación de la figura del conquistador y la cancelación de un modelo épico de representación que mostraba una humanidad escindida siempre en dos campos antagónicos, uno de los cuales —el español— se identificaba con la razón, la civilización, la voluntad divina y la justicia, mientras que los hombres que integraban el otro campo aparecían caracterizados como brutos, salvajes, infieles y desprovistos de razón, constituye la base sobre la que se produce la progresiva sustitución del mito por el hombre. El mito humano creado por el discurso mitificador aparece en sus dos vertientes principales —la del héroe y la del bruto— sometido a un proceso de transformación profunda dentro de la relación de los *Naufragios*. En ésta, la solidaridad en el llanto y la inversión de papeles que se acaban de señalar marcan el punto de partida de la humanización del conquistador. Partiendo de la desnudez metafórica del capítulo XII, esta humanización se concretará en una larga serie de metamórfosis de la figura del conquistador. Metamórfosis que expresan simultáneamente la aparición de formas de relación personales entre español y nativo —en clara oposición a las relaciones alienantes entre conquistador y conquistado, propias del discurso mitificador— y el desarrollo de una capacidad de adaptación a la nueva realidad que pasa necesariamente por la sustitución de la percepción mitificadora anterior por una percepción de carácter objetivo y crítico. A lo largo de esta serie de metamorfosis el náufrago va redefiniendo su propia identidad en relación con un contexto que se ve obligado a conocer y comprender.

Al principio, la desnudez física equivale a una desnudez cultural. Alvar Núñez aparece cortado del contexto occidental y tan ignorante como un recién nacido de la realidad en la que, a partir de ese momento, le va a tocar vivir. Su primera metamórfosis —a mitad camino entre el animal doméstico y el esclavo— expresa ese desconocimiento que lo pone totalmente a merced de los nativos. Estos lo utilizan para las tareas más primitivas —las únicas que en aquel momento Alvar Núñez parece capaz de realizar: "porque, entre otros trabajos muchos, había de sacar las raíces para comer de bajo el agua y entre las cañas donde estaban metidas en la tierra; y de esto me traía los dedos tan gastados que una paja que me tocase me hacía sangre de ellos, y las cañas me rompían por muchas partes, porque muchas de ellas estaban quebradas y había de entrar por medio de ellas con la ropa que he dicho que traía. Y por eso yo puse en obra de pasarme a los otros y con ellos me sucedió algo mejor; y porque yo me hice mercader y procuré usar del oficio lo mejor que supe...".[91] La segunda metamórfosis del conquistador nos lo presenta pues convertido en mercader. La redefinición no es fortuita sino deliberada —"me hice" dice Alvar Núñez— y expresa una etapa cualitativamente distinta en el grado de conocimiento y comprensión de la nueva realidad. Conoce las mercancías apreciadas y su valor; sabe para qué se utilizan y cómo conseguirlas; establece rutas comerciales basadas en las necesidades de intercambio de productos de las distintas tribus indígenas del territorio que recorre. Y utiliza oficio y viajes para profundizar en el conocimiento de las costumbres de los indígenas y para establecer una relación personal con ellos que le será de gran utilidad a la hora de iniciar su larga peregrinación de retorno a la Nueva España. La tercera metamórfosis presenta a Alvar Núñez convertido en médico. Como tal, introduce una forma nueva de utilización de la religión. Esta, que había funcionado como justificación de la violencia y de la explotación a lo largo de todo el discurso mitificador, se transforma en los *Naufragios* en instrumento de curación y persuasión. El éxito de las curaciones milagreras de Alvar Núñez y los otros supervivientes culmina dentro del texto en la metamórfosis final del conquistador-náufrago-esclavo-mercader-médico en hijo del sol. Durante su estancia con los indios ararares, Alvar Núñez señala que "En todo este tiempo nos venían a buscar de muchas partes y decían que verdaderamente nosotros éramos hijos del Sol". Y más adelante reitera: "y entre todas estas gentes se tenía por muy cierto que veníamos del cielo".[92]

El ciclo de la metamórfosis del conquistador de los *Naufragios* se cierra donde comenzaba el del discurso mitificador y se desarrolla en sentido inverso. Los dioses de las primeras noticias de los enviados de Moctezuma acaban al final del proceso de la conquista convertidos en "puercos".[93] Los náufragos miserables del principio de los *Naufragios* —que aparecían como poco más que animales domésticos a los que los indios no dejaban de "darles muchas bofetadas y apalearlos y pelarles las barbas por su pasatiempo"— acaban convertidos en dioses. El primer proceso implica un ciclo de desprestigio y de pérdida de autoridad que se compensó en la acción de la conquista con una escalada de la violencia. El segundo constituye un proceso de recuperación de autoridad. Pero, al revés que en el modelo de acción del discurso mitificador, esta autoridad no se apoya y perpetúa en la violencia sino en el desarrollo de la comprensión y el conocimiento de la nueva realidad. Es esta oposición entre violencia y conocimiento, que articula las diferencias centrales entre los dos procesos, la que sustenta dos modos radicalmente distintos de relación entre indígenas y españoles. Cortés utilizaba su autoridad "divina" para agredir, dominar y desposeer a los aztecas. Alvar Núñez y los demás supervivientes de la expedición se esforzarían por crear, desde la posición de autoridad en la que los habían colocado los indígenas, formas de relación y comunicación pacíficas y justas entre españoles e indígenas. El contraste radical entre los primeros y los segundos se subraya en los *Naufragios* con el episodio de Alcaraz. Este representa la ideología de violencia y rapiña de la conquista, llevada a sus últimas consecuencias y despojada de cualquiera de los rasgos atenuantes que podían mitigarla en el caso de un personaje mucho más complejo como el de Hernán Cortés. Los cristianos —Alcaraz y sus hombres— aparecen caracterizados por el abuso, la mentira, la crueldad y todas las formas de violencia e inhumanidad. Los nativos los perciben y describen como bárbaros sanguinarios y huyen de ellos como de la peste. Frente a ellos, resalta con más fuerza la actitud humanitaria y pacífica de los "náufragos", actitud que resulta en la creación de un modo de relación entre indígenas y españoles, basado en la comprensión, la generosidad y la justicia. Este modo contrasta dramáticamente con la realidad caótica de violencia, agresión y pillaje levantada sobre la base del modelo ideológico imperial de la conquista. Pero la percepción crítica que expresa Alvar Núñez frente a esta realidad de la colonia revela un hecho fundamental: Su marginación definitiva con respecto al modelo ideológico dominante. El "regreso a la civilización" se transforma en toma de conciencia de la propia marginación con respecto a unos valores que parecían incuestionables.

En la experiencia de Alvar Núñez durante su peregrinación de tantos años, la redefinición de la propia identidad, que se expresa en el texto a través de la metamórfosis de la figura del conquistador-narrador, lleva consigo la transformación y humanización de la percepción de la realidad y, sobre todo, de un elemento central de esa realidad: el nativo. Colón fue el primero en degradar al hombre americano a la categoría de mercancía, y Las Casas señalaría con indignación el concepto que tenía aquél de los indígenas, a los que calificaba alternativamente de bárbaros, bestias y cabezas. La actitud protectora y paternalista que se manifiesta en las *Cartas* y *Ordenanzas* de Cortés por otra parte reintegraba al indígena a la especie humana. Pero lo privaba de la mayoría de edad, dotándolo de una indefensión y un infantilismo que implicaban irresponsabilidad, y sentaban las bases para la perpetuación de un protectorado que alienaba definitivamente la libertad de aquellos mismos naturales a los que Cortés se proponía proteger.

En los *Naufragios*, la transformación del conquistador-héroe, primera vertiente del modelo humano del discurso mitificador, se completa con otra transformación no menos profunda. Desaparecen del texto la categoría del héroe y la del salvaje, y aparece otra que substituye a las dos anteriores: el hombre. Esta substitución no implica la desaparición de diferencias entre esos hombres sino la afirmación de la naturaleza humana de seres racial y culturalmente distintos.

Sobre esta reafirmación, los *Naufragios* exponen la primera presentación antropológica del nativo americano. El punto de partida de la exposición son las terribles condiciones objetivas de supervivencia, que ya no definen aquí a los indígenas como no-humanos sino como humanos primitivos. Alvar Núñez demuestra esa humanidad en las detalladas descripciones que hace de la organización familiar de los indígenas y en la cuidadosa exposición de sus ritos y costumbres. Describe las relaciones familiares: "es la gente del mundo que más aman a sus hijos y mejor tratamiento les hacen"; los ritos funerarios y el duelo: "y cuando acaesce que a alguno se le muere el hijo, lloran los padres y los parientes y todo el pueblo y el llanto dura un año cumplido"; las costumbres matrimoniales, el régimen de propiedad, las relaciones sociales entre grupos y clanes, sus ideas religiosas, su concepto de la ciencia: "ca un indio me dijo a mí que yo no sabía lo que decía en decir que no aprovecharía nada aquello que el sabía, ca las piedras y otras cosas que se crían por los campos tienen virtud"; la medicina: "Lo que el médico hace es darle unas sajas adonde tiene el dolor y chuparle alrededor de ellas. Dan cauterios de fuego, que es una cosa entre ellos tenida por muy provechosa, y yo lo he experimentado y me sucedió bien con ello".[94] Y concluye con una evaluación positiva de los nativos afirmando que "Es gente bien acondicionada y aprovechada para seguir cualquier cosa bien aparejada".[95]

La percepción que va desarrollando Alvar Núñez a lo largo de su experiencia de convivencia prolongada con los indígenas no se da sin contradicciones, inevitables en el contexto histórico en el que se produce la transformación. Esteban es hombre, y también negro. Alvar Núñez y los demás españoles no le niegan su humanidad pero lo relegan a un lugar subordinado con respecto a ellos mismos. Esteban es el que obedece sin cuestionar todas las órdenes y el que aparece consignado sin apellidos al final de todas las listas. Esteban es hombre, pero el lugar que le corresponde entre los náufragos es inferior por ser él "el negro".[96] Y del mismo modo que la percepción de Alvar Núñez no llega a superar el racismo implícito en su presentación de Esteban, su conocimiento y compresión progresivos de la humanidad de los indígenas con los que estuvo en contacto durante largo tiempo no borra totalmente el prejuicio etnocéntrico que identifica lo primitivo y diferente con lo subhumano. Así dice en una ocasión, al describir las nuevas tierras, "que por toda la tierra hay muy grandes y hermosas dehesas y de muy buenos pastos para ganados; y parésceme que sería tierra muy fructífera si fuese labrada y habitada por *gente de razón*".[97] Pero la ausencia de contradicciones internas es propia de los mitos, y su existencia dentro de la relación de los *Naufragios* no hace más que confirmar el carácter desmitificador de este discurso. En el balance final de contradicciones, revelaciones y críticas, el alcance de la desmitificación que se desarrolla en la narración de los *Naufragios* viene dado por la distancia que media entre la primera percepción que tiene de los nativos el conquistador y la filosofía de pacifista que se expresa al final del relato. Dice Alvar Núñez en el episodio en el que ofrece su primera evaluación de los indígenas: eran "hombres tan sin razón y tan crudos a manera de brutos".[98] La evaluación enlaza perfectamente con el modelo de salvaje deshumanizado que formulaba Colón en sus *Diarios* y *Cartas* y que sirvió de continua justificación al modelo de conquista por la fuerza. En cambio, las declaraciones que hace Alvar Núñez al final de su relato proponen la sustitución de la violencia por la persuasión y la del abuso por la justicia: "por donde claramente se ve que estas gentes todas para ser atraídas a ser cristianos y a obediencia de la imperial majestad han de ser llevados con buen tratamiento, que este es camino muy cierto, y otro no".[99]

El cuestionamiento de los modelos define el carácter desmitificador de la relación de los *Naufragios*. Pero el alcance crítico y subversivo de ese proceso de desmitificación sólo puede ser evaluado de forma real considerándolo en relación con el contexto histórico en que se produjo. La percepción del hombre americano, formulada inicialmente en el *Diario del Primer Viaje* de Cristóbal Colón, mantuvo su vigencia hasta muchos años después del regreso de Alvar Núñez al "mundo civilizado". Todavía en 1547, Ginés de Sepúlveda escribiría su *Tratado sobre las justas causas de la guerra contra los indios*. En él desarrollaría los conceptos de *señor* y *esclavo* formulados por Aristótoles y los aplicaría a la demostración de la superioridad de los europeos, la inferioridad de los indios y, consecuentemente, de la justicia natural del proceso de conquista de los segundos por parte de los primeros.[100] De acuerdo con su demostración, los indios americanos merecían ser dominados por los españoles por razón de la superioridad natural de los segundos: "Están obligados estos bárbaros a recibir el imperio de los españoles conforme a ley de naturaleza", dice Sepúlveda. "Y si rehusan nuestro imperio podrán ser compelidos por las armas a aceptarlo, por ser tan grande la ventaja que en ingenio, prudencia, humanidad y fortaleza de alma y de cuerpo, y toda virtud, hacen los españoles a estos hombrecillos", concluye más adelante.[101] La percepción de los indígenas que sirve de base a este argumento los equipara a "hombrecillos, niños, bárbaros, bestias y monos". Afirmaría Sepúlveda que éstos "son tan inferiores a los españoles como los niños a los adultos, las mujeres a los varones,... los monos a los hombres", y proseguiría la caracterización calificándolos de "violadores de la naturaleza, blasfemos e idólatras" y comparando la diferencia que separaba a tales bárbaros de los hombres civilizados con la que existe entre las bestias y los hombres. Ginés de Sepúlveda no inventó su teoría sobre el vacío. Su formulación de la justificación de la guerra por la superioridad natural del español sobre el indio se apoyaba en Aristóteles y en Santo Tomás: "Este es pues el orden natural que la ley divina y eterna manda observar... Tal doctrina se confirma con la autoridad no sólo de Aristóteles sino también de Santo Tomás", declaró Sepúlveda.[102] Y, autorizado por ellos, expresaría una flexión extrema de una filosofía que estaba presente con mayor o menor claridad en los rasgos esenciales de todo el desarrollo del proceso de la conquista de América.

El primero en denunciar la monstruosidad de esta percepción del hombre americano había sido el Padre Montesinos en su famoso sermón de Adviento, pronunciado en 1511.[103] Bartolomé de las Casas, que abandonó sus encomiendas y se dedicó a la defensa de los derechos de los indios precisamente a raíz de este sermón, formularía en sus escritos la defensa más apasionada de la humanidad de los indígenas, señalando repetidamente la superioridad moral de éstos sobre aquellos conquistadores que se creían con derecho a subyugarlos. En 1527, cuando Alvar Núñez apenas había comenzado su larga peregrinación a través del sur del continente, Las Casas comenzó a escribir su polémica *Historia de las Indias,* primera historia crítica del proceso de conquista y colonización del Nuevo Mundo. En ella, Las Casas afirmaría el derecho de propiedad de los nativos sobre las nuevas tierras, defendería la naturaleza humana de los indígenas, atacaría el proyecto de conquista violenta y expropiación, desmontaría la teoría de la justa guerra y propondría como única forma válida de cristianización del hombre americano la enseñanza pacífica, basada en la persuasión, el respeto a la vida y a la propiedad y el buen tratamiento de los nativos.[104]

La presentación desmitificadora que hace Alvar Núñez del hombre americano en su relación de los *Naufragios* entronca directamente con esta corriente de pensamiento crítico que encarna Bartolomé de las Casas. Y las implicaciones políticas e ideológicas de la experiencia de Alvar Núñez que aparecía narrada en los *Naufragios* fueron tan claras que el obispo Zumárraga se referiría públicamente a ella para apoyar su teoría de que debía prohibirse hacer la guerra a los indios, cuya conquista debería reducirse a la de sus almas. Marcel Bataillon se refiere al impacto que tuvo la noticia de la llegada de los tres supervivientes de la expedición de Narváez, en términos muy expresivos: "El 23 de Julio de 1536... una noticia se extiende desde México como llevada por el viento: la vuelta de Alvar Núñez Cabeza de Vaca y otros hombres de los que no se tenía noticia desde hacía más de diez años.... No sólo estos pocos blancos, acompañados de un negro, no habían sido comidos por los caníbales sino que los indios los habían tratado como a seres sobrenaturales".[105]

La importancia ideológica de la relación de los *Naufragios* residió en la desmitificación crítica del modelo ideológico dominante que llevaba a cabo. Su importancia política derivó del apoyo decisivo que este proceso de desmitificación prestaba a toda la corriente de pensamiento crítico que, encabezada por Las Casas, cuestionaba y socavaba activamente todo el modelo de conquista y explotación del Nuevo Mundo que se apoyaba sobre dicho modelo ideológico. Enlazando directamente con el discurso crítico de Las Casas, los procesos desmitificadores de la relación de Alvar Núñez cuestionaban implícitamente los modelos de representación del discurso mitificador. En términos ideológicos, este cuestionamiento se concretaba en el rechazo del derecho a la justa guerra, en la crítica de la "civilización" instaurada por la ideología dominante, en la redefinición de la naturaleza de los nativos, cuya humanidad aparecía reivindicada, y en la propuesta explícita de la "conquista pacífica" como única forma justa y viable de relación con ellos. La relación de infortunios característica de los textos del discurso narrativo del fracaso supera así en los *Naufragios* los límites que en los otros casos la circunscribían a la constatación del fracaso. El fracaso que en aquellos textos constituía el fin de la narración se convierte en los *Naufragios* en el punto de partida de una toma de conciencia que, apoyándose en un proceso de desmitificación crítica de los modelos cuestionados, culminó en una propuesta política que subvertía el orden establecido e identificaba el texto con el discurso crítico de los disidentes.

El análisis ideológico de los *Naufragios* revela con claridad la importancia de este texto dentro del proceso de desarrollo de una conciencia y un pensamiento hispanoamericano. Pero el carácter excepcional de esta narración, en relación con los otros textos que integran tanto el discurso mitificador como el del fracaso, no es menor si la consideramos desde un punto de vista estrictamente literario. Desde este punto de vista es posible afirmar que la relación de los *Naufragios* constituye un texto absolutamente clave en lo que

Raquel Chang Rodríguez ha llamado "la búsqueda de las antiguas raíces de la expresión literaria latinoamericana".[106]

Ya desde el proemio a la relación, Alvar Núñez define el propósito de su narración en unos términos que lo separan de todos aquellos que declaraban escribir para informar. La presentación de la relación como servicio se daba en Cortés subordinando siempre el valor del servicio a la misión informativa de la relación. Lo que determinaba el valor era la veracidad de la información y su utilidad dentro del contexto del proyecto general de conquista y de expansión territorial del imperio. En los textos del discurso narrativo del fracaso, la relación aparece por primera vez desvinculada de su utilidad y de sus efectos —descubrimiento y botín—, para presentarse como evidencia de mérito y como proceso de definición del narrador en tanto que aspirante válido a las mercedes reales.[107] Alvar Núñez da un paso más cuando reivindica explícitamente el valor de la palabra frente al de la acción. A las *obras,* que dieron a sus antepasados un lugar destacado en la historia, el narrador contrapone la *relación,* apuntando así a un proyecto personal de lo que Enrique Pupo-Walker ha llamado la "incorporación a la historia desde la escritura".[108] Encuadrado en este marco intencional, el texto de los *Naufragios* se convierte en un proceso de autodefinición del hombre en la historia, en clara oposición al proyecto político que estructuraba la ficcionalización de las *Cartas de Relación* de Cortés, al proyecto comercial que articulaba las mitificaciones del discurso de Colón, o al de exposición de méritos en que se quedaban los otros textos del discurso narrativo del fracaso.

En un primer acercamiento, el carácter literario de la relación de los *Naufragios* se concreta en una serie de elementos narrativos y estructurales que organizan el material de la narración y le imprimen un cierto carácter subjetivo y atemporal. El primero de estos elementos es la estructura profética a la que se subordina, a posteriori, el relato de infortunios. Al integrarse en dicha estructura, desaparece por completo el elemento de responsabilidad individual en el desarrollo de los hechos —en este caso del fracaso. La acción y el fracaso al que ésta conduce no aparecen al fin como resultado de la voluntad individual de los personajes, sino como cumplimiento inalterable de una forma preestablecida: los términos concretos de la profecía de la mora de Hornachos, que le dijo a una de las mujeres que quedaron en los barcos "que ni él ni ninguno de los que con él iban no saldrían de la tierra; y que si alguno saliese que haría Dios por él muy grandes milagros: pero creía que fuesen pocos los que escapasen, o no ninguno".[109] Subordinada a esta profecía con la que acaba por coincidir perfectamente, la acción cobra un carácter inevitable y el personaje aparece como destinado a recorrer la forma prefijada por la profecía, que ilumina ficticiamente el sentido del discurso, otorgándole una coherencia de signo ficcional. El segundo elemento es la utilización del presagio para desarrollar la cualidad de suspense que va anticipando los momentos importantes de la acción, cuyo carácter se presenta como excepcional por el hecho mismo de ser predestinado. El concierto fantasmagórico de "cascabeles y flautas y atamborinos" que oyen Alvar Núñez y los suyos la noche de tormenta cerca de Trinidad, del que dice éste que "En estas partes nunca una cosa tan medrosa se vió", puntualizando que él hizo "una probanza cuyo testimonio envié a su majestad"[110]—es un ejemplo de este uso del elemento premonitorio para ir creando la atmósfera de suspense que reforzará el carácter dramático e inevitable del desarrollo posterior de la acción. La acción misma anunciada por este elemento generador de suspense sigue un plan de exposición dividido a grandes rasgos en introducción, desarrollo, clímax y desenlace, más propio del relato novelesco que del ensayo histórico tal como lo entendemos hoy.[111]

El último elemento evidente en relación con el carácter novelesco de los *Naufragios* es la intercalación de relatos, leyendas o episodios de carácter claramente ficcional o fantástico.[112] El más extenso de estos relatos es el de la Mala Cosa: "decían que por aquella tierra anduvo un hombre, que ellos llaman Mala Cosa, y que era pequeño de cuerpo y que tenía barbas, aunque nunca le pudieron ver claramente el rostro, y que cuando venía a la casa donde estaban se les levantaban los cabellos y temblaban, y luego parecía a la puerta de la casa un tizón ardiendo; y luego aquel hombre entraba y tomaba al que quería de ellos, y dábales tres cuchilladas grandes por las ijadas con un pedernal muy agudo, tan ancho como una mano y dos palmos en luengo, y metía la mano por aquellas cuchilladas y sacábales las tripas; y que cortaba de una tripa poco más o menos de un palmo, y aquello que cortaba echaba en las brasas; y luego le daba tres cuchilladas en un brazo y la segunda daba por la sangradura y desconcertábaselo, y dende poco se lo tornaba a concertar y poníale las manos sobre las heridas y decíannos que luego quedaban sanos, y que muchas veces cuando bailaban aparescía entre ellos, en hábito de mujer unas veces y otras como hombre; y cuando él quería tomaba el buhío o casa y subíalo en alto, y dende a un poco caía con ella y daba muy gran golpe. También nos contaron que muchas veces le dieron de comer y que nunca jamás comió. Y que le preguntaban de dónde venía y a qué parte tenía su casa y que les mostró una hendedura en la tierra, y dijo que su casa era allá debajo".[113]

La presencia dentro del texto de la relación del relato de la Mala Cosa, que condensa la representación de lo fantástico desde una perspectiva indígena, se complementa con la narración de episodios milagrosos protagonizados por los españoles. Si lo sobrenatural se concreta para los nativos en la figura de la Mala Cosa, para los cristianos se identifica con las de Dios y el Diablo. La transferencia de la información, dada de acuerdo con el código indígena, a los términos de conceptualización de los españoles constituye el núcleo mismo de un proceso de incipiente mestizaje cultural. Y, en el texto de la relación, esta reconversión se hace de forma muy explícita: ante las señales de las cuchilladas dadas por la Mala Cosa, los cristianos no pueden seguir echando a burla la leyenda indígena y se ven obligados a aceptar la posibilidad de su veracidad. Pero lo hacen *después* de haberla reformulado de acuerdo con las categorías de conceptualización de lo sobrenatural propias de una ideología cristiana: "De estas cosas que ellos nos decían, nosotros nos reíamos mucho, burlando de ellas; y como ellos vieron que no lo creíamos, trujeron muchos de aquellos que decían que él había tomado, y vimos las señales de las cuchilladas que él había dado en los lugares en la manera que ellos contaban. Nosotros les dijimos que aquel era un malo, y de la mejor manera que podíamos les dábamos a entender que si ellos creyesen en Dios Nuestro Señor y fuesen cristianos como nosotros, no tendrían miedo de aquel, ni él osaría venir a hacelles aquellas cosas; y que tuviesen por cierto que en tanto que nosotros en la tierra estuviésemos, él no osaría parescer en ella".[114] El diablo substituye a "lo inexplicable", reinstaurando la verosimilitud que esta última categoría amenazaba; del mismo modo que en el caso de los "milagros" Dios pasa a condensar en su figura toda la carga de inquietante magia que revisten las sorprendentes curaciones de los náufragos.

Es indudable que la presencia de la estructura profética en que aparece enmarcado el relato, el modo de desarrollo de la presentación de la acción, la utilización del presagio como elemento generador de suspense y tensión dramática, y la integración en el relato de episodios y leyendas de carácter fantástico que aparecen narradas como verídicas, confieren a la relación de Alvar Núñez un carácter bastante "novelesco", si la abordamos anclados en un concepto contemporáneo de lo que debe ser la naturaleza de un texto de historia. Sin embargo, la presencia de todos estos elementos no separa los *Naufragios* de los otros textos del discurso mitificador, de los del fracaso, ni de otras tantas relaciones y crónicas de la época, confiriéndole un carácter excepcional. Por el contrario, la presencia de todos esos elementos narrativos y estructurales define la relación de los *Naufragios* como un texto perfectamente representativo de los textos históricos de la época. Jacques Lafaye, que se ocupa del problema de los milagros dentro de la narración de Alvar Núñez, puntualiza con extraordinaria claridad el carácter generalmente literario de los textos históricos de la época en estos términos: "Il reste à considérer l'histoire de ce temps comme un genre littéraire. Ses fins étaient celles des anciens, proposer des exemples édifiants, glorifier des personnes; et celles des modernes, exalter des valeurs spirituelles —confondues avec des intérêts nationaux ou politiques. Enfin présenter sous une forme élégante des faits excitants pour l'esprit. La notion même d'objectivité en histoire restait inaperçue; epopée en prose, oeuvre de propagande, histoire naturelle, chronique familiale, l'histoire du Nouveau Monde ne peut être utilisée par l'historien moderne que comme histoire des idées et non des faits".[115]

El carácter de texto excepcional y clave desde un punto de vista literario de la relación de los *Naufragios* no reside en la presencia en ella de todos estos elementos que, aunque a primera vista parecen ligarlo a unas formas propias de la tradición novelesca posterior —atribuyéndole un carácter de precursor literario—, de hecho lo integran plenamente en una tradición anterior que, desde las crónicas medievales, admite la libre inclusión en textos históricos de elementos fantásticos, valoraciones y percepciones subjetivas, juicios personales, y episodios totalmente ficcionales e incluso maravillosos. La emergencia de lo específicamente literario en la relación de los *Naufragios* se relaciona con el proceso de autodefinición del narrador a lo largo del texto del relato. Este proceso coincide, en términos ideológicos, con el proceso de desarrollo de una conciencia crítica que se analizaba más arriba. En términos literarios, esta autodefinición se da a través de la dinámica de lo que podríamos llamar la doble percepción de la acción y, más concretamente, en la relación en que aparece el discurso denotativo que narra la acción con el mensaje connotado que se articula sobre él. El discurso denotativo se identifica con la relación de infortunios. Narra los hechos cotidianos de la acción y la progresión espacial y temporal entre el inicio de la expedición de Narváez y la llegada de los tres supervivientes a la Nueva España. El principio y el fin de la narración aparecen separados por casi diez años y varios miles de kilómetros. Esta distancia espacial y temporal se llena, a este nivel del discurso, de todos los incidentes concretos que en el plano de la acción fueron constituyendo la experiencia de Alvar Núñez en su recorrido del sur del continente norteamericano, desde la Florida hasta la frontera de México. A este nivel, la transformación del personaje se concreta en una serie de cambios: sustitución del vestido por la desnudez, sucesivos cambios de piel, aparición de callos y marcas de intemperie y trabajo manual en todo el cuerpo, y todas las transformaciones que marcan la adaptación al nuevo medio y la adopción de costumbres alimenticias y sociales propias de los nativos. A este nivel, no hay una diferencia cualitativa entre la relación de los *Naufragios* y otros textos del discurso narrativo del fracaso, como la relación de Pedro de Castañeda o la del Fidalgo de Elvas. Pero en los *Naufragios*, junto a esta presentación descriptiva de la acción se da la existencia de un discurso connotado cuya continuidad se articula sobre la proyección metafórica que adquieren en el texto toda una serie de elementos clave de la narración que constituyen los puntos de apoyo central de la estructura literaria del relato. Este discurso connotado por la narración de los *Naufragios* muestra la percepción individual de una trayectoria personal como expresión de una problemática cultural e ideológica colectiva.

La estructura de este discurso connotado es circular. Se inicia con el abandono de la civilización y la desintegración del proyecto de conquista que constituyen el primer naufragio. Continúa con la liquidación metafórica del modelo de acción propuesto por la ideología dominante y con la ruptura simbólica con el contexto cultural occidental: segundo naufragio. Sigue el largo proceso de aprendizaje del conocimiento de la nueva realidad, que se concreta en las metamórfosis del náufrago. Y concluye con un retorno a la civilización que expresa, en la presentación crítica que el narrador hace de ella, la trayectoria del *Yo* en un proceso de redefinición que se inicia en el texto en el capítulo XII para concluir en la definición implícita en los capítulos XXXII a XXXIV. Esta llegada a la "civilización", que ya no es percibida sin reservas como tal, constituye el último naufragio del relato.[116]

En el contexto de este nivel del discurso de la relación de

los *Naufragios,* el sentido de la acción se abre y multiplica: la matanza de los caballos y la fundición de las armas y arreos de montar son dos acciones prácticas destinadas a conseguir comida y las herramientas necesarias para la construcción de barcos. Pero, simultáneamente, expresan la liquidación simbólica de todo un orden imperialista y guerrero que, dentro del contexto de las relaciones de la conquista, aparecía representado por las armas y los caballos. Y apunta a la substitución de violencia por conocimiento y de conquistador por hombre. La desnudez de Alvar Núñez es resultado del segundo de sus naufragios literales y constituye una condición física que lo vuelve más vulnerable al medio. Pero también expresa a nivel metafórico la ruptura simbólica con el contexto cultural europeo, que en las otras relaciones aparecía representado por la ropa como elemento clave, e implica el estado de inocencia primigenia a partir del cual se irá desarrollando la aparición del *Yo* narrativo, concretada en la humanización del personaje y en la modificación progresiva de su percepción de lo americano. El viaje de casi diez años que realiza Alvar Núñez recorriendo las tierras situadas entre la Florida y México es en la narración una tremenda odisea hecha de sufrimientos y penalidades, que devuelve a Alvar Núñez al contexto civilizado que constituía su punto de partida y su meta final. Pero, en la transformación de la percepción de este contexto "civilizado" que separa al Alvar Núñez del principio del viaje del Alvar Núñez del final, ese recorrido es también expresión metafórica de una trayectoria espiritual que resulta en la humanización del conquistador, en la desmitificación crítica de la conquista y en el cuestionamiento de toda la ideología subyacente en los modelos del discurso mitificador —expresión exacta de la base ideológica de la conquista. A nivel metafórico, la trayectoria circular del viaje expresa el desarrollo del *Yo* narrativo que, partiendo de un proceso de transformación del modo de conciencia propio del conquistador del siglo XVI, culmina en la transformación del "regreso" en toma de conciencia de la propia marginación.

El carácter literario de la representación de los *Naufragios* se concreta en la situación de la problemática del desarrollo del *Yo* narrativo en el centro de la narración y en la emergencia de la función metafórica como función primordial de la palabra y el discurso. El carácter excepcional que hace de los *Naufragios* un texto clave en los orígenes del desarrollo de la literatura hispanoamericana deriva de la importancia que en él adquiere esa función metafórica del lenguaje, sobre la que aparece articulado el mensaje fundamental del texto. Y la aparición del elemento específicamente literario en esta narración no se identifica con la intercalación de episodios fantásticos ni con la ficcionalización de episodios particulares, sino con la apertura, a nivel de lenguaje, de un espacio metafórico en el que se consuma la transformación de una expedición fracasada en vivencia personal de la problemática de toda una época.

NOTAS

1. Irving A. Leonard, *Los libros del conquistador,* pg. 19. El autor los señala como fundamentales y puntualiza acertadamente el significado de cada uno de los tres elementos, subrayando asimismo que no fueron éstos los únicos impulsos importantes. Los modelos imaginarios de la literatura de caballerías —expresión de un interés colectivo por lo fantástico— constituyeron sin duda, tal como afirma Leonard, un elemento fundamental a la hora de calibrar y comprender el desarrollo y la forma concreta que tomaron muchas de esas expediciones de exploración y conquista. Para el análisis específico que hace Leonard de la influencia de la literatura en dichas empresas, véase op. cit. pp. 9-77.

2. Irving A. Leonard, op. cit. pg. 29.

3. Cf. supra, Cap. 2.

4. Sobre el problema del "irrealismo español" véase el ensayo de Pierre Vilar "El tiempo del Quijote", en *Crecimiento y desarrollo,* Barcelona, 1974.

5. Pierre Vilar, *Crecimiento y desarrollo,* pg. 342.

6. Irving A. Leonard, op. cit. pg. 27. El propio Leonard presenta esta interpretación general como hipotética. Y, aunque parece probable que los elementos que enumera en ella tuvieran un papel importante en esa propensión española a la fantasía y el mito, no constituirían por sí solos una explicación de la gran intensidad con la que este fenómeno se dio en Europa, ni, sobre todo, de la enorme vitalidad con la que la España de la época eligió una y otra vez la fantasía y el mito frente a realidades que los negaban inequívoca-

mente.

7. Basta recorrer la *Historia crítica de los mitos de la conquista americana,* de Enrique de Gandía, para darse cuenta de ello. Publicada en Buenos Aires, 1929.

8. Enrique de Gandía señala su existencia en la mitología griega y también las referencias que hace a un mágico rejuvenecimiento Homero. Asimismo menciona la referencia que hace un mapa catalán de 1375 a los reinos de Alexandro quien "cuida morir sino que Satanat lengita per la sua mort". *Historia crítica de los mitos de la conquista americana,* Buenos Aires-Madrid, 1929, pp. 49-50.

9. *Los viajes de John Mandeville:* "At the head of this forest is the city of Polumbum. Beside it is a mountain, from which the city takes its name, for the mountain is called Polumbum. At the foot of this mountain is a noble and beautiful well, whose water has a sweet taste and smell, as if of different kinds of spices. Each hour of the day the water changes its smell and taste. And whoever drinks three times of that well on an empty stomach will be healed of whatever malady he has. And therefore those who live near that well drink of it very often, and so they are never ill, but always seem young. I, John Mandeville, saw this well, and drank of it three times, and so did all my companions. Ever since that time I have felt the better and healthier, and I think I shall do so until such time as God in his grace causes me to pass out of this mortal life. Some men call that well the *fons iuuentutis,* that is, the Well of Youth; for he who drinks of it seems always young. They say this water comes from the Earthly Paradise, it is so full of goodness. Throughout this country there grows the best ginger there is anywhere; merchants come thither from distant countries to buy it." Penguin Books, 1983. Translated and introduced by C.W.R.D. Moseley.

10. "La palmera moriche llamada por los indios el "árbol de la vida" se hallaba principalmente en las márgenes del Orinoco y...el árbol de la inmortalidad, y el "palo santo", y el "Xagua" comunicaban sus propiedades a las aguas y ríos que permanecían en su contacto", dice Gandía. Enrique de Gandía, op. cit. pg. 54, notas 8 a 12.

11. Gonzalo Fernández de Oviedo, *Historia General y Natural de las Indias,* Madrid, 1959, vol. II, pg. 105.

12. Gonzalo Fernández de Oviedo, op. cit. vol. 4, pg. 320.

13. Pedro Mártir de Anglería, *Décadas del Nuevo Mundo,* ed. cit. Década VII, libro VII, Capítulo I.

246

14. El propio Herrera señala que "hasta oi porfían algunos en buscar este misterio". Para la versión que ofrece Herrera del mito en sus dos vertientes de *fuente* y *río* véase su *Historia de los hechos de los castellanos,* Dec. 1, libro IX, cáp. XII, año 1512.

15. Fernando Colón, *La vida del Almirante,* Capítulo IX. Véase también Antonio de Herrera, *Historia general de los hechos de los castellanos,* Dec. 1, libro I, capítulo II.

16. Enrique de Gandía, op. cit. pp. 59 a 61. También Stephen Clissold, *The seven cities of Cibola,* London, 1961, pp. 24 y 48 con la reproducción fotográfica del mapa de Johann Ruysh.

17. Herrera refiere este episodio en su *Historia general de los hechos de los castellanos,* Dec. 1, libro I, capítulos II y III.

18. Véase Stephen Clissold, op. cit. pg. 26.

19. E. de Gandía, op cit. pg. 63. El mito de Chicomoztoc o de las siete cuevas de origen de los Nahuas se encuentra en los anales de Cuauhitlán.

20. Morris Bishop, *The Odyssey of Cabeza de Vaca,* London-New York, 1933, pp. 155-156.

21. *Relación del descubrimiento de las siete ciudades,* escrita por Fray Marcos de Nizza. En la Colección de documentos inéditos del Archivo de Indias, serie I, vol. III, pp. 329-350. Todas las citas que utilizo de dicha relación provienen de esta versión. Pg. 344.

22. Ibidem, pg. 347.

23. *Instrucciones de Don Antonio de Mendoza, Visorrey de la Nueva España para Fray Marcos de Nizza,* del 20 de Noviembre de 1538. En la Colección de documentos inéditos del Archivo de Indias (CDIAI).

24. *Relación del descubrimiento de las siete ciudades,* de Fray Marcos de Nizza, ed. cit. pp. 331-332.

25. Ibidem, pp. 333-334.

26. Ibidem, pg. 336. Ambas citas proceden de ahí.

27. Ibidem, pp. 340-341.

28. Ibidem, pg. 342.

29. Ibidem, pp. 347-348.

30. Ibidem, pg. 343.

31. Ibidem, pp. 341-342.

32. La historia de las fábulas de Andrés aparece narrada en las *Décadas* de Pedro Mártir de Anglería. En los primeros capítulos de

la década VII, libro VII, Pedro Mártir expone toda la información de la que llegó a disponer con respecto a la existencia de la maravillosa fuente. La cita viene del capítulo I del libro VII de la década VII.

33. Gonzalo Fernández de Oviedo, op cit. libro XXXVII, Proemio y capítulo I, pp. 322-325.

34. *Relación de la jornada de Cibola,* de Pedro de Castañeda y Nájera. El original se conserva en la Lennox Library de New York. La transcripción utilizada para las citas es la que hizo George Parker Winship para el 14th Annual Report of the American Bureau of Ethnology, Washington, 1896.

35. Stephen Clissold, op. cit. pp. 132-133.

36. Pedro de Castañeda y Nájera, op. cit. pg. 432.

37. Castañeda cuenta en su *Relación* que un "español que se llamaba Cervantes...juró con solenidad que había oído y bisto a el turco hablar en una olla de agua con el demonio, y que teniéndolo debaixo de llave que nadie podía hablar con él le había preguntado el turco a él...como e dicho". Pg. 439.

38. Ibidem, pg. 441.

39. El relato de la llegada del indígena es un resumen del que hace el Fidalgo de Elvas en su *Relaçao dos trabalhos do Gobernador Don Fernando de Souto,* folio XIII. El original se encuentra en la New York Public Library. El facsímil que he utilizado es el editado por James Alexander Robertson en Publications of the Florida Historical Society, Florida, 1933. Las traducciones son mías.

40. Pedro de Castañeda, op. cit. pg. 431.

41. Fidalgo de Elvas, op. cit. folio LVI. La traducción es mía.

42. Fray Marcos de Nizza, op cit. pg. 339.

43. Fidalgo de Elvas, op. cit. folios 56 y 57. La traducción es mía.

44. Cristóbal Colón, *Lettera Rarissima (Carta de Jamaica)* de Julio de 1503. Esta es la primera en una larga serie de descripciones de la fuerza destructora de la exhuberante naturaleza del Nuevo Mundo, que constituirán una constante de la literatura latinoamericana, desde Colón a García Márquez.

45. *Lettera Rarissima,* en Navarrete, vol. I, pg. 240. Navarrete señala que la edad de veinte años tuvo que ser equivocada.

46. Hernán Cortés, *Quinta Carta de Relación,* ed. cit. pg. 233.

47. Hernán Cortés, ibidem, pg. 248.

48. El fracaso de esta expedición a las Hibueras fue doble. Cortés no alcanzó el objetivo real de su viaje que era la segunda Culúa fabulosa de la que había tenido numerosas noticias. Pero es que además de esto perdió en esta baza una gran parte de su poder, junto con el cargo de Gobernador de la Nueva España que ya tenía y el de Virrey, que esperaba obtener. Los disturbios y las luchas por el poder que tuvieron lugar durante su ausencia de dos años, y que difícilmente hubieran podido producirse de haberse encontrado él en la ciudad de México, desembocaron en uno de los períodos más amargos para Cortés, que se vio sometido a un juicio de residencia que lo colocaba en una posición muy vulnerable frente a tanto cortesano, funcionario y rival como esperaba ocupar su lugar desde años antes. Véase Henry Wagner op. cit. y Madariaga, op. cit. También las informaciones de testigos del Juicio de Residencia de Cortés, y la correspondencia entre Cortés y el Emperador en torno a los disturbios de la capital durante su ausencia, especialmente la *Carta al rey* del 13 de Mayo de 1526, y la del 3 de Septiembre de 1526. En la Colección de documentos inéditos del Archivo de Indias, serie I, vol. 12, pp. 367 y 480.

49. Hernán Cortés, *Quinta Carta de Relación,* ed. cit. pg. 268.

50. Las noticias que había recibido sobre la lucha por el poder que enfrentaba a sus representantes en la ciudad de México. Estos le habían dado por muerto y se habían apresurado a usurpar su poder y saquearle la casa. Cf. la *Quinta Carta de Relación,* pg. 268. También Madariaga, *Hernán Cortés.*

51. Hernán Cortés, *Quinta Carta de Relación,* pg. 222.

52. Ibidem, pp. 245 y 247. Todas las descripciones de la naturaleza que he citado vienen de esta carta.

53. Hernán Cortés, ibidem, pg. 245.

54. Cf. Supra, pg. 253, y las notas 48 y 50 al capítulo 3.

55. *Carta de Vázquez de Coronado al Emperador,* escrita desde Tiguez el 20 de Octubre de 1541. En CDIAI, serie I, vol. III, pg. 363.

56. Pedro de Castañeda, *Relación de la jornada de Cibola,* ed. cit. pp. 415-416.

57. Pedro de Castañeda, *Proemio* a la *Relación* citada, ed. cit. pg. 416.

58. Así lo supone George Parker Winship en su edición del Annual Report of the American Bureau of Ethnology, 1896.

59. Fidalgo de Elvas, op. cit. folio XXII derecha.

60. Francisco Vázquez de Coronado, *Carta al Emperador,* de Octubre de 1541.

61. *Relación postrera de Cibola,* reproducida por George Parker Winship en el 14 Annual Report of the Bureau of American Ethnology, Washington, 1896, pg. 568 y ss.

62. Fidalgo de Elvas, op. cit. folio XLVII. La traducción es mía.

63. Luis Hernández de Biedma, *Relación del suceso de la jornada de Hernando de Soto,* en CDIAI, serie I, vol. III, pp. 438-439.

64. Pedro de Castañeda, op. cit. pg. 424.

65. *La visión de los vencidos,* de Miguel León Portilla, pp. 70-71.

66. Pedro de Castañeda, op. cit. pg. 425 y 430 respectivamente.

67. Fidalgo de Elvas, op. cit. folios XLVII, LV y LIX. La traducción es mía.

68. Pedro de Castañeda, op. cit. pp. 415-416.

69. Alvar Núñez Cabeza de Vaca, *Naufragios y Comentarios acompañados de otros documentos inéditos,* ed. de Serrano Sanz, Madrid, vol. I, pp. 3 y 4.

70. Alvar Núñez, op. cit. pp. 4 y 5. Las dos citas anteriores proceden de ahí, y el subrayado es mío.

71. Véase Supra, Capítulo I, secciones 1 y 2. También el capítulo III, sección 1.

72. Véase Supra, Capítulo II, secciones 2 y 3.

73. Véase Supra, Capítulo II, sección. 3.

74. Alvar Núñez Cabeza de Vaca, *Naufragios y Comentarios,* ed. Austral, Madrid, 1957, pg. 26.

75. Ibidem, pg. 25.

76. Ibidem, pg. 24.

77. Ibidem, op. cit. pp. 19 y 21.

78. Ibidem, pg. 35.

79. Ibidem, pg. 25.

80. Alvar Núñez, op cit. pg. 33. Hay que señalar aquí también como rasgo diferenciador entre los dos discursos la aparición de la noción de *imposibilidad* en el segundo, y la insistencia en la enumeración detallada de las dificultades. En su mitificación de la acción de la conquista de México, Cortés elimina sistemáticamente ambos elementos y hay que volverse hacia la *Historia Verda-*

dera de Bernal Díaz para tomar un cierto contacto con la realidad de dificultades constantes en que se movían los miembros de su ejército. En el discurso de Cortés la *voluntad* se substituye a la *realización* que aparece generalmente consignada en términos abstractos y escuetos que, al sustentar la equivalencia ficticia entre *voluntad* y *acción*, resultan en una presentación mitificada del desarrollo de los hechos concretos de la conquista.

81. Las dos citas anteriores corresponden al capítulo VIII de la relación de los *Naufragios*, ed. cit. 1957, pp. 33-34.

82. Alvar Núñez, op. cit. pp. 39-40.

83. Las *Cartas de Relación* de Cortés, la *Historia Verdadera* de Bernal Díaz y otros textos de ese discurso abundan en ejemplos que demuestran la necesidad de la subordinación sistemática del interés personal al de la colectividad. La lista de sacrificios personales sufridos por el bien común del ejército como colectividad y en aras de la misión que éste encarna, es interminable. Y la puntualidad con que aparecen consignados en las relaciones e historias expresa la vigencia de un código del honor militar que se apoyaba de forma fundamental en la noción de *solidaridad* frente al enemigo. Y simultáneamente ilumina la vulnerabilidad de tal concepto —vulnerabilidad que hay que conjurar con el relato de incidentes ejemplares— en el contexto de individualismo, egoísmo y anarquía característicos del proceso de la conquista de América.

84. Pg. 59 op. cit. En ninguna de las relaciones de infortunio que integran el discurso narrativo del fracaso aparece el hambre de forma tan obsesiva como en los *Naufragios*. La intensidad con la que Alvar Núñez comunica al lector la obsesión constante con el hambre es comparable al tratamiento que ésta recibe en los textos de la novela picaresca que, en este aspecto, anticipa.

85. Alvar Núñez, op. cit. pp. 34 y 49 respectivamente.

86. Alvar Núñez, op. cit. pg. 42. Al presentar explícitamente el miedo como causa de un proceso de distorsión de la realidad, Alvar Núñez pone al descubierto toda una problemática fundamental que afecta tanto al discurso mitificador como a la mayoría de los textos del discurso narrativo del fracaso: la subjetividad de la percepción de la nueva realidad, que aparece con frecuencia distorsionada por prejuicios y emociones que la transforman y encubren, cuando pretenden por el contrario reflejarla fielmente y revelarla. De Colón a Fray Marcos de Nizza se suceden los sueños y mitificaciones que las relaciones de descubrimiento no vacilan en presentar

como verdades objetivas y aun verificadas.

87. Alvar Núñez, op. cit. pg. 43. El subrayado es mío.

88. Las dos citas anteriores provienen del capítulo XII de los *Naufragios,* ed. cit. pg. 44.

89. Alvar Núñez, op. cit. pp. 47 y 57 respectivamente.

90. Alvar Núñez, op cit. pg. 47. Gonzalo Fernández de Oviedo que utilizó para su *Historia General* la doble fuente de los *Naufragios* y de la *Relación* presentada conjuntamente por Castillo, Dorantes y Cabeza de Vaca ante la Audiencia de Sto. Domingo, confirma la existencia de estos dos episodios de canibalismo español, que narra escuetamente y sin comentario alguno: Libro XXXV, vol. IV, pp. 295-297.

91. Alvar Núñez, op. cit. pg. 52.

92. Alvar Núñez, op cit. pp. 68 y 93 respectivamente.

93. Cf. Supra, pg. 269 y ss.

94. Capítulos XIV y XV de los *Naufragios.*

95. Alvar Núñez, op. cit. pg. 93.

96. Hay que señalar que por lo menos Alvar Núñez lo incluye al final de sus listas y lo nombra repetidamente en el relato. Gonzalo Fernández de Oviedo que basó su versión de los acontecimientos de la expedición de Narváez en los *Naufragios* y en la *Relación* presentada por los supervivientes en la Audiencia de Sto. Domingo, deja con frecuencia de mencionar la existencia de Esteban y se refiere a los *tres* supervivientes de la expedición.

97. Alvar Núñez, op. cit. pg. 63. El subrayado es mío.

98. Alvar Núñez, op. cit. pg. 44. La evaluación tiene un carácter todavía más revelador si se tiene en cuenta que se produce ante el llanto de los indígenas por las desdichas de los náufragos españoles.

99. Alvar Núñez, op. cit. pg. 96.

100. Para el análisis de toda la problemática de la utilización de la teoría aristotélica en la percepción y justificación de muchos aspectos de la conquista de América, y más específicamente de la subyugación de los "naturales", véase Lewis Hanke, *El prejuicio racial en el Nuevo Mundo. Aristóteles y los indios de Hispanoamérica,* Chile, 1958. Y Alejandro Lipschutz: *El problema racial en la conquista de América,* México, 1975.

101. Ginés de Sepúlveda: *Tratado sobre las causas de la justa*

guerra contra los indios, México, 1941, pg. 135. Citado por Lipschutz en op. cit.

102. Ginés de Sepúlveda, op. cit. En Lipschutz en op. cit.

103. Cf. Bartolomé de las Casas, *Historia de las Indias,* vol. II, cap. IV, pg. 136 y ss.

104. Bartolomé de las Casas, *Historia de las Indias,* vol. I y II. Para un análisis del significado histórico de las doctrinas de Las Casas, cf. Marcel Bataillon, *Estudios sobre Bartolomé de las Casas,* Barcelona, 1976.

105. Marcel Bataillon, *La Vera Paz, novela e historia,* en op. cit. pg. 200.

106. Raquel Chang Rodríguez, *Prosa Hispanoamericana Virreinal,* Barcelona, 1978, pg. 50.

107. Cf. Supra, "El discurso narrativo del fracaso".

108. Enrique Pupo-Walker, *Sobre el discurso narrativo y sus referentes en los Comentarios Reales del Inca Garcilaso,* en Prosa Hispanoamericana Virreinal, pg. 30 y ss.

109. Alvar Núñez, op. cit. pg. 108.

110. Ibidem, pg. 17.

111. Esta exposición "novelesca" del relato se complementa estructuralmente con la presencia de dos motivos fundamentales que parecen substituirse a cualquier otra forma de causalidad interna del relato. Se trata del hambre y de la necesidad, cuya importancia como elementos impulsores de la acción y de su desarrollo anticipan, en términos muy generales, la función que éstas revestirán dentro de la forma de la novela picaresca. Menciono este carácter anunciador, no obstante, con infinita cautela, y quiero puntualizar que la relación se fundamenta en el *grado* de importancia que revisten estos motivos en la relación y en la novela picaresca, y no en el *modo* en que funcionan en los respectivos textos ni en sus funciones e implicaciones específicas dentro del contexto preciso en el que se dan.

112. David Lagmanovich divide estas intercalaciones o episodios en cuatro tipos fundamentales: Los maravillosos (que relaciona con lo real maravilloso de la literatura del siglo XX, enlace que considero por lo menos problemático); los extraños, los fantásticos y los testimoniales. Cf. *Los Naufragios de Alvar Núñez como construcción narrativa,* en Kentucky Romance Quarterly, 1978. En mi opinión esta clasificación no contribuye a aclarar el significado ni

la función real de estos episodios intercalados que no le confieren un carácter particularmente literario a la relación. Y me parece de gran importancia el subrayar este último hecho. La intercalación de leyendas indígenas —La Mala Cosa— el uso del presagio, la premonición o el reconocimiento contribuyen sin duda a redondear la narración. Sin embargo la presencia de todos ellos no hace de los *Naufragios* un texto cualitativamente distinto de tantas crónicas novelescas, frecuentes en la tradición narrativa peninsular desde mucho tiempo atrás. La apertura de los *Naufragios* hacia la literatura se concreta por el contrario en la capacidad de Alvar Núñez Cabeza de Vaca de crear un lenguaje *múltiple* que articula de entrada un discurso doble: denotativo y connotativo. El episodio de la Mala Cosa es totalmente accesorio para la comprensión del mensaje central de la relación de los *Naufragios* (que se centra en la trayectoria espiritual de un narrador que va *naufragando* repetidamente en su contacto con los elementos centrales de la problemática de toda la conquista, hasta adquirir una conciencia crítica que subvierte en la escritura el modelo ideológico dominante). En cambio, otros episodios que no aparecen como intercalaciones ni presentan, a primera vista, un carácter "novelesco" —como el de la bahía de los Caballos o el que se narra en el capítulo XII— se revelan en el análisis con una importancia estructural y significativa absolutamente fundamental como partes de un proyecto de representación de la problemática de la conquista de carácter claramente literario.

113. Alvar Núñez, op. cit. pp. 68-69.

114. Ibidem, pg. 69.

115. Jacques Lafaye, *Les miracles de Alvar Núñez Cabeza de Vaca,* en Bulletin Hispanique, 1962, tomo LXIV bis: "Queda por considerar la historia de la época como texto literario. Sus fines eran los de los antiguos historiadores: Proponer ejemplos edificantes, glorificar personas; y también los de los modernos: exaltar valores espirituales confundidos con intereses nacionales o políticos; y, finalmente, el presentar en forma elegante hechos estimulantes para el espíritu. La noción misma de objetividad en la historia era ignorada: epopeya en prosa, obra de propaganda, historia natural, crónica familiar, la historia del Nuevo Mundo no puede ser utilizada por el historiador moderno más que como historia de las ideas y no de los hechos". (La traducción es mía). En este mismo artículo Lafaye identifica de forma muy reveladora y convincente la utilización de la categoría del *milagro* para narrar

las curaciones, con un proceso de incipiente mestizaje cultural, semejante al que señalo más arriba a propósito del episodio de *La Mala Cosa* y su reinterpretación por parte de Alvar Núñez.

116. Hay que señalar aquí que el título de los *Naufragios* no le fue dado a la relación por el propio Alvar Núñez. En la primera edición de dicha relación, que apareció en Zamora en 1542, el título era "La relación que dió Alvar Núñez Cabeza de Vaca de lo acaecido con los indios".

CAPITULO 4

La crisis de los modelos

1. La búsqueda del Dorado.

En el continente norte, la expansión territorial de la conquista se había organizado en torno a dos objetivos centrales: la fuente de la eterna juventud y las siete ciudades de
Cíbola. Todos los grandes proyectos de expediciones españolas a Norteamérica incluían, en su origen, uno de estos dos
objetivos míticos. Y el fracaso en el que culminaron tales
empresas de exploración no fue suficiente para anular el
impulso mitificador de una colectividad que continuó em-
peñada en identificar lo desconocido con formas y elementos imaginarios derivados de las tradiciones antiguas, de las
leyendas indígenas y de las "historias mentirosas" que tanto
furor causaban en la época.[1]

Paralelamente a la expansión hacia el norte, se desarrolló
el proceso de penetración del continente sur, a partir de las
bases establecidas en el litoral y centradas en Perú, Quito y
Venezuela. La capacidad mitificadora de los conquistadores
que participaron en este proceso paralelo no parece haber

sido en ningún modo inferior a la de los que formularon y perpetuaron los mitos de la fuente maravillosa y las ciudades encantadas. Irving A. Leonard dice con respecto a esto: "Nada hace pensar que las fantásticas leyendas que prevalecieron en los primeros años del siglo hubiesen perdido vigor al tiempo en que los españoles se entregaron a la casi sobrehumana tarea de posesionarse de la inmensa tierra de Sudamérica. Puesto que en la Nueva España no se habían localizado ciudades encantadas, fuentes de juventud, amazonas y todas aquellas maravillas que se esperaba ver de un momento a otro, hubo una natural propensión a transferir el sitio de tales mitos a la zona aún más misteriosa y hosca de Tierra Firme, que hacia el sur esperaba a los ansiosos aventureros con sus desmesuradas promesas".[2]

De hecho, más que del traslado de mitos concretos de un hemisferio a otro, al que alude Leonard, hay que hablar de supervivencia y revitalización de la colectiva propensión al mito que caracterizó la expansión hacia el norte. Los mitos no se desplazaron, con la excepción del de las amazonas, y éste por razones que se verán más adelante. El conquistador, incluso el que como Pedro de Alvarado, Diego de Ordás o Alvar Núñez Cabeza de Vaca había participado en expediciones en busca de objetivos míticos en el norte, tendió más a formular nuevos objetivos míticos en el contexto del nuevo continente que a insertar los anteriores en la nueva realidad inexplorada.

Los mitos fundamentales de la conquista del continente sur se levantaron sobre una hipótesis fundamental: La existencia de una región fabulosa situada sobre la franja equinoccial en el interior del continente. En el momento de su aparición, esta hipótesis no presentaba un carácter totalmente fantástico. Aparecía vinculada a una de las teorías cosmográficas de más prestigio en la época: la teoría de la distribución de los metales preciosos en el globo terrestre.[3] La presencia de referencias a esta teoría en textos que van desde el siglo XV hasta el XVII confirma la importancia que debió tener en la época. Los Reyes Católicos se refieren implícitamente a ella en una carta que le dirigieron a Cristóbal

Colón en 1493 para consultarle sobre la conveniencia de cambiar la bula de modo que ésta pasara a incluir mayor extensión de tierras situadas en esa zona. Hablan de informaciones proporcionadas por los portugueses, que afirman que en la zona tropical "piensan que podrá haber islas y aun tierra firme que *según en la parte del sol que está* se cree que serán muy provechosas y más ricas que todas las otras: y porque sabemos que desto sabéis más vos que otro alguno vos rogamos que luego nos enviéis vuestro parecer en ello, porque si conviniere y os pareciere que aquello es tal negocio, cual acá piensan que será, se enmiende la bula".[4] En 1495 el prestigioso cosmógrafo Jaume Ferrer escribió a Cristóbal Colón, señalándole la zona equinoccial como lugar privilegiado para el hallazgo de grandes riquezas, con estas palabras: "que la vuelta del equinoccio son las cosas grandes y de precio como piedras finas y oro y especias y drogaría; y esto es lo que yo puedo decir acerca de ésta por la mucha plática que tengo en Levante, Al Caire y Damas, y porque soy lapidario y siempre me plugo investigar de aquellas partes desos que de allí vienen, de que clima o provincia traen dichas cosas; y lo más que pude sentir de muchos Indos y Arabes y Etíopes es que la mayor parte de cosas buenas vienen de región muy caliente".[5] En sus *Décadas del Nuevo Mundo,* Anglería dedicó toda una sección al tema, titulada "Conjeturas de que habrá en la zona tórrida otras islas de oro, especias y perlas a más de las conocidas". En ella, afirmaba su convencimiento de que pronto se descubrirían nuevas tierras, "ya debajo del ecuador ya próximas a él", y de que estas tierras serían "ricas en arenas de oro conforme ya se han encontrado las Malucas y demás descritas anteriormente". Anglería basaba su certeza en "la virtud que el sol tiene en el equinoccio sobre la materia terrestre", y aseguraba que, si tal virtud producía en un lugar de la franja tropical terrestre tierras tan ricas como las Malucas, era lógico esperar que las mismas condiciones naturales generaran iguales riquezas en los otros lugares situados dentro de esa misma franja.

"Aquel círculo pues es el mayor de todos los círculos. Por

tanto si en tan breve espacio como dije tiene la naturaleza tanto poder y arte que lo que produce en una parte de la misma región se encuentre también en otra parte que reciba el mismo influjo en el género de productos que dé la tal tierra ¿quién duda que también en este género de los aromas, debajo de tamaña mole del cielo puedan encontrarse otras tierras que reciban esa misma virtud que ha sido concedida a las islas Malucas y sus vecinas que parte están bajo el mismo ecuador, parte caen al uno y al otro lado del mismo?".[6]

La teoría de la distribución de las riquezas en el globo terrestre —metales y piedras preciosas en la mayoría de las formulaciones, a las que se añaden las especias en la versión de Anglería— siguió gozando de gran prestigio a lo largo de todo el siglo XVI. El padre José de Acosta se apoyó en ella al exponer su teoría de la naturaleza de los metales: "Los metales son como plantas encubiertas en las entrañas de la tierra y tienen alguna semejanza en el modo de producirse pues se ven también sus ramas y como tronco de donde salen, que son las vetas mayores y menores que entre sí tienen notable trabazón y concierto, y en alguna manera parece que crecen los minerales al modo de las plantas...porque de tal modo se producen en las entrañas de la tierra por virtud y eficacia del sol y de los otros planetas".[7] También los cronistas aludieron a ella, desde Gómara, que se apoyaba implícitamente en ella para cuestionar las noticias de la pobreza de la zona tropical difundidas por algunas fuentes, hasta Herrera, quien en su *Historia General* retomaría, como aquél, su existencia sujeta a la influencia del sol y los planetas.

La teoría cosmográfica de la distribución de los metales proporcionó la base científica sobre la cual se apoyaría la certeza que poseyeron tantos conquistadores acerca de la existencia de regiones fabulosas en el interior del continente. Pero las formas imaginarias en que se concretó la representación de ese interior fabuloso, es decir, los mitos que actuaron como incentivo directo en el proceso de exploración, se relacionaron —al igual que en el caso del continente norte— con un fondo de leyendas indígenas y europeas, tradiciones históricas y noticias, proporcionadas tanto por los habitantes del interior como por los supervivientes de la larga serie de expediciones que, partiendo principalmente de Perú, Quito, Nueva Granada y Paria, se lanzaron entre 1530 y 1560 a la conquista de las vastas regiones inexploradas del interior.

Entre todos los mitos que impulsaron la exploración del interior del continente sur, hay uno que no constituye una aportación nueva sino la reformulación de un viejo mito que, desde Colón hasta Cortés, había despertado la imaginación de numerosos descubridores del Caribe y de la tierra firme del norte. Se trata del mito de las amazonas. Cristóbal Colón conocía, si no la formulación clásica del mito que hizo Herodoto, por lo menos la versión que dio de ella Marco Polo en sus *Viajes*. Marco Polo reformuló el mito de Herodoto en su descripción de las islas Varón y Mujer y de las costumbres de sus habitantes: "Pero en esta isla (Varón) —decía Marco Polo— no viven las mujeres, ninguna ni las casadas ni las solteras, sino que habitan en otra isla llamada la Mujer. Desde esta isla se van los maridos por tres meses: marzo, abril y mayo para vivir con sus mujeres a la isla de la Mujer, y allí gozan de ellas. Y al cabo de los tres meses vuelven a esta isla.... La madre amamanta en verano al hijo que nace durante el año. Pero cuando tienen catorce años los mandan por mar a la isla de sus padres, y esta es la costumbre de las dos islas, como lo oís".[8] En 1492, Martín de Behaim hace figurar ambas islas en su mapa del globo y recoge algunas de sus costumbres en las inscripciones que lo acompañan. En ambos casos —el de Marco Polo y el de Behaim— se da un hecho de importancia para determinar la función que el mito de las amazonas y sus innumerables reformulaciones van a desempeñar a lo largo de la conquista de América: Siguiendo la versión del mito que prevaleció durante la Edad Media, las amazonas aparecen localizadas en el extremo oriental de Asia y, por su misma situación, se asocian desde ese momento con las riquezas fabulosas que se supone que albergan aquellas regiones poco conocidas.

Cristóbal Colón fue el primero en mencionar la posible existencia de amazonas en el Nuevo Mundo, situándolas en las islas de Matinino y Carib. Al transferir el mito al Nuevo Mundo, Colón formulaba la primera versión americana del mito europeo a la vez que definía implícitamente la función que éste cumpliría durante muchos años después del descubrimiento. Las amazonas de Colón no son importantes como objetivo sino como pieza clave de identificación. La demostración de su presencia hubiera constituido para el Almirante la prueba definitiva de que se hallaba, efectivamente, junto a las regiones fabulosas que esperaba encontrar en el extremo oriental de Asia.

A partir del primer viaje de Colón las referencias a las amazonas se sucederían sin interrupción en relatos de expediciones con los objetivos más variados imaginables. Irving A. Leonard analiza la trayectoria y evolución del mito, se pregunta por las razones de su movilidad y persistencia, y señala su función como elemento de identificación de regiones muy ricas. Pero esta función aparece en su análisis como secundaria, y el mito en sí constituye para Leonard un objetivo fundamental.[9] En mi opinión, la extraordinaria vitalidad y continuidad de la presencia del mito, registrada en relaciones y noticias de descubrimientos de todo tipo, aparece determinada de forma primordial por su valor como elemento identificador de regiones extraordinariamente ricas. Las amazonas interesaban en la medida en que su presencia se asociaba de forma constante, desde la Edad Media, con grandes cantidades de oro, plata y piedras preciosas. La función del mito a lo largo de la conquista es la de elemento anunciador de la proximidad de objetivos fabulosos. Las amazonas no constituían un objetivo principal, como afirma repetidamente Leonard,[10] sino un signo de confirmación de la existencia y proximidad de objetivos míticos fundamentales —objetivos que iban desde el Cipango colombino hasta el reino de Omagua de Orellana.

Una vez transferido a Sudamérica, el mito de las amazonas reapareció periódicamente y se fue propagando y perpetuando, tomando como punto de apoyo las noticias indígenas que los españoles malinterpretaban consistentemente de acuerdo con él.[11] Pero en todas sus reapariciones se presentaba asociado con un objetivo mítico fundamental, que podía ser cualquiera de las representaciones imaginarias que se hicieron exploradores y conquistadores de la región fabulosa del interior. Las noticias indígenas que parecían confirmar la existencia de las amazonas se referían, a veces, a la organización y las costumbres matriarcales de algunas de las tribus del interior y, en la mayoría de los casos, a las vírgenes incas dedicadas al culto del Sol, a las llamadas Mujeres del Inca. La costumbre, atribuida a las amazonas por el mito original, de guardar a las niñas que concebían, devolviendo a los hijos varones a sus padres, se vino a identificar en Sudamérica con el tributo de niños y niñas que exigía tradicionalmente el Inca de sus vasallos. Y la asociación ininterrumpida de amazonas y riquezas encontró su confirmación en los grandes tesoros que se sabía que acumulaban los incas en los templos del Sol en los que habitaban aquellas vírgenes cuyas noticias identificaron repetidamente los españoles con la existencia de las amazonas y con la proximidad de los objetivos míticos del interior fabuloso que su presencia anunciaba.[12] De la cuantía de esos tesoros que se acumulaban en los templos del Sol habla el Inca Garcilaso en sus *Comentarios,* señalando que la mayor parte de la riqueza de oro y plata que se recaudaba en el imperio se dedicaba al servicio y adorno de las Casas de las Vírgenes de los Templos del Sol, que eran bastante numerosas por todo el territorio del Imperio.

Las formulaciones del mito de las amazonas son numerosísimas desde Colón hasta el siglo XVIII.[13] Van desde la noticia escueta que, como en el caso de Colón o de la cuarta *Carta de Relación* de Cortés, se limita a enunciar el mito de las mujeres guerreras que viven solas, "sin varón ninguno y que en ciertos tiempos van de la tierra firme hombres con los cuales han acceso y las que quedan preñadas, si paren mujeres las guardan, y si hombres los echan de su companía",[14] a formulaciones tan ricas y complejas como la que hace Gaspar de Carvajal en su relación de la expedición de Orellana por el Amazonas. Carvajal narra el interrogatorio al que sometió Orellana a un indio de una tierra cercana a Omagua.

En respuesta a las preguntas de Orellana, dice carvajal que este indio afirmó la existencia de "unas mujeres que residían tierra adentro siete jornadas de la costa", que eran numerosas hasta más de setenta pueblos, que "participan con indios en tiempos y cuando les viene en gana...y después que se hallan preñadas les tornan a enviar a su tierra sin les hacer otro mal; y después cuando viene el tiempo que han de parir, que si paren hijo le matan y le envían a sus padres, y si hija la crían con muy gran solemnidad y la imponen en las cosas de la guerra.... Dijo que hay muy grandísima riqueza de oro y de plata y que todas las señoras principales y de manera no es otro su servicio sino de oro y plata...y que estas casas tienen muchos ídolos de oro y de plata para el servicio del sol". Carvajal llega a incluir en su descripción de las amazonas un retrato físico que asegura corresponder exactamente a lo que ha visto con sus propios ojos: "...vinieron hasta diez o doce, que estas vimos nosotros, que andaban peleando delante de todos los indios como capitanas.... Estas mujeres son muy blancas y altas y tienen muy largo el cabello y entrenzado y revuelto a la cabeza, y son muy membrudas y andan desnudas en cueros tapadas sus vergüenzas, con sus arcos y flechas en las manos".[15]

Pero, ya se trate de una formulación escueta del mito o de una creación tan completa como la que realiza Carvajal sobre la base de las noticias indígenas, hay un elemento que aparece siempre asociado con las noticias de las amazonas: La presencia de riquezas fabulosas que se conciben de maneras diversas. Para Cortés, en las noticias que dice haber recibido en su *Cuarta Carta,* se trataba de oro y perlas. Para Juan de San Martín y Antonio de Lebrija, en su *Relación del Descubrimiento del Nuevo Reino de Granada,*[16] la riqueza se identificaba con minas de oro de abundancia nunca vista. Para Carvajal, la riqueza tomó la forma de tesoros acumulados de oro, plata y piedras preciosas. Y Hernando de Ribera hablaría de grandes cantidades de "metal blanco y amarillo" y aseguraría que "los servicios y asientos de sus casas eran del dicho metal".[17]

En el proceso de exploración del continente sur, el itinerario del mito de las amazonas aparece asociado al de los mitos diversos que concretaron en distintos momentos el carácter fabuloso del interior desconocido. Las amazonas, que anunciaban con su presencia la proximidad del Asia fantástica de Marco Polo para Colón, anunciarían en las relaciones de descubrimiento del interior la proximidad de esa región de riquezas incalculables que, bajo formas tan diversas de representación imaginaria como el país de Meta, el tesoro incaico escondido, la Casa del Sol, el Dorado y el reino de los Omaguas, impulsó a los conquistadores a adentrarse una y otra vez en las selvas y despoblados de Sudamérica.

Durante el siglo XVI, la representación imaginaria del carácter fabuloso atribuido a las regiones del codiciado interior pasó por una serie de metamorfosis y reformulaciones fundamentales, resultando en otros tantos mitos que constituyeron los objetivos centrales de las expediciones de exploración del interior del continente. En 1516, una de las carabelas que integraban la expedición de Juan Díaz de Solís naufragó en el Atlántico junto al Puerto de los Patos. Algunos de los náufragos prestaron crédito a los relatos de los indígenas que les hablaban de la existencia de un rey blanco y de riquezas increíbles en algún punto del interior. Se adentraron en las selvas del Brasil y llegaron hasta las minas de Charcas, donde tomaron grandes cantidades de metal precioso. Sólo unos pocos esclavos indígenas sobrevivieron al regreso de la expedición, y los demás fueron liquidados por los nativos del Brasil. Pero los que regresaron llevaban muestras de oro y plata, y los náufragos que habían permanecido en Puerto de los Patos creyeron ver en ellas la confirmación de la existencia de la Sierra de la Plata y del Imperio del Sol en el interior del continente. La búsqueda de estos objetivos míticos, cuya formulación se apoyaba sobre la realidad de unas minas y de noticias que hacían referencia al imperio Inca todavía por descubrir, impulsó durante la primera mitad del siglo XVI las expediciones de penetración de Sudamérica desde la costa del Atlántico.[18]

En 1530, Diego de Ordás consiguió capitulaciones para

organizar una expedición al interior, siguiendo el curso del río Orinoco. Su objetivo inicial era la zona equinoccial que suponía abundantísima en metales preciosos. La expedición partió en 1531 y fue un fracaso. Diego de Ordás moriría en 1532 sin haber encontrado lo que se proponía. Pero uno de los hombres que integraban su expedición, llamado Gerónimo Ortal, organizaría en 1533 otra expedición hacia el interior. El objetivo era todavía la zona equinoccial, pero esta vez ya asociada a una región específica fabulosamente rica, de la que se habían tenido noticias vagas durante la fallida expedición de Ordás. Se trataba del País de Meta. Entre 1533 y 1538, se sucederían las expediciones al interior en busca de esa provincia fantástica. El resultado fue la confirmación de la existencia de aquel país mítico. Juan de San Martín y Antonio de Lebrija, que participaron en esas expediciones, enumeran, en su carta-relación al rey, numerosos hallazgos de minas de oro y esmeraldas, ofrecen una descripción de los tesoros en pedrería encontrados en los templos de Tunja y Sogamoso, y acumulan noticias indígenas que prometen riquezas aun más extraordinarias a pocas jornadas del lugar en que se hallaban y poco menos que en todas las direcciones.[19]

Cuando en 1538 coincidieron en el mismo "triángulo de seis leguas" procedentes de puntos tan distantes como el Perú, Venezuela y Sta. Marta, las expediciones capitaneadas por Benalcázar, Federman y Ximénez de Quesada, la suma de la información y pruebas acumuladas en sus respectivas trayectorias supondría la confirmación plena de la existencia de las riquezas incalculables del interior: para Ximénez de Quesada, esa riqueza se concretaba en los tesoros del Inca, que, desde la conquista del Cuzco, se suponían repartidos en cantidades poco menos que infinitas por los recovecos del imperio. El hallazgo y saqueo de Tunja y Sogamoso habían confirmado la creencia generalizada en esos míticos tesoros. Pero la expedición de Ximénez de Quesada confirmó también la existencia de la mítica provincia de Meta, tomando como prueba el hallazgo de las minas de oro y esmeraldas y las noticias de los indígenas que anunciaban más y mejores riquezas dentro de la misma zona. Para Federman, en cuyo ejército se encontraban también los expedicionarios que se habían rebelado contra Gerónimo de Ortal, la riqueza del interior se identificaba con las noticias recogidas a lo largo de todo el trayecto de la expedición sobre la provincia de Meta y las grandes cantidades de pedrería y metales preciosos que los indígenas situaban en ella. Benalcázar, por su parte, aportaba el relato del botín obtenido en Irruminari, y las noticias de la existencia y captura de aquel Indio Dorado, en torno a cuya figura se iría tejiendo paulatinamente el mito de El Dorado.

Enrique de Gandía sitúa las primeras noticias del Dorado en 1534, pero señala 1538 como el momento decisivo en la formulación y propagación del mito en su forma completa. Según él, fue precisamente después del encuentro entre Ximénez de Quesada, Benalcázar y Federman cuando "la fama del Dorado voló por todo el norte de la América Meridional, descendió al Perú y de allí pasó algunos años más tarde al Río de la Plata".[20] La leyenda del Dorado, que inspiró la formulación del mito, se refería a una ceremonia que se celebraba en una población de la orilla de la laguna Guativitá, ceremonia de los chibchas que cayó en desuso ya antes de la llegada de los españoles. La ceremonia consistía en la ofrenda ritual de oro y piedras preciosas, que eran sepultadas periódicamente por el cacique en las aguas de la laguna. La leyenda indígena contaba que el origen de esa costumbre databa de la época en que existió en Guativitá una cacica adúltera a quien su marido castigó feroz y públicamente, avergonzándola de tal modo que ésta se arrojó desesperada a las aguas de la laguna. Lleno de remordimientos, el cacique consultó con los sacerdotes, y ellos le dijeron que su esposa vivía en un palacio en el fondo de la laguna, y lo persuadieron de que le hiciera ofrendas de oro. Para el ritual de la ofrenda, el cacique "iba en cueros pero todo el cuerpo lleno desde la cabeza hasta los pies y manos de una trementina muy pegajosa, y sobre ella echado mucho oro en polvo fino ...y entrando así hasta el medio de la laguna allí hacía sacrificios y ofrendas, arrojando al agua algunas piezas de oro y esmeraldas".[21]

En su origen, el mito se articula en torno a dos elementos centrales bien definidos: la laguna de las ofrendas y la figura del indio dorado. Pero, con el paso de los años, el término Dorado pasó a ser —como ningún otro— sinónimo de cualquier región dotada de riquezas inmensas. De ahí deriva posiblemente la importancia que concedieron a este mito tantos cronistas e historiadores, señalándolo erróneamente como el objetivo mítico de muchas expediciones que en realidad buscaban Meta, La Casa del Sol, o los tesoros del Inca, objetivos míticos todos ellos que se habían ido desarrollando sin ninguna relación con la leyenda del famoso indio dorado.

En 1541, Felipe Huten partió de Coro en busca del Dorado en el momento de máxima popularidad del mito. No encontró ni rastro de él, pero la expedición regresó con noticias de otro reino enormemente rico: el de los Omaguas. En 1542 partiría la expedición de Gonzalo Pizarro, quien, en el último momento y teniendo en cuenta las últimas noticias que circulaban sobre el Dorado, añadió a su objetivo inicial —la Canela— el de descubrimiento y exploración del reino mítico. La expedición se dividió a orillas del Amazonas y Orellana navegaría el Amazonas por primera vez hasta su desembocadura. Al hacer la relación de esta expedición, el padre Gaspar de Carvajal señaló la presencia de las amazonas —siempre anunciadoras de riquezas extraordinarias— en las proximidades de la región de los Omaguas. El mito del reino fabuloso de los Omaguas, que se apoyaba sobre la existencia de una provincia real y sobre la determinación inquebrantable de tantos descubridores de localizar regiones riquísimas en el interior, recibiría su confirmación con la llegada al Perú de los indios Brasiles. Estos, que afirmaban haber ido remontando el Marañón hasta el Perú durante diez años, "Decían tan grandes cosas del Río y de las provincias a él comarcanas y especialmente de la provincia de Omagua, así de la gran muchedumbre de naturales como de innumerables riquezas por lo cual pusieron deseo a muchas personas de las ver y descubrir".[22] Cuando, en 1559,

Pedro de Ursúa consiguió las capitulaciones para su conquista, los mitos de Omagua y el Dorado aparecían ya ligados como sinónimos, y ambos designaban la región mítica de las grandes riquezas que se suponía situada, ahora, no en los llanos del interior entre Perú, Colombia y Venezuela, sino en la cuenca del Amazonas, que se había convertido a partir de la expedición de Pizarro a la Canela en el foco central de exploración.

La transferencia de cualidades que expresa la relación de equivalencia en que se encuentran Omagua y el Dorado en el proyecto de Pedro de Ursúa no constituye un caso aislado, ni siquiera excepcional. Las representaciones imaginarias del interior fabuloso presentan en la exploración de Sudamérica un dinamismo extraordinario. A través del contacto entre diversas expediciones y de la difusión constante de noticias fantásticas —que pasaban a incorporarse a un determinado mito en un momento dado para asociarse a otro más adelante—,[23] las distintas formulaciones de cada uno de ellos aparecen dotadas de un carácter extraordinariamente fluido y transitorio. Las transformaciones que presentan los objetivos de distintas expediciones organizadas por un mismo conquistador —como en el caso de las de Ximénez de Quesada— expresan la realidad de ese dinamismo extraordinario. Comenzó Ximénez de Quesada, en su primera expedición de 1536, con un proyecto de navegación del cauce del río Magdalena, en busca de un paso de comunicación intercontinental con la Mar del Sur. Demetrio Ramos puntualiza que en aquel proyecto "no se trata de poner en práctica las ideas de Ordás por la ruta del Gran Magdalena...sino de realizar la intentona de la Mar del Sur, tal como pudo pretenderla Alvarado cuya aspiración debió ser poderoso incentivo para Fernández de Lugo".[24] Pero cuando, en 1539, el mismo Ximénez de Quesada capitaneó su cuarta expedición, el objetivo de la expedición —tal como aparece formulado en las relaciones de diversos expedicionarios— incluiría ya dos de las más importantes representaciones míticas del interior fabuloso —la Casa del Sol y el País de Meta— cuya existencia aparecía asociada en su proyecto con el elemento anunciador por excelencia de la proximidad de toda región míticamente rica: las amazonas.[25]

Las declaraciones de objetivos y las relaciones de noticias obtenidas durante las expediciones llegaron a constituir verdaderas formulaciones compuestas en las que aparecían ligados numerosos mitos de carácter heterogéneo y origen diverso junto con elementos reales que se relacionaban generalmente con las riquezas del Perú de los Incas. La relación hecha, ante escribano y en presencia de testigos, por Hernando de Ribera a su regreso de la exploración del río Igatu, que realizó por orden de Alvar Núñez Cabeza de Vaca a fines de 1537, es uno de los mejores ejemplos de fusión, dentro de una misma relación, de todos los mitos y leyendas en que se concretaba, en un momento dado, la representación imaginaria del interior. Por si fuera poco el carácter oficial y fidedigno que le conferían al contenido de la relación las circunstancias en que se dictó (ante el escribano real y en presencia de testigos), la relación aparece certificada por el cuidadoso y objetivo método que Ribera aseguró haber seguido para obtener toda la información que en ella se contiene: "E yendo caminando por muchos pueblos de indios hobo e tomó de los indios naturales de los dichos pueblos y de otros que de más lejos le vinieron a ver y a hablar, larga y copiosa relación la cual él examinó y procuró examinar y particularizar para saber de ellos la verdad, como hombre que sabe la lengua cario, por cuya interpretación y declaración comunicó y platicó con las dichas generaciones y se informó de la dicha tierra...declaró que para saber la verdad de los dichos indios y saber si discrepaban en su declaración en todo un día y una noche a cada uno por sí les preguntó por diversas vías la dicha declaración; en lo cual tornándola a decir y declarar sin variar ni discrepar se conformaron".[26]

Dentro de la relación de Hernando de Ribera, la representación del interior fabuloso se anuncia con una formulación completa de la versión americana del mito de las amazonas. Aparecen en ella todos los elementos característicos de la formulación del antiguo mito en la versión que se repitió desde Colón hasta Carvajal, y que sería recogida todavía por

270

el cronista Herrera. Son las amazonas mujeres guerreras gobernadas por una mujer; mantienen una relación de hostilidad constante con las tribus indígenas vecinas; en cierta época del año interrumpen temporalmente la guerra para tener relaciones sexuales con indios comarcanos a los que expulsan una vez cumplida su función; crían y educan amorosamente a las hijas pero envían a los hijos varones con sus padres; poseen grandes riquezas del "metal amarillo y del blanco" del cual hacen sus servicios y los asientos de sus casas; están situadas en las proximidades de zonas ricas y hay "muy grandes poblaciones y gente de indios que confinan con las dichas mujeres".[27]

El primer elemento en torno al cual se articula la representación que hace Hernando de Ribera de esa región fabulosa del interior que anunciaba la presencia de las amazonas es la laguna. Dentro de las tradiciones indígenas, la laguna aparecía asociada a una función ceremonial y a entregas rituales de ofrendas. Las lagunas tenían, entre los chibchas y otras poblaciones del interior, un valor sagrado, y la tradición de ofrendar dones preciosos, sepultándolos entre sus aguas, dio lugar entre los chibchas a leyendas como la de la cacica adúltera de Guativitá. Entre los españoles que participaron en la conquista, con el complejo proceso de generación, transformación y reformulación constante de noticias y mitos que ésta llevaba aparejado, las lagunas pudieron constituir, desde la conquista de Tenochtitlán y la desaparición del tesoro azteca, un símbolo de ocultamiento.[28] Pero de lo que no hay duda es de que, a partir de las primeras noticias de la ceremonia de Guativitá y su cacique dorado, las lagunas se asociaron al mito del Dorado y se consideraron depósitos excepcionales de enormes riquezas acumuladas a lo largo de muchos años de ofrendas repetidas. La relación de Hernando de Ribera recoge el elemento de riqueza asociado en el proceso de mitificación con la laguna, que pasa de ser lugar donde se *sepultan* riquezas a convertirse en depósito natural del que los indígenas del interior extraen oro y piedras preciosas: "Y que asimismo por la banda del Oeste había un lago de agua muy grande...y a la ribera de dicho lago había muy grandes poblaciones de gentes vestidas y que poseían mucho metal, y que tenían piedras de que traían bordadas las ropas y relumbraban mucho; las cuales sacaban los indios del dicho lago".[29] El lago mencionado por los indígenas de Ribera era probablemente el Titicaca, que Enrique de Gandía señala[30] como uno de los lugares de Sudamérica que se identificaron durante mucho tiempo con la región mítica del Dorado.[31]

El segundo elemento que define dentro de esta relación el carácter fabuloso del interior inexplorado es la descripción de la población que lo habita. Al hablar de los indígenas que habitaban la región que se extendía alrededor del mítico lago, y "pasados los pueblos de las mujeres", señala Ribera que había otras muy grandes poblaciones de gentes las cuales son negros y, a lo que señalaron, tienen barbas como aguileñas, a manera de moros".[32] Al afirmar la existencia de negros y de hombres de características árabes entre las gentes del interior, Ribera está recogiendo dos elementos centrales de la que fue cronológicamente la primera representación del interior fabuloso: la que lo identificaba con la franja equinoccial, tal como la había descrito Jaume Ferrer en su carta al Almirante.[33] En ella, Jaume Ferrer asociaba explícitamente riquezas y calor, y puntualizaba que los lugares más ricos del planeta estarían habitados por negros y árabes, o, por lo menos, en la proximidad de lugares habitados por ellos.

Finalmente, el último elemento que organiza la representación mítica del interior, formulada por Hernando de Ribera en su relación, son los ecos legendarios del esplendor del imperio Inca. Estos ecos incluyen la mención de las amazonas —posible transformación de las noticias sobre las Vírgenes del Sol— y la del templo del Sol que se levantaba a orillas del lago Titicaca. Y también una mención de los incas y de sus llamas, a los que Ribera presenta como "gente vestida y muy rica, y que tenían mucho metal y criaban mucho ganado de orejas muy grandes".[34]

El mito del interior fabuloso, tal como aparece formulado en la relación de Hernando de Ribera, contiene pues una serie de elementos fundamentales que, aunque proceden de formulaciones míticas anteriores, se integran aquí en una misma representación imaginaria. Y cuando se trata de situar geográficamente la región fantástica que describe, Ribera sitúa su centro en el territorio oriental del Perú, pero, basándose en las noticias de los nativos, la prolonga también hacia el norte, lo cual lleva consigo la asociación inevitable con la provincia mítica del Meta que tanto buscaron los exploradores que partían de Perú, Colombia y Venezuela. Y, hacia el sudoeste, la extiende hacia aquellas regiones apenas exploradas de Chile que acabarían por constituir uno de los últimos reductos del mito del Dorado.

Hernando de Ribera formuló en su relación un nuevo mito acerca de la naturaleza de las regiones del interior del continente sur, basándose —no hay razón para dudarlo— con la mayor buena fe, en su propia interpretación de las respuestas que daban los indígenas a sus elaborados interrogatorios. Y el resultado de esa interpretación no fue una descripción de Sudamérica, sino una síntesis bastante completa de los elementos centrales de muchos de los mitos fundamentales que habían ido impulsando la exploración del interior. En ella aparecen combinados de forma caprichosa elementos dispares, a veces mal comprendidos, de objetivos míticos diversos; y con ellos se mezclan noticias, ficcionalizadas a veces por los propios indígenas, que hacían referencia al legendario esplendor del Perú incaico. El interés de la formulación reside precisamente en su carácter sintético y heterogéneo. Porque en la confusión de fuentes y objetivos que la caracteriza, esta relación ilumina de manera singular el modo en que se generaban y transmitían esos mitos en el contexto de la exploración y conquista del interior de Sudamérica. La formulación de Ribera revela el extraordinario dinamismo que presentó el componente imaginario durante todo el proceso de la conquista. E ilustra el mecanismo por el que, en la conciencia de los conquistadores, las noticias vagas de teorías cosmográficas, las descripciones geográficas, leyendas, mitos y sueños personales, se sumaban a la interpretación, con frecuencia muy subjetiva, que daban a las informaciones que recibían de los indígenas. El resultado de la combinación de todos esos elementos fue, una y otra vez, la creación de nuevos mitos y representaciones imaginarias de un interior cuyos portentos no acababan de materializarse, pero cuya naturaleza fabulosa no sólo no era cuestionada sino que aparecía reafirmada a cada nueva formulación.

La vitalidad extraordinaria del impulso creador de objetivos míticos que demuestra la formulación de Hernando de Ribera es un ejemplo más del proceso de mitificación que se expresaba en la transformación de objetivos de las cuatro expediciones capitaneadas por Ximénez de Quesada. En éstas se llevó a cabo la substitución progresiva de un objetivo geográfico concreto aunque inexistente —la búsqueda del paso navegable hacia la Mar del Sur— por una serie de objetivos míticos formulados con creciente complejidad. Pero hay numerosos ejemplos en los que esta transformación y reformulación de objetivos, que implica la sustitución progresiva del cálculo racional por la creación mítica, se produjeron en el contexto de una misma expedición. Es el caso de la expedición de Pizarro y Orellana, a fines de 1540.

El proyecto inicial de la expedición que planeó desde Quito Gonzalo Pizarro era el mismo que había polarizado el interés de otros conquistadores de la zona, y cuya validez había sido confirmada poco antes por Díaz de Pineda: alcanzar la Tierra de la Canela. Las primeras noticias de la existencia de la canela en el interior se remontaban a 1534, poco después de la prisión de Atahualpa. En Mayo de 1540, Sebastián de Benalcázar obtuvo unas capitulaciones del Emperador para ir al interior, en busca "de cualquier especiería o canela", y en dichas capitulaciones el Emperador le hacía merced de "la granjería de dicha especiería".[35] El cronista Oviedo describe en los siguientes términos el objetivo de la expedición de Benalcázar: "E aqueste Benalcázar desde entonces tuvo noticia mucha de la canela, e aun segund el me dijo en esta cibdad de Sto. Domingo cuando tornaba de España proveido por gobernador de Popayán, su opinión era que hacia el rio Marañón la había de hallar, e que aquella canela se había de llevar a Castilla e a Europa por el dicho río".[36]

Fray Gaspar de Carvajal confirmó en su relación el carácter prioritario que el objetivo de la canela tenía para Gonzalo Pizarro en el momento de proyectar la expedición. En ella, Carvajal declara repetidamente que la expedición tenía como objetivo "la mucha noticia que se tenía de una tierra donde se hacía canela", y afirma que Gonzalo Pizarro y Francisco de Orellana se reunieron en la provincia de Motín para ir "en demanda de la dicha canela", y que "Después que el dicho Capitán (Orellana) llegó al dicho Gonzalo Pizarro que era gobernador, fue en persona a descubrir la canela".[37] Sin embargo, en la carta que Pizarro escribió al rey en Septiembre de 1542, habiendo ya regresado de su expedición, se introduce un segundo objetivo que aparece sistemáticamente asociado al de la canela. En esta carta presenta Pizarro como objetivos "la provincia de la Canela y Laguna del Dorado, tierra muy poblada y muy rica". La narración que hace del principio de su expedición al interior confirma, no obstante, este añadido posterior del Dorado, y el carácter exclusivo inicial del de la canela. Dice Pizarro: "Y como las aguas cargaban procuré de me informar a qué parte era la tierra de la Canela de algunos indios que yo había fecho tomar de los naturales, los cuales dijeron que sabían adonde estaba la tierra de la Canela; y como fuese cosa de que tanta noticia se tenía y por tan rica tierra era habida...determiné de ir en persona a la ver.... Y ansí yo anduve en busca de los árboles de la canela...bien más de setenta días".[38] Cuando Pizarro llegó finalmente a la región de la canela, la decepción debió ser considerable, a juzgar por su descripción de la tierra que resultó estar llena de "montañas muy ásperas, despobladas e inhabitables" y en la que los árboles de la tan codiciada canela aparecían "apartados unos de otros mucho trecho". Ante la decepcionante realidad, Pizarro concluyó: "Es esta tierra y fruto de que V.M. no puede ser della servido ni aprovechado".[39] Y contra el telón de fondo de esta evaluación de la realidad, que cancelaba de hecho el objetivo primordial del viaje, se debió producir la primera reformulación de los objetivos de la expedición —reformulación que incluiría en la carta de Pizarro, escrita dos años más tarde, el mítico Dorado. La relación de Carvajal consigna escuetamente el momento de la cancelación del objetivo canelero en los siguientes términos: "...y no halló tierra ni disposición donde a su Majestad pudiese hacer servicio, y así determinó de *pasar adelante*".[40]

Es improbable que en aquel momento de decepción Pizarro no les comunicara el objetivo doradista a sus hombres, de haber tenido tal objetivo. Sin duda, la mejor manera de levantar la moral de sus seguidores ante una realidad decepcionante, que implicaba el fracaso claro del objetivo de la canela, hubiera sido el ofrecer un objetivo valioso que lo substituyera. El que Pizarro no ofreciera en tales circunstancias más que un vago proyecto descubridor de "pasar adelante" parece indicar con claridad que el objetivo de la canela era el único que había tenido.

En el desarrollo posterior de la expedición, el objetivo descubridor cedió muy pronto la prioridad al de búsqueda de mantenimientos. El origen de la separación de Orellana parece haber sido esa falta de mantenimientos, y su partida río abajo, en busca de comida para remediar la situación crítica de Pizarro y sus hombres, implica ya una segunda transformación del objetivo inicial. El inicio del descenso del Marañón por Orellana y sus seguidores marca el final del proceso de desmitificación-cancelación del objetivo inicial de la canela. Proceso que se concretó en la substitución del objetivo de riqueza por el vagabundeo sin objetivo definido, y por el de busca de mantenimientos después. Se trata del mismo proceso de cancelación que articula la narración de los textos del discurso narrativo del fracaso que se analizaban más arriba. Pero en el caso de Orellana, el proceso de cancelación concluye con la partida, y el descenso del Marañón se acompaña muy pronto de un resurgimiento del impulso mitificador, que en este caso culminará en la formulación del nuevo mito del reino fantástico de los Omaguas.

El primer elemento real sobre el que se apoyaba esta nueva formulación mítica fue la llegada de los indios portadores de ofrendas: "Y venían con sus joyas y patenas de oro", narra Carvajal en su relación. Era la primera evidencia de la existencia de oro en la zona; y, en la relación citada, esta mención escueta se refuerza inmediatamente después con la primera referencia a la proximidad de las amazonas, que aparecen, como siempre, asociadas a una región de gran riqueza: "Aquí nos dieron noticia de las Amazonas y de la riqueza que abajo hay", dice Carvajal.[41] Las muestras de oro ofrecidas por los indígenas y las noticias confirmadoras de su existencia, que fueron recogiendo en su descenso del río Marañón Orellana y los suyos, cobrarían valor anunciador en cuanto la expedición empezara a costear los prósperos poblados de la región de los Omaguas: "...en estos juntos de uno y de otro había muchas y muy grandes poblaciones y muy linda tierra y muy fructífera". Los indígenas interrogados en aquella región afirmaban, según Carvajal, que "todo lo que en aquellos poblados había de barro la había en la tierra adentro de oro y de plata".[42] La mención de los utensilios domésticos hechos de oro y de plata enlaza ya directamente la representación del rico reino de los Omaguas con el mito de las amazonas, que sólo comían y bebían —según la versión americana del mito— en recipientes hechos de aquellos metales. Y el enlace de la formulación del mito del reino de los Omaguas con otras representaciones imaginarias del interior fabuloso se refuerza con una mención de las llamas —a las que Carvajal llama "ovejas del Pirú"—, siempre asociadas a todas las noticias legendarias del imperio incaico. Ligada a estos elementos anunciadores y a las noticias confirmadoras de los indígenas, la región de Omagua emerge ya, dentro de la relación de Carvajal, como nuevo objetivo mítico en el que se concretan, una vez más, las supuestas riquezas del interior fabuloso.

Pero Omagua no es el único mito que formuló Carvajal en su *Relación del descubrimiento del Amazonas*. A mediados de Junio, Orellana y los suyos bordearon una región que llamarían la provincia de Sant Juan, en la que Carvajal afirma que vieron por primera vez a las míticas amazonas. De nuevo, la aparición de las amazonas introduce un proceso de mitificación de la realidad. Aquí éstas aparecen asociadas a los signos de oro, plata y riquezas habituales, y su situación se localiza junto a una región interior, cuya caracterización incluye de nuevo elementos comunes a otras formulaciones míticas.

El primero de estos elementos es nuevamente la llama, a la que aquí denomina Carvajal "camello". El segundo elemento presenta una importancia mucho mayor, al enlazar directamente la formulación de Carvajal con el mito del Dorado. Se trata de la laguna. La laguna aparece aquí asociada primero a las amazonas, que Carvajal sitúa junto a "dos lagunas de agua salada de que ellas hacen sal"; pero más adelante, en la descripción del reino que linda con el de las amazonas, Carvajal habla de una tierra gobernada por un señor muy poderoso, llamado Arripuna, "el cual señoreaba mucha tierra por el río arriba y de traviesa tenía ochenta jornadas que había fasta una laguna que estaba a la parte del norte la cual está muy poblada y que la señorea otro señor que se llama Tinamastón;...y dicen que posee y tiene muy gran riqueza de plata".[43]

La formulación de una representación del interior que enlaza, a través del elemento central de la laguna, con el mito del Dorado, concluye el proceso de transformación de objetivos concretos en objetivos míticos que se desarrolla en la relación de Gaspar de Carvajal. El objetivo tangible de la canela, cuya existencia había sido confirmada por Díaz de Pineda, aparece definitivamente cancelado. Y en su lugar emergen dos nuevas mitificaciones del interior: el objetivo mítico de Omagua y la nueva versión del Dorado como región rica y próxima a una laguna. La presencia de las amazonas en zona cercana a la localización de ambos actúa como factor mítico confirmante de las dos nuevas formulaciones.

La riqueza del proceso mitificador que se desarrolla en la relación de Gaspar de Carvajal demuestra hasta qué punto aquella colectiva propensión al mito, cuya vitalidad se manifestó ya en la supervivencia y reformulación reiterada del repertorio de objetivos míticos que impulsaron la expansión de la conquista de América hacia el norte,[44] alentó y dio forma a la exploración del continente sur. El dinamismo que presenta en la conquista de Sudamérica el proceso de generación de mitos —por reformulación, por contagio o por invención— constituye otra prueba más de la intensidad de aquella tendencia mitificadora colectiva que, como en el caso de la relación de Carvajal, se mantenía y aún resurgía frente a fracasos y decepciones renovadas. En Sudamérica se dio, por añadidura, la existencia de una circunstancia que facilitó todavía más la perpetuación de aquella actitud que se plasmaba en la creación de una serie inagotable de objetivos míticos: la naturaleza imponente y particularmente inexpugnable de grandes zonas del interior del continente. Irving A. Leonard se refiere al carácter misterioso y fascinante que revestía el interior inexplorado para los conquistadores,[45] y Gil Munilla relaciona explícitamente las dificultades reales que presentaba la penetración del interior de Sudamérica con la supervivencia de algunos mitos hasta más allá del siglo XVIII: "Extensa zona de difícil penetración, quedará durante mucho tiempo más como el lugar inasequible de la fábula y diversos mitos".[46] Por otra parte, es indiscutible que el impulso mitificador encontró muchos más puntos reales de apoyo en Sudamérica que en el continente norte. Los buscadores de prodigios se toparon en el norte con una realidad que dejaba poco margen a cualquier forma de mitificación, y, en la mayoría de los casos, acabaron por rendirse a la evidencia de una realidad de vacas, cielo y pastos interminables, que se prestaba poco a la fábula y el ensueño. En Sudamérica, por otra parte, es cierto que las amazonas tan pregonadas eludían la búsqueda del conquistador; y que no acababa de aparecer la Sierra de la Plata ni aquellas colinas de oro y peñascos de esmeralda que parecían anunciar repetidamente los indígenas; y es cierto que el reino maravilloso del Dorado permanecía sin descubrir, en medio de una maraña de noticias confusas y contradictorias que afirmaban su localización en los puntos más dispares del continente. Pero se habían encontrado esmeraldas: habían sido descubiertas las minas de Charcas; los templos dedicados por el Inca al

Sol eran una realidad tangible y comprobada, como lo eran los tesoros extraordinarios que encerraban, y la existencia de aquellas vírgenes que los habitaban y que no utilizaban en su servicio utensilios que no fueran hechos de oro o plata.

En el continente sur, leyendas y realidades, que eran percibidas como factores confirmantes de los sueños de los conquistadores, se aliaron durante muchos años para perpetuar una representación imaginaria y fundamentalmente mítica de lo que eran y contenían las misteriosas regiones de un interior que había de tardar todavía varios siglos en ser explorado en su totalidad.

2. Del fracaso a la rebelión.

Enrique de Gandía afirma que la historia de la conquista de América es la historia de sus mitos, y que el poema de esa conquista es el que narra las ilusiones y dolores de los conquistadores.[47] En la misma línea que Gandía, pero precisando y clarificando conceptos, Irving A. Leonard señala la existencia de un proceso que se desarrollaba paralelamente al de ilusionada creación de objetivos míticos y que, a la larga, acabaría por imponerse a él. Dice Leonard: "Como las expediciones se desparramaban por las recién descubiertas tierras, los hallazgos raras veces estaban a la altura de sus deseos, y el creciente desengaño que sufría el conquistador desvirtuaba la validez que los mitos y leyendas parecían poseer. La prosaica realidad no daba la medida de los sueños que le habían empujado a la aventura".[48]

Históricamente, la emergencia de una conciencia hispanoamericana aparece ligada más estrechamente al proceso de cancelación de mitos y modelos que al de generación y formulación que precede la aparición de aquellos. El fracaso, seguido del inevitable desengaño, constituyó la base sobre la que se iría desarrollando una distancia crítica con respecto a los modelos ideológicos y literarios dominantes. En última instancia, esta distancia crítica desembocaría en la liquidación de las estructuras imaginarias que se expresaban en ellos. En la exploración del continente norte, el proceso de desmitificación de los modelos se concretó literariamente en la articulación del discurso narrativo del fracaso. Este implicaba la aparición de una distancia crítica desde la cual los modelos de América y de la conquista formulados por Colón y Cortés respectivamente se verían cuestionados repetidamente a lo largo del proceso de desmitificación de objetivos fantásticos que constituía el desarrollo de la narración misma. En el continente sur, por otra parte, el proceso de desmitificación no se concretó en la aparición exclusiva de un discurso narrativo del fracaso —aunque se dan ejemplos de ese tipo de discurso—, sino que, con frecuencia, aparecería asociado a un componente de rebeldía muy explícito. Si podemos decir que, en términos ideológicos y literarios, el discurso desmitificador de la conquista del continente norte se articulaba en torno al fracaso, es igualmente cierto que, en la exploración del continente sur, el mismo proceso que se expresaba en el discurso narrativo del fracaso aparece prolongado en otro tipo de discurso desmitificador, cuyo eje ya no es el fracaso sino la rebelión. Y, mientras el proceso desmitificador del discurso narrativo del fracaso desembocaba en la aparición de la distancia crítica y en el consiguiente cuestionamiento de los modelos, el discurso de la rebelión expresaría una desarticulación y desintegración de aquellos modelos que apuntaba ya a su liquidación definitiva.

La rebelión no era un fenómeno nuevo en la realidad de la conquista de América. De hecho, desde Hernán Cortés hasta Lope de Aguirre, la lucha por el poder, por la supervivencia o por el botín dio impulso a una serie casi ininterrumpida de rebeliones de signo diverso. En su primera modalidad, esas rebeliones parecían impulsadas de forma fundamental por un proyecto de redistribución del poder entre los conquistadores. Así, en una rebelión como la que enfrentó a Cortés con Velázquez el poder real no aparecía cuestionado nunca, y el propio Cortés se apresuraba a reafirmar del modo más explícito y reiterado su obediencia inquebrantable al rey. Lo que se cuestionaba era la validez de aquellos representantes del poder real a los que el rebelde se proponía suplantar.

En el Perú, la lucha de unos conquistadores con otros para obtener un mayor grado de poder y riqueza provocó las guerras civiles entre Pizarros y Almagros. Pero, apenas concluidas éstas, iba a producirse toda una larga serie de nuevas rebeliones que evidenciaban un objetivo cualitativamente distinto, y cuya formulación, que se hacía más explícita a cada nueva rebelión, implicaba una crisis mucho más profunda de un orden que se apoyaba en la centralización absoluta del poder en la figura del rey. Entre las rebeliones de este segundo tipo, la que alcanzó mayor resonancia fue, sin duda, la rebelión encabezada por Gonzalo Pizarro. Cronistas contemporáneos e historiadores posteriores coinciden en señalar la promulgación de las Nuevas Leyes de Indias como el origen inmediato de la sublevación pizarrista. La rigidez e intransigencia con las que el Virrey Blasco Núñez de Vela se dispuso a ejecutarlas, y su negativa a suplicar las nuevas ordenanzas, no hicieron más que exacerbar entre la clase de los encomenderos el rechazo de unas leyes que atentaban contra muchos de los privilegios más importantes que, como clase dominante de las nuevas tierras conquistadas, habían ido obteniendo y preservando.[49]

El cronista Zárate describe con gran expresividad la reacción de la clase de los encomenderos ante las Nuevas Leyes: "...se enviaron los traslados della a diversas partes de Indias, de que se rescibió muy grande escándalo entre los conquistadores della, especialmente en la provincia del Perú, donde más general era el daño, pues ninguno quedaba sin quitársele toda su hacienda y tener necesidad de buscar de nuevo qué comer...y que, demás desto, al tiempo que ellos descubrieron la provincia del Perú, se había capitulado con ellos que se les habían de dar los indios por sus vidas, y después dellos habían de quedar a su hijo mayor o a sus mujeres no teniendo hijos;...y que no era justo que después que estaban viejos y cansados, se les quitasen sus haciendas, pues no tenían edad ni salud para ir a buscar nuevas tierras y descubrimientos".[50] La descripción de Zárate presenta interés, más que por la objetividad de su presentación —muy cuestionable dada su clara simpatía por los encomenderos—, por expresar la percepción que entre dicha clase se tuvo de la conquista, de los derechos que habían adquirido los conquistadores, y de las implicaciones que tenían para ellos las Nuevas Leyes.[51]

El objetivo declarado de la rebelión de Gonzalo Pizarro fue, en un principio, la suplicación de las Nuevas Leyes y la suspensión de su aplicación, que hubiera quedado pendiente de una nueva decisión real. Esta hubiera tenido que tomar en cuenta las alegaciones de los encomenderos. Marcel Bataillon señala que la violencia de esta rebelión aparecía tan cargada de profundo significado como de ambigüedad; y subraya que "la protesta contra las nuevas leyes, que los conquistadores rechazaron (como un repudio de sus derechos adquiridos y como violación de acuerdos concluidos anteriormente con la monarquía), era principalmente la fachada jurídica de la crisis".[52] Crisis que enfrentaba no al rey con los encomenderos que se declaraban en contra de las leyes de protección de los indígenas, sino un orden —el de los encomenderos— con otro que proponía la supresión paulatina de las encomiendas y la transformación de los indios en vasallos del rey. Aunque es cierto que la rebelión pizarrista evitaba cuidadosamente proclamar los verdaderos objetivos separatistas que perseguía,[53] el hecho de que Pizarro se mantuviera en pie de guerra, después de haber recibido la embajada de los oidores que le comunicaban que "el rey había suspendido la ejecución de las ordenanzas y otorgado la suplicación de ellas",[54] equivalía a una declaración velada de cambio de objetivos de la rebelión. A partir de su negativa a deponer las armas ante la embajada de los oidores, Gonzalo Pizarro dejaba de encabezar un movimiento cuyo contenido ideológico podía ser integrado sin ruptura dentro del orden establecido, y pasaba a dirigir una rebelión cuyo carácter decididamente subversivo amenazaba el pilar central del orden social y político representado por el rey. Este cambio de signo de la rebelión, que la transformaba de movimiento reivindicativo de unos mecanismos de justicia previstos por la ley, en sublevación de carácter netamente secesionista se expone con claridad y rigor meridianos en la carta que dirigió a Gonzalo Pizarro Don Pedro de la Gasca en Septiembre de 1546. En una argumentación magistral, este último comienza por caracterizar, con una benevolencia que aparece respaldada en la carta del propio rey,[55] el levantamiento pizarrista;[56] prosigue con una demostración del origen divino y carácter natural de la relación de vasallaje que subordina al hombre a su rey, y éste sólo a Dios, concluye con lógica impecable la identificación del orden establecido con el orden natural, y define cualquier forma de rebelión contra ese orden presidido por el rey como instauración del caos; y termina con avisos bastante explícitos de la dureza del castigo que caerá sobre todo el que decida escoger camino tan manifiestamente equivocado.

A Gonzalo Pizarro le cortaron la cabeza. Carvajal murió descuartizado, y los restantes seguidores leales de Pizarro fueron ahorcados. Pero las rebeliones siguieron sucediéndose en puntos diversos del territorio de Sudamérica. La represión de la sublevación pizarrista no resolvió el problema. Y, por añadidura, el reparto de mercedes que hizo Pedro de la Gasca —ajustándose cuidadosamente a las instrucciones reales— al finalizar su campaña contra los rebeldes, vino a sumarse a la larga lista de injusticias y causas de insatisfacción que existía ya entre los conquistadores. Pero López, que participó en la campaña del lado de los leales al rey y estuvo en el reparto, expresa unos sentimientos que aparecen confirmados por la narración de numerosos cronistas de la época. Dice éste en su relación: "Hízolo mal el Gasca con los servidores de Su Majestad. Dejóles a todos pobres y a muchos que se le pasaron les dió lo que tenían y más mucho. De manera que él lo que nos quitaba a nosotros se los daba a ellos. A todos contentaba: con palabras a los servidores de Su Majestad; y a los enemigos con obras".[57]

Tanto las relaciones como las crónicas coinciden en mostrar que el *desengaño* ya no era el sentimiento dominante entre los españoles de Sudamérica en el período posterior a la rebelión pizarrista. Al desencanto ante la injusticia del reparto de mercedes realizado por La Gasca, se añadía el resultado negativo —en términos de las prerrogativas de los encomenderos— que implicaba el triunfo final de los leales. Bataillon afirma que "se puede mantener sin simplificar excesivamente la situación que el resultado más manifiesto de la victoria del licenciado La Gasca fue el consagrar las prerrogativas del rey de Castilla como única autoridad en lo referente al reparto de los indios, que se darían a los españoles en las tierras ya conquistadas y también en lo referente a la concesión de tierras por conquistar, que dejarían de llamarse desde aquel momento "conquistas" para pasar a llamarse "entradas o descubrimientos".[58] Al revés de lo que sucedió en el norte, en Sudamérica el desengaño dejó muy pronto de ser la actitud dominante y pasó a ser solamente uno de los muchos elementos que estaban en la base de un descontento generalizado y creciente; descontento que se acompañaba de las formas diversas de rebeldía que encontraron su expresión en la serie de sublevaciones que se sucedieron entre 1544 y 1559.[59]

Los distintos objetivos específicos de cada rebelión catalizaron el descontento general y cada vez más activo que nacía de las frustraciones diversas que llevaba consigo, para la mayoría de los conquistadores, el contacto con la realidad americana, y del desencanto en que se trocaban una y otra vez sus fantásticas expectativas. En el proceso de redefinición de los objetivos de las rebeliones, éstos se iban distanciando progresivamente de un simple proyecto de redistribución más igualitaria del poder entre los conquistadores —redistribución que no hubiera afectado necesariamente las bases fundamentales del orden establecido— para implicar con claridad cada vez mayor un proyecto de secesión y de ruptura abierta con la soberanía española que encarnaba la figura del rey. Y si Pizarro no se atrevió a declarar nunca de forma totalmente explícita el objetivo real de su sublevación,[60] cuando poco después se produjo la rebelión de los hermanos Contreras en Panamá, los gritos de "Libertad, libertad por Hernando de Contreras capitán general de la Libertad!" a los que se levantaron sus seguidores, ya no dejaban lugar a dudas en cuanto al carácter de un movimiento cuyo programa incluía todas las formas posibles de ruptura con un orden político que aparecía explícitamente rechazado. El cronista Juan Calvete y Estrella resume así el proyecto de los rebeldes: "...concertaron con ellos de matar al obispo de Nicaragua en su casa...y robar la hacienda real y alzarse con la más gente que pudiesen, e ir con ella a Tierra Firme, donde sabían ya que estaba gran cantidad de oro y plata del emperador, y robarla y ocupar aquella provincia, y hacer navíos y meterse en ellos en enero del año siguiente de mil quinientos cincuenta y uno, y robar y quemar a Panamá y al Nombre de Dios y a Nata, y destruir a todo el ganado que allí hubiese, porque el Emperador no pudiese enviar gente contra ellos, y con los navíos pasarse al Perú con todo lo que hubiesen robado, y con la gente que allegasen más alzarse con las provincias del Perú y hacer a Hernando de Contreras rey y señor dellas, y que harían dos galeras y las estiparían y armarían con los negros de aquellos tres pueblos, que serían más de seiscientos, y con ellas y otros navíos correr la costa de Nicaragua y Guatemala y la Nueva España, y no dejar navío por toda ella que no quemasen y echasen al fondo".[61]

La generalización del descontento que expresaban las rebeliones provocó por parte de las autoridades una medida que modificaría el carácter de las expediciones de descubrimiento y alteraría profundamente la composición de los ejércitos que llevaban a cabo las exploraciones de las regiones interiores del continente. Se trataba de lo que vino a llamarse "la descarga de la tierra". El cronista Zárate se refiere al uso de esta práctica después de la guerra de las Salinas y describe las razones y el mecanismo que la sustentaban: "Y porque vido que no tenía posibilidad de satisfacer los que le habían servido, porque cada uno pensaba que con darle toda la gobernación no quedaba pagado, acordó de deshacer el ejército enviando a la gente a nuevos descubrimientos de los que ya se tenía noticia, con lo cual hacía dos cosas: la una remunerar a sus amigos, y la otra desterrar sus enemigos. Y así envió al capitán Pedro de Candia con trescientos hombres suyos y de los de don Diego para que entrase a cierta conquista de cuya riqueza se tenía mucha fama".[62] Como en tantos otros casos, la expedición fue un fracaso y Candia regresó con "toda la gente casi amotinada".

Es fácil imaginar el ambiente explosivo que iba creando la acumulación de expectativas frustradas y de fracasos. No se trataba sólo de un proceso de desmitificación de la realidad, forzado por el fracaso en la búsqueda de unos objetivos míticos específicos, como había sido el caso de las expediciones fallidas del continente norte. Aquí, la expedición se planteaba ya en su origen como compensación a decepciones previas, y el impacto personal que implicaba su fracaso desbordaba el marco de las expectativas despertadas por las "riquezas" que constituían su objetivo, para venir a añadirse a un verdadero círculo vicioso de frustraciones y decepciones que tenía que acabar por estallar en un cuestionamiento profundo de toda la realidad económica, política y social de la conquista. Pedro de la Gasca vuelve una y otra vez, en su correspondencia con el Consejo de Indias, a referirse al peligro que representa la presencia de tantos conquistadores ociosos e insatisfechos en las tierras del Perú, y reitera la necesidad imperiosa de "descargar los reinos" de una gente a la que no había medios para recompensar con justicia, enviándolos a distintas exploraciones.[63] Pero el resultado de tal medida fue el transvase del sector más descontento y explosivo de la población a las expediciones de descubrimiento, que vinieron a presentar una composición muy diferente de la que tenían las expediciones del norte. Sus miembros serían "los hombres turbulentos", "la falange de revoltosos" de que habla Arístides Rojas en su *Historia de Venezuela*. Y el resultado de este cambio de composición del elemento humano de las expediciones se concretaría en una tradición de alzamientos paralela a la que estaba sacudiendo las colonias.

Centrándose en el análisis del alzamiento capitaneado por Martín de Guzmán contra el gobernador Heredia en Cartagena de Indias, Demetrio Ramos Pérez subraya el componente económico de la mayoría de esos alzamientos, y descarta la presencia de un proyecto ideológico de signo rebelde en la mayoría de los casos. Ramos señala la relación entre

fracaso y rebelión, característica de tantas expediciones fallidas del continente sur, por oposición a la simple constatación del fracaso en que culminan las del norte. El fracaso
aparece en las primeras como el elemento que desencadena-
rá directamente la rebelión. Ramos resume del siguiente
modo la situación de la expedición que analiza, en el momento que precede a la sublevación: "D. Martín de Guzmán
y sus compañeros han tomado parte en una empresa que ha
resultado en fracaso: la búsqueda de las tierras auríferas de
las que procedía el oro que encontraron enterrado en las
tumbas del pueblo de Cenú ha dado un resultado negativo".[64] Este fracaso de la búsqueda se añadía, en el caso de las
expediciones del sur, a un elemento problemático que se
relacionaba con la organización económica de dichas expediciones. Los conquistadores iniciaban la expedición car-
gados de deudas contraídas al pagar el equipo necesario para
su participación en la empresa. El fracaso de ésta implicaba,
además de la decepción que resultaba de la inexistencia de
los objetivos maravillosos, la quiebra total y la imposibilidad de participar en otra intentona de descubrimiento de
cualquier otro objetivo mítico que prometiera solucionar
definitivamente la desesperada situación económica en la
que se encontraban tantos conquistadores. Resumiendo los
motivos de tales alzamientos, parece cierto que "unos pre-
tenderían simplemente escapar a las deudas mientras que
otros preferían hacer suya la empresa...para no perder el
beneficio" y que "la confusión entre objetivos políticos y
económicos nace de que, en el contexto de la organización
económica de aquellas expediciones, y en virtud de la identificación del gobernador que las capitaneaba con el gerente
de la sociedad económica que aquel había formado con sus
propios soldados, cualquier oposición o disputa interna de
carácter económico adquiría inevitablemente un carácter
político de atentado contra la autoridad".[65]

El hecho es que los alzamientos de este tipo fueron lo bastante frecuentes como para formar una tradición con la que
enlazarían, años más tarde, algunos aspectos de la rebelión
de los Marañones contra Pedro de Ursúa. Y que la psico-

sis de alzamiento llegó a ser tan intensa que hasta el propio Francisco de Orellana sería acusado duramente de haberse ido "alzado con los bergantines",[66] cuando inició el descenso del río Marañón por orden expresa de Gonzalo Pizarro, que era el gobernador de la expedición. Acusación que recogió Fernández de Oviedo cuando afirmó que, aunque Orellana le había dicho a él personalmente que "no pudo volver por ser tan frío un río por donde fue...otros dicen que pudiera tornar si quisiera adonde Gonzalo Pizarro quedaba; y esto creo yo también —añade— por lo que adelante se verá.[67]

Entre todas las que integran esta larga tradición de rebeliones presenta un interés especial la que se conoció por el nombre de rebelión de los Marañones. Interés que no deriva sólo del hecho de que en ella convergieran históricamente las dos tradiciones fundamentales en que se concretó el descontento generalizado en el Perú: la de alzamientos y la de sublevaciones; es decir, la de las rebeliones que perseguían un objetivo primordialmente económico y la de las que, por el contrario, se planteaban un objetivo político fundamental. En la sublevación de Lope de Aguirre y sus Marañones se expresa con particular intensidad la crisis que atravesaban en la colonia el poder centralizado y el sistema socio-económico que derivaba de él. Y esta crisis, que estaba en la base de la aparición renovada de aspiraciones claramente secesionistas, se manifestó en la rebelión de los marañones con una claridad y una riqueza que incluía la mayoría de los elementos fundamentales de las rebeliones anteriores. En este fenómeno de condensación y concentración reside, desde el punto de vista ideológico, el interés particular de esta rebelión. Fue como si en ella se hubieran reunido en un mismo episodio, perfectamente delimitado, todos los elementos de la compleja problemática que había ido estallando periódica e infructuosamente en cada una de las distintas rebeliones y alzamientos que sacudieron Sudamérica a partir de las guerras civiles del Perú: El hambre constante, las deudas, la situación desesperada de los expedicionarios, la extremada dureza de las condiciones de vida, el desvanecimiento progresivo de las ilusiones —concretadas en la representación imaginaria del interior fabuloso— y la cancelación de los objetivos míticos; la desigualdad social, que resultaría en progresiva oposición entre la clase privilegiada de conquistadores triunfantes, que representaba bien Pedro de Ursúa, y la multitud de oscuros hidalgos desposeídos, como Aguirre; la injusticia reiterada en el reparto de mercedes y cargos; y el desengaño y resentimiento activo que resultaban de todos estos elementos de conflicto, y que se añadían al descontento que sentían desde el principio muchos miembros de la expedición que, como Lope de Aguirre,[68] habían participado ya con anterioridad en distintas sublevaciones. Todos estos elementos, que habían ido asociándose por separado a diferentes proyectos de rebeliones anteriores, aparecieron conjugados en la expedición de Pedro de Ursúa, donde formaron la base sobre la que se formuló y desarrolló, hasta el momento de la derrota, el programa de la sublevación.

La sublevación de Lope de Aguirre y sus Marañones aparece narrada en una gran cantidad de documentos. Existen, en primer lugar, por lo menos diez relaciones escritas por testigos presenciales que se vieron implicados de una forma u otra en los acontecimientos de la expedición. A éstas hay que añadir un gran número de declaraciones e informaciones presentadas por distintos miembros de la expedición o por testigos presenciales de los sucesos de la isla de la Margarita y de tierra firme ante diversas autoridades legales. Y, por último, se conservan numerosas cartas, escritas por las autoridades locales, que hacen referencia a los mismos hechos, y también las tres cartas del propio Aguirre: una dirigida al padre Montesinos, otra al gobernador Collados y la tercera al rey Felipe II.

Las narraciones contenidas en las diez relaciones escritas por participantes de la expedición presentan una serie de rasgos estructurales que, al margen del hecho de que narren un mismo acontecimiento, las definen como distintas voces de un mismo discurso narrativo. No se trata de un discurso narrativo del fracaso, continuación lineal del que ejemplificaba Alvar Núñez en el norte, sino más bien de la prolongación de aquel discurso narrativo en un nuevo discurso desmitificador. A diferencia de aquél, éste no culmina en la constatación del fracaso de los modelos y en la aparición de la distancia crítica con respecto a la realidad que aquellos pretendían representar, sino que parte de ambas para presentar una realidad de subversión contra el orden ideológico que se expresaba en los modelos. La desmitificación crítica y el cuestionamiento a que se veían sometidos éstos en el discurso narrativo del fracaso culminan aquí en un proceso de liquidación explícita.

En el contexto de este último discurso desmitificador —que voy a llamar a partir de aquí discurso de la rebelión, ya que se articula en torno a ella— el punto de partida del proceso de liquidación del mito de América formulado por Colón es el mismo que en los textos del discurso narrativo del fracaso: la cancelación de los objetivos míticos. Todas las relaciones coinciden en presentar los reinos de Omagua y Dorado —que en algunos casos aparecen identificados en uno solo— como objetivo de la expedición, y la mayoría de ellas hacen referencia a la reformulación del mito que hicieron los famosos "brasiles" que habían llegado poco antes al Perú, señalándola como el origen de la definición de los objetivos míticos de la expedición. Estos indios brasiles habían afirmado que los fabulosos reinos de Omagua y Dorado se encontraban situados en puntos del interior de la cuenca del río Amazonas. Los reinos se asociaban en esta formulación con noticias de innumerables riquezas, de grandes poblaciones de naturales y gran noticia de oro y plata. Esta versión tardía del mito del Dorado, que aparecía ligado al reino de los Omaguas, se consideraría confirmada por la expedición del gobernador Juan de Salinas, quien poco antes había regresado de una entrada fracasada "por la aspereza de los montes que a las vertientes de la Mar del Norte hallaron", pero dispuesto a "volver a entrar por allí a esta dicha jornada, por la gran noticia de mucha gente, de oro y plata que, por el río del Marañón abajo, había tenido".[69]

Pero, al contrario de lo que sucedía en el discurso del fracaso, la cancelación de los objetivos míticos se produce en los textos del discurso de la rebelión con gran rapidez. En la narración de todas las relaciones, la mención escueta de los objetivos iniciales de la expedición se ve desplazada muy pronto por la detallada presentación crítica de una realidad cotidiana intolerable, cuya experiencia cancela cualquier posibilidad de fantasear sobre hipotéticos objetivos maravillosos, empujando a los hombres a la rebelión. La naturaleza americana, más intolerable en la cuenca del Amazonas que en cualquier otro lugar conocido del continente, sobrecogía a los expedicionarios con su multitud de afluentes, lagunas y esteros, y con el caudal desmesurado de sus aguas. Y, ya en el mismo campamento donde se construyen los bergantines para la navegación del Marañón, los narradores de las relaciones destacan una y otra vez las plagas de insectos, el calor asfixiante, las continuas lluvias y la podredumbre que descompone desde las ropas y víveres hasta los cascos y cordajes de los bergantines y de las chatas recién acabadas de construir. La presencia de la naturaleza como fuerza hostil adquiere desde el principio un carácter obsesivo cuya intensidad eclipsa cualquier proyecto posterior. Ante este hostigamiento, al que se añaden la miseria de las condiciones de vida y la brutalidad que caracteriza las relaciones humanas entre los miembros de una expedición dividida en hombres (españoles y blancos), negros (esclavos todos) y piezas (indígenas), la existencia de aquella tierra "mejor y más rica que Pirú",[70] que se suponía situada río abajo, pierde realidad. Esta inversión de la importancia relativa de los mitos y de la realidad —a favor de la segunda— que se produce en el contexto del discurso de la rebelión, se expresa en el hecho de que en todas las relaciones que lo integran la mención escueta de los objetivos míticos originales —que se da en todas ellas con carácter formulaico e introductorio— deje paso inmediatamente a la caracterización extraordinariamente detallada de una realidad cotidiana insoportable. La experiencia de tal realidad es lo que condiciona la transformación final del objetivo mítico de Omagua y Dorado en el objetivo secesionista, concretado en la conquista y emancipación del Perú.

La caracterización del ambiente pasa a ocupar un lugar

primordial y a convertirse en uno de los rasgos tipificadores del discurso narrativo de la rebelión. Se trata de una caracterización del ambiente que, además de situarse —por primera vez en el desarrollo del discurso de la conquista— en el primer plano de la narración, cancela implícitamente el modelo de realidad formulado por Hernán Cortés en sus *Cartas de Relación*. En aquél, la realidad de la conquista emergía de un proceso de ficcionalización mitificadora caracterizada en términos claramente utópicos. La ficcionalización de cada uno de los bandos que protagonizaban la confrontación épica se reforzaba con la eliminación de cualquier forma de conflicto que no fuera el de la "justa guerra" que daban los españoles a los aztecas. Cortés era un modelo de vasallo, y su ejército aparecía caracterizado como prolongación de sus atributos y como brazo de su poder. El campo español se presentaba unido por el proyecto épico y mostraba, frente al enemigo que polarizaba todos los atributos conflictivos —vacilaciones, intrigas, traiciones, etc...—, una naturaleza fundamentalmente ordenada y armoniosa. Lo problemático y lo conflictivo aparecían asociados con los indígenas o identificados con los invasores que —como Narváez o Velázquez— intentaran amenazar el orden creado y sustentado por el mítico Cortés de las *Cartas* dentro de la representación ficcional de su propio campo que éste formulaba en ellas. El discurso narrativo del fracaso por otra parte cancelaba el modelo épico de representación de la confrontación formulado por Cortés en sus *Cartas de Relación* y, a través de la progresiva redefinición de objetivo y funciones, se centraba en la representación de ese proceso de cancelación. La desintegración del campo español ocupaba un lugar secundario al aparecer siempre subordinada al problema central de la cancelación de los objetivos míticos y de la constatación de la inviabilidad del proyecto épico cortesino. Frente a una antiheroica realidad de hambres, mosquitos, ciénagas y búfalos que pacían tranquilamente en llanos interminables, los objetivos míticos y el modelo épico de acción conquistadora perdían significado. En este sentido, el discurso narrativo del fracaso suponía una simple aceptación de la existencia de una realidad diferente a la prevista, y presentaba un proceso de humanización del conquistador a través de su adaptación a esa nueva realidad. Era la presencia de esa realidad lo que actuaba como elemento desmitificador del modelo, que aparecía cuestionado únicamente en relación con ella. No se trataba verdaderamente de denunciar la realidad profundamente problemática y conflictiva del proceso de conquista mitificado por Hernán Cortés, sino de mostrar su inviabilidad frente a una realidad americana distinta de la formulada por el discurso mitificador.

En el discurso de la rebelión, por otro lado, se parte de la conciencia del fracaso de los modelos para llegar a un cambio cualitativo de percepción con respecto a este punto. En los textos que integran este discurso no se trata de cuestionar unos modelos inadecuados para representar la realidad americana, sino de desenmascarar la compleja realidad que se oculta bajo esos modelos y de denunciar abiertamente el orden ideológico, político, social y económico que mitifican. Desde el comienzo de todas las relaciones el conflicto no aparece situado entre el campo español y el indígena, como prescribía el modelo épico, sino en el centro mismo del primero. La *Relación Anónima* concreta la representación de ese ambiente conflictivo en las menciones reiteradas de "murmuraciones" constantes y "rozamientos" y tensiones que caracterizan la relación entre los españoles que integraban la expedición.[71] Custodio Hernández retoma en su *Relación,* de forma obsesiva, la presencia de esas murmuraciones y rumores en que se manifestaba el clima inquietante del campo, y, a la afirmación de la *Relación Anónima* que declaraba que la llegada de Inés "fue muy murmurada", añade que, una vez en el campo, la presencia de ésta constituyó una fuente adicional de conflicto, ya que "era tanto lo que la quería (Ursúa) que cierto se perdió por ella, y decían los soldados que no era posible sino que estaba hechizado. De esto y de otras cosas murmuraban mucho los mal intencionados y a los otros no se les daba nada".[72] Hernández llegará a utilizar la palabra "murmurar" en sustitución del verbo *hablar,* expresando estilísticamente con gran efectividad el aire conspiratorio e insatisfecho que se respiraba en el campo de Pedro de Ursúa. Pero son las relaciones de Francisco Vázquez y de Pedrarias de Almesto las que presentan la caracterización más completa del ambiente. Habla Pedrarias de la presencia de "escándalos y alborotos y sobre todo descuido en el buen govierno del campo", y de las constantes "mintiras e invenciones" propagadas por los "hombres malos y desiosos de motín" que abundaban entre los expedicionarios.[73] Francisco Vázquez se refiere en su relación a las "grandes enemistades" que nacían de la envidia provocada por cualquier diferencia de trato en el reparto de cargos u obligaciones.[74] Y ambos relacionan estos elementos con la existencia de una atmósfera de amotinamiento: "nos echamos en el río abajo harto descontentos...y también al tiempo de la partida hubo algunos motines, dejando aparte que se quisieron volver al Pirú: y entendiéndolo el gobernador, prendió algunos, y con otro disimulo y sin que nadie se le huyese, se embarcó".[75] Y Vázquez señala que la diferencia de opiniones con Don Juan provocó "algunos ciertos motines contra Don Juan".[76]

Pedrarias y Vázquez son los únicos de todos los expedicionarios que relacionan explícitamente el ambiente de revueltas que existía en la expedición de Ursúa desde el comienzo con la tradición de descarga de la tierra que he mencionado más arriba: "Había en su campo algunos soldados que se habían querido amotinar por volverse al Perú... Juntóse con esto la dañada voluntad de algunos soldados de su campo que eran y habían sido traidores y se habían hallado en el Pirú en muchos motines contra el servicio de Su Majestad, algunos de los cuales habían venido a esta jornada a más no poder que andaban huyendo y escondidos por delitos y traiciones que habían cometido y tuvieron por último remedio venirse a ella por se desviar de las justicias que los buscaban, y otros que deseosos de los dichos motines habían venido desta jornada porque públicamente se dijo en el Pirú que el Gobernador Pedro de Ursúa no juntaba gente para jornada sino para revolver sobre el Pirú por concierto hecho con el Visorrey".[77] La cita contiene todos los elemen-

295

tos que marcan la cancelación del modelo cortesino desde el comienzo del discurso de la rebelión: el conflicto se sitúa en el centro del campo español, que aparece fragmentado; sus miembros están divididos y opuestos; el modelo de la relación de vasallaje se tambalea ante la presencia de una tradición de alzamientos contra el rey y ante la evidencia de la substitución de la disciplina y la obediencia, como forma de relación entre los españoles, por la rebeldía y la insubordinación; y los objetivos míticos de la expedición aparecen desde un principio entrelazados con un objetivo político de sublevación, que los rumores del Perú atribuían, dice Vázquez, públicamente a Ursúa y Cañete, y que era el único objetivo que perseguían un número apreciable de los miembros de la expedición. La tradición de expediciones en busca de distintos objetivos míticos identificados con el interior fabuloso converge aquí con la tradición de rebeliones en que había ido cristalizando el descontento generalizado ante la realidad económica y política de la colonia. Y la problemática de aquellas rebeliones aparece transferida a la fuerza expedicionaria a través de la costumbre tradicional de descarga de la tierra que suponía la canalización de los elementos social y políticamente conflictivos hacia las actividades de descubrimiento del interior.

La cancelación de la estructura de vasallaje y la substitución de un objetivo mítico de descubrimiento y conquista épica por otro de sublevación y secesión son la base sobre la que el discurso narrativo de la rebelión va a ir articulando una representación cualitativamente distinta de la realidad social de la conquista. Dentro de este discurso narrativo de la rebelión, el primer efecto de la cancelación de los modelos de orden y de acción formulados por Cortés es la liberación de la violencia. En el modelo épico de Cortés la violencia aparecía siempre canalizada como instrumento necesario en la realización del proyecto épico de conquista de los indígenas. La violencia se dirigía siempre hacia afuera y nunca hacia los miembros del mismo campo. En el discurso narrativo del fracaso, por otro lado, la violencia se transformaba, una vez cancelados los objetivos míticos y el proyecto épico, para pasar a ser un simple recurso defensivo ante las hostigaciones del medio hostil en el que se movían los conquistadores-náufragos; y acababa, en la relación de los *Naufragios,* por ser radicalmente cuestionada en una propuesta de eliminación total de cualquier forma de violencia en beneficio de medios más civilizados de lograr una relación entre españoles e indígenas que no tenía por qué ser forzosamente conflictiva. Pero, en el discurso narrativo de la rebelión, la violencia se desata. Se dirige contra todo y contra todos, y su ejercicio constante y sistemático se convierte en expresión e instrumento de un descontento y un rechazo que engloban todos los elementos del orden establecido. En el contexto de este discurso narrativo, la violencia expresa la imposibilidad del pacto, del compromiso y de cualquier forma de lealtad, dentro de un orden en el que todas las relaciones aparecen alienadas y corrompidas. El carácter destructivo y a la vez revelador de la violencia se expresa en la trayectoria que presenta su ejercicio a lo largo del discurso narrativo que integran estas relaciones. Comienza por dirigirse contra la autoridad del rey representada por Ursúa: Ursúa es asesinado y lo sustituye el príncipe emancipador Don Fernando, nueva autoridad escogida por los rebeldes. Pero el asesinato de esta segunda figura autoritaria marca el cambio de dirección de la violencia que, a partir de ahí, toma un carácter claramente fratricida durante una larga fase en la que los Marañones se liquidan sistemáticamente unos a otros. Y concluye, después de la etapa en la que Aguirre alcanza el control casi exclusivo de la expedición, dirigiéndose contra el propio Aguirre a través del asesinato de su hija Elvira.

La solidaridad que caracterizaba en el modelo de representación cortesino la relación entre los miembros de su ejército se ve progresivamente substituida en el contexto de esta violencia por la intimidación, el chantaje, la agresión, y el miedo. Estos cuatro elementos concretan todas las formas posibles de relación humana en un contexto de injusticia, violencia y opresión que ha cancelado implícitamente, dentro del discurso de la rebelión, todos los términos ideológicos del modelo formulado por el discurso mitificador. El orden épico creado por la ficcionalización de Cortés es substituido en este último discurso desmitificador por el caos del terror; a la representación utópica, creada por aquél en sus *Cartas*, de una realidad ordenada por un concepto ideal de honor, justicia, disciplina y obediencia a la ley, este discurso narrativo de la rebelión contrapone la presentación crítica de una realidad de violencia, rivalidades, injusticia y corrupción que, a la vez que cancela el modelo de Cortés, revela la crisis profunda de todo aquel sistema de valores derivado de una ideología caballeresca medieval que aquél invocaba implícitamente en su discurso mitificador. La localización del centro del conflicto en pleno campo español y la presentación de la violencia que, de estar dirigida contra un enemigo exterior e identificable, pasa a dirigirse contra los propios conquistadores, implican una cancelación irreversible del modelo épico de la acción. En el discurso narrativo del fracaso, este modelo épico de acción aparecía ya substituido por un proyecto de simple lucha por la supervivencia; y esta substitución, cuya inevitabilidad se veía dictada por la emergencia de una realidad americana irreductible, que cancelaba implícitamente el modelo de representación de América definido por el discurso mitificador, se concretaba en la redefinición de móviles, objetivos y funciones: en el contexto de tales redefiniciones, el modelo heroico de conquistador creado por Cortés cedía el paso, a través de un proceso de progresiva humanización, a un hombre vulnerable e inadaptado que aparecía caracterizado como náufrago perdido en una tierra desconocida y hostil.

En el discurso de la rebelión subsisten algunos de estos elementos, pero cambia profundamente su importancia en relación con la redefinición del proyecto. La naturaleza hostil, las durísimas condiciones de vida, son una constante en los relatos de las relaciones que integran este último discurso; la necesidad —de agua, de bastimentos, de barcos— hace su aparición desde el principio de la expedición; y los narradores se refieren al hambre como un fenómeno que acompaña a todos cotidianamente y que dicta, hasta cierto punto, el desarrollo de la expedición. Custodio Hernández señala que ya antes de partir la expedición río abajo "los que trabajaban en los bergantines se comieron los caballos, y de este modo pasaba la gente con mucha hambre y falta de sal";[78] Pedrarias refiere que "hubo muchos que no tenían qué comer sino era algunos bledos que hallaban por la playa";[79] y Gonzalo de Zúñiga narra de este modo el tan esperado encuentro con Juan de Vargas, que había salido río abajo con anticipación para buscar víveres que remediaran la necesidad crítica de bastimentos que padecía la expedición: "Y fue tan poco que no nos cupo a cada uno para matar la hambre que traíamos, y así fuimos por todo el despoblado comiendo huevos de tortugas y algún pescado, y de lo que más se sustentaba el campo era de lagartos que se mataban a arcabuzazos".[80]

Sin embargo, ninguno de estos elementos aparece como motor fundamental de la acción. En el discurso de la rebelión, la necesidad es un elemento más que intensifica el verdadero motor de la acción: *el descontento.* Pero no es su causa principal, ya que este descontento es presentado por todos los cronistas como el sentimiento y actitud dominantes entre los españoles desde antes de que hiciera su aparición la necesidad. Desde el principio de las relaciones, el descontento aparece como una constante que estalla en distintas formas de indisciplina, violencia y amotinamiento. Cualquier incidente concreto basta para que se produzca un estallido: la llegada de Inés de Atienza al campo; la decepción en el reparto de cargos, el abandono de caballos y pertrechos que hace forzoso el estado de podredumbre de las naves, o la falta de confirmación inmediata de los objetivos míticos. Y, de indisciplina en rebelión, el descontento emerge progresivamente como el lazo que une a todos los rebeldes entre sí y como el motor que impulsa todas sus acciones. De la gloria y la fama como motores de la acción no queda ni rastro, y la desaparición de estos dos elementos se acompaña aquí de la liquidación de los proyectos con los que aquellas aparecían tradicionalmente asociadas. En el contexto de la caracterización crítica de la realidad que encontramos en el discurso de la rebelión no hay lugar para el proyecto épico que glorificaba los valores del orden establecido. Y la acción se dirige precisamente contra ese orden establecido que en última instancia se propone destruir.

La formulación de este proyecto de destrucción, que substituye al proyecto épico dentro del discurso de la rebelión, presenta tres fases bien diferenciadas. La primera se inicia con el comienzo de la expedición y concluye con la muerte de Ursúa. Es la fase de redistribución del poder. En ella, la rebelión contra Ursúa se centra en un proyecto de modificación del reparto de derechos, privilegios y beneficios que no altera necesariamente las bases fundamentales del orden establecido. No se trata de liquidar la autoridad sino de substituir un representante cuestionable de la autoridad real por otro más justo, y, en este sentido, esta primera fase de la rebelión es comparable a la primera fase de la sublevación pizarrista. Las relaciones señalan explícitamente este carácter reformista de la primera fase de la rebelión: "aún no estaba declarado entre ellos contra el real servicio, antes les parecía que buscarían la tierra y que harían servicio a Su Majestad y que serían perdonados.... La mayor parte de los oficiales y capitanes del campo, ansí los matadores del Gobernador como de los demás aliados, fueron de acuerdo y parescer que se debía buscar la tierra y noticia que Pedro de Ursúa traía, y que la debían buscar y poblar, y que por este servicio Su Majestad perdonaría a los matadores del buen Pedro de Ursúa".[81] La rebelión presenta hasta aquí unos límites reformistas muy claros: el proyecto de descubrimiento permanece intacto, el reconocimiento de la autoridad real también, y esto explica que, en el reparto de cargos que siguió al asesinato de Ursúa, —única medida práctica en que desembocaría la sublevación en su primera fase— Diego de Valcázar dijera públicamente, al tiempo que le dieron la vara de Justicia Mayor, "que la tomaba en nombre del Rey Don Felipe, nuestro señor".[82]

La segunda fase de la formulación del proyecto rebelde se inicia con la elección de Don Fernando, quien, después de ser confirmado en su nuevo cargo por la mayoría de los soldados, formula por primera vez la substitución del objetivo mítico por el secesionista: "dijo que el que quisiese seguir la guerra del Pirú en que él y sus compañeros estaban determinados, había de firmar y jurar de le seguir...y juraron que unos a otros se ayudarían y favorecerían y serían unánimes y conformes en la guerra de Pirú que tenían entre manos y que entre ellos no habría revueltas ni rencores y que no irían unos contra otros".[83] Por primera vez desde el comienzo de la expedición los conquistadores aparecen solidarios y unidos en un proyecto común, pero éste no se identifica ya con el proyecto épico de descubrimiento y conquista sino con su liquidación, que se concreta en el propósito de "reconquistar" el Perú y emanciparlo de la soberanía española. Esta segunda fase de la formulación del proyecto de la acción se completa con la proclamación de Don Fernando de Guzmán como "por la gracia de Dios Príncipe de Tierra Firme y Pirú y gobernador de Chile". Las implicaciones de esta proclamación que liquida totalmente el modelo ideológico y político que articulaba el discurso mitificador, se hacen explícitas en los diversos textos que narran la rebelión a través de un parlamento del propio Lope de Aguirre. Dirigiéndose a sus soldados, dice Aguirre: "para que la guerra llevase mejor fundamento y más autoridad convenía que hiciesen y tuviesen por su Príncipe a D. Fernando de Guzmán desde entonces, para le cognoscer por rey en llegando al Pirú, y que para esto era menester que se desnaturasen de los reinos de España y negasen el vasallaje que debían al Rey Don Felipe, y que él desde allí decía que no lo conoscía ni había visto ni quería ni tenía por rey".[84] La segunda fase de la formulación, en la que se presenta ya un proyecto claro de rechazo de la autoridad real, ruptura de la relación de vasallaje, emancipación del Perú y Tierra Firme, y establecimiento de una monarquía independiente y paralela en el territorio emancipado, concluye con el asesinato de Don Fernando de Guzmán.

Con la muerte de Don Fernando a manos de Aguirre y los suyos —muerte que implica la liquidación del modelo político centralizado en la figura del rey y la cancelación del proyecto de establecimiento de una monarquía independiente y paralela— se inicia la tercera fase de la formulación del proyecto que va a substituir, dentro de los textos del discurso de la rebelión, al proyecto épico del discurso mitificador. El programa final de la rebelión aparece en todas las relaciones formulado por el propio Aguirre y presenta una forma de gobierno presidido colectivamente por una aristocracia conquistadora —de la que Aguirre se considera representante— que ocupará todos los resortes del poder de la colonia. A la liquidación simbólica de cualquier forma de autoridad establecida que expresa la muerte de Don Fernando sigue inmediatamente la propuesta de un reparto igualitario del botín americano, del que se han visto desposeídos los marginados de la clase conquistadora. Esta será la primera medida que seguirá a la instauración de un gobierno de Marañones: "Lo que yo pretendo es ver a vuestras mercedes muy prósperas y ponerles al Pirú en las manos, para que corten a su voluntad. Déjenme a mí hacer que yo haré que el Pirú sea señoreado y gobernado por Marañones, y ninguno de vuestras mercedes ha de haber que en Pirú no sea capitán y mande a las demás gentes...solamente quiero que nadie hable de oído ni en secreto porque vivamos seguros y sin motines. Y ténganme buena amistad que yo haré que salgan del Marañón otros godos que gobiernen a Pirú como los que gobernaron a España".[85] La declaración de intenciones de Aguirre, su apelación a la solidaridad de los rebeldes, que aparecen unidos por un proyecto de destrucción del orden establecido y emancipación del Perú y Tierra Firme, y su llamamiento a la concordia y al cese de las actividades amotinadoras, concluye, en el parlamento citado, con la formulación del proyecto político, que aparece caracterizado en unos términos inconfundiblemente reaccionarios y anacrónicos, que la referencia a los godos como modelo de inspiración hace todavía más explícitos.

El último elemento en torno al cual se organiza el proceso de desmitificación y liquidación de los modelos que se desarrolla en el discurso de la rebelión es la cancelación del modelo de héroe-conquistador formulado por Hernán Cortés. Cortés emergía de los procesos de ficcionalización de las *Cartas de Relación* convertido en un mito sin fisuras desprovisto de cualquier forma de vulnerabilidad o conflictividad. Era la representación humana, sin contradicciones, del orden ideológico y político que su acción pretendía expandir y glorificar. El discurso narrativo del fracaso, por otro lado, implicaba una progresiva problematización de la figura mítica; invulnerabilidad y coherencia perfecta se resquebrajaban, y el personaje se veía sometido a un proceso de humanización desmitificadora que se concretaba en la recuperación del cuerpo y en la aparición de la duda, la vacilación y el sufrimiento. Y emergía finalmente de este proceso convertido en una figura que resumía y expresaba metafóricamente el desplazamiento de la agresión por la comprensión: el náufrago. En el contexto del discurso de la rebelión se consuma la liquidación total del modelo del conquistador. Este proceso de liquidación enlaza con la desmitificación del discurso narrativo del fracaso, pero, a diferencia de lo que sucedía en aquél, no se detiene en un proceso de humanización progresiva de la figura sino que, partiendo de él, profundiza en una redefinición de la realidad compleja del conquistador como expresión de toda la problemática del período histórico de la conquista. El proceso de liquidación de la figura del héroe-conquistador presenta dos vertientes distintas. La primera se concreta en la presentación de la desintegración de las figuras que representan dentro del discurso narrativo de la rebelión una clase conquistadora asimilable al modelo ideológico en que se apoyaba la caracterización creada por Cortés. La segunda se concreta en la caracterización de la figura del rebelde.

En las relaciones de la rebelión de los Marañones, la desintegración de la figura del conquistador modelo se identifica con la de Pedro de Ursúa y Fernando de Guzmán. Desde el principio, la caracterización de Ursúa aparece contrapuesta implícitamente a una caracterización anterior. Custodio Hernández expresa la diferencia entre el Ursúa de *antes* de la expedición y el del *presente,* diciendo que éste estaba hechizado por Doña Inés; Francisco Vázquez hace referencia a la misma metamórfosis de Ursúa en términos muy parecidos: "...y también Doña Inés, su amiga, quisieron decir que le había hecho en alguna manera que mudase la condición y que le había hechizado".[86] Gonzalo de Zúñiga señala que, antes de aquella jornada de Omagua, Pedro de Ursúa "había sido el más bien quisto capitán con todos y querido de sus soldados que podía ser otro ninguno, por donde quiera que había andado".[87] Y, posteriormente, Francisco Vázquez es aún más explícito en la caracterización de aquel Ursúa anterior, modelo y medida con el que van a ir contrastando implícitamente todas las relaciones de la expedición la decadencia del Ursúa de la jornada: "Era gentil hombre de buena práctica y conversación y mostrábase muy afable y compañero con sus soldados...trataba a sus soldados bien y con mucha crianza. Fue más misericordioso que riguroso. Era extremado en aventajarse de entender en la jineta y la brida...sobre todo sirvió bien a su Majestad, bien y fielmente.... Mientras tuvo estas condiciones arriba dichas fue siempre bien quisto y amado de todos".[88]

La biografía de Pedro de Ursúa hasta el momento de emprender la tan codiciada jornada de Omagua y Dorado, que le había sido otorgada precisamente a él en reconocimiento de una carrera de servicios extraordinaria, era verdaderamente la de un hombre excepcional y modélico entre los demás conquistadores. A los treinta y cinco años que tenía en el momento de obtener la jornada. Pedro de Ursúa era considerado uno de los conquistadores más prestigiosos del momento. Su prestigio le venía tanto de las cualidades personales a que se refiere Vázquez como de un historial guerrero y político que incluía la pacificación y conquista de los belicosos indios Musos y de los de la sierra de Tairona; la sumisión de la sublevación de los negros de Panamá por encargo del marqués de Cañete en 1556; y la fundación de las ciudades de Pamplona y Tudela en el territorio conquistado y pacificado. La *Relación Anónima* resume los méritos de Ursúa antes de la jornada diciendo que "era hombre de muy buena presencia y hedad de treinta y cinco años, de muy buena familia y entendido en la guerra", y añade que el Virrey le concedió la codiciada jornada porque le había tomado "gran voluntad" y "vió que el caballero navarro era capaz de mayores empresas".[89] La desintegración dentro del discurso de la rebelión de esa figura modélica que anunciaba la reputación inmejorable del conquistador Ursúa se inicia desde el principio de las relaciones, que señalan unánimamente la falta de correspondencia entre el Ursúa que ellos ven y el que esperaban. Coinciden todas en señalar un "cambio de condición" tan claro e inexplicable que lo atribuyen a los hechizos de Inés (Hernández), o a una posible enfermedad (Pedrarias y Vázquez). Como de costumbre, es Vázquez el más explícito en cuanto a las diferencias que separan al Ursúa real del Ursúa modelo, y el que proporciona una explicación de las causas de la transformación: "tuvo algunos vicios y resabios, aunque se creyó que Doña Inés, su amiga, le hizo tomar los más de ellos" dice Vázquez. Y añade que "de muy afable y conversable que solía ser con todos se había vuelto algo grave y desabrido y enemigo de toda conversación...habíase hecho amigo de la soledad y aun alojábase siempre solo y apartado lo más que podía de la conversación del campo, y junto a sí la dicha Inés, sólo y a fin, según parescia, de que nadie le estorbase sus amores: y embebecido en ellos parescía que las cosas de la guerra y descubrimiento las tenía olvidadas".[90]

La última frase resume el cambio esencial que se ha producido: No sólo Ursúa ya no corresponde al modelo de conquistador, sino que ha arrinconado la guerra y la exploración —actividades que resumen perfectamente los dos aspectos fundamentales del proyecto épico— para dedicarse a la satisfacción de sus deseos personales, violando así otra de las reglas fundamentales de la caracterización del modelo, cuyo interés aparecía subordinado al de la colectividad e identificado con la voluntad del Rey. Partiendo de ese "hechizo" y "cambio de condición", la liquidación del modelo del conquistador, dentro del discurso de la rebelión que ejemplifican las relaciones de la expedición, se identifica con la caracterización cada vez más negativa de Pedro de Ursúa. El guerrero mítico se desvanece ante la emergencia progresiva de un hombre temperamental, arbitrario, sensual, egoísta, poco hábil, arrogante, imprevisor e inconsistente: lo opuesto a las cualidades que caracterizaban al mito. La *Relación Anónima* señala sus abusos y su capacidad de engañar a la gente; Gonzalo de Zúñiga critica su imprevisión y su arrogancia, e identifica sus "amorosas palabras" con su inclinación a la manipulación y al engaño. Y hasta Vázquez, que es de todos el más favorable al personaje, reconoce su falta de caridad, su ingratitud, su falsedad y su descuido creciente en el gobierno del campo. La nueva personalidad de Ursúa viola las reglas de caracterización del guerrero, del cristiano y del jefe tal como aparecían implícitas en la caracterización del discurso mitificador; su comportamiento traiciona el código ideológico del vasallaje que aparecía mitificado en aquel discurso y, al mismo tiempo, cancela el modelo épico de acción y de proyecto.

La liquidación del modelo del conquistador se completa dentro del discurso de la rebelión con la caracterización de Don Fernando, que expresa la misma cancelación en términos grotescos. Ya no se trata en este caso de transformación inexplicable o hechizo del modelo original, sino de la encarnación misma de la degeneración de la figura. En el personaje de Don Fernando hay poco que sea rescatable. Gonzalo de Zúñiga es el más benevolente de todos los narradores cuando le reconoce una cierta cualidad de inocencia, aunque dentro de un contexto que la identifica con inmadurez y simplismo. Don Fernando es la flexión más negativa de la figura del conquistador, la encarnación misma de la degeneración y perversión de todas sus virtudes heroicas. Es "codicioso de mando", sin ser capaz de autoridad; ambicioso, sin fuerza ni empuje para realizar su ambición; bondadoso únicamente dentro de los límites de su extraordinaria debilidad; ingrato y traicionero en proporción a su enorme cobardía e indecisión. Si la decadencia que presenta Ursúa despierta entre sus narradores una cierta perplejidad exculpatoria, que se expresa en las disculpas buscadas en la enfermedad y el hechizo, la degradación del ideal heroico que encarna Don Fernando provoca un desprecio sin atenuantes que se hace perfectamente aparente en el siguiente fragmento: "Era vicioso y glotón; amigo de comer y beber, especialmente frutas y buñuelos y pasteles y en busca de estas cosas se desvelaba; y cualquiera que le quisiese tener por amigo, con cualquiera de estas cosas fácilmente lo podía alcanzar y traerle a su voluntad. Fue demasiadamente ingrato a su gobernador...lo mató por su sola ambición. Duróle el mando en la tiranía con nombre de General y después de Príncipe, casi cinco meses, que en ellos no tuvo tiempo de se hartar de buñuelos y otras cosas en que ponía su felicidad...".[91] La cancelación del modelo reviste aquí caracteres netamente grotescos. Ya no se trata de simple desmitificación de unos modelos de hombre y acción inadecuados para representar la realidad concreta, sino de la revelación explícita de una realidad de degradación y corrupción que se opone radicalmente a los heroicos modelos que, en el discurso mitificador, la encubrían pretendiendo representarla.

En el discurso narrativo de la rebelión, la liquidación del modelo del conquistador que implica la caracterización de las figuras de Ursúa y Don Fernando se completa con la aparición de la figura del rebelde. El problema central de cara a cualquier intento de análisis de la caracterización de esta última figura es que la caracterización de la figura del rebelde aparece en todas las relaciones del discurso de la rebelión ligada a un proyecto personal de autojustificación. Este proyecto define la naturaleza misma de la relación. Podemos decir que la función real de las cartas-relación de Hernan Cortés no era informar, como pretendía, sino transformar la realidad de la conquista de acuerdo con las necesidades de un proyecto de adquisición de poder y gloria. Y que, en las relaciones del discurso narrativo del fracaso, la relación se presentaba como mérito equiparable a una acción cuyo valor no podía ser reivindicado en razón misma de su carácter fracasado; de ahí que la relación pretendiera ocupar el lugar de la acción fallida que narraba y presentarse como servicio de valor equiparable al de cualquier acción coronada por el éxito. En el discurso de la rebelión, por otra parte, la relación tiene una función muy clara: neutralizar una actuación personal cuestionable o equivocada. Se trata de reafirmar la lealtad incondicional al rey y de demostrar la propia inocencia ante cualquier posible acusación de complicidad o participación en las acciones de una rebelión que atentaba a la autoridad real y al orden que ésta sustentaba. La forma más directa de lograr este objetivo es mostrar un repudio y una condena radicales de la rebelión y sus participantes. Y ésta es la que adoptan todos los narradores de las relaciones de la expedición de Ursúa. Aguirre y sus seguidores aparecen caracterizados de una forma totalmente negativa, que llega hasta la bestialización. La caracterización va desde una presentación de los rebeldes como amotinadores, crueles, ambiciosos y traidores, hasta otra mucho más radical, que asocia rebelión con degradación, como en el episodio en el que Antón Llamoso se ve obligado a mostrar su lealtad al tirano. Ante la duda que expresa Aguirre con respecto a esa lealtad, Antón Llamoso "...negó con grandes reniegos y juramentos; y pareciéndole que le satisfacía más, arremetió el cuerpo de dicho maese de campo, delante de todos, y tendiéndose sobre él le chupaba la sangre que por las heridas de la cabeza le salía, y a vueltas le chupó parte de los sesos diciendo: a este traidor beberle he la sangre".[92]

Subordinada totalmente al proyecto de autojustificación, la caracterización de los rebeldes aparece tipificada en todas las relaciones como suma de todas las cualidades negativas que se asocian con la traición. Y esa función exculpatoria de la caracterización negativa del rebelde determina otro elemento común a todas las relaciones: la presentación del terror como orden instaurado por esos rebeldes, y la del miedo como única forma de relación entre Aguirre, los rebeldes y el resto de los expedicionarios. Sólo las relaciones de Vázquez, Pedrarias, Gonzalo de Zúñiga y Custodio Hernández admiten la popularidad de que gozaba Aguirre, aunque sus narradores se disocian de ella adoptando una actitud fuertemente crítica. Y en todas ellas la presentación de la rebelión aparece subordinada a la necesidad de justificar la propia pasividad o complicidad con ella. Se trata de convertir toda la acción de los rebeldes en coacción, intimidación y amenaza, para eximirse así de cualquier forma de responsabilidad y, por lo tanto, de culpabilidad por el desarrollo de los acontecimientos.

La perspectiva ideológica que adoptan todas las relaciones que narran la sublevación de los Marañones, a la hora de caracterizar rebeldes y rebelión, es precisamente la del orden ideológico dominante, en el que pretenden reintegrarse a través de su narración de los hechos. Y la adopción de esta perspectiva se traduce forzosamente en una desvirtuación de toda la propuesta rebelde de la que hay que disociarse y en la elusión de cualquier acercamiento a su significado profundo. Integrada en el marco de ese proyecto de autojustificación, la caracterización de la rebelión se vacía de contenido y se transforma en representación del mal, que aparece identificado con la transgresión. Pero, paradójicamente, la profundidad de la crisis de un orden social y el alcance del cuestionamiento implícito de los valores que este orden representa se expresa con mayor intensidad en esa tensión, característica del discurso de la rebelión, entre una voluntarista afirmación de la más pura ortodoxia ideológica y la presencia innegable de unos hechos que revelan y expresan la quiebra total del orden supuestamente representado en los modelos del discurso mitificador.

El orden épico ha sido substituido por el caos del terror: la armonía, por el conflicto; la unidad, por la división; la justicia, por la arbitrariedad; la obediencia, por la indisciplina; y la conquista por la sedición, en una nueva representación de la realidad fragmentada y conflictiva de la conquista. Esta ya no aparece presidida por el mito del guerrero-vasallo-cristiano sino por la problemática figura de un traidor que se define por el rechazo global de cualquier forma de aceptación o compromiso con el orden ideológico, político y social que preside y encarna simbólicamente la figura del rey.

3. Rebelde/Loco: El peregrino.

Entre todas las relaciones de la jornada de Ursúa que forman parte del discurso narrativo de la rebelión, hay una en la que se manifiesta con claridad el mismo proceso de transición entre historiografía y literatura al que me he referido en el análisis de la relación de los *Naufragios* de Alvar Núñez Cabeza de Vaca.[93]

En la relación de los *Naufragios,* el carácter distinto que presentaba el texto al ser comparado con las otras relaciones del discurso narrativo del fracaso, se centraba en la aparición de un discurso y de una estructura narrativa que superaban la simple relación documental-informativa para enlazar directamente con formas de representación de la realidad de carácter claramente literario. Y todo este proceso de transformación semántica y estructural aparecía relacionado con un proceso de autodefinición del narrador, quien partía de la constatación del fracaso de los modelos para culminar en la formulación de una visión crítica de la realidad de la conquista que constituía ya una primera expresión de una conciencia hispanoamericana.

En la relación de Francisco Vázquez se observa un proceso equivalente de superación de la presentación estrictamente documental de la realidad que narra. Pero éste no aparece centrado en la definición de la figura del narrador que, al contrario de lo que sucedía en la relación de los *Naufragios,* procura disociarse explícitamente de la acción y mantenerse fuera del relato. En la relación de Francisco Vázquez, el carácter literario se concreta en un fenómeno de elaboración selectiva y de estructuración de la narración que resulta en una representación de la problemática fundamental de la crisis centrada en la caracterización del desarrollo psicológico de tres personajes fundamentales, cuya trayectoria ejemplifica distintos aspectos de aquella problemática ideológica, política y social.

La relación aparece articulada en torno a un tema central: la transgresión del orden establecido y sus consecuencias. Estructuralmente, el relato se divide en tres actos fundamentales, cada uno de los cuales presenta la acción organizada en torno a una figura central, cuya caracterización reúne los elementos centrales de la problemática que el desarrollo de la acción dramatiza. El primer acto se centra en el problema

310

de la decadencia de la figura del conquistador, representante por excelencia de los valores heroicos formulados a través de los modelos del discurso mitificador. Comienza con un retrato de Ursúa que lo identifica con el modelo como guerrero, cristiano y vasallo excepcional. Pero la Jornada de Omagua, que el Virrey le concede como reconocimiento de su trayectoria modélica, marca el inicio de un proceso de decadencia cuyas causas, significativamente incomprensibles para el narrador, aparecen identificadas con la enfermedad y los hechizos.[94] El resultado de ese proceso de decadencia es la transformación del conquistador en indolente enamorado, que cambia las glorias de "las cosas de guerra y descubrimiento" por los placeres de la cama que comparte con Inés de Atienza, a quien el narrador señala como "causa principal de la muerte del gobernador y nuestra total destruición". El primer acto se cierra con la consecuencia inevitable de esa transformación del guerrero: su pérdida de autoridad y poder, y su asesinato a manos de sus propios soldados, que deciden matarle porque "siendo Don Fernando general y cabeza podrían buscar tierra y poblarla y que esto sería antes hacer servicio al rey, por el gran descuido que el gobernador llevaba en el descubrimiento, que no ir contra el servicio real".[95]

La segunda parte aparece centrada en la figura de Don Fernando de Guzmán y explora la alternativa política de la creación de una monarquía paralela en el territorio americano. El "reinado" de Don Fernando se presenta como farsa desprovista de la menor seriedad y autenticidad. Vázquez se refiere a este patético reinado lacónicamente diciendo que al final "feneció la locura y vanidad de su Principado". El príncipe de este reinado de "locura y vanidad" es un personaje decididamente grotesco. Vázquez señala su carácter de hombre de paja, subrayando que tuvo "el nombre" de general y luego de príncipe —con lo cual implica que no tuvo los hechos ni de uno ni de otro— y se burla de sus pretensiones de dignidad, diciendo al narrar su muerte que "allí pereció la gravedad que había tomado". En la dramatización que hace Vázquez de la alternativa política de una monarquía paralela —que correspondería a grandes rasgos al proyecto final de la rebelión Pizarrista— si el reinado es menos que una caricatura de reinado, la figura del príncipe independentista aparece caracterizada en términos inconfundiblemente grotescos. Vázquez subraya sarcásticamente que la máxima aspiración de ese príncipe era hartarse de frutas, buñuelos y pasteles, que hacia estos objetivos únicos se dirigían todos sus desvelos, que bastaba con ofrecérselos para ganar su apoyo y voluntad, y que su mayor fracaso como gobernante fue no haber tenido tiempo de hartarse de ellos.[96]

Esta segunda parte concluye con el asesinato de Don Fernando de Guzmán, última flexión degradada de la representación de la autoridad real. E inmediatamente después de esta muerte comienza el tercer acto del relato que va a centrar su acción en torno a la figura de Lope de Aguirre. El gobierno de Aguirre se inicia con un parlamento que recoge los puntos fundamentales de su programa rebelde y, al hacerlo, expresa simbólicamente la liquidación total del orden representado por los modelos del discurso mitificador. El primer punto es su autonombramiento como General. En él, Aguirre se disocia explícitamente de la forma de autoridad encarnada por el rey y sus representantes, y se presenta a sí mismo como legítimo representante de los intereses de los Marañones. Aguirre subraya el carácter democrático del poder así constituido, recordándoles a los soldados que deben seguir teniéndolo "por amigo y compañero".[97] El segundo punto es la reafirmación del proyecto de sedición —concretado en la conquista y emancipación del Perú— como objetivo único de la acción. Aguirre les asegura a sus hombres que a partir de aquel momento no habrá más interferencias, motines ni alborotos, y que "de allí en adelante iría la guerra derecha". La reafirmación de un proyecto independentista, que cancela el modelo épico de acción presentado por el discurso mitificador, se completa poco después con la cancelación explícita del objetivo inicial de la jornada de Ursúa: cuando a los dos días de la muerte de Don Fernando los barcos llegan a la región de Omagua, Vázquez narra lo siguiente: "Paresciéronse aquí, sobre la mano derecha, una cordillera no muy alta, de cabañas y sierras peladas. Había en esta cordillera grandes humos, y divisábanse algunas poblaciones a la orilla del río. Allí decían los guías que estaba Omagua y la buena tierra que siempre ellos nos habían dicho. Mandó (Aguirre) que nadie hablase con las guías. Pasamos algo desviados por el otro brazo de río que se iba desviando el tirano".[98] Ese otro brazo de río que elige Aguirre desviándose abiertamente del camino previsto adquiere en su contexto un valor metafórico y expresa la realidad doble de un distanciamiento geográfico con respecto al objetivo original de la expedición, y de una desviación ideológica que aleja a Aguirre y sus seguidores del camino trazado por el orden ideológico dominante. Sobre esta segunda desviación se levantará el orden de los rebeldes, firmemente anclado en un rechazo fundamental —el de la autoridad del rey y la soberanía española— y comprometido en un objetivo único: la emancipación de los reinos de Sudamérica.

Al igual que en los otros dos actos, la acción a través de la cual presenta Vázquez el orden creado por los rebeldes constituye una proyección de los rasgos y de la personalidad de la figura que está en su centro, en este caso Lope de Aguirre. Y el desarrollo de la acción es paralelo al de la caracterización psicológica del personaje. La primera caracterización de Aguirre lo presenta como un hombre popular con un gran ascendiente sobre los descontentos, ascendiente que no se basa más que en su astucia, en su palabrería y en su capacidad de persuasión. La transformación radical del personaje se produce inmediatamente después de su toma de poder y se concreta en la reducción de la personalidad del tirano a una sola cualidad: la crueldad. A partir de ese momento, la acción se va a presentar como expresión constante de la crueldad de Aguirre —muertes arbitrarias, tormentos, castigos, y abusos de todo tipo— hasta llegar por simple acumulación a revestir el carácter demente que define la última fase de la caracterización de la figura central, que ahora aparece convertida en "el loco Aguirre". A lo largo del desarrollo de la acción de la tercera parte de la relación, la figura de Lope de Aguirre y su ejercicio del poder dramatizan los peligros de dejar el poder en manos de alguien "amigo y compañero de los bajos e infames hombres". Y su caracterización se contrapone a la figura del modelo de conquistador: si aquél era buen vasallo, Aguirre es "inquieto, bullicioso, amigo de revueltas y motines"; si aquél era modelo de cristianos, Aguirre era "mal cristiano, y aun hereje luterano o peor...tuvo por vicio ordinario encomendar al demonio su alma y cuerpo. No hablaba palabra sin blasfemar y renegar de Dios y de sus Santos".[99] Y mientras el modelo dedicaba su vida a un proyecto que glorificaba el orden establecido y extendía las posesiones del imperio, Aguirre aparece en su retrato final dedicado a socavar ese orden y a desmembrar el imperio territorial creado por los esfuerzos de tantos y tan ilustres vasallos, de los que sólo se acuerda para maldecirlos.

La caracterización que hace Vázquez de la figura del rebelde se articula sobre una inversión sistemática de los rasgos del modelo, y su presentación de la realidad se concreta en un caos que expresa, a través de todos los elementos de la acción, el carácter monstruoso de esa inversión. Ese carácter monstruoso que presenta Aguirre en la relación, donde aparece como verdadera encarnación del mal en todas sus formas ("fue tan malo, cruel y perverso que no se halla ni puede notar en él cosa buena ni de virtud", dice Vázquez), viene determinado en buena medida por la función que le toca cumplir dentro del proyecto justificatorio de la relación. De acuerdo con él, la perfidia, crueldad y corrupción de Aguirre tienen que ser suficientes para justificar el ejercicio no cuestionado de un poder absoluto durante casi seis meses, y para demostrar la ausencia de responsabilidad y de culpabilidad de todos los que, como el propio Vázquez, prefirieron salvar la vida a enfrentarse con la sublevación que tan abiertamente condenarían después.

Cada uno de los tres actos en que aparece dividida la narración de la relación de Francisco Vázquez se cierra con un retrato de la figura central en torno a la cual se articula la dramatización de la problemática, subrayándose así estructuralmente la importancia de la caracterización y la subordinación en que aparece con respecto a dicha figura la presentación de toda la acción del episodio. El retrato de Ursúa resume la trayectoria del conquistador y la degradación de los valores heroicos que esta figura representaba originalmente; y describe el proceso de progresiva contaminación por la violencia y la corrupción de una sociedad en crisis, proceso que concluye con la transformación del guerrero en hechizado y con su pérdida total del control de la realidad. El retrato de Fernando de Guzmán contrapone a la realidad de un orden monárquico legítimo en crisis la farsa de una monarquía paralela que aparece identificada con intereses personales mezquinos y asociada a un proyecto político de carácter desintegrador. Y, finalmente, el retrato de Aguirre resume, en la condensación de rasgos negativos que lo integran, la alternativa rebelde, que, dentro de la estructura narrativa de la relación de Vázquez, aparece identificada con el terror, el caos y la destrucción. Dentro de cada episodio, la selección y caracterización de los elementos de la narración no responde a un criterio estrictamente objetivo e informativo sino que aparece subordinada a la dramatización de la problemática que ejemplifica la caracterización psicológica del personaje central; y en este proceso de selección, reordenación y reelaboración de los hechos, con el fin de ilustrar las proyecciones de la problemática que el personaje representa, se concreta el proceso de ficcionalización inseparable de la exposición de la relación de Vázquez. La relación de Vázquez explora, a través de una construcción literaria de aspectos claramente ficcionales, la crisis profunda del orden ideológico, político y social que representaba la figura del conquistador; y dramatiza las alternativas posibles propuestas históricamente por distintos proyectos rebeldes, ejemplificándolas en las tres fases de la formulación del proyecto de sublevación de Aguirre y sus Marañones. La catarsis provocada por el desarrollo trágico del tercer acto se complementa con una declaración explícita de restauración de aquel orden que aparecía cuestionado al principio de la obra: "Acabado el disbarate· de este tirano cruel y malo, el Gobernador y Capitán General y demás capitanes se fueron al Tocuyo donde residían; y los vecinos de Barequicimeto tornaron a reedificar su pueblo y los de Mérida también se fueron; de manera que quedó la tierra sosegada con la muerte de tan mal hombre; y los tiranos que con él venían se fue cada uno a buscar su ventura; ...y hubo paz".[100]

En la representación literaria del poder central que expresa la estructura narrativa de la *Relación de la Jornada de Omagua y Dorado,* de Francisco Vázquez, la muerte del traidor Aguirre se equipara a la liquidación definitiva de cualquier forma de rebelión, que se ve substituida por el sosiego de la tierra y por la paz. Muerto el rebelde, en cuya caracterización se condensaban ficcionalmente todo el conflicto y la crisis de un orden, —cuya destrucción aparecía inequívocamente identificada con el caos y el mal— la obra se cierra con la restauración ficticia del orden establecido; restauración que concluye el proyecto ejemplificador sobre el que se apoya la articulación literaria de una presentación personal y subjetiva de la historia de una rebelión.

En los *Naufragios,* la aparición a nivel lingüístico y estructural de elementos específicamente literarios se relacionaba con un proyecto que expresaba, a través de una forma cualitativamente distinta de representación de la realidad, el desarrollo de una percepción crítica de la realidad de la conquista y de sus mitos. Y en la aparición de esta percepción crítica se centraba una primera etapa del lento proceso de formación de una conciencia hispanoamericana. En la relación de Francisco Vázquez, por el contrario, la creación de una estructura literaria de representación para narrar los sucesos de la sublevación de Aguirre no aparece ligada a un proyecto personal de cancelación de mitos y cuestionamiento de valores ideológicos dominantes, sino a un conjuro de cualquier forma de transgresión del orden establecido y a un proyecto de reafirmación explícita de los valores que éste encarna. Y, paradójicamente, es precisamente esto lo que designa esta relación como obra literaria clave del mismo proceso de desarrollo de la conciencia hispanoamericana al que se aludía más arriba. Marcel Bataillon se refiere, en su análisis de la rebelión de Gonzalo Pizarro, al proceso histórico de reafirmación de los valores de la metrópoli en que culminó aquel período de grandes sublevaciones que concluiría precisamente con la de Lope de Aguirre. Y relaciona explícitamente esta reafirmación con la aparición de una conciencia hispanoamericana: "En aquella época, América, que se veía sacudida de un extremo a otro por la rebelión pizarrista, se hizo verdaderamente española al asumir por fin los valores y la cultura de España como justificación de la conquista y como antídoto frente a la anarquía de los conquistadores. Y, simultáneamente, aquel mundo colonial tomó conciencia de su solidaridad, de México al Río de la Plata y al estrecho de Magallanes, al mismo tiempo que experimentaba la importancia del cordón umbilical formado por la "carrera de Indias", el movimiento de buques de Indias que hacían la ruta de Sevilla al istmo de Panamá.[101] En el contexto histórico descrito por Bataillon, la restauración ficticia que cierra la presentación de la crisis profunda de un orden político y social representada literariamente en la relación de Vázquez, cobra su verdadero significado: el de dramatización de un proceso de conflicto y desorientación que se cierra simbólicamente con un retorno a la armonía. Esta aparece identificada con una solución política que restaura todos los pilares centrales de la organización de la América colonial. La representación literaria que hace Francisco Vázquez de la sublevación de los Marañones conjura crisis y rebelión, circunscribiendo toda la problemática de un período histórico a la figura de un personaje central que aparece caracterizado como encarnación de todos los vicios y maldades necesarios para justificar, por sí solos, la violencia transgresora de la acción.[102]

En el discurso mitificador, el héroe aparecía caracterizado como suma de las cualidades objetivamente necesarias para la realización del proyecto épico de la acción: era el elegido de Dios y el agente de la Historia. En las dos relaciones principales del discurso desmitificador —la de Alvar Núñez y la de Francisco Vázquez— el hombre, expresando claramente la transición entre una presentación épica y una representación novelesca de la realidad, deja de ser simple instrumento de Dios y agente de la Historia para convertirse en sujeto

317

creador situado en el centro mismo de la problemática y de la acción. Pero, así como la figura del narrador de los *Naufragios* se problematizaba y enriquecía iluminando en su trayectoria individual la transformación desmitificadora de la realidad americana, en la relación de Vázquez la figura central de Aguirre aparece reducida y esquematizada, al estar subordinada a un proyecto que no es de revelación sino de ocultamiento. Situada estructuralmente en el centro de la narración, la figura de Aguirre es el elemento clave sobre el que se apoya el proyecto de autojustificación del narrador. La caracterización que reduce esta figura a la encarnación del mal cumple la función de ocultar la profundidad de la crisis y la extensión de la sublevación. Aguirre es instrumentalizado por Vázquez, quien, al reducirlo a los rasgos fundamentales que representan el mal dentro del contexto ideológico de la época, lo vacía de contenido, desvirtuando el sentido profundo de su figura y de su rebelión.

Importa recuperar críticamente la figura de Lope de Aguirre desde un punto de vista histórico y también desde un punto de vista literario. Históricamente, Aguirre es relevante porque encabezó un episodio de gran trascendencia política e ideológica, cuyo desenlace aparece asociado al proceso de emergencia de una conciencia hispanoamericana.[103] Literariamente, la importancia de la figura de Aguirre se concreta en primer lugar en las conexiones que existen entre su percepción y representación de la realidad de su época, y algunos aspectos de la conciencia y estética barrocas que, en cierto modo, su discurso anticipa; y en segundo lugar, en la influencia que su figura ha tenido en numerosas obras posteriores de la literatura española e hispanoamericana.[104]

Existen tradicionalmente dos corrientes de interpretación de la figura de Aguirre. La primera, iniciada por D. Segundo de Ispizúa,[105] constituye un esfuerzo por reivindicar la problemática figura del caudillo de los Marañones. En esta corriente Aguirre se transforma en hombre admirable, glorioso predecesor de la independencia latinoamericana. La segunda, más cercana a las versiones oficiales de la época, lo caracteriza como un hombre terrible, sanguinario y cruel. En la primera interpretación, la figura de Aguirre coincide con su autodefinición como rebelde, peregrino y príncipe de la libertad. En la segunda interpretación —que aparece formulada críticamente en la obra de E. Jos—,[106] Aguirre emerge como "el Loco", identificándose así con uno de los motes por los que, según las relaciones, se le conocía en la época. La diferencia entre la interpretación final a la que llegan respectivamente estas dos corrientes proviene de una distinta utilización de las fuentes. La primera prescinde, con frecuencia sin substituirlas más que por un proceso de mitificación personal, de gran parte de la caracterización e información que se contiene en las relaciones de la expedición. La segunda, con E. Jos a la cabeza, acepta la veracidad y validez de la versión del personaje y de su rebelión que contienen las relaciones, y coincide con la condena que se expresa en ellas.

Existe sin embargo una voz de Aguirre que los juicios y condenas de las relaciones no llegaron a silenciar, y, aunque los documentos en los que se hace oír son poco numerosos, proporcionan una base suficiente y de una autenticidad incuestionable para el análisis y la reinterpretación de la figura. Es la voz que se expresa en los discursos, comentarios y frases sueltas, transcritos, literalmente y con variaciones menores, por las distintas relaciones de la expedición; y es, sobre todo, la voz que se escucha en las tres cartas originales de Lope de Aguirre que se conservan: la que escribió al Provincial Montesinos, la del Rey Felipe II y la del Gobernador Collado. Basta comparar cartas y parlamentos para observar la continuidad lingüística e ideológica que existe entre todos ellos, al margen de pequeñas variaciones que pueda haber introducido el narrador-transcriptor de turno por fallos de memoria o por imperativos de caracterización. Las mismas ideas, que concretan la percepción individual de una crisis y de una alternativa; las mismas definiciones, la misma conceptualización de la realidad, los mismos valores, y las mismas propuestas ideológicas y prácticas se dan, en términos iguales o equivalentes, en cartas y parlamentos. El discurso que integran esas cartas y parlamentos presenta una

319

indudable coherencia interna. Aparece anclado en un proceso personal de toma de conciencia de la crisis, crisis que para Aguirre se identifica con tres desarrollos fundamentales: la decadencia de las estructuras políticas, la desintegración de la relación de vasallaje y la degeneración de los valores ideológicos tradicionales. La decadencia de la estructura política se concreta para él en la corrupción general de todos los representantes de la autoridad, que aparecen calificados de mentirosos, codiciosos, ladrones, venales, viciosos y hasta idólatras, —cuando a todas las anteriores acusaciones Aguirre añade la de que aquellos "quieren que nos hinquemos de rodillas y los adoremos como a Nabucodonosor". Aguirre resume su comportamiento después de avisar al rey de que no se fíe de ellos, diciendo que "se les va todo el tiempo en casar hijos e hijas y no entienden en otra cosa, y su refrán entre ellos muy común es 'A tuerto o a derecho nuestra casa hasta el techo'":[107] y define su actuación diciendo que sirven al rey "a costa del sudor de tanto hijodalgo", y que sin ningún trabajo "andan comiendo el pan de los pobres".[108]
La desintegración de la relación de vasallaje, por otra parte, se concreta, dentro del discurso de Aguirre, en la traición del rey. Para Aguirre, es el rey quien de "rey justo" se ha convertido en "cruel e ingrato", al abandonar a sus vasallos a la injusticia y corrupción de sus representantes. El rey, que muestra ingratitud al dejar de recompensar los servicios de sus vasallos, deja de ser la figura paternal autoritaria avalada por Dios del modelo ideológico medieval, para convertirse en un monstruo "menor de edad" que se define por su "ambición y hambre de hartarse de carne humana".[109] Y al disociarse de la función fundamental que le asigna el modelo ideológico dominante —la de máximo representante de los valores cristianos y garantía del bienestar y protección de sus súbditos— la figura real degradada que presenta Aguirre en sus textos y discursos cancela implícitamente la validez de todo aquel modelo de relaciones sociales —el vasallaje— que constituía la base de los modelos del discurso mitificador y de las estructuras políticas de la época.
Finalmente, la degeneración de los valores ideológicos

tradicionales, último punto en que cristaliza la percepción que tiene Aguirre de la crisis política de su tiempo, presenta dos vertientes. La primera se identifica con la decadencia de la Iglesia, que para Aguirre se manifiesta en la disolución del clero y en la importación del cisma luterano: "La disolución de los frailes es tan grande en estas partes que yo entiendo que conviene que venga sobre ellos tu ira, porque ya no hay ninguno que presuma de menos que de Gobernador". Esta percepción que tiene Aguirre del aspecto religioso de la crisis ideológica que critica revela un componente de furiosa xenofobia que lo relaciona con algunos aspectos de la ideología rebelde de los comuneros.[110] Para él, uno de los orígenes inmediatos de esa decadencia general que percibe es la presencia de "lo extranjero" en la sociedad española: "Sabemos en estas partes, excelente rey y señor, que conquistaste a Alemania con armas y Alemania ha conquistado a España con vicios", declara Aguirre en su carta a Felipe II.[111] En la cita aparece, junto a la expresión del componente xenofóbico, que caracteriza la percepción que tiene Aguirre de la crisis, el segundo aspecto fundamental en el que se concreta para él la decadencia del orden establecido. Se trata de las armas. Para Lope de Aguirre *las armas* se oponen a *los vicios*. Dentro de su discurso, las armas y la guerra representan siempre los valores heroicos de una época mitificada que se identifica con el proceso de la reconquista. Para Aguirre, la liquidación de esos valores heroico-caballerescos tradicionales equivale a la degeneración y al vicio. En la cita anterior, esta transformación de un país heroico en una sociedad corrompida y decadente coincide con la llegada de lo extranjero. Y si, en términos ideológicos, esta decadencia aparece centrada en la crisis de los valores de la España guerrera medieval, que se ven substituidos por los vicios de los extranjeros, en términos religiosos esa misma decadencia se identifica con "la gran cisma de luteranos" —también de origen extranjero— que tanto "temor y espanto" pone en Aguirre.[112]

Ideológicamente, la rebelión de Aguirre se articula como respuesta a una crisis, política y social, que él percibe en los términos irracionales que se acaban de analizar, y es, en primera instancia, una cuestión de honor. En la primera declaración que le hace Aguirre a Felipe II de las causas que los han movido a él y a sus seguidores a "hacerle la más cruel guerra que nuestras fuerzas puedan sustentar", la resignación ante la injusticia aparece identificada con la pérdida del honor. Dice Aguirre: "Y esto, cree rey y señor nos ha hecho hacer el no poder sufrir los grandes pechos, premios y castigos injustos que nos dan tus ministros que...han usurpado y robado nuestra fama, vida y honra".[113] Si la aceptación pasiva de la transformación de una sociedad de armas —es decir, fiel a los valores guerreros medievales— en una de vicios lleva consigo la pérdida del honor, Aguirre no tiene más que un camino posible: la rebelión, entendida como proyecto de recuperación de los valores que aparecen amenazados por la nueva sociedad. Esta nueva sociedad se asocia para Aguirre con el triunfo de la "cevil" sobre lo "militar"; con el de la gente "de caçabe y arepas", a los que en otros momentos llama "colchoneros", sobre el guerrero; y con la decadencia del poder del conquistador, que se ve desplazado por el funcionario y el burócrata. La rebelión de Aguirre se dirige contra todos ellos, y a todos ellos se propone aniquilar —como al alemán al que hizo hacer pedazos al enterarse del cisma luterano. Dice Aguirre: "y había asimismo de matar a todos los presidentes, oidores, obispos y arzobispos, gobernadores y letrados y procuradores y cuantos pudiese haber a las manos, porque...ellos y los frailes tenían destruidas las Indias".[114]

Frente a esos "colchoneros", burócratas y frailes, Aguirre caracteriza la figura del rebelde con unos pocos rasgos fundamentales. Es "xeneroso y de gran ánimo", es cristiano y es guerrero. Por oposición a una sociedad de vicios, organizada y controlada por "bachilleres" y gentes de "officios ruynes", el rebelde de Aguirre es la reencarnación del cruzado, y el proyecto de su rebelión es uno de reconquista militar y espiritual de una sociedad amenazada por infieles extranjeros y gentes ruines y sin honor. El referente ideológico de la reconquista está claro en la caracterización de una crisis del orden político-social que se equipara con la herejía —"herro-nía", en palabras de Aguirre—, y de un rey cuestionable que aparece comparado con Lutero: "ya de hecho habemos alcanzado en este reino cuan cruel eres y quebrantador de fe y de palabra, y así tenemos en esta tierra tus promesas por de menos crédito que los libros de Martín Lutero".[115] Y es todavía más evidente en la formulación del proyecto de reconquista y gobierno del Perú que hace Aguirre en varios discursos y parlamentos: "Y ténganme buena amistad que yo haré que salgan del Marañón otros godos que gobiernen y señoreen el Pirú como los que gobernaron a España...y que tengo que hacer que los reinos del Pirú sean gobernados de la gente marañona como los godos lo fueron en España por señores de ella".[116] Para Aguirre, los godos-marañones están destinados a reconquistar el Perú de sus corrompidos y herejes gobernantes y a restaurar la pureza espiritual de las colonias, como lo hicieron los godos en la larga reconquista de la península ocupada por los musulmanes. El carácter predestinado de esta nueva guerra santa que es, para el jefe de los Marañones, su sublevación, lo subraya él mismo al referirse a la profecía indígena de la reconquista del Perú, que resume en los siguientes términos: "Mirá que en todo el Pirú dicen todos a una los indios hechiceros que de unos montes y tierras escondidas han de salir unas gentes que han de señorear el Pirú, y somos nosotros, mirá que lo sé yo muy cierto".[117]

Ideológicamente, la rebelión de Aguirre presenta un carácter inequívocamente anacrónico y reaccionario. No hay en su formulación ni un solo elemento progresista, y, menos aún, revolucionario. Es una rebelión que reivindica los valores idealizados de una época anterior y que rechaza cualquier transformación de un modelo caduco de sociedad guerrero-medieval, transformación que percibe irracionalmente como degeneración y corrupción. Para Aguirre, los valores cristianos y guerreros de las cruzadas se identifican con la esencia misma de ese espíritu español cuya pureza se propone restaurar, liquidando a todos los representantes de un orden "cevil" que no comprenden el valor superior de la guerra. Para él la guerra es un modo de vida superior a todos los demás y avalado por una larga tradición que elogia en estos términos: "...eran peores que barberos y pusilánimes y cobardes...¿cómo era posible que nadie hasta allí se le hubiera pasado y que aquestos sólo rehusasen la guerra que desde el principio del mundo los hombres la habían amado y seguido, y aún en el cielo la había habido entre los ángeles cuando echaron de él a Lucifer?".[118] En la visión de Lope de Aguirre la guerra se identifica, desde la expulsión del rebelde Lucifer hasta la expulsión de los árabes que ocuparon España por los godos, con un proyecto de restauración de la ortodoxia cristiana por medio de un proceso de purificación. En el caso de su proyecto personal de reconquista militar y espiritual, esta purificación se concreta en la liquidación de todos los representantes y cómplices de una sociedad civil y corrompida, por sus godos-marañones, que tienen "la fee y mandamientos de Dios enteros y sin corrupción como cristianos" y que están dispuestos si fuera necesario "a recibir martirio por los mandamientos de Dios".[119]

Y, sin embargo, el carácter profundamente reaccionario de la ideología de Lope de Aguirre no altera la importancia subversiva de su rebelión. En el contexto político de la época en que ésta se produce, el solo hecho de atentar contra la autoridad del rey y contra la unidad del imperio llevaba consigo una carga revolucionaria cuyo peso se pone de manifiesto con toda claridad en la naturaleza del castigo del que la ley hacía merecedor al rebelde. Y no me refiero solamente al degüello y descuartizamiento de los rebeldes, sino a todo un discurso legal que definía al rebelde como traidor al orden natural y lo castigaba no sólo a morir sino a ser borrado de la historia, a través del arrasamiento de sus propiedades, la esterilización de sus campos, la deshonra de sus hijos y la condena de su fama y memoria. Vale la pena citar una parte de la sentencia dictada por el licenciado Bernáldez —gobernador y juez de la audiencia de Su Majestad— contra Aguirre para ilustrar esta afirmación: "Ffallo que devo declarar y declarava y declaró, el dicho tirano Lope de Aguirre haber cometido crimen lesa magestatis contra la magestad rreal del rrey Don Felipe nuestro señor, y aberle sido traidor muchas vezes, en cuya consequencia condenaba y condeno a su fama y memoria a que desde oy en adelante y desde la hora que propuso y determinó de cometer trayción y tiranía, a que sea tenida por de hombre traydor y tirano contra su rrey y señor natural, y como tal declaro haber sido justamente degollado y hecho quartos. Asimismo declaro todos y cualesquier bienes que dexase abellos perdido e ser e pertenecer a la camara e fisco de su majestad, y por tal los aplico, e mando que doquiera que el dicho Lope de Aguirre dexase casas de su morada, le sean derribadas por los cimientos de arte que no quede figura ni memoria dellas ni de parte dellas, y ansí derribadas sean aradas y sembradas de sal con pregón publico desta sentencia. Así mismo declaro todos los hijos barones que del dicho Aguirre ayan quedado, ora sean legítimos o bastardos o espúreos, por infames para siempre jamás, como hijos de padre traydor e tirano a los cuales también declaro por yndignos e yncapaces de poder tener honrra de cauallería ni denidad ni officio publico ni otro de los proybidos en derecho, ni poder rescibir herencia ni manda de pariente ni destrana persona, y condeno a la dicha memoria e bienes en lo arriba dicho y mando que esta sentencia se cumpla y execute sin embargo de apelación que cualquier persona quiera poner".[120]

El análisis ideológico del proyecto rebelde de Lope de Aguirre es sólo una pequeña parte en un proyecto de recuperación de la complejidad del significado de su figura. Un análisis de sus cartas, y muy especialmente de la que le escribió a Felipe II, como expresión de la trayectoria de una conciencia y como formulación de una percepción de la realidad de la crisis de su época, revela elementos que, a través de la nostalgia desesperada que expresa el proyecto de reconquista espiritual, anticipan claramente una conciencia y una problemática barrocas. La carta de Aguirre al rey es la expresión de su vivencia personal de la conflictiva realidad de la América de la conquista y se articula en torno a una trayectoria espiritual que culmina en la transformación del hidalgo-cristiano-viejo-vasallo, así se autodefine Aguirre en el primer párrafo de la carta, en el "rebelde hasta la muerte" de la última línea. La transformación del vasallo en rebelde se presenta como resultado de una transformación de la sociedad que invalida los términos ideales del orden caballeresco y de la relación de vasallaje. Aguirre, hidalgo, cristiano viejo y vasallo, ha cumplido con su papel de acuerdo con el código caballeresco medieval: "en mi mocedad pasé el oceano a las partes del Pirú, por valer mas con la lanza en la mano y por cumplir con la deuda que debe todo hombre de bien...te he hecho muchos servicios".[121] Pero el rey no ha cumplido con el suyo y su "crueldad e ingratitud" expresan la crisis del orden ideológico que Aguirre se propone restaurar. El propio Aguirre califica su reacción emocional ante la evidencia del cambio que expresan la transformación de vasallaje y la aparición de la pluralidad religiosa que implicaba el cisma luterano, de "temor" y "espanto". La respuesta que concibe Aguirre frente a esa crisis, desde la situación emocional de angustia y confusión que expresan el temor y espanto de los que habla, es un proyecto de restauración espiritual que pasa por la negación o destrucción de la realidad de su época. El anacronismo y la nostalgia que caracterizan el modo de percepción de la realidad que tenía Aguirre se concretan en un proyecto que persigue el retorno al pasado, y la conciencia intermitente que tiene el propio Aguirre de la imposibilidad de este retorno da paso a la desesperación. Esta desesperación es, dentro del discurso de Aguirre, lo único que substituye a la inocencia perdida, el único fruto de la experiencia personal de la realidad de la conquista.

La descripción de la jornada del Marañón se convierte en las cartas de Lope de Aguirre en expresión metafórica de la trayectoria espiritual del personaje y de su progresiva toma de conciencia de la propia irrevocable marginación. En la carta al rey, Aguirre resume esa jornada como un viaje no espacial sino emocional: "Caminando nuestra derrota pasando por todas estas muertes y malas venturas en este río Marañón"; y, en su carta al padre Montesinos, desarrolla esa representación metafórica que constituye la jornada de forma aún más explícita: "Yo no niego...que nos salimos del

Pirú Para el Rio del Marañón a descubrir y Poblar, dellos coxos, dellos sanos por los muchos ttrabaxos que emos pasado en el Pirú, y cierto a hallar tiera por miserable que fuera, pararamos, por dar descanso a estos tristes cuerpos que estan con mas costurones que ropas de Romero, mas a falta de lo que digo y muchos ttrabaxos que emos pasado, hacemos cuento que bivimos de Gracia, segun el Rio y la mar y la hambre nos an amenazado con la muerte, y ansi los que vinieren contra nosotros que hagan quenta que vienen a Pelear contra los espíritus de hombres muertos".[122]

La trayectoria se inicia con el proyecto típico de descubrir y poblar, pero éste se transforma casi inmediatamente en la búsqueda de un refugio o tierra para "dar descanso", y culmina —ante el fracaso de la búsqueda y la dureza de condiciones— en la muerte simbólica. Esta muerte simbólica se expresa dentro del mismo párrafo por una serie de transformaciones paralelas a la del proyecto épico. Son las transformaciones de la figura del conquistador, que se convierte primero en tullido, luego en "triste cuerpo" y en "romero", y finalmente en "hombre muerto". La transformación final de los conquistadores en "espíritus de hombres muertos" expresa con claridad la visión trágica que tiene Aguirre de la crisis irreversible de los valores heroicos que aquellos encarnaban, y la percepción emocional que tiene de su propia situación y de la de los demás rebeldes, que aparecen convertidos en la encarnación del espíritu de un tipo humano cuya desaparición es ya irrevocable. En sus cartas, Aguirre retorna una y otra vez a esta idea de muerte en vida que expresa en el párrafo anterior y la relaciona con el carácter desesperado e irreversible de su propia rebelión. Aguirre y los suyos son, en la percepción del caudillo de los Marañones "gente que deseamos poco vivir" y que, ante la imposibilidad de un retorno al pasado, prefieren optar por el suicidio y la destrucción total. El carácter suicida y total de esa guerra que le ha declarado Aguirre a su rey, representante del orden "decadente" que tanto odia, es explícito en cada una de sus cartas. "Boto a Dios de no dejar en esta tierra cosa que viva sea" le dice Aguirre a Collado; "he salido con

mis compañeros cuyos nombres después diré, de tu obediencia, y desnaturalizándonos de nuestra tierra que es España,
para hacerte la más cruel guerra que nuestras fuerzas pudieren sustentar y sufrir", le dice al rey, y firma "Yo, rebelde
hasta la muerte".[123]

La transformación literaria de la jornada de descubrimiento, que aparece caracterizada como viaje metafórico
entre la aceptación inocente de aquel orden que encarnaba el
proyecto épico tradicional y una experiencia que cancela los
modelos y se identifica con la desesperación, el aislamiento y
la muerte; la definición existencial del rebelde como espíritu
de hombre muerto; y la caracterización de la rebelión como
lucha total, desesperada y suicida, expresan una misma
realidad: el "impasse" de una conciencia trágica que se
identifica profundamente con un pasado mitificado y que
rechaza sin compromiso posible el presente, aun intuyendo
la imposibilidad del proyecto de restauración espiritual.

En el discurso de Lope de Aguirre, la descripción de *la
experiencia,* ejemplificada en la transformación metafórica
de la jornada del Marañón, se ajusta a los términos personales de su vivencia individual de la crisis; y esta correspondencia expresa en forma incipiente —como también lo hacía
la estructura narrativa de la relación de Vázquez, cuando
presentaba el desarrollo de la acción como proyección de la
psicología individual de los tres personajes centrales— un
antropocentrismo creciente en la percepción de la realidad;
antropocentrismo que llegará a ser uno de los rasgos característicos fundamentales del pensamiento barroco. José
Antonio Maravall se refiere a esta transformación de la percepción de las relaciones entre el hombre y el mundo en estos
términos: "Alguna vez he dicho que la obra de Velázquez es
una pintura en primera persona. Esto se corresponde perfectamente con el cambio de noción de experiencia en el
Renacimiento —que ve el mundo fenoménico como manifestación o reflejo de una realidad objetiva— y en el Barroco
—para el cual la experiencia es traducción de una visión
anterior: The world that I regard is my self".[124]

La realidad objetiva de la experiencia se ve implícitamente

cuestionada por una percepción que, como la de Aguirre, identifica realidad y conciencia. Pero el carácter problemático que presenta la experiencia dentro del discurso de Aguirre se expresa todavía con mayor claridad en uno de los párrafos aparentemente más obscuros y contradictorios de sus cartas: "Es río grande y temeroso, tiene de boca ochenta leguas de agua dulce y no como dicen: por muchos brazos, tiene grandes bajos y ochocientas leguas de desierto sin género de poblado, como tu Majestad lo verá *por una relación que hemos hecho bien verdadera.* En la derrota que corrimos tiene más de seis mil islas. ¡Sabe Dios como escapamos de lago tan temeroso! Avísote rey y señor no proveas ni consientas que se haga alguna armada para este río tan mal afortunado, porque en fee de cristiano te juro, rey y señor, que si vienen cien mill hombres ninguno escapará, *porque la relación es falsa* y no hay en el río otra cosa sino desesperar..."[125] El párrafo se articula en torno a dos ejes centrales: el de la transformación de la jornada geográfica en viaje espiritual, y el de la transformación de la relación verdadera en relación falsa. La primera transformación se expresa en la substitución de la caracterización geográfica por la emocional. Aguirre comienza detallando islas, caudales, distancias y accidentes, para concluir reduciendo súbitamente la realidad del Amazonas a un solo elemento: la desesperación. Y esta transformación enlaza con el segundo eje central del mensaje: La descripción geográfica se narra, dice Aguirre, en una "relación bien verdadera", pero inmediatamente después declara, refiriéndose a esa misma relación, que "es falsa". ¿En qué consiste para Aguirre la falsedad de esa misma relación que antes calificaba de verdadera? En que oculta lo que para él es la realidad esencial de aquello mismo que pretendía describir. Para Aguirre, la realidad de la jornada del Marañón no está en sus millas, islas y recorrido geográfico, sino en la desesperación que caracteriza la jornada espiritual del hombre que, navegando sus aguas, se ha transformado de conquistador en espíritu de hombre muerto. La verdad no está para él en la descripción geográfica que detalla la "relación verdadera", sino en la visión interior de esa trayectoria que, a través de la experiencia de una jornada de descubrimiento, culmina en la vivencia trágica de la crisis irreversible de los valores de una época.

La realidad exterior aparece identificada con la mentira, y el discurso de Aguirre afirma como única verdad la experiencia subjetiva de la misma. La consecuencia de esa percepción es la aparición de una multiplicidad de "mundos", que llegarán teóricamente a ser tan numerosos como las conciencias que los contemplan. Y esta multiplicidad de realidades condiciona una visión del mundo que lo define como inestable, cambiante y vario, en clara oposición a la inmutabilidad y unidad propias de la concepción medieval del mundo. Simultáneamente, la afirmación del valor de la experiencia subjetiva, frente al de una realidad objetiva, concreta una de las diferencias fundamentales entre Renacimiento y Barroco, y modifica de manera fundamental el concepto de *hombre*. Este, que desde el medioevo aparecía firmemente instalado en un orden e integrado en una colectividad se afirma ahora en la soledad y el aislamiento. "Los hombres del Barroco —dice Maravall— son seres en constitutiva soledad, clausurados sobre sí mismos, sólo tácticamente relacionados con los demás: para cada uno de ellos su yo es una ciudadela o una prisión".[126] Para Aguirre es las dos cosas. Todo su discurso revela la conciencia de la propia soledad como uno de los rasgos fundamentales del personaje. Desde su utilización diferenciadora del *yo,* que lo separa de sus antepasados y de sus seguidores, hasta la formulación de un proyecto suicida de destrucción que lo aísla progresivamente de sus propios hombres, para los que la rebelión se subordinaba, en el fondo y todo a lo largo de su desarrollo, a la obtención de poder y botín. Y esta vivencia de la propia soledad y del propio aislamiento, en la percepción subjetiva de un mundo que se desmorona, liga inequívocamente la figura de Aguirre a la problemática que formulará el pensamiento barroco décadas más tarde.

El análisis de las cartas y parlamentos de Aguirre no revela la figura de un loco, sino la de un rebelde angustiado y anacrónico.[127] El punto de partida de su rebelión es una percepción irracional de la crisis irreversible de un orden y unos valores caducos con los que él se siente profundamente identificado; y el proyecto de esa rebelión es un retorno nostálgico y desesperado a una época pasada cuyos valores espirituales se pretende restaurar. El análisis de la concepción del mundo y de la ideología de Aguirre, tal como se expresan en su discurso, revela —a pesar del carácter políticamente subversivo de su sublevación— la imposibilidad de considerarlo un precursor de la ideología independentista americana. La rebelión de Aguirre no se dirige hacia formas de liberación del futuro, sino hacia un intento anacrónico de restauración de un pasado medieval mitificado.

Y, sin embargo, Aguirre el rebelde-reaccionario, el traidor a quien la gente de su época conocía por el nombre de "el loco Aguirre", se autodefine en la firma de la carta que escribió a Felipe II como "Lope de Aguirre el Peregrino", definición que recoge una visión de sí mismo que ya había insinuado antes en la comparación que hacía entre "rebeldes" y "romeros".[128] ¿Es Aguirre realmente un peregrino y, si lo es, cómo se define su peregrinación? La ideología rebelde de Lope de Aguirre presenta un carácter netamente reaccionario y, si nos centramos en ella, la peregrinación es de signo nostálgico, retrógrado, anacrónico. Pero, junto a esa ideología claramente reaccionaria que se apoya en una percepción irracional de la realidad para proponer como única alternativa la restauración del pasado o la muerte, el discurso de Aguirre contiene una serie de elementos que lo señalan como figura ambigua y contradictoria que apunta a la transición hacia una conciencia barroca. Aguirre eligió el anacronismo como forma de escape, y esta elección expresa su incomprensión y rechazo de la época en la que vivía. Pero no hay que olvidar que la nostalgia de la edad de oro y la fijación anacrónica en unos valores caducos, que se identificaban con un pasado radicalmente diferente del presente de incertidumbre y decadencia en que vivían, fue uno de los motivos constantes en los que, de Cervantes a Calderón, se expresaría la conciencia que tuvo el hombre barroco español de la crisis histórica de su época. El anacronismo de Aguirre lo liga, pues, simultáneamente al pasado medieval y al futuro barroco que, en algunos aspectos, anticipa. No se puede hablar en el caso de Aguirre de "conciencia de la crisis", en el sentido habitual del término, ni de verdadera comprensión de la inestabilidad y multiplicidad de la realidad exterior; tampoco se da en él una toma de conciencia racional de la propia marginación —que en él se reduce a un sentimiento de intenso aislamiento y soledad— porque el uso mismo del término eleva a una categoría racional muchos elementos inconexos e intuitivos de la percepción de la realidad y de sí mismo que Aguirre expresó en sus textos. Pero sí se puede hablar de vivencia trágica de la crisis de una serie de conceptos fundamentales —realidad, experiencia, hombre—, que anticipa la aparición de una concepción del mundo de signo barroco. En este sentido es posible equiparar la atormentada trayectoria de Lope de Aguirre a un peregrinaje espiritual. Su problemática figura expresa en su continuo movimiento de intuiciones contradictorias, percepciones inconexas y rechazos irreductibles, la emergencia de aquel hombre atormentado al que, años más tarde, Baltasar Gracián denominaría "el peregrino del ser".[129]

En las acciones terribles de Lope de Aguirre aparecen condensadas e intensificadas todas las formas de violencia características del período de la conquista. No se trata de afirmar que Aguirre fuera el representante del conquistador medio de la época, pero sí de subrayar que, entre su crueldad, que ha sido calificada tantas veces de demente,[130] y las formas de violencia institucionalizada características de toda la conquista, no hay una diferencia de calidad sino de intensidad. El comportamiento terrible de Aguirre durante la jornada del Marañón y la ocupación de la Margarita no lo desliga de su contexto histórico —tal como ha pretendido la tesis que lo descalifica como "demente"—, sino que lo convierte en personaje clave que revela y desenmascara en sus actos una realidad centrada en el ejercicio de la violencia y en el abuso del poder. Y, si en el comportamiento y en las acciones de Lope de Aguirre aparece desenmascarada la realidad de la conquista de América, en el discurso obscuro y atormentado de sus cartas se expresa la percepción angustiada que tiene de una realidad conflictiva en proceso de rápida transformación —realidad que cancela todos los modelos y frustra todas las expectativas que se apoyan sobre ellos— un hombre a caballo entre la nostalgia de un mundo mitificado y perdido, y el rechazo de una nueva conciencia de la propia realidad.

Desde una perspectiva contemporánea, el interés del personaje histórico y literario de Lope de Aguirre reside precisamente en que en su figura contradictoria y conflictiva converge y se expresa toda la problemática de una época que marca la transición entre una concepción del mundo anclada en estructuras ideológicas medievales y la emergencia, ya en al Barroco, de una conciencia moderna.

NOTAS

1. Véase Supra, *Una colectiva propensión al mito.*
2. Irving A. Leonard, *Los libros del conquistador,* ed. cit. pg. 68.
3. Demetrio Ramos Pérez se refiere a esta vinculación en su libro *El mito del Dorado. Su génesis y proceso,* Caracas, 1973. En su estudio Demetrio Ramos demuestra brillantemente la base racional y científica —de acuerdo con la ciencia de la época— que sustentaba el proceso mitificador, acotando así el terreno reservado a la imaginación propiamente dicha en el complejo proceso de formulación y reelaboración del mito del Dorado durante la conquista y exploración del continente.
4. *Carta mensajera de los reyes al Almirante,* del 5 de Septiembre de 1493. Reproducida en Navarrete, op. cit. vol. I, pg. 364.
5. *Lletras reals molt notables fetas a Mossen Jaume Ferrer: e regles per el ordenades en Cosmografía y en art de Navegar, les quals XVII anys ha trobi en semps ab lo pait Sumari q tinch los mateixos originals. Coopilat per so criat Raphel Ferrer Coll.* Barcelona, imp. Carlos Amorós 1545. He tomado la cita y la referencia de la obra ya citada de Demetrio Ramos Pérez, por imposibilidad de consultar el original.
6. Pedro Mártir de Anglería, *Décadas del Nuevo Mundo,* Dec. VII, libro VI, cap. I. ed. cit.
7. Padre José de Acosta, *Historia Natural y Moral de las Indias,* Libro IV, capítulo I, Madrid, 1954, pp. 88-89.
8. Marco Polo, *Viajes,* ed. cit. pg. 187.

9. Hablando de las expediciones organizadas por Hernán Cortés, por ejemplo, afirma Leonard que "él y sus lugartenientes encabezaban expediciones cuyo principal objetivo era localizar minas de oro y plata y, desde luego, descubrir a las Amazonas". Irving A. Leonard, op. cit. pg. 56.

10. Véase Irving A. Leonard, op. cit., capítulos IV y V. En la página 62, por ejemplo, dice textualmente al hablar de las exploraciones que se emprendieron con base en la Nueva España: "El principal de esos objetivos eran las Amazonas cuya proximidad se anunciaba una y otra vez".

11. Para la relación entre el antiguo mito de las amazonas y las noticias indígenas, véase especialmente "Las leyendas del Perú de los Incas" de Rómulo Cúneo Vidal, publicado en el Boletín de la Real Academia de la Historia, Madrid, 1925. En este trabajo el autor se apoya en un análisis etimológico-histórico para mostrar los elementos de la sociedad y cultura peruana incaica que, comunicados por los indígenas a los españoles, les sirvieron de confirmación de la existencia de sus propios mitos de origen europeo en Sudamérica. Enrique de Gandía, por otra parte, analiza en su *Historia crítica de los mitos de la conquista americana* el proceso de fusión de mitos europeos y realidades y leyendas indígenas que caracterizó el desarrollo y evolución del mito griego en el contexto americano.

12. Véase Enrique de Gandía, op. cit. capítulo VI.

13. Todavía en 1778 La Condamine se referiría en su *Relation Abregée d'un voyage fait dans l'intérieur de l'Amérique méridionale* a la existencia de mujeres guerreras que vivían sin hombres en las tierras y ríos de la cuenca del Amazonas. Véase Enrique de Gandía, op. cit. pg. 87.

14. Hernán Cortés *Cuarta Carta de Relación,* ed. cit. pg. 184.

15. Fray Gaspar de Carvajal, Relación del descubrimiento del río de las Amazonas. Edición de Toribio Medina, Sevilla, 1894, pp. 59-60, 66-69.

16. Reproducido por Gonzalo Fernández de Oviedo en op. cit. libro XXVI, cap. XI, pg. 87.

17. Hernando de Ribera, *Relación* de la expedición del río de la Plata, publicada por Espasa-Calpe en el volumen 304, junto con los *Naufragios y Comentarios* de Alvar Núñez Cabeza de Vaca, Madrid, 1957, pg. 258.

18. Cf. Enrique de Gandía op. cit. *La sierra de la plata,* pg. 145 y ss.

19. La *Carta de Lebrija y Martín* contiene una gran cantidad de información sobre los objetivos y el desarrollo de las expediciones que buscaban el interior fabuloso, especialmente la de Ximénez de Quesada. La carta se encuentra reproducida en la *Historia* de Gonzalo Fernández de Oviedo, ed. cit. tomo III, pp. 83-92. Son ellos quienes hablan del "triángulo" al que hago referencia en el siguiente punto.

20. E. de Gandía, op. cit. pg. 129.

21. La cita proviene de Fray Pedro Simón, *Tercera Noticia,* capítulo I. Véase en relación con ella la *Historia Crítica* de E. de Gandía pg. 112. Rómulo Cúneo Vidal, por otra parte, relaciona el origen de la leyenda del Dorado no con la ceremonia de la laguna de Guativitá sino con el sistema de cobro de tributos del imperio Inca. Según él, la figura del indio Dorado sería en realidad la del factor del Inca en las ceremonias de toma de posesión del tributo de oro, que describe así: "Reunido el oro de los 'manus' sobre mantas de 'cumbi', el factor del monarca *se revolcaría* sobre él en forma de *toma de posesión*...con lo cual el cuerpo de aquel, cubierto de partículas de oro, reluciría como un ascua bajo la acción de los rayos del sol", en el trabajo citado del BRAH, Madrid, 1925. Enrique de Gandía hace mención de esta teoría pero la descarta por falta de pruebas aceptables, aun reconociéndole un punto de vista muy sugestivo.

22. *Relación de la jornada de Omagua y el Dorado:* Relación del Bachiller Francisco Vázquez que narra la expedición de Pedro de Ursúa. Madrid, 1979, pp. 11-12.

23. Demetrio Ramos Pérez profundiza con admirable erudición en el análisis de ese proceso de transformación que en su estudio se centra de forma específica en el mito del Dorado. Tanto desde el punto de vista documental como desde el analítico la obra citada de Demetrio Ramos presenta un interés extraordinario y un carácter exhaustivo difícil de superar.

24. Demetrio Ramos Pérez, op. cit. pg. 142.

25. Ibidem, pg. 153.

26. *Relación de Hernando de Ribera* sobre la jornada del río de la Plata, ed. cit. pp. 256 y 261. Importa señalar esta insistencia de Ribera en certificar oficialmente la verdad de su versión precisa-

mente por el carácter fantástico de las noticias que contiene.

27. Hernando de Ribera, op. cit. pg. 258.

28. Demetrio Ramos Pérez desarrolla en su obra citada más arriba la tésis según la cual la aparición progresiva de la laguna como símbolo de ocultamiento se apoyaría en el episodio del ocultamiento del tesoro de Moctezuma. Es posible, en efecto, que el conocimiento de ese episodio facilitara el arraigo que encontró entre los españoles la tradición indígena que veía las lagunas como lugares sagrados y receptores de ofrendas, y resultara en la formalización de la laguna como elemento constitutivo de diversos mitos.

29. Hernando de Ribera, op. cit. pg. 259.

30. Enrique de Gandía, op. cit. pg. 123.

31. La mención que hace Ribera, a continuación de la primera referencia a la laguna, de "la Casa del Sol", que él interpreta como el nombre que le dan los indígenas al lago que describen, confirma la hipótesis de que se trataba probablemente del lago Titicaca y del Templo del Sol que los Incas habían construido en sus orillas. E. de Gandía resume así la variedad de noticias de lagunas diversas que pasaron a identificarse con un solo lago situado en el interior inexplorado: "La confusión que se hizo entre las noticias imprecisas y fabulosas que se tenían del Titicaca, de la laguna de Guativitá, del lago Parime y del de los Xarays, crearon en el Río de la Plata y en el Perú la visión de un lago imaginario que solía identificarse con los Xarays pero que tenía a la vez detalles comunes a las demás lagunas". Ibidem, pg. 224.

32. Hernando de Ribera, op. cit. pg. 258.

33. Véase Supra pg. 182 y nota 5.

34. Hernando de Ribera, op. cit. pg. 260.

35. Ladislao Gil Munilla, *El descubrimiento del Marañon,* Sevilla, 1954, pp. 154 y ss. y pp. 192-193.

36. Gonzalo Fernández de Oviedo, op. cit. libro XLIX, capítulo I.

37. Gaspar de Carvajal, *Relación* citada, pg. 3 y 5.

38. *Carta de Gonzalo Pizarro al Rey,* desde Tomabamba, fechada el 3 de Septiembre de 1542. Transcrita por Toribio Medina en *El descubrimiento del Amazonas,* apéndice documental que acompaña la Relación de Fray Gaspar de Carvajal, pp. 85 y ss. La misma inclusión del objetivo doradista junto al de la canela diferencia la definición de objetivos de las capitulaciones de Benalcázar de 1540

de la expresada en su *Carta al Emperador* de 1542, lo cual parece indicar que, entre 1540 y 1542 se produjo en Quito la difusión del Dorado como objetivo cuya importancia igualaba por lo menos la de la canela.

39. Gonzalo Pizarro, *Carta al Rey* desde Tomabamba, ed. cit. pp. 85 y ss. Pero no hay pruebas concluyentes de que la canela fuera desde el principio —tal como sugiere Gil Munilla— un falso objetivo destinado únicamente a enmascarar el objetivo verdadero del proyecto de Pizarro, que hubiera sido el doradista. La propia carta de Pizarro al rey lo único que deja claro es que la primera reformulación de objetivos se produce sólo después de haber fracasado el objetivo principal de la canela.

40. Gaspar de Carvajal, op. cit. pg. 5. El subrayado es mío.

41. Ibidem, pg. 15.

42. Ibidem, pp. 43-44. Véase la pp. 67 y 68 de la misma relación para el enlace con el mito de las amazonas.

43. Ibidem, pp. 67 y 70.

44. Véase Supra: *Una colectiva propensión al mito.*

45. Leonard, op. cit. pp. 68-69.

46. Ladislao Gil Munilla, op. cit. pg. 152.

47. Gandía, op. cit. pp. 104 y 196 respectivamente.

48. Irving A. Leonard, op. cit. pp. 85-86.

49. No es éste el lugar para discutir a fondo el origen lascasiano, la naturaleza y las implicaciones profundas de las Nuevas Leyes, tarea que, por otra parte, han realizado ya numerosos historiadores. Importa en el contexto de nuestro estudio el señalar simplemente que su aparición provocó el estallido de un movimiento de sublevación que, en su desarrollo de más de dos años, acabaría por definirse como el primer movimiento de abierta sedición y de rechazo explícito de la dependencia de Latinoamérica con respecto a la corona.

50. Agustín de Zárate, *Historia del Perú,* Madrid, 1947, pg. 508.

51. El concepto de conquista que aparece expresado aquí —que percibe descubrimiento y ocupación como un medio legítimo para ganar "averes" y posición social— enlaza directamente con toda una ideología de la reconquista y con formulaciones anteriores tan claras como las que aparecen en el *Cantar de Mio Cid.* En su resumen del efecto posible de las Nuevas Leyes que "no dejaría a ninguno sin quitársela toda su hacienda", Zárate ofrece una versión

profundamente partidista de toda la problemática que implican, y aparece plenamente identificado con la clase cuyos privilegios abusivos amenazaban más directamente las nuevas ordenanzas.

52. Véase Marcel Bataillon, *The Pizarrist Rebellion: The Birth of Latin America.* En *Diogène,* Fall, 1963, pp. 48 y 51. La traducción es mía.

53. Ibidem, pp. 52-53.

54. Agustín de Zárate, op. cit. pg. 520.

55. *Carta del Rey a Gonzalo Pizarro,* del 26 de Febrero de 1546, reproducida por Agustín de Zárate en su *Historia del Perú,* ed. cit. pg. 547.

56. Afirmando que "una negociación tan grave y pesada como es en la que vuesamerced se metió y hasta ahora ha tratado, se haya entendido por su majestad y por los demás de España, no por género de rebelación ni infidelidad contra su rey sino por defensa de su justicia derecha, que debajo de la suplicación que para su príncipe se había interpuesto tenían". *Carta de Don Pedro de la Gasca a Gonzalo Pizarro,* del 20 de Septiembre de 1546, reproducida por A. Zárate en su *Historia del Perú,* ed. cit. pg. 547.

57. Pero López, *Relación de los alzamientos de Pizarro, Castilla y Girón,* Edición de Juan Friede, Madrid, 1970. La forma que tomó el reparto de mercedes no fue accidental; La Gasca cumplía órdenes del príncipe Felipe que le había mandado que pacificara a los rebeldes que se pasasen a tiempo con cuantiosas mercedes, para eliminar el resentimiento y quitarles las ganas de embarcarse en una nueva rebelión. Pero el efecto de este criterio de recompensas fue, entre los leales, previsiblemente desmoralizador y decepcionante, y constituyó una fuente inmediata de descontento activo.

58. Marcel Bataillon, *The Pizarrist Rebellion,* art. cit. pg. 52. La traducción es mía.

59. El desengaño ante la realidad condicionó la aparición de la distancia crítica tanto en el continente norte como en el sur. Pero mientras que en el primer caso la crítica se limitó a la constatación de la inexistencia de los mitos y del fracaso de los modelos, en el sur, la rebelión activa contra un orden ideológico y político establecido, que se percibía como raíz de la decepcionante realidad, apuntó muy pronto a proyectos prácticos de liquidación de todo el sistema que se expresaba en los modelos ideológicos cuestionados.

60. M. Bataillon señala que a lo más que llegaron los rebeldes en lo tocante a la pública definición de su proyecto de sedición fue a

incluir una corona rematada por una *P* en el estandarte de los rebeldes pizarristas. Articulo citado, pg. 52.

61. Cf. *La vida de D. Pedro de la Gasca,* de Juan Calvete y Estrella, Madrid, 1965, en el vol. V de las *Crónicas del Perú,* pg. 99.

62. Agustín de Zárate, op. cit. pg. 492.

63. *Correspondencia* entre La Gasca y el Consejo de Indias, en *Documentos relativos a D. Pedro de la Gasca y Gonzalo Pizarro,* vol. II, Madrid, 1964. Cartas entre 1548 y 1549.

64. Demetrio Ramos Pérez, "Lope de Aguirre en Cartagena de Indias y su primera rebelión, *Revista de Indias,* 1958, n. 73-74, pg. 538.

65. Ibidem, pg. 539.

66. *Carta de Gonzalo Pizarro al Rey* desde Tomabamba, ed. cit. pg. 90.

67. Gonzalo Fernández de Oviedo, op. cit. libro XLIX, cap. II, ed. cit. vol. V, pg. 237.

68. Con respecto a la posible participación de Lope de Aguirre en rebeliones anteriores, parece probable que participara en la de Castilla y Hernández Girón. En el artículo ya citado de Demetrio Ramos Pérez (véase nota 64) el autor relaciona sobre la base de la documentación existente, al Lope de Aguirre de la rebelión de los Marañones con el Lope de Aguirre que había participado con anterioridad en la rebelión encabezada por don Martín de Guzmán a raíz de la fallida expedición al Cenú en busca de minas de oro. Apunta también la posibilidad de identificar a D. Martín de Guzmán con el Martín de Guzmán que se retiró a última hora de la expedición de Pedro de Ursúa, y cuyo hermano —Fernando de Guzmán— caballero sevillano como el Martín de Guzmán de la rebelión de Cartagena de Indias, sería coronado como Príncipe del Perú por el propio Lope de Aguirre en el transcurso de la rebelión.

69. Gonzalo de Zúñiga, *Relación de la jornada del Marañón* en la *Colección de documentos inéditos del Archivo de Indias,* serie I, vol. IV, pp. 215-216.

70. Ibidem, pg. 217.

71. *Relación Anónima,* transcrita en el apéndice documental de Emiliano Jos al final de su obra *Jornada de Ursúa a El Dorado,* Huesca, 1927, pg. 244.

72. Custodio Hernández, *Relación de la jornada de Ursúa,* transcrita en Ibidem, pg. 233.

73. Pedrarias de Almesto, *Relación de la jornada de Omagua y Dorado,* Madrid, 1979, pp. 16 y 14 respectivamente. La relación de Pedrarias de Almesto, o mejor dicho la que se conoce generalmente como tal —no la relación personal o bis de P. de Almesto citada por Jos, que es una relación totalmente diferente— es una copia de la relación original del bachiller Francisco Vázquez. A su copia de este texto, Pedrarias de Almesto añadió algunos párrafos —casi invariablemente destinados a justificar y ennoblecer su propio papel durante los acontecimientos de la rebelión— y algunas variantes menores de vocabulario y detalles. La edición que hizo el Marques de la Fuensanta del Valle para la Sociedad de Bibliófilos españoles reproduce el texto completo de la variante de Pedrarias de Almesto (manuscrito n. 3191) de la biblioteca nacional de Madrid, consignando en notas al pie de página todas las variantes de éste con respecto al original de Francisco Vázquez (ms. 3199 de la misma biblioteca). La edición de la editorial Miraguano, que he utilizado para las citas y el análisis, reproduce exactamente la edición del Marqués de la Fuensanta. En las citas atribuiré la narración a Francisco Vázquez siempre que no se trate del texto de alguno de los fragmentos añadidos al manuscrito original del bachiller por Pedrarias de Almesto. En el caso de que la cita corresponda a alguno de esos fragmentos, la cita le será atribuida a este último. El volumen al que se refieren las citas en ambos casos corresponde a la referencia bibliográfica que aparece consignada en las notas 73 y 74 de este capítulo.

74. *Relación de la jornada de Omagua y Dorado* del bachiller Francisco Vázquez, Madrid, 1979, pg. 16.

75. Pedrarias de Almesto, op. cit. pg. 20.

76. Francisco Vázquez, op. cit. pg. 21, nota 1.

77. Francisco Vázquez, op. cit. pg. 33. Nótese la referencia que se hace a la psicosis de alzamiento antes mencionada.

78. Custodio Hernández, *Relación,* ed. cit. pg. 235.

79. Pedrarias de Almesto, op. cit. pg. 28.

80. Gonzalo de Zúñiga, op. cit. pg. 225.

81. Francisco Vázquez, op. cit. pg. 43.

82. Ibidem, pg. 43.

83. Francisco Vázquez, op. cit. pp. 49-50. Gonzalo de Zúñiga confirma los términos de la propuesta y el juramento, y también lo hace Pedrarias de Almesto, quien no cambia en este punto nada de

la versión original de los hechos dada por Vázquez.

84. Francisco Vázquez, op. cit. De nuevo los términos del parlamento de Aguirre aparecen confirmados en las demás relaciones y todas coinciden en señalarlo como el cerebro de toda la operación de transformación de objetivos y de proclamación del nuevo rey.

85. Gonzalo Zúñiga, *Relación,* ed. cit. pg. 246.

86. Francisco Vázquez, op. cit. pg. 32.

87. Gonzalo Zúñiga, *Relación,* ed. cit. pg. 229.

88. Francisco Vázquez, op. cit. pp. 40-41.

89. *Relación Anónima,* ed. cit. pg. 243.

90. Francisco Vázquez, op. cit. pp. 41 y 32.

91. Ibidem, pg. 63.

92. Ibidem, pp. 87-88.

93. Véase Supra, *Desmitificación y crítica en la relación de los Naufragios.*

94. Es interesante el señalar la continuidad que presenta a partir de este momento la invocación de hechizos y encantamientos para describir la transformación negativa de una realidad, cuyas causas no se comprenden. Vázquez percibe el problema de la decadencia de los valores heroicos representados por la figura del conquistador y expresa literariamente y con gran efectividad dentro de su *Relación* el fenómeno y sus consecuencias políticas e ideológicas inmediatas; pero cuando tiene que referirse a las causas de esa transformación simbólica de Ursúa, se ve obligado a hablar de los hechizos que le ha hecho Inés de Atienza. Del mismo modo que cuarenta años más tarde, ya en 1600, el arbitrista Cellórigo recurrirá a la misma imagen para expresar la decadencia económica de España, cuando hable de que "No parece sino que se han querido reducir estos reynos a una república de hombres encantados que vivan fuera del orden natural". Y, finalmente, prolongando el mecanismo de sustitución utilizado por Vázquez en su *Relación,* el encantamiento se substituirá a la explicación racional de todo lo inexplicable en Don Quijote, donde Cervantes profundizará como nadie en la comprensión de todo el proceso de desintegración de una concepción del mundo que ya no se ajustaba a la misma realidad que había creado. Cf., en relación con la problemática histórica e ideológica del período del Quijote, Pierre Vilar, *Crecimiento y Desarrollo,* pg. 332 y ss.

95. Francisco Vázquez, op. cit. pp. 18, 32 y 34 respectivamente.

96. Ibidem, pp. 62 y 63.

97. La relación de Zúñiga es mucho más explícita y detallada que la de Vázquez al transcribir el parlamento de Aguirre que éste pronunció al día siguiente del asesinato de Don Hernando. Pero, aunque en forma muy sucinta, la relación de Vázquez recoge los puntos fundamentales del discurso, que eran el rechazo de la autoridad real en todas sus formas y la cancelación del proyecto épico.

98. Francisco Vázquez, op. cit. pp. 64 y 65.

99. Ibidem, pp. 148-149.

100. Ibidem, pg. 150, nota 2, que transcribe los párrafos finales de la relación de Vázquez que no aparecen en la de Pedrarias.

101. Marcel Bataillon, artículo citado, pg. 50. La traducción es mía.

102. Hay que subrayar aquí de nuevo que este proyecto de autojustificación que pasa necesariamente por una concentración de la responsabilidad en la figura de Lope de Aguirre, —haciendo de él virtualmente un chivo expiatorio— es común a todas las relaciones de la expedición. Quizá los elementos de esa caracterización aparecen con mayor claridad y concisión que en ninguna parte en el breve romance que intercala Gonzalo de Zúñiga en su *Relación.* El desarrollo de la caracterización de Aguirre se concreta en ella en seis calificativos que muestran una progresión ascendente negativa: Vizcaino-traidor-malvado-matador-perro-rabioso-endemoniado. Véase la *Relación* de Zúñiga, ed. cit. pp. 267-269.

103. Cf. Nota 102 y supra pg. 317.

104. Emiliano Jos relata de primera mano que Valle Inclán había tenido presente la figura de Lope de Aguirre en su creación del personaje del dictador de *Tirano Banderas.* Y Lope de Aguirre es el personaje central de toda una serie de obras literarias contemporáneas entre las que destacan las de Sender, Uslar Pietri, Otero Silva y Rosa Arciniegas. Al mismo tiempo su figura histórica anticipa muchos de los elementos que integran la representación del dictador y de la dictadura en novelas contemporáneas latinoamericanas centradas en esa figura.

105. Cf. D. Segundo de Ispizúa, *Los vascos en América,* Historia de América, vol. V, Madrid, 1918.

106. A esta interpretación, que concluye con una afirmación tajante de la locura de Lope de Aguirre, respondió en 1942 el análisis

"histórico-psicológico" de los doctores Lastres y Seguín. A la pregunta ¿Era Aguirre un loco? contestan ellos que "El estudio de sus características y de su actuación nos permite negarlo. Nada hay en lo que de él conocemos que pueda encuadrarse en un diagnóstico de psicosis tal como ella se entiende en la actualidad. No encontramos signos de alteración de facultades anímicas que nos permitan caracterizarlo como tal. El diagnóstico final es "Personalidad anormal; psicópata anafectivo". Véase *Lope de Aguirre el rebelde,* de J.B. Lastres y C.A. Seguín, Buenos Aires, 1942.

107. *Carta de Aguirre a Felipe II*; utilizo la transcripción de Jos que indica las variantes que existen entre la transcripción de Vázquez-Pedrarias y la de Aguilar y Córdoba. Se encuentra ésta en el apéndice documental de la obra ya citada de Jos, pg. 198.

108. *Carta de Aguirre al gobernador Collado,* En Jos, op. cit. Apéndice Documental, pg. 201.

109. *Carta de Aguirre a Felipe II,* ed. cit. pg. 197.

110. Véase, en relación con la ideología de la rebelión de los comuneros, Joseph Perez: "Pour une nouvelle interprétation des 'comunidades' de Castille" dans le Bulletin Hispanique, n. 65, 1963. También José Antonio Maravall, *Las comunidades de Castilla,* Madrid, 1970.

111. *Carta de Aguirre a Felipe II,* ed. cit. pg. 199.

112. Ibidem, pg. 197.

113. Ibidem, pg. 197.

114. Parlamento de Lope de Aguirre. Transcrito en la *Relación* de Vázquez, pg. 82.

115. Las citas y entrecomillados provienen de la *Carta de Aguirre al Provincial Montesinos,* en Jos, op. cit. Apéndice Documental, pg. 190; y de la *Carta de Aguirre a Felipe II,* Ibidem, pp. 197-200.

116. Parlamentos transcritos por Gonzalo Zúñiga en su *Relación,* ed. cit. pp. 246 y 273.

117. Ibidem, pg. 273.

118. Parlamento de Lope de Aguirre transcrito por F. Vázquez en su *Relación,* ed. cit. pg. 109.

119. *Carta de Aguirre a Felipe II,* ed. cit. pg. 197.

120. Sentencia del Juez Bernáldez contra Lope de Aguirre. Transcrita en Jos, op. cit. pg. 204. El subrayado es mío.

121. *Carta de Aguirre a Felipe II,* pg. 196.

122. La primera cita proviene de la *Carta de Aguirre a Felipe II*, ed. cit. pg. 200. La segunda de la *Carta de Aguirre al Provincial Montesinos*, pg. 122 ed. cit.

123. *Carta de Aguirre al gobernador Collados*, ed. cit. pg. 201; y *Carta al rey*, ed. cit. pp. 196 y 200.

124. José Antonio Maravall, *Un esquema conceptual de la cultura Barroca*, en Cuadernos Hispanoamericanos, 1963, n. 273, pg. 427.

125. *Carta de Aguirre a Felipe II*, ed. cit. pg. 200. El subrayado es mío.

126. José Antonio Maravall, artículo citado, pg. 460.

127. Estoy en este punto de acuerdo con Lastres y Seguín cuando rechazan el juicio de Jos que califica a Aguirre de "loco y resentido".

128. *Carta de Aguirre al Provincial Montesinos*, ed. cit. pg. 192.

129. Baltasar Gracián, *El discreto*. Véase J.A. Maravall, op. cit. pg. 430.

130. Esa es la interpretación a la que llega en sus conclusiones el trabajo de Jos en su op. cit. así como en la posterior, *Ciencia y Osadía en Lope de Aguirre el Peregrino*, Sevilla, 1950, del mismo autor.

Tercera parte: Toma de conciencia y expresión literaria

CAPITULO 5

Alonso de Ercilla y la emergencia de una conciencia hispanoamericana

1. La caracterización del hombre americano:
Deshumanización/mitificación.

En la entrada correspondiente al día 12 de Octubre de 1492 del *Diario* de navegación del primer viaje de Cristóbal Colón, se lee la siguiente descripción: "Ellos andaban todos desnudos como su madre los parió y también las mujeres aunque no vide más que una farto moza y todos los que yo vi eran mancebos, que ninguno vide de edad de más de treinta años; muy bien hechos, de muy fermosos cuerpos y muy buenas caras; los cabellos gruesos casi como sedas de cola de caballo e cortos; los cabellos traen por cima de las cejas, salvo unos pocos detrás que traen largos y que jamás cortan; dellos se pintan de prieto y ellos son de la color de los canarios, ni negros ni blancos, y dellos se pintan en blanco y dellos de colorado y dellos de lo que fallan, y dellos se pintan las caras y dellos todo el cuerpo, y dellos sólo los ojos y dellos sólo el nariz".[1]

Es la primera caracterización del habitante del Nuevo Mundo hecha desde una perspectiva europea y expresa, con una técnica descriptiva muy tosca y rudimentaria, una imagen visual cuyos elementos se organizan en torno a dos impresiones centrales: el *primitivismo* —concretado en la desnudez— y el *exotismo,* expresado por la descripción detallada de los diversos tipos de pinturas corporales. La caracterización, aunque torpe, posee la inmediatez de una instantánea fotográfica, inmediatez que se refuerza con la acumulación de elementos visuales y con la ausencia total de interpretaciones, evaluaciones y juicios del narrador.

Pero ya dentro de esta misma entrada de su *Diario,* Colón comienza su proceso de interpretación subjetiva, y distorsión de la naturaleza del habitante de las Antillas. La caracterización del hombre americano que desarrolló Colón en su discurso oscila siempre entre dos polos. El primero es la necesidad que tenía el Almirante de identificar América y sus habitantes con las tierras de Asia Oriental descritas por Marco Polo en su libro de *Viajes.*[2] El segundo es la evaluación de su utilidad y función dentro del contexto de sus proyectos de explotación comercial de las nuevas tierras y de organización del negocio de tráfico de esclavos.[3] El desarrollo de la caracterización del hombre americano dentro del discurso narrativo de Cristóbal Colón no constituye un proceso de revelación y conocimiento de su verdadera naturaleza, sino de reducción y alienación de su humanidad. Cada uno de los rasgos personales o culturales que caracterizaban a los indígenas sería utilizado por el Almirante para demostrar la equivalencia entre indígena y siervo, indígena y bestia, e indígena y cosa.[4]

El resultado final del proceso de caracterización del hombre americano que se desarrolla dentro del discurso narrativo de Colón es el establecimiento ficticio de la equivalencia entre identidad y función; función que aparece determinada por unas necesidades y criterios totalmente ajenos a la realidad humana que han pasado a definir. En este contexto, el indígena pierde identidad cultural y naturaleza humana para reducirse a aquello que en el contexto ideológico y económico del proyecto de descubrimiento y explotación de América se define como utilizable: la mercancía. Y la importancia y las repercusiones de esta primera caracterización europea del hombre americano, que aparece en ella privado de humanidad y reducido a la categoría de objeto, se refuerza dentro del discurso de Colón con un proceso paralelo que culmina en la negación del derecho del indígena a la palabra.[5] La forma en que Colón iría cuestionando la lengua indígena para acabar afirmando la incapacidad verbal de los habitantes del Nuevo Mundo expresa la misma actitud de total incomprensión y menosprecio que se manifiesta en los otros aspectos de su caracterización progresiva de la figura del hombre americano. El resultado de este segundo proceso de deformación sería la reivindicación implícita por parte de Colón del monopolio del lenguaje, la cultura y la humanidad. En el contexto de esta reivindicación, la percepción colombina del indígena y su caracterización dentro de este discurso narrativo no admiten comparación ni contraste con ninguna otra perspectiva cultural —cuya misma existencia se niega implícitamente— y se convierten en realidades incuestionables y absolutas. Esta acción de Colón prefigura, por otra parte, un proceso de despojo cultural más amplio, que sería característico de toda la visión oficial del proceso de la conquista de América, y cuya consecuencia directa fue la perpetuación del estereotipo del hombre americano, concebido como una categoría intermedia entre la bestia y el objeto.

El estereotipo colombino de un hombre americano transformado en mercancía fue el primero que formuló el discurso mitificador de la conquista de América, pero no el único. Hernán Cortés reaccionaría contra él, como contra todo el modelo de saqueo económico con el que aparecía relacionado, y propondría en sus *Cartas de Relación*, en sus cartas al rey y en sus numerosas ordenanzas de gobierno, una percepción y caracterización alternativa. El grado de civilización alcanzado por los aztecas hacía imposible, de todos modos, una caracterización como la que había creado Cristóbal Colón, que identificaba sin problemas la ausencia de los valores y costumbres propios de la cultura occidental con "bestialidad" e "inhumanidad". Comparada con ella, la caracterización de Cortés es más positiva, aunque recoja algunos de sus aspectos fundamentales. Lo específico de esta segunda caracterización es la ambigüedad, ambigüedad que se expresa desde la primera evaluación global de los aztecas y de su sociedad que hace Hernán Cortés en su segunda *Carta de Relación*. En ella, después de afirmar explícitamente que "en servicio y trato de la gente de ella hay la manera casi de vivir que en España", Cortés se asombra de que tanta civilización haya podido ser creada por "gente tan bárbara y tan apartada del conocimiento de Dios y de la comunicación de otras naciones".[6]

La contradicción entre bárbaro y civilizado que se da en el párrafo citado de la carta implica una redefinición del término bárbaro, que pasará a significar, dentro del discurso de Cortés, no salvaje e inculto sino "infiel" y "diferente". Son el desconocimiento de Dios y su alejamiento de la esfera cultural del mundo conocido lo que define al azteca como bárbaro, y no la civilización que éste había sabido crear y cuyo valor y refinamiento Cortés subraya, asombrado, una y otra vez. El indígena de Cortés enlaza, a través de uno de los aspectos del significado del término "barbaro", que lo definía dentro del discurso, con el *infiel* de la larga tradición de la reconquista y de la lucha europea contra el Islam. Como aquél, el azteca es representante de una civilización avanzada, cuyo refinamiento es comparable al de la España de la época —baste recordar la descripción de las casas de Moctezuma que hace Cortés en su carta— y, como en el caso de la representación del moro en la España medieval, el uso de adjetivos insultantes — "perro" es el más frecuente en ambos casos— no expresa una valoración del personaje sino que constituye una indicación tipificada de su condición de enemigo y no-cristiano. El "perro" que utilizará Cortés para referirse a los aztecas alguna vez, a partir de la derrota de la Noche Triste, no define al azteca, sino que lo identifica con la representación convencional del enemigo que se desarrolló en la tradición literaria de la península a lo largo del proceso de la reconquista. No implica, por lo tanto, una percepción deshumanizadora del hombre americano equivalente a la que implicaba el uso de términos como "cabezas", "bestias", y "piezas" en el discurso colombino.

La caracterización del hombre americano que creó Cortés en sus cartas no cuestiona jamás la humanidad del azteca ni de ninguno de los otros pueblos mucho más primitivos con los que entró en contacto en sus expediciones posteriores de exploración de la tierra firme. Y sin embargo, en el balance final tampoco les otorga esa humanidad en un grado de igualdad con respecto a los europeos. El término favorito utilizado por él para referirse a los indígenas es el de "naturales", y en él se contiene ya el elemento central sobre el que se apoyará el proceso de diferenciación entre americanos y europeos que desarrollará Cortés, subordinándolo a una estructura ideológica de justificación del dominio español y de la subyugación de los tan civilizados aztecas. El término "natural" presenta de forma inmediata dos vertientes semánticas muy claras. La primera se agrupa en torno a la idea de "inocencia", se opone a artificioso y se relaciona con la caracterización de un estado de sencillez primigenia. La segunda se centra en el concepto de "origen" y expresa la relación natural que existe entre el hombre y el lugar del que es originario. Los indígenas de la caracterización de Cortés pertenecen al Nuevo Mundo como *naturales* que son de él, pero el Nuevo Mundo no les pertenece a ellos precisamente en razón de ese elemento de inocencia que Cortés les atribuye en su discurso. La inocencia no es compatible con el ejercicio del poder, y sobre esa inocencia, atribuida por Cortés a los indígenas, se apoya toda una justificación implícita de la conquista de América y de la subyugación de sus habitantes, que se articula en torno a una estructura paternalista. Esta estructura caracteriza a Cortés como padre autoritario, sabio y benevolente, y a los indígenas como menores de edad necesitados de su protección. Los indígenas conquistados por Cortés son como niños, y su caracterización se centra en su indefensión y vulnerabilidad; Cortés se otorga la obligación de defenderlos del rey, de los conquistadores, de los frailes corrompidos, y de sí mismos. "Yo los encomiendo" dice Cortés, y de tal manera que, por la vigilancia paternal de Cortés, "son sacados de cautiverio y puestos en libertad". "Yo no permito que saquen oro con ellos", añade, "ni tampoco que los saquen fuera de sus casas a hacer labranzas como lo hacían en las otras islas".[7] Sus numerosas ordenanzas de gobierno confirman repetida y explícitamente esa caracterización del hombre-niño a quien se obliga a la obediencia a cambio de una protección que, dentro de la caracterización del discurso narrativo y legal de Hernán Cortés, su misma inocencia e indefensión hacen imprescindibles.

Y sin embargo, los puntos de contacto entre el indígena del discurso de Colón y el de Cortés no han desaparecido completamente, y la estructura ideal de relación paternalista que crea este último, en sus cartas y ordenanzas, no consigue enmascarar totalmente la verdadera función que se le otorga a ese embrión de hombre que es el indígena, dentro de la presentación utópica de la nueva sociedad. En su misma carta al rey, del 15 de Octubre de 1524, Cortés revela esta función en los siguientes términos: "...en estas partes los españoles no tienen otros géneros de provechos ni manera de vivir ni sustentarse en ellas sino por el *ayuda* que de los naturales reciben, y faltándoles esto no se podrían sostener, y forzado habían de desamparar la tierra los que en ella estuvieren, y con la nueva no vendrían otros de que no poco daño se seguiría, así en lo que toca al servicio de Dios Nuestro Señor cesando la conversión de estas gentes, como en la disminución de las reales rentas de Vuestra Majestad, y perderse ya tan gran señoría como en ellas vuestra alteza tiene, y lo que más está aparejado de se tener, que es más que lo que hasta ahora se sabe del mundo".[8] El mensaje no puede ser más claro: el indígena es un niño al que su padre sabio y benevolente se propone desarrollar y educar; pero, mientras no alcance la categoría de adulto, que la caracterización de Cortés le niega reiteradamente, carece de todos los derechos que ésta lleva aparejados, y el lugar que ocupa en la escala social es el de un siervo de cuyo trabajo —"ayuda", lo llama

Cortés en su carta— depende de forma exclusiva la manutención de los colonos y la prosperidad de la colonia. La humanización de la figura del indígena dentro del discurso de Cortés culmina en su redefinición como *siervo*. Ya no es la "pieza" o la "cosa" de la caracterización de Cristóbal Colón, pero los límites de la humanidad que se le concede son claros tanto en las cartas como en las ordenanzas que promulgaba Cortés regularmente para la protección de los indios. Estas no se orientarían jamás hacia una pronta emancipación del indígena sojuzgado —que hubiera implicado el reconocimiento pleno de su identidad humana y cultural—, sino hacia una reglamentación de las condiciones idóneas bajo las cuales se institucionalizaría, dentro de la sociedad de la colonia, la condición permanente del hombre americano como servidor.

Los límites de la humanización de la caracterización del indígena dentro del discurso de Hernán Cortés son obvios. Y sin embargo ésta supone un paso adelante no sólo con respecto a la reducción monstruosa del indígena a objeto, que se desarrollaba en el discurso del Almirante, sino en relación con las percepciones y caracterizaciones de los compañeros del propio Cortés. Andrés de Tapia acumula detalles truculentos en su terrible descripción del templo mayor de Tenochtitlán, caracterizando implícitamente a sus creadores como salvajes incomprensibles dotados de una crueldad y un espíritu sanguinario aterrador.[9] Bernal Díaz, por su parte, organiza su caracterización del indígena en torno a una idea central: lo monstruoso. Esta percepción del indígena como algo monstruoso se expresa en los elementos que va aislando Díaz para caracterizarlo, y en su fijación en rasgos y comportamientos "contra natura" que les atribuye con insistencia. Dos, especialmente, recurren de forma obsesiva en la caracterización: El primero es la sodomía, y, para Díaz —que parece decidido a transformar en sodomitas empedernidos a todos los pobladores de América— esta costumbre los sitúa en un lugar aparte del que ocupan los hombres, marcando la transición —por identificación con una práctica que se define en el contexto cultural del que proviene

Díaz como "contra natura"— entre el hombre y el monstruo. Este primer aspecto monstruoso se completa con otro
que constituye el elemento más recurrente y obsesivo de la
caracterización: el canibalismo. La atribución del canibalismo al hombre americano es sistemática en el discurso de
Díaz, pero lo extraordinario no es sólo este hecho —que de
nuevo revela un mecanismo ideológico de identificación de
lo desconocido con lo monstruoso, cuyo nexo es el miedo—
sino la forma en que Díaz percibe y presenta en su *Historia
Verdadera* este canibalismo. Se trata de una percepción y
caracterización no sólo ignorante sino infantil, que recuerda
más los ogros y las brujas comedoras de niños de los cuentos que el complejo sistema ritual en el que se integraban
sacrificios y canibalismo entre los indios de México. El recuerdo de Hansel y Gretel es inevitable para un lector moderno al leer en la narración de Díaz que los habitantes de
Cempoal tenían indios cautivos que "tenían a engordar en
unas jaulas de madera para, después de gordos, sacrificallos
y comérselos. Y la truculencia de la explicación de Díaz,
cuando presenta el plan de rebelión de Cholula subordinado
a un gigantesco proyecto de estofado de guerrero-teule, es
totalmente grotesca: Se pregunta Díaz, —atribuyéndole la
pregunta a Cortés— "como en pago de que vinimos a tener-
los por hermanos y decilles lo que Dios Nuestro Señor y el
Rey manda, nos querían matar e comer nuestras carnes, que
ya tenían aparejadas las ollas, con sal e ají e tomates".[10]

La percepción que expresa su narración sería simplemente
ridícula si no fuera por el hecho de que es precisamente esta
caracterización grotesca y monstruosa de los cholultecas la
que el propio Díaz esgrime, pocas líneas más tarde, como
justificación de la tremenda matanza de Cholula, —que resume lacónicamente diciendo que "se les dió una mano que
se les acordará para siempre".[11]

El 30 de Noviembre de 1511, Fray Antonio de Montesinos
pronunció en Sto. Domingo el sermón de Adviento que
provocaría la conversión de Bartolomé de las Casas. Era la
primera vez que se alzaba en América una voz de denuncia
contra la profunda deshumanización del indígena que impli-

caba el trato que se les daba en la colonia y la forma en que los españoles se relacionaban social y personalmente con ellos; cada una de las preguntas del Padre Montesinos implicaba la denuncia de una privación que se había infligido a los nativos americanos. Cuando el fraile preguntó desde el púlpito si los indígenas eran hombres, si tenían almas racionales, no estaba formulando preguntas retóricas sino acusaciones contra una sociedad que percibía y trataba al indígena como si *no* fuera hombre, como si *no* tuviera alma racional.

La denuncia de Montesinos inició una corriente de redefinición de la naturaleza del indígena americano en la que se inscribirían las caracterizaciones de Bartolomé de las Casas y con la que enlazarían caracterizaciones humanizadoras como las de algunos textos del discurso narrativo del fracaso. Esta redefinición de la naturaleza del indígena se oponía, por una parte, a la caracterización del discurso mitificador, que privaba de humanidad a la figura del indígena, por reducción a la categoría de objeto, por identificación con lo monstruoso, o por privación de responsabilidad y de libertad. Y también se opondría a toda una corriente de pensamiento que basaba la justificación de la conquista en una aplicación particular del concepto platónico de esclavo, concebido como cuerpo sin alma, al indio americano, y en el desarrollo de los conceptos de *señor* y *esclavo* formulados en la teoría aristotélica.[12]

La caracterización del hombre americano que llevó a cabo Bartolomé de las Casas, dentro de esta corriente de oposición a la percepción articulada desde una ideología oficial, constituyó un primer intento de restituirle al indígena la humanidad que le había sido arrebatada desde las primeras descripciones y evaluaciones de Cristóbal Colón. La caracterización del indígena que hace Bartolomé de las Casas se centra en un elemento fundamental: la inocencia. Todos los rasgos concretos que la integran se relacionan con esta idea central de inocencia edénica que por una parte explica todas las diferencias entre europeos y americanos, y por otra se opone explícitamente a la corrupción y a la violencia que articulan, dentro del discurso de Las Casas, la caracterización del conquistador. El primero de esos rasgos es la simplicidad, que se acompaña en esta caracterización de la mansedumbre y la confianza. A partir de estas tres cualidades básicas, Las Casas irá ampliando y enriqueciendo la caracterización del americano como "buen salvaje", centrándola siempre en la idea de inocencia, y construyéndola casi como inversión sistemática de la caracterización del conquistador. Dice Las Casas: "alcanzamos de su bondad natural, de su simplicidad, humildad, mansedumbre, pecabilidad, e inclinaciones virtuosas, buenos ingenios, prontitud o prontísima disposición para rescebir nuestra santa fe y ser imbuidos en la religión cristiana".[13]

Las Casas no presenta su versión de la naturaleza del indígena como una apreciación subjetiva, sino que se preocupa de autorizarla de dos maneras. En primer lugar, dando una presentación etnológica de las costumbres de los habitantes de las Antillas en la que muestra los valores —superiores en muchos aspectos a los occidentales— que estas costumbres expresaban y por los que su sociedad se regía. En segundo lugar, Las Casas vincula esta organización social y cultural con la tradición de los "autores antiguos" y, más específicamente, con el mito de los *Seres:* "Y verdaderamente, para en breves palabras dar noticia de las buenas costumbres y cualidades de estos yucayos y gente de estas islas pequeñas, ...no hallo gentes ni nación a quien mejor los pueda comparar que a la que los antiguos y hoy llaman los Seres, pueblos orientales de la India, de quienes por los autores antiguos se dice ser entre sí quietísimos y mansísmos.... De todas estas calidades de los Seres, yo creo por cierto que, pocas o ningunas, carecían las gentes que habitaban naturales de los Lucayos; y si miráramos en aquellos tiempos en ello, quizá halláramos que en obras excedían a los Seres".[14]

En su relación de los *Naufragios,* Alvar Núñez Cabeza de Vaca siguió la dirección iniciada por Montesinos y Las Casas, y creó una caracterización del indígena que, aunque menos mitificadora y más objetiva e informada en muchos aspectos que la de Las Casas, recogía algunos de sus elementos fundamentales. A lo largo de su larga convivencia con los habitantes del sur del continente de Norteamérica, Alvar Núñez aprendería a conocer y comprender sus costumbres y cuestionaría, desde su relato, la equivalencia establecida por los textos del discurso mitificador entre *diferente* e *inferior*. Las descripciones de Alvar Núñez ofrecen la primera presentación detallada de la organización social y cultural de unos hombres *primitivos,* que no por primitivos dejan de ser hombres. No son "gente de razón", es decir, civilizada, pero son "gente bien acondicionada y aprovechada para cualquier cosa bien aparejada".[15] En Las Casas, el desconocimiento de la religión cristiana definía a los indígenas como "salvajes"; en Alvar Núñez, el desconocimiento de la civilización occidental los define como "gente sin razón"; pero en ambos casos el desconocimiento se presenta como problema de aprendizaje, no como falta de humanidad. Los indígenas de Las Casas no saben porque son *inocentes;* los de Alvar Núñez no saben porque son *primitivos.* Pero su humanidad aparece reafirmada explícitamente, apoyándose esta reafirmación en una descripción de su civilización y valores, y en un proceso de caracterización contrastada de indígenas y conquistadores, cuyo resultado es con frecuencia el cuestionamiento de los valores de la civilización occidental y la afirmación de la superioridad de los valores humanos de los indígenas.

La voz de Bartolomé de las Casas se hizo escuchar en América y también en España, donde tendría un peso decisivo en la elaboración de las Nuevas Leyes de Indias promulgadas en 1543. Y el eco de la relación de Alvar Núñez se extendería por todo México a través de los sermones del obispo Zumárraga. Pero ni el clamor de Las Casas ni la comprensión de Alvar Núñez bastaban para cancelar el estereotipo del indígena creado por Colón, justificado por la corriente neoaristotélica de la ideología oficial y verificado cotidianamente en la realidad de explotación de las colonias americanas. Las Nuevas Leyes no mejoraron substancialmente la situación de los indios ni cambiaron la percepción que tenía de ellos una clase de encomenderos cuyo enriquecimiento y prosperidad se basaba en la explotación despiadada del indígena, convertido en esclavo y bestia de carga. Y basta mirar las declaraciones del proyecto de los numerosos rebeldes que se alzaron contra el rey y los textos que integran el discurso narrativo de la rebelión para comprender que ninguno de aquellos intentos de liberación de América de la soberanía española contemplaba la liberación del indígena de la explotación a la que se veía sometido. Las rebeliones del siglo XVI, desde Gonzalo Pizarro hasta Lope de Aguirre, expresaban una defensa de los intereses de la clase de los encomenderos, que pasaba por un proyecto de emancipación americana. Pero de ningún modo proponían una revolución social que implicase la transformación de la percepción del indígena como siervo, bestia o mercancía, ni el fin de las condiciones de explotación que habían culminado ya, en algunos lugares, en su extinción total. Muy por el contrario: dada la situación de total dependencia en que se encontraban los encomenderos con respecto a la mano de obra indígena —a pesar de la introducción masiva de esclavos negros para compensar el descenso demográfico vertiginoso de la población indígena durante las primeras décadas de la conquista—, cualquier medida que pretendiera la liberación del esclavizado americano y el reconocimiento de su humanidad e igualdad social hubiera atentado de forma fundamental contra los intereses y privilegios de aquella clase de encomenderos que las sucesivas rebeliones se habían propuesto defender.

En los textos del discurso narrativo de la rebelión, la caracterización del indígena se identifica casi exactamente con la que aparecía en el discurso colombino. A juzgar por el relato de las distintas expediciones, el lugar que ocupaban los indios en la escala social era todavía inferior al de los esclavos negros importados. El término que se utiliza para designar a los segundos es el de "negros", mientras que a los indígenas se los denomina sistemáticamente "piezas", recogiendo uno de los términos centrales de la caracterización deshumanizadora formulada por Cristóbal Colón. Al describir la situación de la expedición de Juan de Vargas, dice

Francisco Vázquez en su relación que "murieron tres hombres españoles, y muchas piezas", haciendo explícita la oposición entre la naturaleza humana de los primeros y la percepción de los segundos como animales. Más adelante, se refiere a la decisión de Aguirre de abandonar en uno de los pueblos del Amazonas "casi cien piezas ladinas y cristianas". Al narrar el episodio de la ejecución de Diego Palomo y Pedro Gutiérrez, Vázquez vuelve a caracterizar a los indígenas utilizando el mismo término: "Aquí mató el tirano a dos soldados: el uno llamado Pedro Gutiérrez y el otro Diego Palomo, porque estando el uno ablando con el otro dijeron: 'Las piezas nos dejan aquí: hágase lo que se ha de hacer' ...y el Diego Palomo rogaba al tirano que por amor de Dios que no lo matara y lo dejase vivo con las piezas del Pirú que allí quedaban, que se haría hermitaño y las recogería y doctrinaría".[16] En su proyecto de emancipación del Perú y creación de un reino independiente gobernado por una aristocracia de encomenderos, Aguirre preveía un lugar para los esclavos negros, pero en ningún momento se refiere a los indios, a quienes no vacilaría en abandonar sin víveres en cuanto dejaron de ser útiles o necesarios para la expedición. Y, aunque hay que suponer, a la vista de la naturaleza del proyecto de rebelión y emancipación de Aguirre, que sus promesas repetidas de liberar a los negros, "a los quales decía que eran libres y que a todos los que se les juntasen había de dar libertad",[17] tenían como único motivo la necesidad en que se encontraba el jefe de los Marañones de recurrir a ellos por falta de otros seguidores, no deja de ser significativa la ausencia total de promesas hechas a los indígenas. Esta ausencia de referencias de Aguirre a los indígenas y al posible lugar que éstos ocuparían en su proyecto de emancipación, junto con el testimonio de Vázquez y de otros expedicionarios que señalan el modo en que Aguirre abandonaba a sus "piezas" a la primera oportunidad, indican hasta qué punto el término usado de forma consistente para caracterizarlos en los textos de este último discurso no era una simple forma vacía de contenido, sino que expresaba una visión generalizada del hombre americano como bestia.

inferior a los mismos esclavos negros, e implicaba la perpetuación de la percepción expresada por Colón en su discurso mitificador.

Por otra parte, la represión de las rebeliones como la de Aguirre por parte de la corona tuvo como resultado fundamental el fortalecimiento del poder central y una cierta limitación de los privilegios enormes de los encomenderos. Pero el cambio de situación legal de los nativos, que pasaban, por la aplicación final de las Nuevas Leyes, a depender de la corona, no se tradujo ni en un cambio de percepción de su naturaleza por parte de la clase dominante ni en una transformación de la situación objetiva de explotación intolerable en que se encontraban.

En el contexto ideológico de una percepción generalizada del hombre americano como objeto, pieza o siervo, y de una tradición narrativa que, desde el discurso mitificador, partía de su caracterización como mercancía para culminar en la humanización que implicaban las figuras del primitivo "sin razón" de Alvar Núñez y del "buen salvaje" de Bartolomé de las Casas, cobra una importancia fundamental la caracterización de los araucanos realizada por Alonso de Ercilla en *La Araucana*.

La importancia concedida por Ercilla al pueblo araucano, dentro de su poema épico sobre la conquista de Chile, y la forma en que éste desarrolla una caracterización del hombre americano extraordinariamente positiva y admirativa ha dado pie a una larga tradición polémica entre los críticos que se han dedicado al estudio de la obra.[18] Fernando Alegría resume con humor lo que ha sido la actitud más común de la crítica oficial española con respecto al poema desde el momento de su aparición: "Parece que la crítica española ha buscado por siglos un poeta épico que supere a Ercilla con el objeto de evitarse el bochorno de presentar como la mejor epopeya española un poema al que los preceptistas niegan el carácter de epopeya y del que los españoles mismo sienten que no les pertenece totalmente".[19] El comentario de Alegría apunta los dos aspectos en los que *La Araucana* ha sido, desde su aparición, una obra problemática y conflictiva: el aspecto estético que originó toda la polémica en torno a la definición genérica del poema, su relación con la épica clásica y con la epopeya renacentista, las influencias de Boiardo, Ariosto y Tasso, y las mil maneras en que Ercilla siguió a veces, e infringió con frecuencia, las reglas de composición, estructura, y caracterización que los preceptistas definieron como propias del género; y el aspecto ideológico que, aunque en la mayoría de los casos no era identificado abiertamente como tal, estaba en la base de la incomodidad y extrañamiento de tantos críticos españoles que sentían que el poema no "les pertenecía", así como de muchos de los reparos y críticas de carácter estético que se han expresado tradicionalmente —desde España y desde América— sobre un poema cuya forma atípica expresa una visión coherente, aunque *diferente* y, por ello, con frecuencia mal analizada y comprendida.

El problema de la caracterización de los araucanos está en el centro mismo del carácter polémico que ha presentado para la crítica tradicional *La Araucana*. Estéticamente, esta caracterización infringe dos reglas fundamentales de la épica tradicional: la que prescribe que la acción aparezca centrada en, y dirigida por, un héroe representante de los valores triunfadores, y la que manda que la caracterización de acción y personajes se subordine al ensalzamiento del bando vencedor. Ni la crítica española oficial más reacia ha podido negar que en *La Araucana* nos encontramos con una estructura narrativa y de caracterización que hace casi exactamente lo contrario. En ella, el nativo aparece glorificado y ensalzado por un narrador cuya admiración por los vencidos no decae a lo largo de todo el poema. Y, por añadidura, el bando vencedor no sólo no es ensalzado sino cuestionado y, a veces, abiertamente criticado por una caracterización que va desde el anonimato hasta la caricatura.

El pueblo araucano, colectivizado unas veces e individualizado otras —como en los numerosos retratos individuales de personajes representativos de ese pueblo: Caupolicán, Tucapel, Rengo, etc.—, no sólo ocupa un lugar prominente en *La Araucana* sino que su caracterización constituye uno de los dos ejes estructurales en torno a los cuales se organiza toda la obra. El otro es el de la articulación y desarrollo de la caracterización del narrador. Pero conviene comenzar por el análisis de los elementos que componen la caracterización de los indígenas dentro del poema antes de intentar analizar y demostrar la importancia y las implicaciones estéticas e ideológicas de tal caracterización.

La caracterización comienza al principio del primer canto con un breve resumen de sus cualidades sobresalientes. Habla Ercilla:

> "la gente que produce es tan granada
> tan soberbia gallarda y belicosa
> que no ha sido por rey jamás regida
> ni a extranjero dominio sometida".[20]

Estos cuatro versos introducen la mayoría de los elementos fundamentales que irán articulando el desarrollo de la caracterización: el orgullo, la belicosidad, la gallardía y una inquebrantable voluntad de independencia. Y, simultáneamente, definen, de entrada, la actitud del narrador en relación con su presentación del pueblo araucano; porque si es posible argumentar el contenido adjetival neutro de *soberbia* y *belicosa,* la valoración positiva que se expresa en la elección de dos términos con connotaciones admirativas tan claras como son *gallardía* y *granada* es insoslayable. Por otra parte, la importancia de esta primera caracterización y el hecho de que, aunque breve, no se trata de una nota ornamental o de alguna manera secundaria, se expresa con claridad en el hecho de que se presente precisamente en la primera estrofa de *La Araucana* propiamente dicha —es decir, el inicio de la narración— una vez concluida la introducción general con la que estructuralmente se inicia cada canto.

La primera caracterización física de los araucanos se da también dentro de este primer canto y se centra en una cualidad fundamental: la fuerza. La fuerza física de los araucanos es uno de los rasgos de caracterización sobre los que Ercilla insiste con mayor frecuencia a lo largo del poema.

Pero conviene detenerse sobre el significado que reviste esta fuerza extraordinaria desde el momento en que aparece como rasgo caracterizador fundamental. La fuerza y violencia física de los araucanos son, por una parte, cualidades que los definen como hombres excepcionales en relación con la guerra, que es el marco de toda caracterización masculina dentro del poema. Pero, por otra, constituyen un signo de armonía natural y expresan una percepción del indígena como encarnación de la naturaleza de América. Son, dice Ercilla:

> "...de gestos robustos, desbarbados
> bien formados los cuerpos y crecidos
> espaldas grandes, pechos levantados,
> recios miembros de nervios bien fornidos,
> ágiles, desenvueltos, alentados,
> animosos, valientes, atrevidos,
> duros en el trabajo, sufridores
> de fríos mortales, hambres y calores".[21]

La descripción es la expresión perfecta de una estética guerrera. Los elementos seleccionados por Ercilla componen un retrato del modelo del guerrero y constituyen la suma de todas sus cualidades óptimas. Pero hay que señalar que este retrato, que define al araucano como guerrero ideal, se presenta dentro del canto enmarcado por dos estrofas que puntualizan de forma clara su significado. Viene introducido por una descripción del destino y naturaleza de la tierra araucana, —"hado y clima", dice Ercilla— que determinan la condición feroz e independiente de esos hombres. Y concluye, en la estrofa siguiente, con la definición de esta "gente libertada" como representación misma de libertad e independencia.

Esta primera definición del araucano como personificación de la libertad tiene una importancia que se irá analizando aquí progresivamente. Pero el marco en que se integra esta definición es la primera descripción de la naturaleza chilena y la descripción física de los indígenas como encarnación de esa naturaleza cuyas cualidades de fiereza, reciedumbre y violencia encarnan, y este hecho es fundamental. La presentación de los rasgos físicos y morales específicos de la caracterización como proyección de la naturaleza de la tierra americana implica una afirmación de la existencia de una armonía natural entre el hombre y su medio. Y esta afirmación de armonía supone una transformación cualitativa de la perspectiva de caracterización de lo americano. El Fidalgo de Elvas[22] había bordeado una perspectiva dual al señalar repetidamente la inadecuación de los españoles al medio americano y al presentarlos como verdaderos inútiles ante una realidad natural que no conocían ni controlaban; pero no por ello dejaba de presentar a los indígenas como salvajes bestializados; Hernán Cortés había acabado por evaluar los elementos indígenas en relación con el entorno en que se integraban, especialmente a partir de la tercera *Carta de Relación.* Pero Ercilla va mucho más lejos y, en *La Araucana,* construye la primera caracterización del indígena que lo evalúa desde una perspectiva que se quiere exclusivamente americana. Desde esta primera caracterización que acabo de analizar, el araucano no se define por *carencia* de unos valores y una concepción del mundo occidentales, sino como expresión y proyección de la naturaleza diferente de la realidad americana. El indígena aparece caracterizado no en función de un contexto occidental, que ignora o distorsiona su verdadera naturaleza, sino en relación con el medio natural del que procede y en el que se revela el significado de su verdadera identidad. Reintegrado de ese modo al marco americano que le es propio y con el que armoniza, el araucano deja der ser siervo, pieza u objeto, para convertirse en modelo de una aristocracia natural que encarna los mejores valores y las mejores cualidades exigidas por el marco natural y social en el que se desarrolla su existencia.

La liquidación implícita de la perspectiva etnocéntrica que se lleva a cabo dentro de las tres estrofas que acabo de discutir es el punto de partida de toda la caracterización del hombre americano que se desarrolla dentro de la obra. Apoyándose fundamentalmente en retratos, descripciones de la acción, dramatizaciones de valores fundamentales, comparaciones, parlamentos indígenas y, a veces, juicios o evaluaciones explícitos pronunciados por el narrador o por algún otro personaje, Ercilla irá articulando la primera representación mítico-literaria del hombre americano como ser superior y libre.

El centro de la acción de *La Araucana* es la guerra, y el primer aspecto de la caracterización se relaciona con ella. La caracterización del araucano como guerrero excepcional se centra en dos cualidades fundamentales: la violencia y el valor. La violencia se expresa en series de adjetivación que se organizan en torno a dos elementos fundamentales: el primero es la fuerza física y el segundo la agresividad. La primera serie incluye la utilización reiterada e insistente de adjetivos como *robustos, gigantes, crecidos, fuertes*, etc. La segunda incluye *bravos, audaces, feroces, atrevidos, valientes*, etc. Ercilla multiplica las descripciones directas de la fuerza física de los araucanos, y, por si éstas no bastaran, las complementa con la reiteración de estas mismas cualidades a través de su presentación de dos tipos de acción fundamentales: las batallas y los desafíos. El primero es colectivo y muestra esa fuerza física en una acción en la que degüella, rompe, cercena, desmiembra y desbarata una y otra vez al enemigo. El segundo es individual y muestra las mismas cualidades encarnadas en uno o varios hombres representativos. El duelo entre Tucapel y Rengo es quizá el ejemplo más hiperbólico de esa representación de la fuerza física y de la agresividad del araucano.

El segundo elemento de la caracterización del araucano como guerrero excepcional es el valor. El valor es el centro de la filosofía araucana. Toda forma de honor y toda conciencia de la propia identidad se centran en él. Ser araucano y ser valiente son términos que aparecen totalmente identificados en la concepción del mundo que éstos tienen, y la falta de valor implica, además de la pérdida del honor —cosa que también sucedía en el contexto ideológico español—, la pérdida de la propia identidad cultural. El araucano no sólo es valiente sino que se define como araucano, por oposición a todos los otros pueblos americanos o europeos, precisamente por ese valor que alcanza dimensiones míticas. Todos y cada uno de los personajes araucanos individualizados demuestran una y otra vez su extraordinario valor. Lautaro, que será el mayor héroe de la primera parte de *La Araucana,* accede a esa categoría a raíz de un acto de valor que lo lleva a desafiar el decreto de la propia Fortuna: son su "valor y esfuerzo" sobrehumanos los que consiguen revocar la decisión de la Fortuna de concederles la victoria a los españoles en la batalla que se narra en el canto III. En la narración del episodio del madero, por otro lado, la propuesta de Colocolo se presenta como solución pacífica a la lucha por el poder entre los principales jefes araucanos que no consiguen ponerse de acuerdo "sobre cual era el más valiente/ y digno del gobierno de la gente". El valor se presenta de nuevo como cualidad fundamental, y el grado en que se posee determina el prestigio del hombre dentro de la sociedad araucana.

La caracterización del araucano se levanta sobre la presentación de su capacidad para la violencia, y esta capacidad se concreta en la fuerza física, la agresividad y el valor, que se convierten en rasgos centrales dentro de esa caracterización. Pero la presentación de la violencia, como centro de la caracterización del araucano que crea Ercilla en su poema, no connota una idea de bestialización o de barbarie sino que, por el contrario, esta violencia aparece integrada de varias maneras en un contexto que la hace asimilable a la civilización. El mecanismo fundamental de integración de la violencia araucana es el uso del concepto del honor, al que recurre el poeta una y otra vez para explicar el ejercicio de la violencia por parte de los araucanos. La importancia del honor se dramatiza a través de los numerosos episodios de apuestas, duelos y desafíos que se narran en *La Araucana,* episodios que tienen en común precisamente el hecho de centrarse en una alternativa de pérdida o ganancia del honor. En la confrontación del madero, por ejemplo, lo que se decide es quién será el próximo gobernante de Arauco, pero todo el

ritual del concurso presenta caracteres que lo ligan abiertamente a un modelo de representación caballeresco en el cual
lo que está verdaderamente en juego no es tanto la adquisición del poder como la confirmación del propio honor que
aparece —tanto en el contexto araucano como en el caballeresco— ligado al valor personal. La pugna entre Tucapel y
Rengo, que se prolonga a lo largo de las tres partes de *La
Araucana,* expresa igualmente la importancia del honor, y
las provocaciones que se cruzan ambos antes de enfrentarse
públicamente subrayan explícitamente que el honor es lo
que realmente está en juego en el desafío que los enfrenta.
Toda la retórica de la provocación de Tucapel y del resumen
que hace de las diferencias que ha tenido con el tío de Rengo
presentan el honor en el centro de la cuestión.[23] La celebración de la victoria, que narra Ercilla en el canto X, dramatiza igualmente la importancia del honor entre los araucanos, y los desafíos que se suceden entre los guerreros más
destacados disputan sin duda el premio ofrecido, —el alfan-
je, la celada, el lebrel, el arco y el caballo—, pero de nuevo lo
que está en juego en esa lucha por conseguir un premio, que
es en todos los casos símbolo de los atributos del guerrero, es
el honor de los contendientes, igual que en cualquier torneo
o justa caballeresca medieval.

El ejercicio de la violencia aparece, a través de una construcción narrativa que lo liga al honor, justificado e integrado en un sistema de valores que enlaza directamente con
el sistema de valores del modelo caballeresco medieval. En
este contexto ideológico, que Ercilla asimila a una sociedad
guerrera como la araucana, la violencia y la agresividad no
aparecen como formas o signos de bestialidad, sino como
expresión del propio valor y de la propia dignidad dentro de
un marco de confrontación permanente que define el uso de
la fuerza como algo necesario e insoslayable. Esta integración humanizadora de la violencia araucana, que la subordina a unos valores ideológicos no muy distintos de los del
contexto occidental, se completa dentro de *La Araucana* con
un segundo mecanismo legitimador: el de la atribución de las
mismas formas de violencia a los integrantes y representan-

tes del bando español, donde, de nuevo, esta violencia aparece ligada al concepto del honor. La violencia y la agresividad son iguales en los dos bandos, y si el guerrero araucano "rompe, magulla, muele y atormenta/desgobierna, destroza, estropia y gasta",[24] los españoles "hieren, dañan, tropellan, dan la muerte/piernas, brazos, cabezas cercenando".[25] La función estructural del personaje de Andrea es precisamente la demostración de esa generalización de formas de violencia que, dentro de *La Araucana,* no suponen una caracterización negativa de los que la ejercitan. Araucanos y españoles son violentos, feroces, agresivos y destructores, y, en el marco narrativo de la confrontación entre ambos, el que supera en estas cualidades a su adversario no queda caracterizado como el hombre más bestial sino como el mejor guerrero —y éste es generalmente el araucano. Andrea duplica dentro del bando español la caracterización guerrera del araucano, cuyas cualidades centrales ejemplifica del mismo modo que Tucapel o Rengo; y la actuación de los españoles en la confrontación de cada batalla corresponde exactamente a la furia destructora de los guerreros araucanos, quienes, en virtud de esa equivalencia, dejan de poder ser definidos como bárbaros o bestias sobre la base de la violencia que los caracteriza.

La humanización de la violencia araucana, que, a través de un proceso de subordinación a valores socialmente aceptados, como el honor, y de su presentación como forma de relación inevitable en el contexto de la confrontación bélica entre araucanos y españoles, deja de aparecer como signo de bestialidad para convertirse en cualidad personal y social positiva, no es el único proceso mediante el cual Ercilla va articulando su definición y presentación del hombre araucano como representante de una cultura y una civilización diferentes. La caracterización personal de individuos representativos y la caracterización guerrera de la colectividad se complementan dentro del poema con la presentación de la organización social que han creado y de los valores que ésta expresa. Se trata de una sociedad guerrera de la que dice Ercilla: "Venus y Amor aquí no alcanzan parte/solo domina el iracundo Marte",[26] pero dotada de una compleja organización militar, social y política, cuya descripción constituye una buena parte del primer canto del poema.

Esta organización es de tipo feudal: Arauco está regido por dieciséis caciques y señores cuyo prestigio viene de que son "en militar estudio los mejores/que de bárbaras madres han nacido" y "por valientes/son estos en mandar los preeminentes".[27] Desde el primer momento de la descripción se afirma la naturaleza heroica de los valores centrales de esa sociedad guerrera: el valor y el talento militar. Cada cacique posee unos vasallos a los que tiene la obligación de educar militarmente, recibiendo a cambio servicio militar de ellos —conforme al modelo feudal tradicional—, siempre que la ocasión lo requiera. El carácter guerrero de la sociedad araucana se manifiesta en la educación de los hijos, que son adoctrinados en todo lo necesario para convertirlos en guerreros excelentes, y cuya capacidad militar determinará, más tarde, el lugar que ocuparán en la sociedad:

> "Y desde la niñez al ejercicio
> los apremian con fuerza y los incitan
> y en el bélico estudio y duro oficio
> entrando en más edad los ejercitan;
> si alguno de flaqueza da un indicio
> del uso militar lo inhabilitan
> y el que sale en las armas señalado
> conforme a su valor le dan el grado."[28]

Los guerreros más destacados constituyen una verdadera aristocracia dentro de la sociedad, aristocracia que no es hereditaria sino ganada por los méritos del guerrero. Es "la virtud del brazo y la excelencia" lo que "hace a los hombres preferidos" y lo que "quilata el valor de la persona". En esa sociedad, los guerreros están exentos de trabajos manuales y de cualquier otro tipo de servicio que no sea el del ejercicio militar, y las labranzas y otros trabajos están reservados a "la gente baja". El grado de sofisticación de la sociedad guerrera araucana se manifiesta en la variedad y perfección de las armas que ha sabido crear —cuya detallada enumeración expresa dentro del poema un grado de civilización considerable— en la complejidad y variedad de tácticas y estrategias militares en las que se concreta el arte de la guerra, y en la arquitectura de los fuertes, rodeados de empalizadas y fosos, que construyen para defenderse.[29] El poder jurídico y legal está en manos del senado, que integran los caciques y señores del estado. Ellos son los que toman todas las decisiones políticas, que luego comunican a "la gente común y de canalla". Y, finalmente, esta sociedad tiene también una religión que no se centra en la figura de Dios, sino en la de Eponamón, a quien convocan y con el que se comunican en sus ritos, y posee asimismo todo un sistema de hechiceros y augurios que utilizan para adivinar el porvenir.

La caracterización de Arauco que ofrece Ercilla presenta una realidad política y social distinta de la occidental del siglo XVI, pero asimilable a ella en sus valores básicos. La diferencia entre los valores centrales que se expresan en la sociedad araucana y los valores de cualquier sociedad guerrera europea es una diferencia de grado y de momento de desarrollo, no de calidad, y en los casos en los que la diferencia es irreductible —el de la religión, por ejemplo— Ercilla relativizará ambos términos de la comparación en lugar de adoptar una postura etnocéntrica que descarte de forma global el valor cultural del elemento diferente, aunque señalando el error de la concepción araucana.[30] En otros casos de diferencia irreductible, el narrador no vacila en pronunciarse explícitamente para explicar, desde una perspectiva americana, el significado real de actitudes o comportamientos que, desde la óptica occidental pueden parecer simplemente bárbaros —como en el caso de su explicación del vacío de poder y la lucha por obtenerlo que se desarrolla entre los caciques araucanos, o en el del episodio del madero donde, a la objeción previsible que Ercilla anticipa en el público español ("pues en razón no cabe que un senado/de tan gran disciplina y pulicia/pusiere una elección de tanto peso/en la robusta fuerza y no en el seso"),[31] se apresura a responder señalando que la prueba del madero es una estratagema dictada por la prudencia del sabio Colocolo para evitar las luchas fratricidas por el mando, en ausencia de Caupolicano.

La organización de la sociedad araucana se centra en la guerra, pero su funcionamiento se rige por la ley. En la larga galería de retratos individuales de araucanos que crea Ercilla se encuentran algunos que, como Tucapel o Rengo, representan la pura fuerza bruta. Pero esta fuerza bruta aparece siempre controlada por la ley que representa el senado, por la inteligencia y prudencia de otros personajes que unen la dimensión política a la militar —Caupolicán y Lautaro principalmente—, y por la autoridad que representa la sabiduría encarnada en personajes venerables y respetados como Colocolo. En la caracterización de los araucanos que crea Ercilla, la violencia aparece integrada de este modo en un marco social y humano que la diferencia de la brutalidad y la transforma en valioso instrumento, en atributo del guerrero y en piedra de toque que "quilata el valor de la persona". Y en el contexto de esta integración, las interminables descripciones del ejercicio y los efectos de la fuerza y violencia de los araucanos, que encontramos en desafíos individuales y colectivos, batallas y enfrentamientos de todo tipo, no expresan una visión del indígena como bestia salvaje, sino una percepción del araucano como miembro y representante de una nación que supera en virtudes guerreras a todas las demás, y a favor de la cual dice el propio Ercilla, "que...cotejado/el valor de las armas y excelencia/es grande la ventaja y diferencia".[32]

La figura del guerrero es el centro de la caracterización del pueblo araucano dentro del poema, y, en relación con ella, el lugar que ocupan las caracterizaciones femeninas es secundario. A la caracterización individualizada de Guacolda, Tegualda, Glaura, Lauca y Fresia, hay que añadir un par de descripciones colectivas de mujeres indígenas, y el episodio de Dido, que, aunque no se centra en torno a una figura araucana, aparece ligado por todos sus elementos centrales a la caracterización de las cinco heroínas araucanas del poema. Hay una diferencia cualitativa entre la imagen que presentan las descripciones colectivas y la de los retratos individuales. Las primeras presentan una caracterización de la mujer araucana que enlaza directamente con la de los hombres y se organiza sobre las virtudes guerreras. Ercilla subraya explícitamente el carácter varonil de esta primera caracterización de las mujeres "a quien la rueca es dada", pero que en la batalla

> "con varonil esfuerzo los seguían...
> el mujeril temor de sí lanzando
> y de ajeno valor y esfuerzo armadas
> toman de los ya muertos las espadas...
> y...
>
> de medrosas y blandas de costumbre
> se vuelven temerarias homicidas".[33]

Los versos citados pertenecen a la primera caracterización femenina del poema y evidencian un problema del que el poeta es claramente consciente. La caracterización realista de la mujer araucana como guerrera es inasimilable al contexto estético occidental, en relación con el cual aparece como inversión de los elementos de caracterización del modelo literario femenino aceptado. Este prescribe un estereotipo femenino que se apoya en las cualidades que simboliza la rueca frente a la violencia de las armas, que se asocia siempre con el estereotipo masculino. La caracterización de la mujer que se articula en torno a los mismos atributos que hacían del hombre araucano un modelo, la convierte en monstruo incomprensible para la cultura occidental. Desde esta perspectiva cultural, la imagen de unas guerreras que "no sienten los pechos al correr ni las crecidas/barrigas de ocho meses ocupadas/antes corren mejor las más preñadas",[34] no es heroica sino antiestética y bárbara. El hecho de que ésta sea la última vez que el poeta intenta una caracterización realista de las mujeres araucanas —organizada en torno a los mismos valores que la masculina—, junto con el modo en que, a través de la adjetivación, subraya el carácter antinatural —"ajeno"— de su comportamiento, revelan hasta qué punto Ercilla era consciente del problema que planteaba la desviación con respecto al modelo femenino aceptado que representaba esta forma de caracterización. Y revela también algo más importante: que el verismo y el realismo no eran los criterios fundamentales que organizaban sus procesos de caracterización de personajes, procesos que —como se verá mas adelante— aparecen subordinados a un proyecto que poco tiene que ver con el de descripción historiográfica o etnográfica de los araucanos.

De los cinco retratos individuales de mujeres araucanas que encontramos en el poema, sólo hay uno que conserva elementos de esta primera caracterización —el de Fresia—, pero éstos aparecen diluidos en una retórica que los hace mucho más asimilables desde una perspectiva europea. Los otros cuatro presentan un carácter totalmente diferente, y enlazan con los modelos femeninos de la tradición literaria occidental, cuyos valores y elementos centrales recogen.[35] Si la figura del guerrero araucano enlazaba con la del caballero medieval, a través del concepto del honor, y se centraba en las virtudes guerreras fundamentales —fuerza física, valor personal, talento militar, etc.—, la figura de la mujer araucana que proyectan los cinco retratos de heroínas enlaza con la "dama" de la literatura caballeresca y se articula en torno a los mismos valores fundamentales. La caracterización de los personajes masculinos aparecía organizada en relación con la guerra. La de los personajes femeninos se organiza, en primer lugar, en relación con el amor. La primera presentación de Guacolda la define en función de su amor por Lautaro. Es:

"la bella Guacolda enamorada
a quien él de encendido amor amaba
y ella por él no menos se abrasaba."

El amor es también el centro de la caracterización de Tegualda, de quien se pregunta el poeta: "¿Quien de amor fizo prueba tan bastante?/¿Quien vió tal muestra y obra tan piadosa/como la que tenemos hoy delante/desta infelice bárbara hermosa?". Se trata, por otra parte, de un amor y unas relaciones amorosas que aparecen caracterizados de acuerdo con todas las reglas de representación del modelo caballeresco tradicional y que recogen los motivos típicos de ese modelo. En la narración de Tegualda, encontramos el personaje de la princesa bella y arrogante que rechaza a todos los pretendientes; el torneo al que acuden los más valerosos y distinguidos del reino a competir por su favor; la aparición del desconocido que los vence a todos y del que se enamorará perdidamente Tegualda; y la entrega de premios —guirnalda y anillo— para sellar la fe de una relación amorosa que aparece caracterizada de acuerdo con los términos tradicionales de la relación entre caballero y dama. Nada diferencia a Crepino de los caballeros de la tradición de las "historias mentirosas", cuando formula el modelo de relación amorosa propio de esa tradición en los siguientes términos:

> "...Señora una merced te pido
> sin haberla mis obras merecido:
> que si soy extranjero y no merezco
> hagas por mí lo que es tan de tí oficio,
> como tu siervo natural me ofrezco
> de vivir y morir en tu servicio".

Ercilla relaciona dentro del poema cada episodio centrado en un personaje femenino con el amor y con la necesidad de cambiar el lenguaje de Marte por el de Venus. Y en esta relación constante entre mujer y amor —paralela a la no menos constante entre hombre y guerra— acepta implícitamente los términos de una tradición literaria que designa el amor como el espacio privilegiado de la caracterización femenina. Los rasgos del modelo femenino tradicional (belleza, dulzura, castidad, fidelidad, etc.) se relacionan todos con el papel asignado por esa tradición a la mujer dentro de la relación amorosa, donde cobran significado su personalidad y existencia. Pero dentro de La Araucana hay todavía

376

otro elemento que organiza la caracterización de la mujer y que, aunque se relaciona con el amor, es distinto de él. Se trata de la honra. Si la pareja amor/fidelidad constituía el primer eje central de la caracterización de las heroínas araucanas, el segundo lo forman la pereja honra/castidad. La primera enlazaba dicha caracterización con la tradición caballeresca medieval, el concepto del amor cortés y la idea del "amor más poderoso que la muerte", característica de esa misma tradición. La segunda la relaciona con una problemática mucho más contemporánea: la de la honra, cuya expresión culminaría en los dramas de honor como forma literaria. El episodio de Glaura se articula en torno a esta problemática de la cual el propio Ercilla dice: "...una ficción impertinente/que destruye una honra es bien oída", resumiendo la popularidad de que gozaba el tema de la honra, en su preámbulo a la defensa de Dido. El carácter literario de la intercalación de Glaura se hace evidente desde la primera estrofa, que ofrece un retrato de Glaura que es una suma de todos los criterios estéticos y de la retórica descriptiva de la época:

> "Era mochacha grande, bien formada
> de frente alegre y ojos extremados
> nariz perfeta, boca colorada,
> los dientes en coral fino engastados
> espaciosa de pecho, y relevada,
> hermosas manos, brazos bien sacados
> acrecentando más su hermosura
> su natural donaire y apostura".[36]

Partiendo de esta caracterización, el episodio narra la historia personal de Glaura como una sucesión de luchas por preservar la propia honra frente a los más diversos, y a veces pintorescos, ataques. El primer ataque es el del tío de Glaura "que ingrato al hospedaje del amigo/del deudo y deuda haciendo poca cura/me comenzó de amar y buscar medio/de dar a su cuidado algún remedio. Glaura se defiende de sus deshonestas proposiciones en términos de la retórica más

subida, diciendo "...Oh malvado/incestuoso, desleal, ingra-
to/corrompedor de la amistad jurada/y ley de parentesco
conservada..." y, ante su rechazo, Freolano se arroja en
medio de la batalla, donde muere en el acto. El segundo
ataque corre a cargo de unos negros que, al encontrarla perdida en el bosque, intentan violarla. Cariolán la salva de este
paso, pero no sin que antes haya tenido tiempo Glaura de
formular sus ideas sobre la importancia extrema de esa honra que se ve continuamente tan a punto de perder:

> "Fui dellos prestamente despojada
> de todo cuanto allí venía vestida
> aunque yo, triste, no estimaba en nada
> el perder los vestidos y la vida
> pero el honor y castidad preciada
> estuvo a punto ya de ser perdida".[37]

Y cuando Cariolán acaba de rematar al último asaltante,
Glaura puntualiza que —de acuerdo con las reglas del drama
de honor— ha recuperado su honra tras lavar la afrenta en
sangre, tal y como está mandado. El núcleo dramático del
episodio lo constituye la escena del intento de violación,
pero, concluida ésta, la preocupación por la honra sigue
siendo el centro de la caracterización del personaje femenino, que afirma haberse casado con Cariolán porque estaba
"medrosa de andar en opiniones/que es ya dolencia de honra
y ruín indicio"; y que, desde que éste la dejó escondida en el
bosque porque temía "mucho más mi deshonra que su muerte", vaga por los alrededores del campo español escondida
"por el honor que mal me le asegura/mi poca edad y mucha
desventura".[38]
Dentro del poema, la importancia de los rasgos centrales
de las caracterizaciones que se acaban de analizar se refuerza
a través de la narración del único episodio intercalado que se
centra en la figura de una mujer no araucana: la historia de
Dido. El personaje de Dido es el modelo implícito sobre
cuyo patrón se dibujan las caracterizaciones de las heroínas
indias de *La Araucana,* que comparten con él los rasgos fun-

damentales: "firme amor", "gran perseverancia", castidad y honra. En la caracterización de *La Araucana,* Dido sobresale por su astucia y su prudencia, pero el eje del personaje no son estas virtudes, sino la fidelidad al marido muerto, la castidad irreductible y el sentido de la honra. Lo que hace memorable a esta Dido es su determinación de "...acabar la vida miserable/primero que mudar la fe inmudable". Entre volverse a casar, traicionando su fidelidad al primer esposo, y morir, Dido escoge "derramar su limpia sangre", abriéndose con un puñal "el casto pecho". El uso de estos dos términos —limpio y casto— enlaza estilísticamente con la expresión literaria típica del concepto de la honra propio de la sociedad española de los siglos XVI y XVII y, simultáneamente, corresponde con toda exactitud a la actitud que expresan con respecto a esta cuestión las heroínas araucanas de la obra. Y esta correspondencia exacta entre rasgos de caracterización y valores occidentales apunta ya al problema fundamental que presentan los procesos de caracterización de personajes indígenas dentro de la obra.

Enlazando con el modelo encarnado por Dido, la caracterización de las heroínas araucanas se construye dentro del poema por medio de una trasposición sistemática de los valores ideológicos de la sociedad española y de acuerdo con las reglas y convenciones de caracterización de la figura femenina propias de la tradición literaria occidental. Siguiendo fielmente las convenciones de representación de la figura femenina prescritas por esta tradición, la caracterización de cada una de las mujeres araucanas aparece articulada en torno a los valores fundamentales que esa tradición asocia con la figura de la mujer. Guacolda es el prototipo de la mujer enamorada, y su caracterización como tal retoma la retórica y los motivos de la tradición de la lírica italiana renacentista; la historia de Tegualda se estructura siguiendo el modelo de representación caballeresca, y su figura duplica el modelo de la dama enamorada propio de esa tradición; Glaura encarna en su caracterización toda una problemática social centrada en la castidad, la honra y la afrenta de honor —característica de la España de la época— que su historia dramatiza; Lauca aparece caracterizada en su breve aparición como el prototipo de la mujer fiel, enlazando con otro de los valores centrales que se asocian a la figura de la mujer dentro del contexto cultural e ideológico de la época. Y Fresia, que es la única cuya caracterización conserva alguno de los elementos de la violencia y el carácter heroico que organizaban la primera y problemática representación de las mujeres araucanas,[39] aparece ligada a los valores de la misma tradición occidental de representación de la figura femenina, a través de unos parlamentos de subida retórica que reafirman —en el mejor estilo y más elevado tono— todos los clichés literarios e ideológicos del momento.

Dejando al margen la cuestión tan debatida por la crítica —y secundaria para el problema que pretendo analizar— de si efectivamente existió o no una india llamada Guacolda, de si Ercilla inventó o no la relación entre Tegualda y Crepino, o de si el encuentro del narrador con la malherida Lauca fue imaginación o sucedió realmente,[40] lo que el análisis de la caracterización de todas las figuras femeninas de *La Araucana* revela es un proceso de idealización de acuerdo con los modelos literarios e ideológicos de la época, que las transforma en creaciones ficcionales. Lía Schwartz resume con gran claridad lo fundamental de este carácter literario que presenta la figura femenina dentro del poema de Ercilla: "Ercilla deja a un lado aquí la intención documental y crea figuras literarias que se inspiran en personajes y episodios del *Orlando Furioso* de Ariosto. Guacolda, Tegualda, Glaura, son seres ficticios que actúan bajo nombres aparentemente indios, en un ambiente idealizado que nada tiene en común con la naturaleza de Chile. Los personajes se expresan en una lengua elaborada y retórica, y se ven envueltos en aventuras de tono literario que no responden a la realidad histórica".[41] Y señala dos puntos adicionales que tienen gran importancia: la subordinación de la presentación de la naturaleza y la del lenguaje a la caracterización idealizada de los personajes femeninos. Y, aquí habría que añadir, masculinos. Porque Ercilla no se aparta de la "intención documental" sólo en el caso de las caracterizaciones femeninas. También los personajes araucanos masculinos aparecen idealizados y mitificados; lo que sucede es que, en el caso de los hombres araucanos, esa mitificación resulta menos llamativa porque se apoya principalmente en un proceso de magnificación de cualidades reales —valor, fuerza, arrogancia— que no supone una transformación cualitativa equivalente a la que convierte a la india guerrera del canto X en la dama renacentista de las intercalaciones.

Si la idealización de las mujeres se concreta en una caracterización que elimina cualquier rasgo real y los substituye por los elementos convencionales del modelo literario occidental, la idealización de los hombres se concretará, por una parte, en la magnificación de sus cualidades guerreras, que adquieren en el poema dimensiones míticas, y, por otra, en la atribución de una filosofía y unos valores que enlazan con el modelo caballeresco y que se formulan dentro del texto en una serie de parlamentos de jefes araucanos cuya retórica los españoliza, enlazando su figura con una tradición de representación del héroe claramente europea. A diferencia de lo que sucede con las mujeres, la caracterización de los araucanos se organiza en torno a unas cualidades físicas y morales que expresan su armonía con el medio natural americano y que han hecho de ellos el pueblo guerrero más temido y respetado de toda América. (El poeta subraya el carácter perfectamente real de ese prestigio guerrero de los araucanos en el primer canto, enumerando cuidadosamente la lista de los pueblos más sobresalientes que han sido derrotados o dominados por ellos —lista que se cierra, precisamente, con los propios españoles.) La ficcionalización idealizante de los araucanos se concreta en *el modo* en que aparecen representadas dentro del poema esas cualidades reales y los valores fundamentales del pueblo araucano. Las cualidades reales de fuerza física, valor, resistencia e independencia, aparecen enmarcadas por una superestructura ideológica que las integra ficticiamente en el contexto occidental, a través de un proceso de subordinación a los valores centrales de ese contexto ideológico. El resultado de esa integración es la transformación de la lucha a muerte de un pueblo decidido a preservar su independencia o morir, en dramatización de una serie de valores ideológicos —honor, fama, gloria, etc.,— concebidos y formulados en unos términos que no se pueden disociar de la concepción del mundo europea que expresan. Esta europeización de cualidades, valores y costumbres de los araucanos, se hace particularmente evidente en los discursos y arengas que pronuncian los personajes centrales —Colocolo, Caupolicán, Lautaro—, arengas que presentan siempre la misma tensión entre el elemento caracterizador —valor, venganza, independencia, etc.— y la retórica europeizante en que éste viene expresado.

Sobre la realidad de las cualidades guerreras y el valor extraordinario de un pueblo, respetado en toda América por su belicosidad, se articula dentro del poema una estructura mitificadora que glorifica a araucanas y araucanos a través de un proceso de representación idealizadora que, en buena medida, los transforma. Y los elementos concretos de esa estructura (la retórica del lenguaje en que se expresan los araucanos y las araucanas; la subordinación de la presentación de las cualidades personales y sociales del pueblo araucano a una superestructura ideológica europea; la transformación de las guerreras araucanas en damas renacentistas; y la de la naturaleza de Chile en amable paisaje garcilasista) cumplen todos una misma función: la integración de la realidad araucana en el contexto cultural europeo.

2. Estructuras de integración.

La mayoría de los críticos ha coincidido en señalar el carácter profundamente literario e idealizado de las heroínas femeninas de *La Araucana,* así como la dimensión mítica evidente que presentan las figuras masculinas. Fernando Alegría declara, con razón, que Ercilla no creó en su poema *personajes,* sino *mitos,* y señala, con igual acierto, el carácter engañoso del supuesto realismo de Ercilla. Pero su interpretación es mucho más cuestionable cuando aborda el problema del significado que tiene dentro de la obra esa forma específica de realismo "engañoso". Y, cuando toca el problema de la función de la total idealización de las heroínas araucanas, se sale por la tangente, afirmando que esta idealización no altera su condición femenina, que es lo fundamental.[42] Lía Schwartz, por su parte, reconoce abiertamente la artificialidad y falta de realismo de las caracterizaciones femeninas que "hacen altamente cuestionables analogías con la realidad araucana", pero, a la hora de explicar su función dentro del poema, las identifica con las declaraciones explícitas que hace al respecto el propio Ercilla: "En busca de variedad y equilibrio en el poema, Ercilla rompe la monotonía del relato de sucesos bélicos incorporando, como pedía el modelo épico, escenas amorosas y personajes que responden a experiencias literarias y no vitales".[43] La verdad es que no hay mayor motivo para aceptar la explicación del poeta con respecto a la función de esas caracterizaciones femeninas que para tomar en serio sus continuos lamentos sobre la aridez de un tema —el bélico— que obviamente no sólo no le parece árido sino que le apasiona. La explicación de Lía Schwartz resulta insuficiente, y la necesidad de diversificar la materia parece tan sólo uno de los aspectos menores de la función que cumple la estructura idealizante de representación que encontramos en las intercalaciones y que afecta, aunque no en el mismo grado, a todas las caracterizaciones de araucanos y araucanas dentro de la obra. En mi opinión, para llegar al fondo del significado del modo en que se articula la caracterización del pueblo araucano dentro del poema hay que abordar el análisis desde dos ángulos distintos que enfoquen simultáneamente las dos vertientes del proyecto de caracterización del poeta. Este proyecto presenta un carácter dual que se concreta en dos procesos paralelos de caracterización que organizan la representación del pueblo araucano dentro de la obra. El primero es un proceso de mitificación; el segundo es un proceso de integración.

Frente a una serie de discursos narrativos que hacían oscilar la presentación del indígena americano entre el objeto, la bestia, el siervo, el buen salvaje y el menor de edad, la caracterización que presenta Ercilla del pueblo araucano parte de la afirmación explícita de su humanidad excepcional, para culminar en la creación de un mito. En el código guerrero de representación propio de la épica, la excepcionalidad de los araucanos se expresa en la magnificación sistemática de sus cualidades bélicas: fuerza, valor, resistencia, osadía, espíritu militar, etc., que alcanzan grados superlativos, hasta bordear lo inverosímil. Partiendo de esta caracterización superlativa, el proceso de mitificación del araucano se inicia con la paulatina subordinación de los elementos que la integran a los valores centrales de la cultura española de la época. La agresividad, la fuerza, la violencia, etc. no aparecen en el poema como rasgos de bestialidad o de primitivismo, sino como las cualidades apropiadas y necesarias para la defensa de unos valores ideológicos (honor, dignidad, patria, etc.), que, siendo propios de la concepción del mundo occidental, pasan a serle atribuidos al pueblo araucano. No estoy implicando que el pueblo araucano no tuviera sentido del honor, o dignidad, o conciencia de nacionalidad, sino que, dentro del poema, estos valores ideológicos que se le atribuyen aparecen representados en términos inconfundiblemente europeos: no se trata de honor, sino del concepto del honor inseparable de la tradición caballeresca occidental; ni de fidelidad, sino de la fidelidad inseparable del concepto de honra característico de la España de la época; y lo mismo cabe decir de los demás valores ideológicos que atribuye el autor a los araucanos y araucanas dentro del poema.

El proceso de idealización que implica la subordinación de los elementos concretos de la caracterización a los valores centrales de una superestructura ideológica europea se complementa con un proceso de selección y eliminación paralelo que resulta en la elusión de la *diferencia*. Del mismo modo que en el desarrollo de la caracterización femenina desaparecen —después de la primera problemática representación colectiva de las araucanas guerreras que se encuentra en el canto X— todos los elementos no asimilables por el modelo renacentista que encarna Dido, en la caracterización de los araucanos se elimina todo aquello que definiría al araucano como alguien cualitativamente diferente del modelo de guerrero propio de la tradición caballeresca, de acuerdo con cuyos términos se organiza la representación. A pesar de las diferencias superficiales, el referente ideológico y estético que articula la caracterización del pueblo araucano y de sus representantes individuales es el europeo, y todo aquello que no pueda integrarse de algún modo en sus coordenadas fundamentales tiene que ser eliminado o transformado.

La subordinación de las caracterizaciones araucanas a los valores ideológicos y estéticos europeos se expresa metafóricamente en el texto en una serie de incidentes que la dramatizan. El más explícito de todos ellos se produce en el canto VIII. Tiene lugar a continuación del triunfo arrollador de los araucanos en la captura de la ciudad de Concepción, cuando "los principales hombres de la tierra" deciden convocar un consejo de jefes guerreros para decidir el futuro de las campañas y de la guerra contra los invasores. El texto describe la llegada de Caupolicán en los siguientes términos:

"Llevaba el general aquel vestido
con que Valdivia ante él fue presentado,
era de verde y púrpura tejido,
con rica plata y oro recamado,
un peto fuerte, en buena guerra habido
de fina pasta y temple relevado
la celada de claro y limpio acero
y un mundo de esmeralda por cimero"

Pero no es Caupolicán el único que comparece disfrazado de conquistador, y el texto puntualiza que:

"Todos los capitanes señalados
a la española usanza se vestían;
la gente del común y los soldados
se visten del despojo que traían;
calzas, jubones, cueros desgarrados
en gran estima y precio se tenían
por inútil y bajo se juzgaba
el que español despojo no llevaba".[44]

La detallada descripción que contienen las estrofas citadas sustenta dos procesos de significación fundamentales. Por una parte, alude en el nivel de representación más inmediato a la celebración del triunfo ("A manera de triunfos ordenaron/el venir a la junta así vestidos") y a una tradición de saqueo tras la victoria de la cual hay múltiples ejemplos a lo largo de *La Araucana*. Pero el modo específico en que convergen tradición y celebración en una escena en la que, de forma sumamente teatral y plástica, se nos describe hasta el detalle cada aspecto concreto del disfraz —que connota un proceso de ficticia transculturación— apunta hacia un segundo proceso de significación que enlaza con toda la problemática de la caracterización del indígena dentro del poema. El disfraz que visten los araucanos, y que los transforma ficticiamente en españoles, alude al disfraz más sutil y complejo con que los reviste la caracterización que presenta de ellos Ercilla en el poema. Y Caupolicán, que aparece revestido de todos los atributos del conquistador, y equiparado transitoriamente al desgraciado Valdivia, prefigura, en su transformación, su integración final en el campo cristiano a través del bautismo y de su aceptación de la perspectiva ideológica española, así como su propio desgraciado final, que nada tendrá que envidiar al de Valdivia.

La acción principal se expresa dentro de las estrofas citadas en cuatro formas verbales que constituyen, en realidad, distintas flexiones de un mismo proceso: el revestimiento del disfraz. "Llevaba/Vestían/Visten/Llevaba/" son las cuatro formas en que se expresa ese proceso, y las dos formas simétricas que inician y concluyen la representación de la escena delimitan perfectamente el cuadro dentro del contexto de las demás estrofas que lo enmarcan. Por otra parte, las cuatro formas subrayadas en las que se expresa una misma acción de *revestir,* de ocultar transitoriamente la realidad del pueblo araucano bajo la apariencia —el disfraz— de lo español, enlazan metafóricamente este proceso de revestimiento literal con el proceso de idealización españolizante que articula, dentro del texto, toda una galería de caracterizaciones que se articulan según los términos de un referente estético y cultural no menos español y ajeno a la realidad del pueblo chileno que aquel disfraz de conquistador revestido por Caupolicán en la primera de las estrofas que acabo de citar.

A lo largo del proceso de caracterización mitificadora del pueblo araucano, que va desde la magnificación de sus atributos guerreros hasta su transformación final en símbolo de la libertad, la presencia del referente europeo como elemento organizador de toda la estructura idealizante es constante. Esta idealización de la caracterización plantea dos problemas inmediatos. En primer lugar, el de la aparente contradicción entre la deformación de la realidad que ésta implica y el propósito declarado de veracidad que ha expresado el poeta desde el comienzo de la obra. En el prólogo a la primera parte afirma Ercilla que el poema es "la historia verdadera", y en las primeras estrofas del primer canto vuelve sobre esta definición de su obra, diciendo que ésta es "relación sin corromper sacada/de la verdad, cortada a su medida". En segundo lugar, el hecho de que esta idealización se produzca precisamente de acuerdo con los términos del modelo ideológico y estético español parece indicar, en un primer acercamiento, una actitud etnocéntrica que, de ser cierta, transformaría profundamente el valor y el significado real de la obra. Y que entraría en directa contradicción con la afirmación que hice más arriba en relación con la existencia, dentro de *La Araucana,* de una caracterización del indígena que, por primera vez dentro del discurso narrativo de la conquista, lo percibe y representa reintegrándolo al marco natural que le es propio, en lugar de aislarlo de su contexto para evaluarlo en relación con el contexto occidental.[45] ¿Cómo conciliar un proceso de caracterización del indígena que lo muestra como representante del orden natural en el que transcurre su existencia, y en profunda armonía con la realidad americana a la que pertenece, con otro de simultánea idealización de su figura a través de una subordinación, implícita pero ininterrumpida, de las mismas cualidades que lo caracterizan como hombre superior americano a una superestructura ideológica occidental?

Para responder a esta pregunta central hay que examinar la caracterización de los nativos en *La Araucana* en relación con los dos polos entre los cuales se sitúa: el europeo y el americano. En el contexto histórico en el que Ercilla escribe su obra, la humanidad, la civilización y la cultura se asocian de forma casi exclusiva a lo europeo, es decir, a los modelos de la sociedad dominante. Lo americano, por otra parte, aparece equiparado a las categorizaciones de lo desconocido creadas e imaginadas por los antiguos, que identificaban frecuentemente lo ignoto con lo fantástico o lo monstruoso. Y, dentro del discurso narrativo de la conquista que se inicia con Colón para culminar precisamente en la obra de Ercilla, lo americano aparece asociado primero con lo fantástico, para irse identificando cada vez más con lo primitivo, lo salvaje y lo bárbaro. Ercilla, sin embargo, centra su caracterización mitificadora del araucano en aquellas cualidades —fuerza, valor, arrogancia, independencia— que expresan su armonía con el medio americano, pero que, simultáneamente, lo definen como elemento conflictivo dentro del proceso de asimilación cultural y de dominio militar que implica la conquista de América. Anclando su caracterización en dichas cualidades, Ercilla presenta al pueblo araucano como representante de una civilización guerrera superior y como encarnación de la libertad, pero, en aparente contradicción, subordina las cualidades que lo caracterizan como tal a una superestructura ideológica y unos modelos que españolizan las figuras y cuestionan su americanidad. Y, sin embargo, esta utilización que hace el poeta de los modelos estéticos e ideológicos europeos a los que subordina su presentación de lo americano a lo largo de casi todo el poema no expresa una percepción etnocéntrica que ignora o menosprecia lo americano, sino una intención de reivindicar el valor de una cultura y un pueblo diferentes a través de su integración ficticia dentro de la tradición literaria e histórica occidental.

La presentación de los araucanos como pueblo dotado de una excelencia guerrera y de una vocación de libertad, que no sólo los humaniza sino que llega a dotarlos de dimensiones míticas, cuestiona implícitamente la validez de los estereotipos creados con anterioridad por las distintas flexiones del discurso narrativo de la conquista. Y la creación del mito que transforma, dentro del poema, al indígena de *pieza* en *modelo* contiene un impacto subversivo que se hace necesario neutralizar si se quiere preservar la inteligibilidad del mensaje y asegurar su asimilación dentro del contexto cultural al que va dirigido. La idealización que resulta de la subordinación de las cualidades guerreras de los araucanos, y personales de las araucanas, a la superestructura ideológica occidental cumple precisamente esa función. Agustín Cuevas se refiere a la función de este proceso de idealización en los siguientes términos: "Lo que debe subrayarse es que, en una época de manifiesto etnocentrismo, exasperado al extremo por la situación colonial, la adjudicación de rasgos europeos a los personajes americanos equivalía a borrar la marca de alteridad total entre el conquistado y el conquistador".[46] Borrar la alteridad se convierte en condición necesaria para la reivindicación de la humanidad del indígena dentro de un contexto que identifica lo *humano* con lo *europeo* y que disocia sistemáticamente cultura y civilización de lo americano. En este contexto, la idealización españolizante, que transforma en figuras caballerescas a los guerreros de Arauco y en damas renacentistas perfectas a sus mujeres, no es indicio de superficialidad ni de etnocentrismo en el autor de la obra. Más arriba he señalado[47] que el abandono por parte de Ercilla del intento de caracterización "realista" de las mujeres araucanas revelaba la conciencia que tenía el poeta del carácter inaceptable de tal caracterización de la mujer en relación con el contexto cultural al que la obra iba dirigida; y también que la decisión de éste de substituir, a partir de este primer experimento que constituye la caracterización del canto X, la caracterización realista que se centra en *la diferencia* por un modelo de caracterización femenina que igualaba ficticiamente araucanas y europeas, revelaba un hecho fundamental: que la exactitud documental y descriptiva no era dentro del poema un objetivo fundamental, sino que ambas se subordinaban a un proyecto distinto del de fiel exposición de la realidad araucana en sus detalles. Este proyecto, que determina la eliminación de todo lo que no puede ser asimilado, desde una perspectiva europea, a unos conceptos de *humanidad, civilización* y *cultura,* propios de esa misma perspectiva, y que, simultáneamente, condiciona la elección de unos modelos idealizantes de caracterización de las figuras indígenas, es un proyecto de reivindicación de la humanidad del hombre americano.

En el contexto profundamente etnocéntrico de la cultura española de la época, subrayar la diferencia entre lo americano y lo europeo equivale casi de forma inevitable a admitir la humanidad inferior o la ausencia de humanidad del elemento distinto —el indígena— frente a las pautas formuladas por la cultura dominante. La elección de un modelo de caracterización españolizante, por oposición a otro posible de carácter realista, no sólo no indica etnocentrismo por parte del autor de *La Araucana,* sino que es expresión de una conciencia que propone la substitución de la oposición entre indígena y hombre y de la identificación exclusivista de lo civilizado con lo europeo, por una equiparación de los términos —indígena y europeo— sobre la base del reconocimiento de una igual condición humana. Y la reivindicación de esa condición humana para los indígenas pasa necesariamente, dado el contexto histórico y literario en el que escribe Ercilla, por la transformación mitificadora de lo americano, de acuerdo con los valores y modelos de una superestructura ideológica y una tradición literaria occidentales. La reiteración de la preocupación de los araucanos por un honor concebido en términos europeos; la identificación de las emociones y sentimientos de las araucanas con los de las heroínas de la literatura renacentista; la atribución a ambos de un lenguaje de impecable retórica en el que araucanos y araucanas afirman explícitamente la validez fundamental de los valores sobre los que se articula su propia caracterización; y la subordinación de las relaciones personales y sociales a esos mismos valores occidentales, cumplen, con tácticas distintas, una función única: la de presentar a "esta soberbia gente libertada" no como hato de salvajes primitivos dotados de una fuerza bruta que les ha permitido poner en jaque al técnicamente superior ejército español —ésta sería la versión oficial de la guerra araucana—, ni como seres bestiales, dotados de costumbres extrañas que los convertían en producto exótico, digno de ser contemplado con más o menos curiosidad desde el olimpo de la metrópoli, sino como nación guerrera cuya dignidad y vocación de libertad son expresión de una humanidad superior y cuya civilización es equiparable a la de los más famosos pueblos guerreros de la antigüedad.

Esta reivindicación de la humanidad y excelencia del indígena pasa necesariamente por su integración ficticia dentro del contexto ideológico y literario occidental. Pero el análisis del texto del poema revela que esta idealización de los personajes no es un elemento aislado, sino que forma parte de una de las estructuras significantes fundamentales en que se articula la poética de *La Araucana*. Se trata de una estructura integradora cuya función fundamental es la *autorización* del material narrativo, de la percepción que expresa y de las propuestas que en él se inscriben.

En relación con esta estructura integradora se define con claridad la función precisa de toda una serie de elementos textuales de carácter muy diverso y cuya presencia en el texto ha sido con frecuencia motivo de irritación de los puristas y base de muchas de las críticas más persistentes que se han venido haciendo, desde su aparición, al poema de Ercilla. Estas se han centrado de manera primordial en tres aspectos fundamentales del poema —aspectos "problemáticos", según esas críticas— que resultan precisamente de la presencia en el texto de los elementos centrales de la estructura integradora a la que me acabo de referir. El primero de estos aspectos es la idealización de toda una serie de caracterizaciones de personajes indígenas, que he analizado más arriba; el segundo es el carácter problemático que presenta, desde una perspectiva ortodoxa, el plan de composición del poema; el tercero es la convencionalización frecuente de las representaciones de la naturaleza de Arauco.

La presencia de los elementos idealizantes que encontramos dentro del poema, y que afectan tanto la caracterización de los indígenas como la de la naturaleza americana, se ha considerado problemática en dos sentidos. En primer lugar, porque esta idealización se encuentra en aparente contradicción con el propósito de objetividad y veracidad declarado por el poeta como principio de composición fundamental al comienzo de la obra, cuando afirma que la narración no contiene nada más que la verdad de una relación objetiva de los hechos.[48] Y al nivel más literal del mensaje resulta difícil conciliar esta declaración del poeta con la evidente ficcionalización de muchos de los elementos de la realidad americana que se presenta en el poema. Esta aparente contradicción descalifica al poema de Ercilla desde el punto de vista de los críticos "veristas", es decir, de los seguidores de la escuela estética que dictaminaba que la poesía épica debía tratar de "la verdad histórica rigurosa".[49] Y, al mismo tiempo, la presencia de esa ambigüedad, que hace que coexistan dentro de la obra, en una relación de contiguidad, elementos históricos reales con personajes ideales y episodios totalmente imaginarios, define el texto como problemático para los seguidores de la otra gran escuela de crítica literaria: la de los "verosimilistas". Esta escuela consideraba que la poesía épica no debía contener una verdad particular y concreta en los hechos que narraba, sino una verosimilitud en lo inventado que expresara una "verdad poética" de carácter más general. El problema está en que, dentro del texto de Ercilla, la poética verosimilista no es consistente, sino que coexiste con momentos de objetividad documental que cuestionan, desde adentro, esa verosimilitud que exigía la estética de esta última escuela. Basta recordar, por ejemplo, la primera representación de las mujeres araucanas como indias guerreras para que la aparición de las caracterizaciones idealizadas de Tegualda y Guacolda despierte una reacción de escepticismo que resta verosimilitud a estas últimas. José Durand se refiere a esta tensión constante entre objetividad e idealización, característica del poema, cuando comenta: "Tan pronto sorprendemos a D. Alonso inventando el nombre de una india como se le halla notoriamente exacto".[50]

Para los críticos verosimilistas, esta dualidad de representación constituyó uno de los fallos fundamentales del poema, fallo que sólo podía implicar falta de habilidad poética y de talento creador por parte de Ercilla. Y esta percepción los llevó a criticar el modo de composición del poema, como lo habían criticado los veristas, aunque desde un enfoque distinto. Partiendo de enfoques diferentes, los críticos de ambas escuelas hubieran aceptado probablemente la primera parte del juicio lapidario de Voltaire sobre la obra: "No hay invención, no hay plan, no hay variedad en las descripciones ni unidad en el proyecto. Este poema es más salvaje que las naciones que le sirven de tema",[51] concluiría Voltaire al finalizar su crítica de *La Araucana*. Su juicio no se limita a centrar el rechazo de la obra en problemas de historicidad o de verosimilitud, sino que contiene una crítica explícita al poema que se dirige precisamente contra el segundo de los dos aspectos "problemáticos" a los que aludí más arriba: el plan de composición de la obra. Voltaire afirma categóricamente que, desde este punto de vista, el poema es profundamente defectuoso, ya que carece de plan y de unidad en el proyecto. Pocos críticos fueron tan lejos en la condena, pero la gran mayoría de ellos, desde el siglo XVII hasta hoy —incluso aquellos que han reconocido mérito en aspectos diversos de la obra de Ercilla—, han cuestionado la composición del poema. Los preceptistas cuestionaron su validez en relación con el modelo de la épica y con el de la epopeya italiana; la crítica del siglo XIX criticó su falta de principio y fin, su desarrollo y la cuestionable integración de las intercalaciones en el texto; y, tal como señala Alegría, Martínez de la Rosa fue de los pocos que intuyeron la estrecha relación en que se encontraba el "problemático" plan de composición con el complejo proyecto del autor.[52] Pero, excepción hecha de Martínez de la Rosa y de un número minoritario de críticos que se han venido pronunciando en el mismo sentido, la composición del poema se ha considerado un aspecto conflictivo y cuestionable hasta muy recientemente,[53] y ha estado en la base de esa percepción de *La Araucana* como "permanente escándalo estético" a la que se refiere Cuevas.[54]

En varias ocasiones a lo largo del poema, Ercilla ofrece una explicación de la presencia en el texto de algunos de esos elementos que parecen romper la unidad de composición del poema, concretamente de las intercalaciones de episodios amorosos. El contexto de esa explicación son las reiteradas quejas del propio poeta ante la aridez y monotonía de la materia que narra. Lamenta Ercilla,

> "haber de tratar siempre de una cosa:
> que no hay tan dulce estilo y delicado,
> ni pluma tan cortada y sonorosa
> que en un largo discurso no se estrague
> ni gusto que un manjar no lo empalague"[55]

y presenta las intercalaciones de episodios centrados en historias femeninas como un intento de conceder, dentro del poema, un lugar al amor, sin el cual "no puede haber verso bueno ni materia llena", o de entretejer una de esas "mil fábulas y amores" que incluyen en sus obras los otros poetas. Afirma Ercilla ser consciente de la sequedad del tema que lo ocupa y anticipar el aburrimiento del lector, y esto lo mueve a buscar un modo de remediar ambas cosas:

> "Que el áspero sujeto desabrido
> tan seco, tan estéril, y desierto,
> y el estrecho camino que he seguido
> a puros brazos del trabajo abierto
> a términos me tienen reducido
> que busco anchura y campo descubierto
> donde con libertad, sin fatigarme
> os pueda recrear y recrearme"[56]

Pero todas las explicaciones del poeta en cuanto a la función real dentro del poema de estas intercalaciones, y de los demás elementos "extraños" o cuestionables, son de una utilidad muy limitada. En primer lugar, porque no hay razón para aceptar su explicación en cuanto a la función que cumplen, y, si la hubiera, esta función diversificadora que Ercilla

394

les asigna no sería suficiente para justificar la presencia de tan numerosas "disgresiones", como las llama el propio poeta, y de la aparente falta de nexo que parecen tener en relación con el objetivo declarado de la narración. En segundo lugar, porque, aún dejando de lado todas estas limitaciones e interrogantes, las explicaciones del poeta sólo se refieren a uno de los elementos problemáticos de la composición de *La Araucana* —las intercalaciones—, excluyendo todos los demás. Analizados en cambio como partes de la estructura integradora a la que me refería más arriba, todos estos elementos (intercalaciones, disgresiones, episodios fantásticos, presentaciones idealizantes o tipificadas de personajes y naturaleza, etc.) adquieren una función clara y central en el contexto del proyecto que se expresa en la obra. Todos se subordinan a la necesidad de validar, autorizándola en términos de una tradición histórica y literaria occidental, una percepción y representación de lo americano y de su conquista que cuestiona con lucidez creciente la versión oficial del proceso de dominio y aculturación que se consumó a través de ella.

Junto a la manifiesta idealización de la caracterización de los personajes indígenas, cuya forma y función como parte de la estructura integradora se analizaba en la sección anterior, hay un segundo elemento de composición que la crítica ha identificado con frecuencia como problemático: la presentación de la naturaleza americana. Al igual que en el caso de las caracterizaciones de los personajes indígenas, que alternaban la representación realista con la mitificadora, lo que más ha hecho que se considerara la labor de Ercilla como defectuosa, en relación con la representación de la naturaleza, ha sido la aparente falta de consistencia que parece revelar la presencia en el poema de formas opuestas de representación de la naturaleza americana. La crítica más común que se le ha hecho a Ercilla con respecto a este punto ha sido la utilización frecuente de un paisaje renacentista tipificado que viene a substituir, en numerosas ocasiones, a la descripción de lo americano. Sin embargo, hasta los análisis más negativos reconocen la existencia, dentro del poema, de estrofas de un extraordinario realismo en su descripción de esa misma naturaleza que en otras ocasiones se elude o transforma de acuerdo con los modelos de representación mas genuinamente garcilasistas. Fernando Alegría señala la presencia de estas representaciones realistas y se apoya en ellas para salir implícitamente al paso de la crítica que ha condenado la artificialidad de las descripciones idealizantes de la naturaleza que encontramos en el poema, aunque reconoce la frecuencia mayor de estas últimas: "Las descripciones de carácter realista no faltan tampoco en *La Araucana*. Es verdad que el paisaje descrito por Ercilla es generalmente convencional; el arroyo clásico dibuja su sendero cristalino por los prados de Ercilla, y es el mismo arroyo de Virgilio, de Petrarca y Garcilaso. A veces, sin embargo, un relato se graba poderosamente en su memoria y lo recuerda más tarde el poeta con nitidez admirable".[57] Pero no ofrece ninguna explicación que aclare el sentido de la presencia contradictoria de dos modos de representación tan antagónicos dentro del poema.

Basta examinar las estrofas que describen en forma realista la naturaleza americana para advertir que carece de sentido suponer que la presencia de otras, en las que la naturaleza aparece reducida a los elementos arquetípicos de la representación renacentista convencional de la naturaleza, pueda resultar de falta de observación o de capacidad creadora por parte del poeta. Recuérdense, por ejemplo, las descripciones de las zonas pantanosas que aparecen en el canto XII y que recuerdan las de algunos textos del discurso narrativo del fracaso —Elvas y Cortés principalmente. O las de la tempestad que Ercilla desencadena en el último canto de la primera parte, para concluirla años más tarde en el canto XVI, al principio de la segunda. O, finalmente, las de las tierras escarpadas, enmarañadas e inhóspitas que recorre el narrador en su expedición al sur de Chile, y cuya naturaleza describe detalladamente en varias ocasiones. Cabe pues pensar que la presencia de las representaciones convencionales de la naturaleza dentro del texto no responde a una incapacidad sino que expresa una elección. Y si reflexionamos sobre el sentido de esa elección concreta, relacionándola con la estructura de integración que estamos analizando, su razón de ser dentro del poema se aclara considerablemente. Desde esta perspectiva, la substitución, en numerosas descripciones de la naturaleza, del paisaje americano por paisajes europeos renacentistas, deja de ser indicio de falta de habilidad poética o de agudeza perceptiva, para funcionar como clave estética cuya función es autorizar y prestigiar los elementos que este paisaje tipificado enmarca. El examen de la situación en que aparecen esas descripciones tipificadas confirma la hipótesis formulada sobre su función: la transformación de la naturaleza chilena en paisaje garcilasista se efectúa en momentos estratégicos de la narración, donde introduce la presentación de aspectos fundamentales de la realidad araucana. Un ejemplo claro de esa transformación es el que encontramos en la presentación de la sociedad araucana. Al llegar a la explicación de la organización legal del pueblo araucano —organización cuya validez y seriedad es fundamental para la demostración de la existencia de una civilización y una cultura araucanas—, Ercilla enmarca su presentación del Consejo con las siguientes estrofas:

"Hácese este concilio en un gracioso
asiento en mil florestas escogido,
donde se muestra el campo más hermoso,
de infinidad de flores guarnecido:
allí de un viento fresco y amoroso
los árboles se mueven con ruido
cruzando muchas veces por el prado
un claro arroyo limpio y sosegado

de una fresca y altísima alameda
por orden y artificio tienen puesta
en torno de la plaza y ancha rueda
capaz de cualquier justa y grande fiesta
que convida a descanso y al sol veda
la entrada y paso en la enojosa siesta:
allí se oye la dulce melodía
del canto de las aves y armonía."[58]

La enumeración casi exhaustiva de los elementos que componen el modelo renacentista de representación convencional del paisaje, que encontramos en estas estrofas, cumple la misma función que la mención explícita del *orden* y *artificio* que califican en la segunda estrofa las acciones de los araucanos: definirlos como pueblo civilizado.

El carácter simbólico de esas descripciones tipificadas del paisaje aparece confirmado en el otro tipo de contexto en el que éstas se dan dentro del poema: los episodios imaginarios, como el del sueño del poeta que éste narra dentro del canto XVIII. En éste, el paisaje tipificado se utiliza para evocar con máxima economía lírica la realidad que el modelo de representación simboliza:

> "En un asiento fértil y sabroso
> de alegres plantas y árboles cercado
> do el cielo se mostraba más hermoso
> y el suelo de mil flores variado
> cerca de un claro arroyo y sonoroso
> que atravesaba el fresco y verde prado
> vi junta toda cuanta hermosura
> supo y pudo formar acá natura"[59]

Los elementos concretos de la representación duplican casi exactamente los de las dos estrofas citadas con anterioridad. El referente evocado es en ambos casos "la dichosa España". Pero la función que cumple dicha evocación es diferente. En el segundo caso se trata simplemente de actualizar, convocándolo, un contexto cultural en el que se desarrolla la acción de las estrofas que siguen. En el primero, por el contrario, la función del modelo renacentista que substituye a la realidad concreta americana es doble. Por una parte, cancela la connotación de barbarie que se percibe en la época como inseparable de lo americano. Por otra, asimila el carácter de la civilización araucana al de las civilizaciones europeas, por medio de la equiparación simbólica del marco natural en el que ambas se encuadran. La presencia del paisaje simbólico que introduce el episodio del Consejo cumple pues una función integradora cuyo fin es asociar la civilización araucana a la europea, con la que queda ficticiamente equiparada, y, simultáneamente, autorizar la dignidad de lo que se narra, enmarcándolo en una estructura formal que lo integra en una tradición literaria occidental.

Idéntica función cumple la tercera forma de representación de la naturaleza que utiliza el poeta en *La Araucana:* la representación mitológica. La personificación de los elementos de la naturaleza —el viento, la aurora, el sol, el mar etc.,— no es ninguna novedad en la tradición de la épica clásica o de la epopeya renacentista. Si comparamos el poema de Ercilla con el Camões, por ejemplo, hallamos que Ercilla utiliza con gran parquedad uno de los recursos más típicos de esa tradición literaria. Pero, de nuevo, lo característico de Ercilla no es sólo la utilización de una forma frente a otra, sino el modo concreto en que la utiliza y la función específica que le asigna dentro del texto del poema. Al narrar uno de los episodios más importantes en la presentación del pueblo araucano y de sus costumbres —el de la competición del madero—, Ercilla utiliza esta forma de representación de manera casi constante. El alba se convierte en la "esposa de Titón", que

"...ya parecía
los dorados cabellos esparcidos
que de la fresca helada sacudía"

y el sol que en

"El carro de Faetón sale corriendo
del mar por el camino acostumbrado"

se representa como Apolo, de quien dice Ercilla:

"...en seguimiento de su amiga
tendido había los rayos de su lumbre"[60]

El uso de la representación mitológica de elementos naturales otorga un carácter de dignidad a un episodio clave que, de otro modo, podría ser percibido como simple pugna por el poder entre unos cuantos bárbaros. La presentación lírica de la competición, que se apoya en el uso de la clave estética de la personificación mitológica, le otorga un carácter mítico, por asociación con una tradición heroico-literaria en la que pasan a inscribirse acción y poema.

Las estrofas que acabo de citar como ejemplo de representación mitológica de la naturaleza ilustran sólo una de las funciones fundamentales de la mitología dentro de *La Araucana:* la autorización del material americano por integración en una tradición literaria a la que, formalmente, lo ligan. Sin embargo, esta función no es la única que cumplen estas referencias mitológicas dentro del poema. La utilización del elemento mitológico enlaza las dos vertientes fundamentales del proyecto de legitimación de ese material, ensalzado y mitificado pero cuestionable, desde una perspectiva occidental, por su misma naturaleza americana. La primera es la vertiente de integración en una tradición literaria que se acaba de analizar. Y la segunda es la de autorización del material por medio de su inserción en una tradición histórica igualmente occidental. Dioses, héroes y guerreros famosos de la antigüedad clásica desfilan por las páginas de *La Araucana,* donde el autor los compara una y otra vez a los guerreros indígenas. El Rengo, por ejemplo, aparece comparado a Anteo, gigante mítico de la Grecia antigua, hijo de Poseidón y de Gaea. Anteo estaba dotado de una fuerza prodigiosa e inagotable, puesto que tenía el poder de recuperarla instantáneamente, tocando la tierra con las plantas de los pies. El paralelo entre los dos personajes se apoya pues sobre las cualidades que caracterizan la fuerza de ambos como inmensa e inagotable. También la guerra misma entre españoles y araucanos aparece comparada a las guerras de la antigüedad clásica —más concretamente a las guerras entre griegos y troyanos—, y el saqueo de Concepción se compara con el que concluyó el sitio de Troya.[61] Y, finalmente, el heroísmo de los araucanos aparece subrayado por la presencia de verdaderas listas de héroes de la historia occidental, a quienes Ercilla los equipara y cuyas hazañas extraor-

dinarias estos guerreros americanos todavía han logrado
superar:

"No los dos Publios Decios que las vidas
sacrificaron por la patria amada,
ni Curcio, Horacio, Scevola y Leónidas
dieron muestra de sí tan señalada:
ni aquellos que en las guerras tan reñidas
alcanzaron gran fama por la espada,
Furio, Marcelo, Fulvio y Cincinato,
Marco Sergio, Filón, Sceva y Dentato.
Decidme: estos famosos ¿Qué hicieron
que al hecho de este bárbaro igual fuese?"[62]

A través de equivalencias, comparaciones y paralelismos
entre los arucanos y los héroes guerreros de la tradición
occidental, aquellos pasan a integrarse en una historia que
los asimila y dignifica en relación con el contexto ideológico
y cultural europeo.

La integración fícticia de Arauco en la historia europea se
completa, dentro del poema, con un último elemento: el del
paralelismo implícito que establece Ercilla entre las campañas de la guerra araucana y algunas de las campañas y
batallas más señaladas de su época. Más específicamente con
la batalla de San Quintín y con la de Lepanto. En esta última, la equivalencia se centra en la representación de la violencia guerrera que iguala implícitamente a cristianos y araucanos. Y el mago Fitón es el encargado de definir con toda
claridad la función verdadera que cumple esta equivalencia
que se establece dentro de la narración:

"que pues en nuestro Arauco ya se halla
materia a tu propósito cortada,
donde la espada y defensiva malla
es más que en otra parte frecuentada
sólo te falta una naval batalla
con que será tu historia autorizada"

En la narración de la batalla de San Quintín, por otra parte, al paralelismo en la representación de la violencia se añade el del saqueo, que enlaza una de las escenas más problemáticas de la primera parte del poema —la del saqueo de Concepción por los guerreros araucanos— con otra equivalente en San Quintín, en la que los protagonistas de saqueos, agresiones y violaciones ya no son los araucanos sino los cristianos. El comportamiento idéntico de araucanos y españoles se equipara, a través de la descripción paralela de los saqueos de Concepción y San Quintín, y la violencia de los primeros deja de indicar un primitivismo propio de bárbaros americanos para convertirse en elemento de integración en una tradición histórica en la que, desde las guerras de los antiguos hasta la conquista de América, el "esperado saco de la tierra" es el "premio de la común gente de guerra".[63]

La integración ficticia del pueblo araucano en la historia occidental, a través de sus comparaciones con dioses, héroes y guerreros de la antigüedad, o del establecimiento de una equivalencia entre su comportamiento y el de los prestigiosos guerreros del ejército español que triunfó en San Quintín o en Lepanto, tiene, además del efecto legitimador que ya he señalado, una consecuencia importante. Al insertar al araucano y sus hazañas dentro de la historia occidental, Ercilla le restituye simbólicamente al hombre americano una historia que, dentro del poema, substituye ficticia y transitoriamente a la historia y el pasado indígenas que la conquista le había arrebatado. Es importante subrayar que se trata de una restitución simbólica y ficticia, que en modo alguno *recupera* ese pasado y esa historia indígenas, sino que los substituye por un pasado y una historia occidentales. De ahí las limitaciones de la "restitución" de Ercilla. Pero es igualmente importante señalar que, frente a una serie de discursos narrativos de la conquista de América, que desde Colón hasta Ercilla, habían despojado al hombre americano de cualquier forma de palabra, cultura e historia, en *La Araucana* se lleva a cabo una restitución simbólica de esos mismos tres elementos. El intento de recuperación auténtica del pasado indígena y su incorporación real a la historia no le corresponderá al proyecto de Ercilla sino al discurso del Inca

Garcilaso, a través de lo que Pupo-Walker ha llamado con acierto la "peregrinación imaginativa hacia la historia".[64] Pero la restitución simbólica de un pasado, una cultura y una historia, a través de la inserción ficticia de Arauco, sus hombres y sus mujeres, en la tradición histórica y literaria occidental —inserción a la que se subordinan todos los elementos analizados de las estructuras de integración de *La Araucana*— constituye uno de los elementos claves en uno de los proyectos más complejos y ricos de representación crítica y literaria de todo el proceso histórico de la conquista de América y de indagación en su significado profundo.

3. La expresión literaria de una nueva conciencia.

El lugar dominante que ocupa la caracterización del pueblo araucano, y el elogio de sus hazañas dentro de *La Araucana,* no es el único elemento que hace del poema una obra problemática. La mitificación de los araucanos se desarrolla paralelamente a otro proceso inverso que contribuye a subrayar su importancia. Se trata del proceso de desmitificación y crítica que articula la caracterización de los conquistadores que integran el bando español.

La primera estrofa del poema anuncia un proyecto de doble canto que, dice el poeta, ensalzará en primer lugar

"...el valor, los hechos, los proezas
de aquellos españoles esforzados,
que a la cerviz de Arauco no domada
pusieron duro yugo por la espada"

pero incluirá también, en segundo término, las hazañas de aquella gente "que a ningún rey obedecen", es decir, el pueblo araucano.

La lectura del poema demuestra muy pronto que, aparentemente, las prioridades anunciadas al comienzo se han invertido: el espacio ocupado por la caracterización de los personajes araucanos y por la narración de sus hechos heroicos es claramente superior al que se dedica al bando español. Pero la mayor contradicción entre el poema y el propósito anunciado no se concreta en este cambio de prioridades, sino en la substitución del anunciado proyecto de alabanza de las hazañas españolas por una realidad de desmitificación y crítica abierta de los conquistadores que se enfrentan al pueblo araucano, así como de los valores que aquéllos encarnan. La caracterización del conquistador que se desarrolla dentro de *La Araucana* contradice el propósito explícito de su autor y, simultáneamente, rompe con toda la tradición de representación de la figura del conquistador iniciada por el modelo que habían creado los textos del discurso mitificador.[65]

Enlaza con la percepción desmitificadora y crítica que había comenzado expresarse literariamente en los textos del discurso narrativo del fracaso —y, de forma especial, en la relación de los *Naufragios*— y con la crítica ideológica formulada en los textos de Bartolomé de las Casas. José Durand señala esa relación entre *La Araucana* y el pensamiento de Las Casas en lo que se refiere a la presencia en el poema de una caracterización idealizante y mitificadora del indígena: "La actitud fundamental de honrar a unos héroes bárbaros se nutre en los grandes debates lascasianos sobre la dignidad humana de esos indios y la justicia de esas guerras: ideas respiradas a diario en la vida chilena, o en Lima o en la Corte",[66] afirma Durand. Pero, aunque menos evidente a primera vista que la relación entre la percepción que tenía del conquistador Bartolomé de las Casas y la que se expresa en *La Araucana* es igualmente innegable la que liga esta última a las descarnadas caracterizaciones de esa figura que encontramos en los textos del discurso narrativo de la rebelión.

La caracterización de la figura del conquistador que se desarrolla en *La Araucana* se desdobla en dos flexiones fundamentales. Estas dos flexiones expresan, por una parte, la transformación histórica fundamental del guerrero en colono, característica del primer siglo de la conquista; y, por otra, resumen de forma simbólica las tres fases fundamentales de la evolución de la representación literaria de la figura a lo largo de los tres discursos narrativos que hemos analizado: el héroe modélico del discurso mitificador, el guerrero problemático y humanizado del discurso narrativo del fracaso, y el colono explotador y cruel de los textos del discurso de la rebelión. El conquistador de *La Araucana* es una figura ambigua y aparentemente contradictoria, porque en momentos distintos del poema ejemplifica fases distintas de esa transformación histórica que va del guerrero heroico, valeroso y mesiánico de la fase militar de la conquista, al encomendero codicioso y explotador, ávido de poder, carente de escrúpulos y de cualquier móvil que no sea su enriquecimiento y poder personal, característico de la emergente sociedad colonial.

Ercilla articula su presentación de la figura del conquistador desde tres ángulos distintos: la acción del bando español, el comentario del narrador y la percepción que tienen los indígenas de conquistadores y colonos, percepción que se expresa en parlamentos de distintos jefes a lo largo de la narración. En conjunto, el retrato del conquistador que se desprende de las acciones colectivas o individuales del bando español es profundamente negativo. De hecho, constituye una inversión casi perfecta de las cualidades del modelo: es cobarde, débil, egoísta, codicioso y aparece desprovisto de cualquier forma de dignidad o de sentido del honor. La dramatización del miedo de esos españoles degradados se reitera una y otra vez a lo largo del poema, a través de incidentes e imágenes, hasta alcanzar un carácter netamente grotesco. Al control absoluto de la situación, característico del conquistador mítico de las *Cartas de Relación,* se opone aquí el comportamiento indigno de los españoles, que huyen despavoridos una y otra vez, poseídos del pánico más agudo, ante las arremetidas de los araucanos:

"No aguardaban por esto, mas corriendo
juegan a mucha priesa los talones
al delantero sin parar siguiendo
que no le alcanzarán a dos tirones

votes, promesas entre sí haciendo
de ayunos, romerías, oraciones,
y aún otros reservados sólo al Papa,
si Dios deste peligro los escapa"[67]

La narración nos presenta aquí un bando español ciego de
miedo —"de temor ciego" dirá Ercilla—, en el que los heroicos guerreros se han transformado en hombres incapaces de
enfrentarse a un enemigo más valiente que ellos, que sólo
vacilan, huyen, rezan, tiemblan. Y la degradación del conquistador no se presenta como simple fenómeno individual
sino como manifestación de una desintegración colectiva
que se expresa reiteradamente a través de la pérdida de un
elemento fundamental: la solidaridad. La narración puntualiza:

"...El hermano no escucha al caro hermano
las lástimas allí son excusadas;
quien dos pasos del otro se aventaja
por ganar otros dos muere y trabaja"

Y añade:

"A aquel que por desdicha atrás venía
ninguno, aunque sea amigo, le socorre"[68]

Valdivia se pone a la cabeza de ese ejército grotesco, tan
distinto del ejército unido y ejemplar de las *Cartas* de Cortés,
pero no es ya Valdivia el valeroso conquistador que consiguió dominar el primero a un pueblo contra cuya resistencia
y tenacidad se habían estrellado todos los anteriores invasores. Este Valdivia, al que la narración califica de "...perezoso
y negligente/incrédulo, remiso y descuidado", no es ni som-
bra descolorida de aquél de quien, al principio del primer
canto, se nos dice que le fue otorgada justamente la victoria
inicial contra el ejército de Arauco:

"A sólo el de Valdivia esta victoria
con justa y gran razón le fue otorgada

y es bien que se celebre su memoria
pues pudo adelantar tanto su espada"

Aquí se presenta como un miembro más de un ejército desprestigiado e indigno, al que no conseguirán movilizar ni las
imprecaciones de Doña Mencía ni las arengas de Villagrán;
un ejército que llegará al colmo de la ignominia en una escena en la que, después de ser derrotado estrepitosamente
por los guerreros araucanos, huye de la persecución de sus
mujeres, que muestran más valor y agresividad que ellos:

"Mirad aquí la suerte tan trocada
pues aquellos que el cielo no temían
las mujeres, a quien la rueca es dada,
con varonil esfuerzo los seguían."[69]

La inversión de papeles llega aquí a su punto máximo, al
mostrarse la inferioridad de los españoles no ante guerreros
mejores que ellos, sino ante la mujer, representación misma
de debilidad y vulnerabilidad dentro del código guerrero
caballeresco.

La presentación de los españoles a través de la acción que
los enfrenta a los araucanos proyecta una caracterización
profundamente negativa, cuyos elementos concretos —cobardía, deshonor, egoísmo, etc.— cancelan uno por uno
los rasgos fundamentales del modelo heroico del discurso
mitificador. Pero esta caracterización devastadora del bando
español no se presenta como algo esencial ni permanente,
sino como resultado de un proceso de decadencia. El texto
no critica ni niega la excelencia del conquistador heroico que
aparecía representado por el modelo del discurso mitificador. Por el contrario, invoca los términos de ese modelo, una
y otra vez, no para criticar esa figura mítica que encarna los
valores ideológicos en los que se apoya y justifica una agresión imperialista como la conquista, sino para señalar la
distancia que media entre ella y la figura en la que el conquistador se ha transformado a través de un proceso de decadencia: la del colono encomendero. Simultáneamente,

asocia esa forma de decadencia, de forma inequívoca, al desarrollo histórico de la colonia: en San Quintín, en Lepanto, los españoles recobran su brío y gloria, y no exhiben ninguno de los rasgos indignos que caracterizan su comportamiento frente a los araucanos.

Las imprecaciones de Doña Mencía expresan la conciencia de esa decadencia que parece haber sufrido la figura mítica del conquistador dentro del contexto americano:

> "decidme ¿qué es de quella fortaleza
> que contra los que así teméis mostrasteis?
> ¿Qué es de aquel alto punto, y la grandeza
> de la inmortalidad a que aspirasteis?
> ¿Qué es del esfuerzo, orgullo, la braveza
> y el natural valor de que os preciasteis?"[70]

El narrador, por su parte, corrobora esa percepción de la transformación del conquistador en encomendero como decadencia, desde el segundo punto de articulación de la caracterización: el comentario. Y añade un elemento nuevo a la serie de preguntas planteadas por Doña Mencía cuando, además de la constatación de la transformación, presenta una explicación de sus causas. Esta explicación se concreta en dos puntos: el abandono de los valores heroicos que representaba la figura mítica del conquistador y la substitución de cualquier ideal, objetivo transcendente, o de cualquier proyecto de transformación, por un fin único: la satisfacción de la codicia. El conquistador de *La Araucana* se ha convertido en un ser despreciable, indigno, temeroso y degradado, porque ha abandonado la heroica senda de las armas en favor de los mezquinos intereses materiales del encomendero explotador. Dice Ercilla refiriéndose a la realidad de decadencia del conquistador:

> "...esto que digo y la opinión perdían
> por aflojar el brazo de la espada",

señalando el abandono de los valores heroicos, que representa la espada, como la causa fundamental de todos los infortunios y fracasos de los españoles dentro de las campañas araucanas.

Para el narrador, lo que está en la base de ese cambio de valores del conquistador es la codicia, "ocasión de tanta guerra/y perdición total de aquesta tierra". Al final del canto segundo, Ercilla sintetiza simbólicamente en una sola estrofa su percepción de toda la problemática de la transformación del conquistador en colono y de sus efectos. Está hablando de Valdivia, que se dirige a reunirse con el ejército para hacer el castigo de Tucapel, castigo que se convirtió en triunfo espectacular de los indígenas y en derrota humillante de los españoles. Narra la estrofa que, después de que Valdivia hubiera acordado acudir al lugar convenido,

> "...resoluto en hacer allí de hecho
> un ejemplar castigo que sonase
> en todos los confines de la tierra
> porque jamás moviesen otra guerra",

cambió repentinamente de opinión:

> "Pero dejó el camino provechoso,
> y, descuidado dél, torció la vía
> metiéndose por otro, codicioso,
> que era donde una mina de oro había,
> y de ver el tributo y don hermoso
> que de sus ricas venas ofrecía,
> paró de la codicia embarazado,
> cortando el hilo próspero del hado".[71]

La elección de Valdivia contiene en esta estrofa todos los elementos centrales de la percepción que articula la crítica del conquistador que se desarrolla en *La Araucana:* La suerte se ha vuelto contraria a los españoles como castigo por el cambio de valores que implica el "torcer la vía", apartándose del camino heroico para seguir los impulsos del interés personal, que se expresan en el triunfo de la codicia sobre cualquier otro móvil de acción. La caracterización del camino de las armas es, en esta estrofa, inequívocamente positiva: "el camino provechoso"; y su abandono se identifica con la pérdida del recto camino —"tornar la vía"—, que adquiere un sentido metafórico; el móvil de este abandono es la codicia, que embaraza juicio y elección; su resultado es la ruptura de la tradición heroica victoriosa —"el hilo próspero"—, que se corta por la decisión equivocada de Valdivia.

La caracterización negativa del conquistador, que se presenta simultáneamente a través de la acción y del comentario del narrador, se confirma y completa desde el tercer punto de enfoque: la percepción del indígena. Esta percepción expresa una crítica igualmente dura de las dos flexiones que presenta la figura del conquistador en el contexto de las guerras de Arauco: la de guerrero y la de colono. Como guerrero, el español es, desde el punto de vista de los araucanos, tan despreciable como en la caracterización que resulta de la presentación directa de sus acciones vergonzosas, o en la que proyectan los comentarios del narrador. Rengo los persigue en alguna ocasión, insultándolos y tratándolos de "Infames y ruynes"; las estratagemas del ejército araucano y las trampas de Lautaro —cuando, por ejemplo, se queja de falta de víveres y de la debilidad de sus guerreros para provocar la agresión española— se apoyan todas en la seguridad que tienen los araucanos de la falta de sentido del honor, de la cobardía y de la fragmentación del ejército español. Hasta las mujeres araucanas dan por sentada la indignidad de un ejército que sólo sabe huir vergonzosamente ante el ataque, cuando se lanzan, preñadas y todo, en su persecución.[72] La caracterización del español en su segunda flexión, la del colono, no es más favorable, desde la perspectiva indígena. Tunconabala los califica de "insaciables avarientos" y reduce su retrato al de "barbudos crueles y terribles/del bien universal usurpadores", que siembran la destrucción y la injusticia por donde van. Finalmente, la identificación de sus acciones con la *destrucción* enlaza esta percepción araucana del colono con la percepción del propio narrador, quien llega a compararlos con una "banda de langostas" que arrasa y devora todo cuanto encuentra a su paso.[73]

Desde tres enfoques distintos —acción, narrador y percepción indígena— Ercilla articula una caracterización del conquistador profundamente negativa. En el contexto de la representación de las guerras contra Arauco sólo subsisten dos de las tres flexiones que presenta esta figura a lo largo del discurso narrativo de la conquista. El modelo heroico del discurso mitificador no es en *La Araucana* más que un recuerdo al que se refiere el texto —a través de imprecaciones o arengas como las de Doña Mencía y Villagrán— para subrayar la degradación actual que separa, en la representación, la figura del guerrero de la del colono. La acción deshonrosa del ejército español; los comentarios del narrador, explícitos y moralizantes en algunos casos —la crítica a la codicia del principio del canto III, por ejemplo—, velados en estrofas como la que denuncia la decadencia de Valdivia y que cité más arriba; y el desprecio que se desprende de la evaluación de los indígenas, convergen en una representación única y coherente del conquistador como encarnación de los rasgos más despreciables y de los intereses más mezquinos. Los elementos concretos de la caracterización —la codicia, la cobardía, el egoísmo, la crueldad, etc.— enlazan directamente con la crítica de esa figura que desarrolló Bartolomé de las Casas en sus escritos. Pero la percepción ideológica, que en *La Araucana* parece presentar estos rasgos no como algo inseparable de la función necesariamente violenta y opresora de todo conquistador sino como *estado* transitorio resultante de un proceso de evolución histórica que se percibe como decadencia, liga de forma clara la caracterización del conquistador que encontramos en este poema con las de los textos del discurso narrativo de la rebelión. Para Las Casas, la degradación moral del conquistador era inseparable de la ideología que sustentaba, ideología que pretendía justificar un proyecto de expropiación y explotación profundamente inaceptable e injusto. Para Ercilla, como para Aguirre, el punto de partida de la crítica no es el rechazo global de la noción misma del derecho de conquista y expropiación, sino la percepción del desajuste que existe entre los modelos propuestos por la ideología dominante —los mismos que encontraban su expresión literaria en los textos del discurso mitificador— y la realidad de corrupción, explotación e injusticia de la sociedad colonial. Ese desajuste se percibe en *La Araucana*— y también en los textos del discurso de la rebelión— como resultado de un proceso de decadencia que aparece identificado con el de transformación histórica del guerrero heroico, glorificado por los textos del discurso mitificador, en el colono ávido de poder y de ganancia —la gente de "caçabe y arepas" contra la que dirige su odio Lope de Aguirre—, o los encomenderos reblandecidos y negligentes a los que Ercilla castiga con derrotas y humillaciones en el texto de *La Araucana*.[74]

El carácter aparentemente desprovisto de unidad, e incluso abiertmente contradictorio, de una caracterización de los españoles que incluye presentaciones tan opuestas como la del heroico ejército de Lepanto y la caricatura del ejército de la batalla de Andalicán expresa la percepción personal que tiene Ercilla de esa transformación histórica. Para esta percepción, como para la que articulaban los textos del discurso narrativo de la rebelión, la causa de la transformación es la pérdida de los valores heroicos por parte de una clase social en ascenso, que ha cambiado la gloria de las armas por las intrigas y los mezquinos intereses materiales de los encomenderos. El discurso narrativo de la rebelión y el poema de Ercilla no sólo expresan con respecto a este punto una misma percepción de la realidad colonial, sino que ambos proponen atajar la decadencia, que identifican con ella, con un retorno a los valores heroicos y transcendentes abandonados, anticipando así todo el movimiento de retorno nostálgico a los valores mitificados de una edad dorada, tan característico del barroco. En el poema, la recuperación de esos valores heroicos se traduce inmediatamente en la victoria, como en Lepanto, donde, subraya Ercilla, "la justísima causa que seguimos/nos tiene la victoria asegurada";[75] mientras que la derrota frente a los araucanos se convierte en condena y castigo severo por la substitución de la filosofía heroica del guerrero por la del encomendero explotador.

En el contexto del poema, los herederos de los valores heroicos del modelo creado por el discurso mitificador no son los españoles sino los araucanos. Y es precisamente esta ejemplaridad de la conducta y de los valores araucanos que presenta el poeta lo que unifica en un mismo proyecto crítico los dos procesos antitéticos de exaltación del indígena y cuestionamiento del español, que organizan las dos estructuras paralelas de caracterización de *La Araucana*. Para Ercilla, los araucanos no sólo son seres humanos —por oposición a una tradición que los percibía como bestias u objetos— sino que representan precisamente todo aquello que los españoles han dejado de ser, y son la encarnación misma de todas las virtudes que los españoles han acabado por traicionar. En esto se concreta exactamente su superioridad dentro de la obra, y es esto lo que determina el lugar predominante que le corresponde al pueblo araucano dentro del poema, donde el narrador acabará proponiéndolo explícitamente como modelo:

> "Dejen de encarecer los escritores
> a los que el arte militar hallaron,
> ni más celebren ya los inventores
> que el duro acero y el metal forjaron,
> pues los últimos indios moradores
> del araucano estado así alcanzaron
> el orden de la guerra y disciplina
> que podemos tomar dellos doctrina."[76]

En este sentido, el enfrentamiento entre araucanos y españoles expresa, dentro del texto, la confrontación de dos concepciones del mundo. Y es precisamente el retorno de los españoles a los valores heroicos, que vuelven a ejemplificar en la batalla de Lepanto y en las campañas militares de la segunda parte del poema, lo que hace que su acción culmine en la victoria final sobre los araucanos. Sin duda, la exaltación del pueblo araucano entronca intencionalmente, tal como lo ha señalado José Durand,[77] con los grandes debates lascasianos, y se nutre de esa tradición. Pero la caracterización mitificadora del pueblo araucano cumple otra función no menos importante que la de reivindicación de la humanidad del indígena americano: la de ilustrar, por contraste, la

413

decadencia de una concepción del mundo y de unos valores heroicos, decadencia que el poeta parece percibir como única causa de los problemas, abusos, injusticias y corrupciones de la colonia. Desde esta percepción, la crítica subversiva y radical, que parecen anunciar los procesos paralelos de mitificación indígena y denigración española dentro del poema, se frustra y neutraliza. Ambos aparecen entrelazados en un proyecto de crítica en el que el juicio moral irá substituyendo paulatinamente a una denuncia que no se acaba de llevar hasta sus últimas consecuencias. A nivel de la caracterización de los personajes, lo que queda finalmente de esa denuncia es la condena de un moralista que, desde una postura de aceptación tácita de los principios fundamentales de la sociedad en que se integra, irá cuestionando los efectos de esa misma ideología cuyos valores fundamentales comparte y defiende.

La crítica que está implícita en el desarrollo paralelo de los dos procesos antitéticos de caracterización de araucanos y españoles parece pues circunscribirse a unos objetivos muy limitados —el conquistador decadente y la corrupción de la colonia—, para dejar intactas e incuestionadas la figura ideal del conquistador y la validez misma de la conquista. Aparentemente, la percepción que enfrenta la caracterización de unos araucanos modélicos con la de unos conquistadores decadentes critica a estos últimos precisamente por la distancia que los separa de un modelo heroico cuya excelencia se ve así implícitamente reafirmada. Pero esta reafirmación es más aparente que real y se va a ver cuestionada de forma indirecta pero inequívoca, dentro del propio texto, a través de dos elementos fundamentales: la presentación utópica de la América precolombina y la caracterización negativa del proceso de conquista, que culmina en la denuncia de su significado real.

Más arriba he señalado cómo dentro de *La Araucana* se dan diversos modos contradictorios de representación de la realidad natural americana.[78] De los dos modos fundamentales —el idealizante y el realista—, el primero se concretaba en una idealización de la naturaleza que aparecía transformada de acuerdo con los modelos tipificados de representación propios de la lírica renacentista; y el segundo enlazaba con la presentación desmitificadora de los textos de los discursos narrativos del fracaso y de la rebelión. Frente a una corriente criollista que ha criticado con frecuencia la convencionalización que presenta la representación del paisaje americano dentro de *La Araucana,* Jaime Concha ha afirmado tajantemente la riqueza y diversidad que presenta la caracterización del paisaje americano dentro del poema de Ercilla, señalando: "Toda la geografía de la patria está contenida en la epopeya".[79] Pero el poema va todavía mas allá de esa riqueza descriptiva que le atribuye con razón Jaime Concha, porque no sólo es cierto que *La Araucana* recoge los aspectos más diversos de la realidad natural chilena, sino que en ella culminan todos los modos de representación de la realidad natural americana que habían ido articulando las distintas flexiones del discurso narrativo de la conquista. El poema los contiene y, a la vez, los supera todos. Encontramos en él la percepción degradada de América como botín, formulada por primera vez dentro del discurso colombino e institucionalizada por la codicia desatada de conquistadores y encomenderos, que aparecen aquí representados por Valdivia.[80] También contiene *La Araucana* ejemplos del paisaje militar o estratégico característico de las primeras *Cartas de Relación* de Hernán Cortés, donde la selección y caracterización de elementos se hacía, más que con criterios estéticos o emotivos, con fines estratégicos, y cuya imagen resultante expresaba lo que Concha ha llamado "una experiencia militar del territorio".[81]

Pero junto a estos dos modos de instrumentalización de la caracterización que recogen —en un caso con un propósito de crítica y en otro como expresión de la continuidad de un proyecto de dominio militar de las nuevas tierras— los dos modelos fundamentales de representación de la naturaleza que utiliza el discurso mitificador, *La Araucana* también contiene una detallada descripción de la realidad natural americana que cancela implícitamente el mito colombino y entronca directamente con la presentación desmitificadora de los discursos narrativos del fracaso y de la rebelión. Como en aquellos, esta presentación de la realidad americana que se desarrolla en *La Araucana* implica una emergencia de la verdadera naturaleza del Nuevo Mundo que cancela mitos anteriores, afirma su carácter específico e irreductible, y se articula decididamente sobre la diferencia. En toda una serie de descripciones de la naturaleza que van apareciendo desde los primeros cantos de *La Araucana*, y, sobre todo, en la descripción de las tierras recorridas por la expedición al sur de Chile, en la que participó el propio poeta, América es agreste o grandiosa, misteriosa, hostil e impenetrable, pero siempre *diferente* de lo que han contado tantas gentes y de lo que se ha visto o imaginado desde Europa. Como en el discurso narrativo del fracaso, la naturaleza americana posee aquí una violencia y una grandiosidad que empequeñecen al hombre, rompen los modos de percepción habitual derivados del referente europeo y le conceden un lugar en la narración que le pertenecerá hasta la literatura del siglo XX. Es esta diferencia cualitativa entre Europa y América, que invalida las categorías de percepción habituales del hombre europeo, lo que se expresa en estrofas como la que narra la tempestad de este modo:

> "Los cuatro poderosos elementos
> contra la flaca nave conjurados
> traspasando sus términos y asientos
> iban del todo ya desordenados"

O en la impotencia mitológica que se manifiesta en la siguiente estrofa:

> "Allí con libertad soplan los vientos
> de sus cavernas cóncavas saliendo
> y furiosos, indómitos, violentos,
> todo aquel ancho mar van discurriendo
> rompiendo la prisión y mandamientos
> de Eolo su rey, el cual temiendo
> que el mundo no arruinen los encierra
> echándoles encima una gran sierra"[82]

La división tradicional de la naturaleza en cuatro elementos deja de ser válida en este contexto donde, en su violencia, éstos traspasan los límites y cualidades que les corresponden para crear un estado de caos primigenio ante cuyo desorden se estrellan los esfuerzos europeos de categorización y dominio. Es el fracaso de ese intento de dominio lo que expresa, en la segunda estrofa citada, esa desobediencia de los elementos —en este caso los vientos— contra la razón, que aparece aquí representada por un Eolo más atemorizado que triunfante.

La emergencia progresiva de la realidad natural americana, que se iniciaba en forma tímida e inconsistente desde algunos de los textos más tardíos de Colón y Cortés,[83] culmina aquí en una caracterización de América que aparece articulada de forma inequívoca sobre la diferencia. Como también culmina en *La Araucana* el proceso paralelo a esa emergencia de una América desmitificada y diferente: el de cancelación de los mitos y modelos de América formulados por los textos del discurso mitificador, y que, ampliados, refundidos y reafirmados por los sucesivos procesos de mitificación inseparables del avance territorial, habían ido siendo cuestionados progresivamente y de forma cada vez más irreversible a lo largo de los textos de los discursos narrativos del fracaso y de la rebelión. Lo fantástico, elemento central del proceso mitificador que sustentaban las relaciones mentirosas de indígenas y españoles, y las noticias vagas y fabulosas que se fueron transmitiendo y reformulando sin cesar a lo largo de un siglo de conquista y en la extensión de todo el nuevo continente, ha desaparecido en *La Araucana,* y en su desaparición se expresa simbólicamente el rechazo de toda una tradición deformadora de la realidad del Nuevo Mundo. *La Araucana* comparte con los textos del discurso narrativo del fracaso los procesos de desmitificación de la realidad americana. Pero así como en aquellos la toma de conciencia de esa nueva realidad natural se acompañaba de angustia y miedo, a la vez que su expresión literaria mostraba un sentimiento de abatimiento o de exasperación ante esa realidad, *La Araucana* constituye el primer acercamiento positivo de una conciencia europea a la realidad natural del Nuevo Mundo, acercamiento que se traduce en una expresión que ya no se articula sobre el rechazo profundo sino sobre la magnificación y la poetización de la diferencia.[84]

Pero, aunque en esta poetización de la diferencia, característica de muchas de las representaciones de la naturaleza que se encuentran en *La Araucana,* se expresa ya la percepción de una nueva conciencia, no es en ella donde se consuma la crítica definitiva de la conquista, sino en un episodio específico que aparece centrado en la representación de América, pero, más específicamente, de la América precolombina. Se trata de la narración de la expedición, encabezada por Don García, y en la que participó el propio Ercilla, a las tierras del sur de Chile.

La crítica ha señalado repetidamente el carácter idílico de este episodio, que contrasta con la violencia que domina la narración en la mayor parte del poema. Pero interesa aquí profundizar en la estructura y el significado de este episodio en el que se expresan simultáneamente una percepción individual del significado del proceso de la conquista de América, una crítica devastadora de esa conquista y del proyecto que la impulsó, y una alternativa posible al proceso histórico de dominio y explotación, que aparece irrevocablemente condenado.

El episodio de la expedición austral se organiza como representación condensada del desarrollo de todo un siglo de conquista americana. Todo el proceso de transformación de percepción y conciencia —que se expresa literariamente en el desarrollo que va desde los primeros textos del discurso mitificador hasta la primera expresión textual de una conciencia crítica que constituyen los del discurso narrativo del fracaso— aparece indicada en él. El parlamento de Don García al comienzo del canto XXXV abre un nuevo ciclo imaginario de conquista que retoma ficticiamente al punto de partida del proceso histórico de conquista de América que ya está tocando a su fin. Su objetivo real es la exploración de la franja de tierra del sur de Chile y de sus islas, pero, en la ficción del relato, ese objetivo se transforma en "otro nuevo mundo", en un "tercer mundo" que, como el Nuevo Mundo de la conquista española de América, habría sido reservado por la providencia sólo para ellos. Dice Don García:

"Veis otro nuevo mundo que encubierto
los cielos hasta agora le han tenido
el difícil camino y paso abierto
a sólo vuestros brazos concedido"

Como en los textos del discurso colombino, la providencia avala aquí ficticiamente un proyecto de engrandecimiento y enriquecimiento personal que constituye el único móvil de la acción y que Don García resume diciendo que "siendo de tan grande empresa autores/habéis de ser sin límite señores".[85] A partir de este discurso, que define el objetivo de la imaginaria conquista de un tercer mundo inexistente, los elementos fundamentales que organizan la representación arquetípica de la *entrada de conquista* se suceden; el enunciado del objetivo como botín y del derecho de conquista inseparable de un proyecto de saqueo y expropiación —"Sus, tomad posesión todos a una/desas nuevas provincias y regiones/donde os tienen los hados a la entrada/tanta gloria y riqueza aparejada";[86] el primer contacto decepcionante con los indígenas primitivos y pobres: "brutos, campestres, rústicos, salvajes/de fieras cataduras y visajes";[87] el intercambio de regalos y baratijas por información y guías indígenas, cuando Don García ofrece "cuentas de vidrio de colores/con doce cascabeles soñadores", a cambio de "una práctica lengua y fida guía";[88] la aparición de las falsas relaciones indígenas que alude a los procesos de mitificación de informaciones y leyendas: "La cual nos iba siempre asegurando/gran riqueza, ganado y poblaciones/los ánimos estrechos ensanchando/con falsas y engañosas relaciones";[89] la decepción del fracaso de la búsqueda de los falsos objetivos prometidos, y la emergencia de la naturaleza como elemento central de la narración, cuando, al desaparecer el guía mentiroso, los exploradores se encuentran a su merced; la transformación de los elementos de la naturaleza en sujetos activos y de los expedicionarios en víctimas que se limitan a defenderse de un cielo inclemente, unos pantanos donde perecen los caballos, y una vegetación que expresa en su hostilidad la decisión de la tierra: "Nunca con tanto estorbo a los humanos/quiso impedir el paso la natura";[90] y, finalmente, la substitución, frente a esta realidad, del objetivo de enriquecimiento por el de supervivencia, y de la ambición por la esperanza de ir satisfaciendo las necesidades básicas: "Así pues nuestro ejército rompiendo/de sólo la esperanza alimentado/pasaba a puros brazos".[91]

Al llegar a este punto de la representación del proceso histórico de la conquista, se trunca el paralelismo para dar paso a una narración que irá articulando la alternativa utópica. Porque, al revés de lo que sucedió en la realidad histórica que estaba en la base de los textos del discurso narrativo del fracaso, el proceso de transformación de objetivos, que culminaba en aquellos textos en una especie de experiencia ascética como consecuencia del fracaso en la búsqueda los objetivos perseguidos, aquí culmina transitoriamente en un "final feliz" que es como la segunda oportunidad que jamás tuvieron De Soto, Coronado, Narváez, Ursúa y todos los demás buscadores de sueños fabulosos que atravesaron el continente en todas direcciones. Al final de los siete días de sufrimientos y mortificaciones, Don García y los suyos llegan a un lugar paradisíaco: los archipiélagos del sur de Chile. La caracterización de estas tierras presenta un carácter claramente utópico, que se hace implícitamente extensivo a toda la América precolombina: este lugar es paradisíaco e idílico por una razón que Ercilla enuncia con toda claridad:

> "Estaba retirada en esta parte
> de todas nuestras tierras excluída
> que la falsa cautela, engaño y arte
> aún nunca habían hallado allí acogida"[92]

La implicación es clara: estas tierras edénicas han podido preservar su verdadera naturaleza gracias al aislamiento que las ha mantenido alejadas de todo contacto con aquel proceso que ha ido convirtiendo las tierras americanas en "nuestras tierras" y difundiendo simultáneamente "la cautela y el engaño". Implícitamente el proyecto de cristianización y civilización, reivindicado por la ideología oficial para justificar la conquista, aparece desenmascarado y reducido a su resultado real: el abuso y la explotación, que han provocado, por reacción, la "cautela" y el "engaño" entre los indígenas. Esta redefinición del significado real de la conquista se reafirma poco después, cuando, al concluir la caracterización idílica de los habitantes de estas tierras, dice Ercilla:

> "La sincera bondad y la caricia
> de la sencilla gente de estas tierras,
> daban bien a entender que la cudicia
> aún no había penetrado aquellas sierras,
> ni la maldad, el robo, la injusticia
> (alimento ordinario de las guerras)
> entrada en esta parte habían hallado,
> ni la ley natural inficionado"[93]

El efecto corruptor y destructor de la conquista se denuncia aquí de forma explícita. Pero hay algo más: ya no es posible limitar el alcance de la condena a la forma específica en que se ha desvirtuado el proyecto inicial de cristianización y civilización en el contexto histórico específico de la conquista americana; desvirtuación que, a nivel de caracterización, se expresaba en la oposición entre el modelo del conquistador y la realidad del encomendero. Lo que aparece cuestionado aquí, al contrario de lo que sucedía con el discurso narrativo de la rebelión o en la caracterización del conquistador que encontramos en el mismo poema, es el modelo mismo de conquista imperialista —"las guerras"—, y la corrupción no se percibe ya como un caso particular sino como algo inseparable de la violencia, sea cual sea el proyecto que la impulse y la ideología que la justifique. A este modelo de "la guerra" se opone la alternativa utópica ofrecida por el jefe indígena de "blanco gesto",[94] que equivale a una propuesta de substitución del modelo de conquista y explotación imperialista por uno de convivencia igualitaria y pacífica de pueblos y culturas diferentes:

> "si queréis amistad si queréis guerra
> todo con ley igual os ofrecemos:
> escoged lo mejor que, a elección mía,
> la paz y la amistad escogería"[95]

Pero la posibilidad de esta solución de resonancias lascasianas se va a ver de nuevo malograda en *La Araucana,* y el ciclo imaginario de descubrimiento del "tercer mundo" desembocará dentro del poema en la misma realidad degradada en la que ha desembocado ya el ciclo histórico de la conquista de América:

> "Pero luego nosotros destruyendo
> todo lo que tocamos de pasada
> con la usada insolencia el paso abriendo
> les dimos lugar ancho y ancha entrada:
> y la antigua costumbre corrompiendo
> de los nuevos insultos estragada,
> plantó aquí la cudicia su estandarte
> con más seguridad que en otra parte".[96]

A través de estos versos, y de la liquidación que implican tanto de la propuesta de paz como de la armonía característica de la representación de la América precolombina que ofrece el episodio, la conquista aparece definitivamente identificada con la destrucción, la violencia, la corrupción y la explotación de la realidad americana.

No es la única vez que Ercilla critica con dureza el proceso de la conquista de América. A lo largo del poema, esta conquista se ha visto abiertamente criticada de muy diversas maneras. Repetidamente, a través de la caracterización y de la acción, Ercilla ha identificado conquista con opresión, y resistencia indígena con lucha por la libertad. Los discursos de los jefes indígenas —piénsese, por ejemplo, en Galbarino en el canto XXIII— y los comentarios del narrador han desenmascarado la realidad de codicia y violencia que se oculta bajo la retórica en la que se expresa el modelo ideológico de justificación. Ya Galbarino ha denunciado la verdadera naturaleza de aquellos "adúlteros, ladrones e insolentes", que posan de defensores de la fe y de civilizadores desinteresados y heroicos. Pero siempre era posible argumentar que toda esta caracterización negativa de la conquista se refería a la *forma* específica que había tomado la conquista de América en manos de los aventureros abusivos que controlaban la mayor parte de la colonia a la llegada de Ercilla. La importancia del episodio que acabo de analizar estriba precisamente en que define de forma inequívoca y definitiva el alcance global de la crítica de la conquista que se inscribe en el poema, sin que éste alcance consiga verse desvirtuado ni siquiera por las declaraciones generales en defensa del derecho de guerra que añadiría Ercilla, posteriormente, en el canto XXXVII. En el contexto de la expedición austral, la crítica de la conquista deja de circunscribirse a los efectos particulares de la conquista de América, para condenar todas las conquistas; cuestiona no las consecuencias de la aplicación concreta del modelo ideológico imperialista, sino el modelo mismo; deja de rechazar la brutalidad específica de las guerras de conquista españolas para pasar a rechazar todas las brutalidades que percibe ya como inseparables de todas las guerras. La alternativa que se propone implícitamente a la degradación de la realidad de la colonia no es otra conquista más fiel a los principios más puros del modelo ideológico que encarnaba la figura heroica del conquistador del discurso mitificador —ésta era la propuesta en que culminaba el discurso de la rebelión— sino una sociedad fraternal y justa como la que podría levantarse sobre la propuesta de convivencia pacífica formulada por el jefe de los indígenas de la región austral.

La coexistencia, dentro del texto del poema, de una crítica a veces profundamente radical de la conquista imperialista con una glorificación abstracta del orden ideológico y social que la sustenta, y que aparece presidido por la ensalzada figura de Felipe II; la contraposición de formas contradictorias de representación de la realidad natural americana; el desarrollo paralelo de dos formas antitéticas de caracterización de los dos bandos, que concede la superioridad moral al araucano, pero el apoyo de Dios y la victoria final al español;[97] y la contigüidad de un proceso de cancelación de los estereotipos a que han ido reduciendo la realidad americana los textos del discurso oficial de "la historia general",[98] y de otro proceso de creación de unas estructuras de integración que desvirtúan profundamente aquella realidad misma cuya verdadera naturaleza se quiere reivindicar, expresan, en la representación de la realidad de la conquista que organizan, una conciencia profundamente atormentada y dividida. Son la ambigüedad y las contradicciones internas de esa conciencia las que generan el interminable juego de contradicciones y oposiciones, de compromisos y falsas soluciones que organizan todo el material poético de *La Araucana*. Pero el punto clave de articulación en el que se centra en el poema la expresión de esa nueva conciencia, que ha dejado de poder identificarse plenamente con una concepción del mundo propia de la Europa del siglo XVI sin lograr integrarse en una realidad histórica y cultural americana, que en parte ensalza, en parte rechaza y en parte desconoce, es la caracterización y el desarrollo de la figura del narrador.

La importancia de la figura del narrador dentro del poema ha sido señalada y estudiada numerosas veces por la crítica. Ya en el siglo pasado, Manuel José Quintana afirmó tajantemente su importancia en estos términos: "lo más singular así como lo más recomendable que hay en *La Araucana* es el personaje del autor".[99] Desde entonces, numerosos críticos han abordado el análisis de este personaje desde los más variados enfoques y en relación con los problemas más diversos. Y este interés refleja bien la importancia clave de esta figura como punto de articulación central de la compleja problemática que organiza el poema, a la vez que expresa la riqueza que alcanza la caracterización de la figura del narrador dentro de la obra.

En la caracterización del narrador convergen en forma condensada las contradicciones fundamentales de la percepción de la realidad que se expresa a lo largo de todo el poema; y es esta convergencia lo que transforma la caracterización, la trayectoria y el desarrollo de dicha figura dentro de la obra, en expresión exacta de la nueva conciencia ambigua y contradictoria a la que me refería más arriba. El propio Ercilla introduce y afirma esa división cuando se presenta a sí mismo con "la pluma ora en la mano, ora la lanza", reconociendo su desdoblamiento en las funciones básicas de soldado y poeta, y la crítica, desde Valbuena Briones hasta Avalle Arce, ha abordado de distintas formas esa doble función.[100]

Pero el proceso de caracterización del narrador es mucho más complejo de lo que esa dicotomía, reconocida por el propio autor, parece anunciar. La complejidad resulta, en primer lugar, del hecho de que no hay exactamente dos funciones, sino varias flexiones de una misma figura; y, en segundo lugar, del dinamismo que presenta el juego de eclipses y reapariciones del sujeto narrativo dentro del poema. Estas oscilaciones de la figura no expresan distintas funciones —poeta vs. soldado—, sino distintos grados de distanciamiento de ese poeta-soldado, que es el narrador, con respecto a los sucesos particulares de una acción en la que se ve doblemente implicado. Y el problema central que se expresa en las oscilaciones de la caracterización del narrador es la imposibilidad de conciliar una percepción crítica del proceso de la conquista con una adhesión implícita a los principios ideológicos que están en su base, adhesión que se desprende del hecho mismo de la participación del personaje en una acción que, de forma global, reprueba.

La forma pronominal de caracterización directa del sujeto narrativo es el *yo*, y, si analizamos la caracterización del narrador que se centra en ese *yo* poético, observamos que ésta es en todo coherente con la conciencia crítica que cuestiona desde dentro del poema el modelo ideológico y político que articulaba la conquista. Basta examinar la mayoría de las acciones y comentarios atribuidos explícitamente al *yo* para comprobar esta coherencia de la caracterización directa del narrador. El *yo* narrativo consuela heroínas desvalidas;

protege mujeres abandonadas; defiende la honra de las ausentes, como Dido; y cura las heridas de la desdichada Lauca. Es, pues, un caballero galante que actúa movido por la bondad, la compasión y la lealtad. Y esta caracterización del sujeto narrativo no se limita a los episodios intercalados ni a la relación del narrador con las mujeres. Es la misma que se desprende de episodios en los que lo vemos empeñado en evitar una crueldad, como, por ejemplo, en el episodio en el que intenta salvar a Galbarino de la horca:

> "Yo a la sazón al señalar llegando
> de la cruda sentencia condolido
> salvar quise uno dellos..."

O de la valerosa y justiciera intervención del poeta-soldado para salvar de la muerte a Cariolán:

> "Yo, que ver tal batalla no quisiera
> al animoso mozo aficionado
> en medio me lancé diciendo: ¡Afuera
> caballeros, afuera, haceos a un lado!
> que no es bien que el valiente mozo muera
> antes merece ser remunerado
> y darle así la muerte ya sería
> no esfuerzo ni valor mas villanía"[101]

O, finalmente, de la generosidad con la que devuelve la libertad a Cariolán para que éste pueda reunirse con su amada Glaura, diciendo:

> "...Amigos adiós; y lo que puedo
> que es daros libertad, yo os la concedo"[102]

Esta caracterización del narrador, que nos lo presenta a través de la acción como personaje bondadoso, justo e imparcial, es decir, como el prototipo del caballero cristiano, se completa con la caracterización que se realiza a través de las intervenciones directas en los comentarios. Estos comentarios directos que hace el poeta sobre acciones o comportamientos de otros personajes constituyen otras tantas veladas declaraciones de principios frente a la ideología oficial que está cuestionando. Ejemplo de este tipo de intervenciones lo constituyen los versos en los que el narrador expresa su condena radical ante la ejecución de Galbarino:

> "con gran solemnidad y desatino
> fue el insulto y castigo injusto hecho,
> pagando allí la deuda con la vida
> en muchas opiniones no debida"

La caracterización de la figura del narrador que se articula en torno a la forma pronominal de primera persona singular tiende a imponerse como única, tanto por la coherencia que presenta en la mayor parte del poema como por el plano predominante que ocupa en la estructura del relato; como tiende también a hacernos olvidar que esa caracterización no recoge más que *algunos* aspectos del personaje a la vez que elimina o reduce al máximo otros que no son menos reales, pero que cuestionan profundamente su aparente coherencia desde dentro del poema. Más concretamente, los que se relacionan con la participación activa del poeta en la acción de la conquista. La caracterización directa del narrador que se centra en torno al *yo* narrativo reduce esa participación del poeta en la acción a actos de justicia y caridad. Y ésta no es la única forma en la que el texto neutraliza una participación en la acción que implica forzosamente algún grado de adhesión a la misma ideología que se está poniendo repetidamente en tela de juicio. Las ocasiones en las que el poeta aparece explícitamente tomando parte en acciones militares contra los araucanos son solamente tres. En la primera, la descripción de esa participación:

> "...yo apercibido, sordamente
> en medio del silencio y noche escura
> dí sobre algunos pueblos de repente",

se ve neutralizada inmediatamente después, y dentro aún de la misma estrofa, por una crítica velada de la conquista y una presentación compasiva de los indígenas como "miserable y triste gente",[103] que cuestiona los métodos de agresión y violencia de la conquista. En la segunda, el poeta subraya con claridad que participó en la persecución de los araucanos porque Juan Remón le obligó por su honor a hacerlo, de tal forma que "del honor y vergüenza compelido" no pudo excusarse de actuar de esa manera. En la tercera, la acción se muestra como legítima defensa en una situación desesperada en la que el narrador se ve obligado a pasar al ataque.[104] En el resto del poema, la contradicción fundamental entre participación en una guerra de conquista y rechazo de la idea misma de conquista y guerra desemboca siempre en una resolución de la oposición en favor del segundo término —el rechazo—, y esta resolución se expresa textualmente en el juego de apariciones y elipsis de la figura del poeta dentro de la acción de la conquista.

Este progresivo eclipse del *yo* narrativo, a medida que la acción en la que el poeta está participando se vuelve más y más problemática, se concreta en la substitución de las formas pronominales que representan al sujeto de la acción. El *yo* se reserva para las acciones irreprochables que tienen como móvil el honor, la justicia y la caridad cristiana. El *nosotros* substituye generalmente al *yo* para narrar acciones guerreras legítimas y necesarias, o situaciones colectivas no claramente cuestionables desde la perspectiva crítica que organiza el poema; por ejemplo, cuando narra: "Nosotros no sin causa sospechosos/allí más de dos meses estuvimos", o bien "...cuando fue de nosotros coronada/de una gruesa muralla la montaña/".[105] Cuando se trata de acciones cuestionables, el narrador se disocia implícitamente de ellas, substituyendo la forma *nosotros* —que, aunque eliminaba el protagonismo de la primera persona del singular, todavía implicaba participación del narrador en la acción colectiva— por las formas "los nuestros" o "nuestra gente". Son "los nuestros" los que persiguen implacables a los araucanos después de la derrota del ataque al fuerte; y los que derriban y hieren a los rezagados; los que, tras la batalla de Millarapué, toman represalias que "deslustran la victoria" con "crueles armas y actos inhumanos"; y los que huyen cobardemente en la derrota de Andalicán, abandonando finalmente al enemigo la ciudad de Concepción. Pero, en otros casos, ese tipo de acciones deshonrosas o violentas aparecen realizadas por un sujeto que expresa todavía un grado mayor de distanciamiento por parte del narrador: la tercera persona del plural, o el sujeto colectivo "españoles", "española gente" que ya no aparece ni acompañado por la forma posesiva *nuestros* y *nuestra,* que todavía expresaba un débil lazo que ligaba la acción reprobable a la responsabilidad del narrador. Y, finalmente, la forma más extrema de rechazo de la acción se concreta en el poema en la desaparición de cualquier forma pronominal o sujeto identificable de la acción, que se presenta en forma de construcción impersonal. Las represalias de los españoles vencedores que ahorcan en masa a los mejores guerreros araucanos, por ejemplo, se expresan así:

> "estos fueron allí constituídos
> para amenaza y miedo de la gente
> quedando por ejemplo y escarmiento
> colgados de los árboles al viento"[106]

Cualquier indicación de sujeto responsable, cualquier relación entre la acción narrada y el narrador han desaparecido de esta estrofa. La sintaxis expresa, en la doble construcción impersonal, el distanciamiento crítico del narrador y, simultáneamente, el rechazo de cualquier forma de responsabilidad.

La misma construcción impersonal se utiliza para narrar la ejecución de Galbarino, en la estrofa ya citada en la página 316, y en la estrofa que describe su muerte de este modo:

> "al cuello el corredizo lazo echado
> quedó en una alta rama suspendido"[107]

También la ejecución cruel de los trece caciques, después del fracasado ataque al fuerte, retoma la construcción impersonal:

"donde trece caciques elegidos
para ejemplar castigo y escarmiento,
a la boca de un grueso tiro atados
fueron, dándole fuego ajusticiados".[108]

Y la ejecución de Caupolicán adquiere en su primera fase
—el empalamiento— un carácter de suicidio que honra el
valor del caudillo y desresponsabiliza transitoriamente al
bando español, para ser consumada por los disparos de seis
anónimos flecheros. En el caso particular de la ejecución de
Caupolicán, el distanciamiento implícito en la anonimiza-
ción de los responsables se refuerza con la crítica explícita
en la que el *yo* narrativo reaparece al final del episodio para
puntualizar que en aquella ocasión no sólo él no fue partici-
pante sino que ni siquiera se halló entre los testigos, y subraya que

"si yo a la sazón allí estuviera
la cruda ejecución se suspendiera"[109]

El grado de proximidad e implicación del sujeto narrativo en la acción que narra *La Araucana* está siempre en
relación inversa con el carácter reprobable que presenta esta
acción para la conciencia crítica que se expresa en el poema.
En las disquisiciones generales sobre moral y literatura, en
los episodios intercalados de heroínas indígenas en los episodios imaginarios, y en los de exploración, el *yo* aparece situado en el centro de una acción con la que se identifica
plenamente. En las escenas de violencia militar, en los actos
de represión brutal, en las ejecuciones crueles de caciques y
líderes indígenas, el narrador se eclipsa totalmente, narrando, en forma que oscila entre la tercera persona y la forma
impersonal, unas acciones de las que se desliga totalmente.
Estas oscilaciones de la distancia del sujeto narrativo con
respecto a la acción narrada se producen a veces con gran
rapidez dentro de un mismo episodio, pero siempre siguiendo la relación inversa enunciada más arriba. En el ataque al
fuerte de Penco, por ejemplo, la narración se inicia con el *yo*

del soldado Ercilla que se está vistiendo apresuradamente las armas. Pero este *yo* se eclipsa inmediatamente para dar paso a la narración de la violenta batalla, que ocupa todo el canto XIX, y que aparece protagonizada por "nuestra gente", "los nuestros", "la española gente", y "ellos". El final de la batalla y la remisión de la violencia marcan el retorno a la forma "nosostros", que nos aproxima ya un grado más al narrador. Pero el *yo* no volverá a situarse en el centro del acción hasta la llegada de la noche que sigue a la batalla, donde su actividad —"de un canto al otro canto paseando"— se opondrá implícitamente a toda la violencia anterior que aparecía protagonizada por "nuestros arcabuceros" quienes..."aquel día/habían hecho gran riza y batería". La actividad en la que vuelve a aparecer como protagonista el sujeto narrativo representado por el *yo,* lejos de comprometerlo en la acción bélica que se acaba de narrar extensamente lo presenta como compasivo y generoso caballero en el episodio de Tegualda. La misma evolución de la distancia observamos en otros episodios como, por ejemplo, el del asalto al fuerte español en el canto XXXI. El *yo* narrativo introduce la batalla al final del canto XXXI para eclipsarse inmediatamente después en la narración de la "riza, destrozo y batería" que se atribuyen a "los nuestros" y "ellos". La batalla concluye con las ejecuciones de guerreros araucanos, que aparecen narradas en forma impersonal, y sólo después de cerrado el ciclo de la violencia de la acción del ejército conquistador vuelve a reaparecer el *yo,* que protagoniza primero una empresa de exploración y luego el episodio de la salvación y cura de la infeliz Lauca.

La caracterización directa del sujeto narrativo se articula sobre unas acciones y comentarios que cuestionan profundamente el modelo ideológico sobre el que se apoya el proyecto de conquista y explotación de América; y el distanciamiento, explícito o implícito, del narrador con respecto a todas aquellas acciones que se definen como reprobables desde la perspectiva crítica que se expresa en la caracterización del *yo* cuestiona y rechaza el proceso mismo de la acción concreta de esa conquista. Sin embargo, ni la caracterización del *yo* está tan desprovista de fisuras como parece a primera vista ni es el distanciamiento siempre tan sistemático como en los episodios analizados. El propio Ercilla es consciente del carácter a veces contradictorio de las declaraciones del narrador y de la inconsistencia ocasional de sus elecciones y actuaciones. Por ello sale al paso de las críticas que ambas puedan provocar, cuando en el canto XXXVII define su postura en relación con la legitimidad del uso de la fuerza y del castigo:

> "Quiérome declarar, que algún curioso
> dirá que aquí y allá me contradigo,
> virtud es castigar cuando es forzoso
> y necesario el público castigo"[110]

En esta estrofa intenta Ercilla justificar la presencia en el texto de dos actitudes contradictorias. La primera es una actitud de condena global de la violencia de la conquista y de rechazo de la pretendida legitimidad de una agresión imperialista. La segunda, que se llega a formular de forma explícita en el canto XXXVII, afirma la necesidad de la guerra como instrumento para la preservación de la paz, declara que la guerra es "derecho de las gentes", y que, aunque hay guerras injustas, también las hay justas. Guerras justas serían las que tuvieran como móvil y objetivo la preservación de la república, de las leyes políticas y de la paz. Mientras que todas las demás, es decir las que estuvieran impulsadas por el interés, la ambición, el odio o la venganza, serían guerras injustas. Y esta última categoría incluye implícitamente las guerras imperialistas de conquista, que aparecen representadas dentro del poema por las campañas de la guerra de Arauco.

Con las explicaciones y las declaraciones explícitas del canto XXXVII, Ercilla logra conciliar, en el plano ideológico, dos actitudes aparentemente contradictorias que están en la base de algunos de los aspectos más ambiguos del poema. Pero sólo en el plano ideológico, porque en el plano literario, es decir, en el texto mismo del poema, las contradicciones subsisten, aunque no se expresen en la forma abierta del comentario o de la intervención directa del narrador. Subsisten en algunas inconsistencias que afloran en la caracterización de los dos bandos, en la representación de la acción y en la adjetivación de personajes y situaciones.[111] Es cierto que Ercilla crea una caracterización mitificadora del pueblo araucano que cancela implícitamente toda una serie de estereotipos creados por el discurso mitificador y por los textos de la versión oficial de la conquista. Pero si es innegable que Ercilla glorifica y mitifica al hombre americano, no es menos cierto que, junto a una caracterización sumamente positiva que presenta a los araucanos como "gente libertada", emerge, de vez en cuando, otra visión que los califica de "desvergonzado pueblo". Ercilla ensalza las virtudes heroicas del pueblo araucano, la dignidad e independencia de sus jefes más señalados, que aparecen en el poema como "gallardos bárbaros" o "bárbaros valientes"; pero también califica a uno de los araucanos más heroicos, dignos e irreductibles, en términos inconfundiblemente negativos, cuando llama al admirable Galbarino "bárbaro infernal".

Esas fisuras que presenta la conciencia crítica del narrador, y que afloran de vez en cuando en la caracterización de los dos bandos, se manifiestan también, aunque rara vez, en una reducción drástica de la distancia crítica del narrador frente a alguna acción reprobable. Piénsese, por ejemplo, en el castigo de Galbarino, cuando, ante el hecho injustificable y cruel, el narrador no toma la distancia acostumbrada frente a ese tipo de situaciones, no se disocia de la acción a través de la substitución habitual de las formas pronominales de primera persona por otras de tercera persona o por construcciones impersonales, sino que afirma su participación doblemente: admitiendo que se hallaba presente y que no hizo nada por evitar el "ejemplar castigo" del guerrero araucano; y confesando que compartió con los responsables de ese castigo el enojo que templaba la lástima que hubiera debido suscitar un suceso tan injustificable.[112]

Las explicaciones y puntualizaciones del narrador dentro del canto XXXVII revelan hasta qué punto Ercilla era consciente de las tensiones ideológicas que se daban dentro del poema y ofrecen una resolución teórica a esas tensiones. Por otra parte, las dos últimas estrofas del canto XXXI expresan la lucidez con la que Ercilla se daba cuenta de sus propias contradicciones internas y de la forma en que éstas se traducían: por un lado, en ambigüedades e inconsistencias dentro del poema; y, por otro, en una relación sumamente conflictiva entre el poeta y su obra. Dice Ercilla así:

> "No sé con qué palabras, con qué gusto
> este sangriento y crudo asalto cuente,
> y la lástima justa y odio justo,
> que ambas cosas concurren justamente:
> el ánimo ahora humano, ahora robusto
> me suspende y me tiene diferente:
> que si al piadoso celo satisfago,
> condeno y doy por malo lo que hago.
>
> Si del asalto y ocasión me alejo,
> dentro della y del fuerte estoy metido;
> si en este punto y término lo dejo,
> hago y cumplo muy mal lo prometido:
> así dudoso el ánimo y perplejo,
> destos juntos contrarios combatido,
> lo dejo al otro canto reservado,
> que de consejo estoy necesitado."[113]

En ambas estrofas, la ambigüedad de la actitud del poeta ante su propia narración se presenta como expresión de la profunda división de su conciencia. Esta aparece escindida por la simultaneidad con la que experimenta emociones antagónicas frente a la batalla que va a narrar, y por una oscilación entre dos actitudes opuestas frente a la misma que se expresa en la oposición entre *ánimo humano* y *ánimo robusto*. Estas dos actitudes opuestas se hallan en la base de dos presentaciones posibles y radicalmente diferentes de la acción: la de una conciencia crítica —"humana"— y la de una perspectiva cómplice —"robusta". La primera estrofa se cierra con el rechazo implícito de la segunda actitud —la de complicidad— que aparece identificada con "lo malo". La segunda estrofa se articula en torno a dos falsas alternativas fundamentales y explora y afirma a través de ellas el compromiso histórico y estético del narrador. La primera falsa alternativa se expresa en la oposición entre alejarse y participar en la acción; y la segunda, en la de abandonar o continuar la narración. Ambas desembocan en la afirmación del compromiso del narrador con la acción y con la obra, y de la necesidad de llevar a cabo lo iniciado, aun desde una conciencia que aparece caracterizada como dudosa, perpleja y escindida por las propias contradicciones internas: de "juntos contrarios" combatida.

Estas contradicciones internas, que escinden al narrador y que condicionan las ambigüedades e inconsistencias fundamentales que se observan en la obra —cuya estructura formal resulta, en buena parte, de las oscilaciones entre la conciencia crítica y la conciencia cómplice que reconoce el poeta en las estrofas que acabo de citar— expresan la conflictiva transformación de su conciencia a través de la confrontación, forzosa en el contexto de las guerras de conquista de Arauco, entre los mitos y valores de la ideología dominante y la experiencia personal de la conquista vivida por el propio autor.

La profundidad de esa transformación se expresa dentro de la obra en la distancia que media entre la actitud que caracteriza al narrador al comienzo de la obra y la actitud, radicalmente distinta, que éste elige en los últimos versos del poema. Esta distancia se condensa en la oposición entre *cantar* y *llorar*. En la primera estrofa del poema anuncia Ercilla su propósito de cantar —en el doble sentido poético y glorificador— los hechos heroicos de una conquista española que aparece ejemplificada en las guerras de subyugación de Arauco. Pero, en la última estrofa del poema, el poeta concluye con los siguientes versos:

"conociendo mi error de aquí adelante
será razón que llore y que no cante".

435

En la distancia que separa *cantar* y *llorar,* es decir, un proyecto de glorificación de un orden ideológico y político —que aparece ya identificado en esta última estrofa con el *error*— de un lamento, se expresa simbólicamente todo el proceso de emergencia de una conciencia hispanoamericana en el contexto histórico de la conquista. En ese contexto, la crítica desemboca en la marginación del que la formula —marginación de la que Ercilla se queja amargamente en el último canto— y en la angustia de una doble alienación: alienación con respecto al orden ideológico y político dominante, que el narrador se ha visto obligado a ir cuestionando de forma cada vez más radical a través de su experiencia; y alienación también frente a la realidad histórica y cultural de unos pueblos americanos con los que el narrador se siente moralmente solidario, pero a los que sólo es capaz de integrar en su propia concepción del mundo, de comprender, de recuperar, a través de un proceso de transformación que le permite aceptarlos simbólicamente como iguales, negando al mismo tiempo la realidad de su naturaleza concreta, de su diferencia, o, dicho de otro modo, de su americanidad.

En la trayectoria que va desde la integración del canto inicial a la marginación del llanto del último verso se expresa literariamente la emergencia de una nueva conciencia que he llamado *hispanoamericana.* Pero en el contexto histórico de ese proceso de emergencia, cuyos inicios se remontan a las denuncias ideológicas de Las Casas y a los procesos desmitificadores de los *Naufragios,* el término "hispanoamericana" no expresa de ningún modo una fusión de esas dos culturas en una síntesis armónica, sino la toma de conciencia del insoluble conflicto entre ambas y la vivencia de una doble imposibilidad: la imposibilidad del retorno a una plena integración dentro del orden ideológico y político de la metrópoli, que aparece irremisiblemente desenmascarado por la realidad concreta de la conquista y del que el narrador se siente separado por una distancia crítica y, en cierta medida, desvinculado; y la imposibilidad de integración en un marco cualitativamente distinto: el propiamente americano, cuya dignidad y excelencia reivindica el poeta en términos generales, pero del que se siente social y culturalmente disociado.

En relación con esa transformación de la conciencia del narrador se define con exactitud el doble sentido de *La Araucana.* El poema es, sin duda, la narración del proceso de la conquista de América, ejemplificado en las campañas de la guerra araucana. Pero sobre esta experiencia de la conquista que narra el poema se articula un proceso de significación paralelo que le confiere a esta experiencia el carácter de una trayectoria espiritual cuyo resultado final es el hallazgo de la verdad. Y, a lo largo de esa trayectoria metafórica, la figura inicial del narrador, que se presentaba a sí mismo como conquistador y cantor épico de la gloria de las acciones de la conquista, se va descomponiendo en una serie de juegos de oposiciones que culminan, a partir del canto XXXVI, en una profunda redefinición de narrador, acción, móviles y objetivos. En este canto, el narrador aparece redefinido de acuerdo con un objetivo al que se subordina implícitamente toda su experiencia anterior: la búsqueda de la verdad. Es el narrador "atento a las señales" que se anunciaba en el canto anterior y que aquí se caracteriza como alguien que fue

> "...siempre amigo e inclinado
> a inquirir y saber lo no sabido"[114]

La acción de este narrador se identifica con la búsqueda de la verdad, pero no se trata de una peregrinación mística sino de una búsqueda de la verdad en y desde la realidad histórica concreta. Ercilla puntualiza este hecho con claridad al enunciar su resultado final en la primera estrofa del canto XXXVI:

> "digo que la verdad hallé en el suelo
> por más que digan que es subida el cielo"[115]

El móvil del narrador es el conocimiento, y su objetivo es la verdad; la acción equivale a la trayectoria del narrador en busca de la verdad a través de la experiencia, y el hallazgo final de esa verdad aparece identificado con la desmitificación y el rechazo del proceso de la conquista, y con la reivindicación de la superioridad de la América precolombina, a través de la presentación utópica de la expedición a la región austral. Como Ercilla el soldado, Ercilla el buscador se siente impulsado a ver el fin de esta jornada, geográfica para el primero y espiritual para el segundo. Como aquél, el buscador se siente impelido a "poner el pie más adelante" y a cruzar "el gran brazo y agua arrebatada" —imagen del canal de Chacao que sugiere los otros caudales, no menos peligrosos, que cruza la conciencia del narrador en su trayectoria hacia el conocimiento; y, finalmente, Ercilla el conquistador llega a la otra orilla "hecho pedazos", como llega profundamente fragmentada, al término de su peregrinación en busca de la verdad, la conciencia del narrador.

Situadas en la convergencia final de la trayectoria doble del poeta, todas las estrofas que narran el clímax de la expedición austral se iluminan con un doble significado, para culminar en la declaración inscrita por el propio poeta en la corteza de un árbol. En ésta se afirma el resultado literal y metafórico de la doble exploración que aparece condensada, en el episodio de la expedición austral, con las siguientes palabras:

> "Aquí llegó donde otro no ha llegado
> don Alonso de Ercilla..."[116]

El lugar geográfico al que ha llegado en esta estrofa el conquistador Ercilla son las tierras más remotas del extremo sur de Chile. Pero el lugar metafórico al que ha llegado al final de su doble recorrido Ercilla, el buscador de verdades, es una toma de conciencia desde la cual se revelan el significado y las implicaciones profundas de la guerra de Arauco y de todo el proceso de la conquista que aparece representado en ellas.[117] Desde este lugar metafórico, fin de la trayectoria y principio del poema, el poeta crea una obra literaria que expresa y recrea toda la trayectoria recorrida hasta llegar a

438

él, todo "el accidentado recorrido lleno de compensaciones y substituciones"[118] que ha desembocado en la emergencia de una conciencia hispanoamericana que se define simultáneamente por su marginalidad en relación con las dos culturas dominantes, por sus contradicciones internas y por su voluntad crítica.

Basándose tanto en la imprecisión de algunos elementos históricos como en la idealización de personajes y en la ficcionalización innegable de los episodios intercalados de carácter novelesco o fantástico, la crítica ha cuestionado repetidamente la definición tajante del significado de su obra que ofrece el autor al principio del primer canto del poema. Dice en él Ercilla que *La Araucana:*

> "es relación sin corromper sacada
> de la verdad cortada a su medida"[119]

Y, sin duda, esta afirmación es cuestionable si la verdad que se busca en ella es la veracidad histórica de los datos que integran la composición del poema. Y, sin embargo, basta reintegrar esos elementos a la estructura total del poema, basta restituirles su función específica dentro de los procesos de significación que articulan la obra, para advertir que la afirmación tajante de Ercilla, que tanta perplejidad ha despertado en numerosos críticos —cuando no ha sido interpretada como simple figura retórica—, es profundamente exacta. *La Araucana* contiene y expresa esa verdad que en el canto XXXVI se define como el verdadero objetivo de toda la trayectoria de la acción y de la reflexión del poeta. Verdad que no se identifica con la *exactitud* de los hechos concretos que se narran en el plano de la acción, sino con las oscilaciones y transformaciones de una conciencia frente a esos hechos y acciones a través de los cuales aparece representado en el poema el proceso histórico de toda la época de la conquista. El mismo narrador apunta la existencia de un mensaje que no se identifica con la narración de hechos sino que aparece oculto en ella, y es consciente de que la percepción que expresa su obra no prolonga la "historia general" sino que constituye una crítica personal de esa historia a través de la proposición implícita de una historia paralela.[120]

Todas las formas de desmitificación y de rechazo que habían ido articulando los distintos discursos narrativos de la conquista culminan en *La Araucana,* primera expresión literaria hispanoamericana de una conciencia que asume, a través del juego de substituciones, contradicciones y falsas soluciones que articulan el poema, la realidad de la propia alienación. Frente a las mitificaciones que, en el discurso de Colón o en el de Cortés, reafirmaban la validez del modelo ideológico dominante, reduciendo los aspectos concretos de la realidad de la conquista a los términos ideales de ese modelo, los procesos de desmitificación que se inscriben en las denuncias de Bartolomé de las Casas, en las críticas de los textos del discurso narrativo del fracaso y en el rechazo de los del discurso narrativo de la rebelión, se levantan sobre una misma base y aparecen unificados por un proyecto equivalente. Todos ellos parten de una percepción del desajuste entre modelo ideológico y colonia, entre mitos y realidad. Todos ellos expresan, aunque de formas muy distintas, un mismo proyecto fundamental: la restauración de la unidad fragmentada por la realidad de violencia, explotación e injusticia de la conquista y colonización de América. Los dos primeros identifican esta restauración con el retorno a los auténticos valores cristianos; el discurso narrativo de la rebelión la identifica con un retorno nostálgico y anacrónico a los valores mitificados de la España heroico-medieval.

En *La Araucana,* Ercilla retoma todas esas percepciones de la crisis que se han ido expresando, a lo largo de casi un siglo, en los distintos discursos narrativos de la conquista. Explora y agota tanto la actitud lascasiana como la visión del discurso de la rebelión. La humanización del indígena, que aparece equiparado a los grandes héroes de la historia occidental, se complementa con la crítica implacable de la filosofía y del comportamiento del colono depredador. Pero la solución de la crisis ideológica, la restauración de la unidad entre la ideología de la conquista y su realidad objetiva,[121] no se identifica plenamente con ninguna de las dos soluciones. Centrada en el relato de la experiencia personal de la guerra vivida por el narrador, *La Araucana* no narra el proceso de restauración de una mítica coherencia entre proyecto ideológico y realidad colonial, sino la progresiva toma de conciencia de la imposibilidad de esa unidad.

El texto asume todas las contradicciones del proceso de conquista y colonización, y expresa todas las divisiones de una conciencia cuya transformación a través de la experiencia personal de la realidad y de la práctica literaria constituye el núcleo más profundo en torno al cual se articulan los procesos de significación de la obra. En *La Araucana,* la unidad y la armonía ya no forman parte de la realidad, sino que, tal como ha señalado Jaime Concha, se sitúan más allá de ella: "Perche nel poema di Ercilla, la pace non appartiene alla storia ma alla trascendenza: trascendenza escatologica, nel caso di Caupolicán, la cui energia avversaria si annulla sublimatamente nella forma del martirio; trascendenza spaziale, dislocazione oltre le frontiere della guerra, come nella presente situazione.[122] En la elección final de una falsa solución transcendente para las contradicciones de la conquista se expresan con claridad los límites de "la metamórfosis de la conciencia imperialista"[123] de Ercilla, pero también la lucidez de la percepción que éste tiene de la insolubilidad de sus propias contradicciones internas. La obra recoge todas esas contradicciones y el narrador, a través de su práctica literaria, las expresa y las asume todas. En este hecho reside el valor ideológico de *La Araucana* y sobre él se articula el proyecto literario de una obra que expresa, en una poética claramente heterodoxa y llena de aparentes inconsistencias, toda la complejidad de las oscilaciones y rupturas a través de las cuales se define una primera conciencia hispanoamericana.

El poema se desarrolla anclado en una serie de ambigüedades, inconsistencias y contradicciones que configuran su forma específica. Pero la presencia en él de elementos a veces discordantes o aparentemente innecesarios no es el resultado de una incapacidad, por parte del poeta, de seguir los moldes literarios establecidos. Expresa de forma simultánea la dialéctica histórica del primer siglo de la conquista y el proceso de transformación de un narrador que relata su metamórfosis de guerrero imperialista, glorificador de la ideología dominante que se expresaba en el proyecto de la conquista, en el narrador desengañado y marginado de una historia paralela en la que se plasma la emergencia de una conciencia crítica de todo el período histórico de la conquista de América.

NOTAS

1. Cristóbal Colón, *Diario del Primer Viaje,* en Navarrete, pg. 96.

2. Cf. Supra, *El desconocimiento de un mundo real.*

3. La necesidad de identificación del americano con el asiático descrito por Marco Polo se revelará en la inversión sistemática de los términos de la caracterización creada por aquel, dentro de la caracterización que va creando Colón desde su primer viaje. La caracterización del indígena desde el punto de vista de su posible utilización dentro del proyecto comercial del Almirante se concretará en la transformación progresiva del hombre en salvaje, del salvaje en siervo, del siervo en bestia, y de la bestia en mercancía. Cf. Supra, *La instrumentalización de la realidad.*

4. La generosidad se convertiría dentro del discurso de Colón en atributo de bestialidad; el pacifismo y la hospitalidad, en cobardía; la dulzura y amor de los que Colón hablaría repetidamente, al referirse a sus contactos con los indígenas, los caracterizarían como siervos idóneos. Ya el día 12 de Octubre concluye Colón, a la vista del buen recibimiento que les habían hecho los taínos a los españoles que "deben ser muy buenos servidores". Y, apenas un mes más tarde, la caracterización de los indígenas como salvajes que hacía Colón en su entrada correspondiente al 13 de Octubre —donde los describía como gente primitiva "muy fermosa"— aparece reducida a un solo término— "cabezas", que marca la transformación en la percepción del Almirante del salvaje-siervo en bestia. La última fase del desarrollo de la caracterización del indígena corresponde a la transformación final de la bestia, "cabeza" o "pieza" en el léxico

colombino en mercancía. La primera formulación explícita de esta transformación final se da en el Memorial que escribió Colón para los reyes desde la Isabela el 30 de Enero de 1494. En él, Colón habla de cómo organizar la cuestión del transporte de esclavos o "la carga y descarga de toda la mercaduría" y de las carabelas que deben fletar los reyes para que vengan" "con su licencia por la mercaduría de esclavos". Cristóbal Colón, *Diario del Primer Viaje*, en Navarrete, pp. 96 y 112. También *Memorial de Cristóbal Colón a los Reyes*, Enero de 1494, en Navarrete, pg. 200.

5. Para el análisis más detallado de este proceso de apropiación de la palabra que lleva a cabo el Almirante en sus textos, véase Supra, *El desconocimiento de un mundo real*.

6. Hernán Cortés, *Segunda Carta de Relación*, ed. cit. pg. 66.

7. Hernán Cortés, *Carta al Emperador*, de 15 Octubre de 1524, ed. cit. pg. 211.

8. Ibidem, pg. 211. El subrayado es mío.

9. *Relación* de Andrés de Tapia, ed. cit. pp. 83-84.

10. Bernal Díaz del Castillo, *Historia Verdadera*, ed. cit. pp. 114 y 117.

11. Ibidem, pg. 168.

12. Véase Supra, *Desmitificación y crítica en los* Naufragios.

13. Bartolomé de las Casas, *Historia de las Indias*, ed. cit. pg. 142, vol. I.

14. Ibidem, vol. I, pg. 143.

15. Alvar Núñez Cabeza de Vaca, los *Naufragios*, ed. cit. pg. 93.

16. Francisco Vázquez, *Relación de la jornada de Omagua y Dorado*, ed. cit. pp. 69-70.

17. Ibidem, pg. 126.

18. J. Bautista Avalle Arce analiza la relación de *La Araucana* con las formas de la epopeya renacentista en su trabajo: "El poeta en su poema: el caso de Ercilla", en *Revista de Occidente*, n. 32. José Durand trata del problema de *La Araucana* en relación con la tradición verista española y verosimilista italiana en "Caupolicán clave épica de *La Araucana*", en *Révue de Littérature comparée*, n. 52, pp. 367-389; y Lía Schwartz toca el mismo problema centrándolo en el análisis de la caracterización de las figuras femeninas en "Tradición literaria y heroínas indias en *La Araucana*", en *Revista de Indias*, n. 38, 1972, pp. 615-625. Para un análisis global del poema, véase especialmente: Manuel José Quintana, *Sobre la épica*

castellana, en Obras completas, vol. I, Madrid, 1897, pg. 545 y ss; Martínez de la Rosa, *Apéndice sobre la poesía épica española,* en Obras completas, vol. I, pg. 22, París, 1845; Marcelino Menéndez y Pelayo, *Antología de poetas hispanoamericanos,* Madrid, 1895, pp. 6-9; J. Ducamin, *L'Araucana,* París, 1900; E. Solar Correa: *Semblanzas literarias de la colonia,* Santiago, 1933; A. Torres Rioseco, *La gran literatura iberoamericana,* Buenos Aires, 1945; Pedro Henríquez Ureña, *Literary currents in Hispanic America,* Harvard U. Press, 1945; Frank Pierce, *La poesía épica del siglo de Oro,* Madrid, 1961; Luis Alberto Sánchez, *Historia comparada de las literaturas latinoamericanas,* Buenos Aires, 1973; J. Toribio Medina: *La Araucana,* Santiago de Chile, 1913, 4 vol.

19. Fernando Alegría, *La poesía chilena del XVI al XIX,* U. of California Press, 1954, pg. 1.

20. *La Araucana* de Alonso de Ercilla, México, 1975, Canto I, pg. 16.

21. *La Araucana,* ed. cit. Canto I, pp. 22-23.

22. *Relación* del Fidalgo de Elvas sobre la expedición de Hernando de Soto a la Florida, ed. cit.

23. Alonso de Ercilla, *La Araucana,* canto XXIX, pp. 403-404.

24. Ibidem, canto VIII, pg. 119.

25. Ibidem, canto III, pg. 50.

26. Ibidem, canto I, pg. 16.

27. Ibidem, canto I, pg. 17.

28. Ibidem, canto I, pg. 17.

29. Ercilla dedica numerosas estrofas a describir detalladamente las tácticas guerreras de los araucanos, su adaptación al medio americano, sus trajes guerreros, la construcción de sus fortificaciones, etc., ed. cit. pp. 19 y 20, canto I.

30. Con respecto a la religión y a los hechiceros dice Ercilla que "estos son los que ponen en errores/.../ Teniendo por tan cierto su locura/ como nos la Evangélica Escritura". Se registra el error pero se evalúa la fe de los araucanos desde una perspectiva que le confiere una validez equivalente a la que tiene el evangelio para un cristiano, aunque se trate de una fe errada. *La Araucana,* canto I, pg. 22.

31. *La Araucana,* ed. cit. canto II, pg. 39.

32. *La Araucana,* ed. cit. canto I, pg. 23. Las interpretaciones como la de E. Solar Correa, que percibe a los araucanos como

salvajes sin valor alguno, son totalmente insostenibles desde una lectura cuidadosa del poema. Sólo se puede llegar a tal conclusión desvirtuando el significado de los elementos concretos que integran la caracterización, y desvinculando la obra de su contexto histórico para examinarla a la luz de unos valores y prejuicios que ni siquiera son los de su época.

33. *La Araucana,* ed. cit. canto X, pp. 143-144.

34. Ibidem, canto X, pg. 144.

35. Para ampliar información sobre las influencias y fuentes literarias específicas de las caracterizaciones de heroínas indias en el poema, véase especialmente el artículo ya citado de Lía Schwartz, en R. 1, n. 38, 1972, pp. 615-625.

36. *La Araucana,* ed. cit. canto XXVIII, pg. 389.

37. *La Araucana,* canto XXVIII, pg. 391.

38. Ibidem, pp. 392-393.

39. Supra, capítulo 5, sección 2.

40. Esta cuestión tiene su importancia para dilucidar el carácter fundamentalmente histórico o imaginario de la representación de la conquista de Chile que ofrece Ercilla en *La Araucana;* y enlaza también con toda la problemática de clasificación genérica de la obra que enfrentó a veristas y verosimilistas en torno a la verdadera naturaleza del poema épico de Ercilla. En relación con esto véase especialmente el trabajo de José Durand: "Caupolicán clave historial y épica de *La Araucana*", que se centra en el problema de la relación entre verdad histórica y verdad poética dentro del poema.

41. Lía Schwartz, artículo citado, pp. 616-617.

42. Fernando Alegría, op. cit. pp. 18 y 49. La galantería de Ercilla tampoco tiene nada que ver con la forma que toma la caracterización, al contrario de lo que sugiere Alegría en las pp. 49-51 de la misma obra.

43. Lía Schwartz, art. cit. pg. 625.

44. *La Araucana,* canto VIII, pg. 113.

45. Véase Supra, capítulo 5, sección 1.

46. Agustín Cueva, "Ensayo de interpretación de La Araucana: El espejismo heroico de la conquista", *Casa de las Américas,* n. 110, 1978, pg. 34.

47. Véase Supra capítulo 5, sección 1.

48. *La Araucana,* canto I, pg. 15.

49. Ramón Menéndez Pidal, *Los españoles en la literatura,* Buenos Aires, 1960, capítulo IV.

50. José Durand, artículo citado, pg. 367.

51. Voltaire, Éssai sur la Poésie Épique. *La Henriade,* París, 1853, pp. 39-43.

52. Martínez de la Rosa afirmó que Ercilla "atinó en general con la especie de máquina que convenía a su poema", en op. cit. tomo 10.

53. Véase el ensayo de Fernando Alegría: Ercilla y sus críticos. En *La poesía chilena,* pp. 1-32.

54. Agustín Cuevas, artículo citado, pg. 29.

55. *La Araucana,* canto XV, pg. 207.

56. Ibidem, canto XXXII, pg. 445.

57. Fernando Alegría, op. cit. pp. 46-47.

58. *La Araucana,* canto I, pg. 21.

59. Ibidem, canto XVIII, pg. 268.

60. Ibidem, canto II, pg. 38.

61. Ibidem, canto VII, pg. 107. Narra Ercilla:
   "No con tanto rigor el pueblo griego/ entró por el troyano alojamiento/ sembrando frigia sangre y ovo fuego/ talando hasta el último cimiento/ cuando de ira, venganza y furor ciego/ el bárbaro, del robo no contento,/ arrüina, destruye y desperdicia,/ y aún no puede cumplir con su malicia".

62. *La Araucana,* canto III, pg. 52.

63. Las citas provienen respectivamente del canto XVII, pp. 329 y 260. Este mismo saqueo de Concepción aparece autorizado e integrado por la comparación con los saqueos de griegos y troyanos a los que aludía la cita de la nota 61.

64. Enrique Pupo-Walker, *Sobre el discurso narrativo y sus referentes en los Comentarios Reales,* en op. cit. pg. 41.

65. Hay que señalar que ese modelo que estaba en el centro de los procesos de ficcionalización de la realidad de la conquista que encontrábamos en textos como las *Cartas de Relación* o —desde un enfoque ligeramente distinto— la *Historia Verdadera* de Bernal Díaz, estaba igualmente presente aunque a veces de forma menos explícita, en los textos fundamentales en los que se iban formulando los principios legales y sociales básicos de la organización de la colonia. Las Ordenanzas de Gobierno de Hernán Cortés, por

ejemplo, presentan una continuidad del mito creado en las *Cartas,* de la figura del conquistador justo, cristiano y paternal, cuya figura modélica proyectan más alla del ámbito de las *Cartas* mismas.

66. José Durand señala la conexión de *la Araucana* con la filosofía de Bartolomé de las Casas en lo referente a la caracterización de los indígenas en su estudio ya citado sobre Caupolicán. Y discute la difusión de los debates lascasianos por la colonia y sus centros más importantes en su trabajo "El chapetón Ercilla y la honra Araucana", en *Filología,* Buenos Aires, 1964, pp. 116-135. Ciriaco Pérez Bustamente explora también esa relación entre Las Casas y Ercilla en "El lascasismo en La Araucana" en *Revista de estudios políticos,* Madrid, 1952, XLVI, pp. 157-168. Para una bibliografía adicional sobre el tema, véase José Durand, art. cit. nota 6.

67. *La Araucana,* canto VI, pg. 97 y canto VII, pg. 100.

68. Ibidem, canto VI, pp 97 y 98 respectivamente.

69. Ibidem, canto I, pg. 24 y canto X, pg. 143 respectivamente.

70. Ibidem, canto VII, pg. 103.

71. *La Araucana,* canto III, pg. 45 y canto II, pg. 44 respectivamente.

72. Los términos citados corresponden por orden a *La Araucana,* canto IX, pg. 139, canto XII, pp. 173-174; la escena de la persecución de los españoles por mujeres araucanas se encuentra en el canto X, pp. 143-144.

73. *La Araucana,* canto XXXIV, pp. 478-479 y canto XXXV, pg. 488, respectivamente.

74. Jaime Concha ha señalado ya este desdoblamiento que presenta dentro del poema la figura del conquistador, relacionándolo con el cambio de mentalidad inseparable de la transformación histórica del conquistador en encomendero, a la vez que explica las diferencias fundamentales que separan al propio Ercilla de esa clase de los encomenderos. Véase: "La Araucana, epopea della contro-conquista" en Materiali Critici, n. 2, pp. 93-128, Genova, 1981.

75. *La Araucana,* canto XXIV, pg. 336.

76. Ibidem, canto XXV, pg. 351.

77. José Durand, "Caupolicán clave historial de *La Araucana*", ed. cit. 1978.

78. Cf. Supra, pg. 295 y ss.

79. Jaime Concha, artículo citado, pg. 96.

80. De él puntualiza el narrador que aunque tiene "cincuenta mil vasallos que delante/le ofrecen doce marcos de oro al día/esto y aún mucho más no era bastante". *La Araucana,* canto III, pg. 45. También el discurso de Tuconabala expresa ese modelo de percepción de América cuando Tuconabala reduce escueta y lúcidamente todo el proyecto de la conquista española a "buscar haciendas y riqueza" resumiendo el objetivo que irá dando forma al saqueo del Nuevo Mundo a lo largo de toda la conquista. Cf. *La Araucana,* canto XXXIV, pg. 479.

81. En su estudio sobre *La Araucana,* Jaime Concha opone esa percepción y caracterización de la naturaleza propia de la conquista militar, a la visión que llama la "visión mística de la naturaleza" que desarrollaron los jesuitas más adelante. Véase el artículo ya citado, pg. 97.

82. Véase *La Araucana,* pp. 230 y 216, cantos XVI y XV respectivamente.

83. Cf. Supra, *El discurso narrativo del fracaso.*

84. Piénsese como ejemplo de esta poetización y de su amplio registro en la presentación drámatica del mar y del cielo durante la tempestad que enlaza la primera y la segunda parte del poema, y en la ternura descriptiva que irradia la estrofa en la que se nos describe el hallazgo de la frutilla en la expedición al sur de Chile (canto XXXV, pg. 488).

85. *La Araucana,* canto XXXV, pg. 482.

86. Ibidem.

87. Ibidem, pg. 483.

88. Ibidem, pg. 485.

89. Ibidem.

90. Ibidem, pg. 486.

91. Ibidem, pg. 487.

92. Ibidem, pg. 491.

93. Ibidem, pg. 493.

94. Ya Jaime Concha ha señalado la importancia de este rasgo de caracterización del indígena utópico de las islas del sur y observado cómo ese rasgo subrayado revela instantáneamente una de las contradicciones internas del poeta frente a la realidad racial y cultural americana. Cf. Jaime Concha, art. cit. pp. 123-124.

95. *La Araucana,* canto XXXVI, pg. 492.

96. Ibidem.

97. William Melczer ha señalado ya la profunda vacilación del compromiso ideológico de Ercilla que se expresa en estas contradicciones: "Tormented by mixed and even contrary feelings, divided between a political allegiance to the ideals of the Spanish conquest and a moral sympathy with the Araucanian resistance, Ercilla felt committed to both sides and to neither". Véase su trabajo sobre *La Araucana:* "Ercilla's divided heroic vision: a reevaluation of the epic hero in La Araucana" en *Hispania,* 56; abril de 1973.

98. Ercilla era perfectamente consciente de que en su versión de la historia de la conquista se ocupaba precisamente de aquellos aspectos o procesos que habían sido eludidos por la historia oficial, y reafirma de distintas maneras a lo largo del poema su decisión de hablar de aquello que la versión oficial de los hechos ha deformado u ocultado. Un ejemplo de esta decisión se encuentra en el canto XIII donde Ercilla da una lista de acontecimientos importantes que no va a narrar en su poema, precisando al final que a pesar de su importancia:

"No pongo su proceso en esta historia
que del la general hará memoria",

Y en esta declaración se manifiesta la decisión del autor de rescatar del olvido sólo lo que al olvido había sido relegado por la selección inseparable de la versión oficial de los hechos de la conquista. Cf. *La Araucana,* canto XIII, pg. 188.

99. Manuel José Quintana, *Obras Completas,* vol. I, pg. 545, ed. cit. Su afirmación se sitúa en la tradición de evaluación iniciada por Voltaire en su lectura del poema. Menéndez Pelayo volvería a insistir sobre la importancia de la figura del poeta dentro de la obra; Valbuena Briones señalaría el desdoblamiento de la figura entre *narrador* y *actor,* indicando asimismo el predominio de la primera de estas funciones. Y J.B. Avalle Arce retomaría básicamente esta división que analizó centrándose en las diferencias entre el *yo* poético y el *yo* empírico en su trabajo: "El poeta en su poema", publicado en la *Revista de Occidente,* n. 32, pp. 152-170. Para una bibliografía adicional sobre el tema consúltese la bibliografía crítica sobre *La Araucana* recopilada por Leonor Esquila.

100. En esta afirmación inicial de Ercilla se apoyan efectivamente los análisis de la figura del narrador escindida en funciones opuestas: militar/literaria/imaginaria/activa, etc...a que aludía en la

nota 99 citando los ejemplos de algunos de los críticos que acabo de señalar.

101. Las citas corresponden por orden al canto XXIV, pg. 369, y al canto XXVIII, pp. 395 y 394 respectivamente.

102. *La Araucana,* canto XXVI, pg. 394. En relación con este punto merece mención el exhaustivo trabajo de Carlos Albarracín Sarmiento que examina la relación entre el uso del pronombre *Yo* y las distintas funciones del narrador, que según el autor aparecen divididas en *Personaje* (que incluye Protagonista, Secundario y Testigo), y *Narrador* (que incluye Aedo, Moralista y Cronista): en Carlos Albarracín Sarmiento, "Pronombres de primera persona y tipos de narrador en *La Araucana,* BRAE, XLVI, 178, pp. 297-320.

103. *La Araucana,* canto XXIII, pg. 321.

104. Ibidem, canto XXVIII, pg. 397.

105. Ibidem, canto XVII, pp. 248 y 244 respectivamente.

106. Ibidem, canto XXVI, pg. 368.

107. Ibidem, canto XXVI, pg. 371.

108. Ibidem, canto XXXII, pg. 440.

109. *La Araucana,* canto XXXVI, pg. 474. En cuanto a la presentación de la ejecución de Caupolicán con aspectos de suicidio, es interesante señalar que no se trata de un caso aislado. En el canto XXVI el poeta señala que por falta de verdugos los propios indígenas se encargaban de ejecutar su condena a muerte:

"Por falta de verdugo, que no había
quien el oficio hubiese acostumbrado
quedó casi por uso de aquel día
un modo de matar jamás usado:
que a cada indio de aquella compañía
un bastante cordel le fue entregado
diciéndole que el árbol *eligiese*
donde *a su voluntad* se suspendiese".

Cf. *La Araucana,* canto XXVI, pg. 371. El subrayado es mío.

110. *La Araucana,* canto XXXVII, pg. 505.

111. Jaime Concha ha subrayado esas oscilaciones e inconsistencias del poeta en relación con el problema central del racismo en la conquista y de la forma en que luchan en Ercilla dos actitudes contradictorias: una de racismo, característica del colonizador, y otra que propone, desde una actitud cristiana, la unidad del género

humano: "l'atteggiamento oscillante di Ercilla, nel quale lottano el razzismo connaturale al colonizzatore e un sentimento piu independente, forse di natura e fondo cristiani, dell' unita del genere umano". Cf. el trabajo citado, pg. 124.

112. La estrofa a la que me refiero se encuentra en el canto XXII, pg. 315.

113. *La Araucana,* canto XXXI, pg. 435.

114. Ibidem, canto XXXVI, pg. 494.

115. Ibidem, canto XXXVI, pg. 491.

116. Ibidem, canto XXXVI, pg. 496.

117. El carácter iluminador de este segundo proceso de significación que posee el canto XXXVI es muy claro. En él una serie de elementos diversos que aparecían a lo largo del poema se definen con gran claridad resultando en la metamórfosis del guerrero en conciencia crítica de un proceso histórico, y la de la acción en el aprendizaje a la verdad de esa conciencia.

118. Cf. Jaime Concha, art. cit. pg. 125.

119. *La Araucana,* canto I, pg. 15.

120. Desde las primeras estrofas del poema nos avisa el poeta de ese mensaje escondido en la narración:

"pensando que pues va a vos dirigido
que debe de llevar algo escondido"

Cf. *La Araucana,* canto I, pg. 15.

121. Agustin Cueva se refiere a la existencia dentro de la obra de un "desdoblamiento que separa en unidades casi antagónicas la ideología de la conquista y su realidad objetiva" y señala la presencia de esta contradicción fundamental en el centro mismo de la crítica que se expresa en el poema. Véase el artículo citado, pg. 34.

122. Esta "situación presente" a la que se refiere Jaime Concha es la de la expedición austral que Ercilla narra en los cantos XXXV y XXXVI. Cf. Jaime Concha, op. cit. pg. 125 y ss.

123. Ibidem, pg. 125.

INDICE BIBLIOGRAFICO

Acosta, José de, *Historia Natural y Moral de las Indias*, 334

Ailly, Pierre d', *Imago Mundi*, 7-9, 12, 17, 30, 37, 47, 66, 67

Albarracín Sarmiento, Carlos, "Pronombres de primera persona y tipos de narrador en *La Araucana*", 451

Alegría, Fernando,
—Ercilla y sus críticos, 447
—*La poesia chilena del XVI al XIX*, 445, 446

Almesto, Pedrarias de, *Relación de la jornada de Omagua y Dorado*, 341

Anónimo,
—*Relación del Suceso*, 203
—*Relación Postrera de Cibola*, 203, 204

Avalle Arce, J. Bautista, "El poeta en su poema: el caso de Ercilla", 444, 450

Bacon, Roger, *Opus Majus*, 8

Bataillon, Marcel,
—*Erasme et l'Espagne*, 157
—*La Vera Paz, novela e historia*, 253
—*The Pizarrist Rebellion: The Birth of Latin America*, 339, 343

Benalcázar, Sebastián de, *Carta al Emperador*, 337, 338

Bishop, Morris, *The Odyssey of Cabeza de Vaca*, 247

Borah, W., *The Indian Population of Central Mexico*, 65

458

INDICE DE NOMBRES

461

463

DATE DUE

DEC 11 2007			